Katrin Tams

Ostseeküste

mit Rügen und Usedom

2349 Kilometer Ostseeküste

Badespaß und Backsteinwunder zwischen Glücksburg und Greifswald

Bietet viele Gestaltungsmöglichkeiten: Baustoff Backstein – der »Legostein« des Mittelalters

Willkommen an der Ostseeküste

Alljährlich verbringen Millionen von Menschen die schönste Zeit des Jahres an den Stränden, Buchten und Förden der Ostsee. Aber nicht erst in unseren Zeiten hat man die landschaftlichen Reize, das gute Klima und die Vielfalt des kulturellen Angebots zu schätzen gelernt. Bereits der Tourismus des 19. Jahrhunderts ließ viele verträumte Ostseeorte zu mondänen Seebädern erwachen, und Adlige, Wohlhabende und später auch die Bewohner der überfüllten Städte reisten an die See in die Sommerfrische. Erst vor wenigen Jahren endete der DDR-Dornröschenschlaf vieler Badeorte Mecklenburg-Vorpommerns. Seit der Wende hat sich die Region mit viel Innovation und Liebe zum Detail der Instandsetzung und dem Neuaufbau der touristischen Infrastruktur gewidmet. »In altem Glanz« – das ist kein leeres Wort, wenn man in Heiligendamm vor dem schneeweißen Grandhotel, in Sellin vor der rekonstruierten Seebrücke oder auf dem beeindruckenden Marktplatz von Wismar steht.

Aber noch viel früher, bereits vor 800 Jahren, kamen Besucher von weit her an diese Küste – in Schleswig-Holstein und Mecklenburg-Vorpommern haben sie viele interessante Spuren und Zeugnisse hinterlassen. Vom Wikingerdorf Haithabu bis zu den großen Hansestädten, vom Langschiff bis zu Viermastbarken, die noch um Kap Hoorn segelten, gibt es viel Historisches zu entdecken. Nicht theoretisch und verstaubt wie im Schulunterricht, sondern live und anschaulich vermitteln zahlreiche Freilicht- und Dorfmuseen einen Einblick in das Leben an der Ostseeküste der Vergangenheit.

Aus großer Zeit: die Hanse und ihre Backsteinträume

Kaum eine andere Region des Kontinents entwickelte sich im Mittelalter derartig schwungvoll und energisch wie die Ostseeregion. Allein im 13. Jahrhundert wurden unzählige Dörfer, Klöster und über 50 Städte gegründet. Zum Vergleich: In den darauffolgenden Jahrhunderten kamen nur ganze 30 hinzu. Kaufleute aus den verschiedensten Ländern ließen sich im Handelsraum der Wikinger nieder und

Nobie Bürgerhäuser und elegante Kirchtürme: Lübeck, das Haupt der Hanse – schön wie zu seinen Glanzzeiten ▷

Ostseeküste

Eine Übersichtskarte der Ostseeküste mit den eingezeichneten Reiseregionen finden Sie in der vorderen Umschlagklappe.

adidas
146

schlossen sich zu einer neuen Handelsgemeinschaft zusammen. Die Gründung der Hanse gab dem europäischen Handel im Mittelalter ungeheuren Aufschwung: 170 große und kleine Hansestädte von Skandinavien bis zum Rheinland gewährten ihren Kaufleuten gemeinsame Auslandsniederlassungen und Handelslizenzen.

2349 Kilometer Ostseeküste

Lübeck war Galionsfigur und Hauptstadt der Hanse und der »Lübecker Pfennig« die gemeinsame Währung. Roggen aus Mecklenburg, Salz aus Lübeck und Eisenwaren aus dem Rheinland wurden europaweit umgeschlagen. Ostsee-Transportmittel Nummer eins war die Kogge, kompakt und gedrungen, dabei stabil und wendig – noch heute ist dieses Erfolgsmodell in vielen Wappen ehemaliger Hansestädte zu sehen.

Kormorane vor Rügen

Auch bautechnisch wurde hier vor 800 Jahren Kulturgeschichte geschrieben: Die christlichen Handelsherren wollten ihre aufstrebenden Städte gern mit Kathedralen schmücken. In Ermangelung von Sandstein, der andernorts, zum Beispiel in Frankreich, verwendet wurde, wandte man sich der Backsteintechnik zu und brachte es darin bald zu großer Meisterschaft und neuem Stil. Seriell gefertigte Formsteine ermöglichten eine – nur dem Anschein nach – spielerische Formensprache, gepaart mit wuchtiger Dominanz und Bodenständigkeit. Der massenhaft gebrannte Lehmquader wurde sozusagen zum »Lego-Stein« des Mittelalters.

Filigraner Strandschmuck seit 1899: die Seebrücke von Ahlbeck auf Usedom

Die Entwicklung des Bädertourismus oder »Warum hat Deutschland noch kein öffentliches Seebad?«

So schrieb Georg Christoph Lichtenberg, seines Zeichens Schriftsteller, Mathematiker und erster deutscher Professor für Experimentalphysik, im Jahr 1792. Damit war er seiner Zeit voraus, allerdings dachte er bei seiner Aussage an die Nordsee und hielt die Ostsee für ungeeignet.

Man schrieb das Jahr 1789, ein in vielerlei Hinsicht bemerkenswertes Jahr, als Dr. Samuel Gottlieb Vogel, Hofrat und Professor in Rostock, zum Leibarzt von Herzog Friedrich Franz I. ernannt wurde.

Weil er in England gelernt hatte, dass von dem Kontakt mit Salzwasser eine heilsame Wirkung ausgeht, verschrieb er seinem adligen Patienten ausgedehnte Spaziergänge an der Ostsee und Bäder in derselben. Der Fürst konnte dies aber natürlich nur in standesgemäßem Rahmen tun und gründete daher 1793 in **Heiligendamm** das erste deutsche Seebad. Sein junger Baumeister, Carl Theodor Severin, vertrat die klassizistische Berliner Schule und so entstanden Kurhaus sowie Gesellschafts- und Logierhäuser im Stil des fernen Griechenland. Auch weitere Adelskreise machten die elegante »Weiße Stadt am Meer« schnell zu ihrem regelmäßigen Reiseziel. Bald dehnte sich das Terrain der adligen Sommerfrischler auf weitere Orte der Umgebung aus und in **Bad Doberan** entstanden Sommerpalais, Salongebäude und Theater.

So viele Badegäste wollten unterhalten werden, daher eröffnete hier 1809 das erste Casino des Landes seine verführerischen Tore und 1822 entstand die erste Galopprennbahn auf dem europäischen Festland.

Im Strandgut findet sich so Allerei

Beeindruckt von so viel Ostseeglamour beschloss Fürst Wilhelm Malte auf **Rügen**, im heimatlichen **Putbus**, ebenfalls solch ein antikisierenes Wunder zu bauen. Er plante großzügig und gründlich. Das Zentrum seiner Anlage ist heute noch ein Circus, ein kreisförmiger Platz, dessen Mittelpunkt ein Obelisk markiert. Ringsum stehen 15 weiße Häuser. Für sein »Badehaus Goor« am Strand von **Lauterbach** war dem Fürsten nur echter Carrara-Marmor gut genug, ein Residenztheater sorgte für die Belustigung der Gäste.

Hatten bis dato nur die oberen Zehntausend mit entsprechendem Kleingeld die Küsten unsicher gemacht, so kamen mit dem Bau der Chausseen und Eisenbahnstrecken auch endlich die weniger Betuchten in den Genuss der weißen Strände und frischen Brisen. Zwischen 1870 und 1900 enstanden sage und schreibe drei Dutzend Seebäder. Verschlafene Dörfer verwandelten sich in mondäne Bademetropolen mit traumhaften Villen, unter ihnen **Zingst, Sellin, Göhren** und **Ahlbeck**.

Andernorts besann man sich rechtzeitig auf den ureigenen Charme der Fischerdörfchen. Neue Häuser wurden im Stil an das Alte angepasst und durften nicht mehr als zwei Geschosse haben. Hier fühlten sich vor allem die Maler und Dichter unter den frühen Touristen wohl.

An der Lübecker Bucht entwickelte sich **Travemünde** zum Bade-Vorort der Lübecker. Ursprünglich eine Fischer- und Lotsensiedlung, wurde hier seit 1802 nach medizinischer Anleitung gebadet und es entwickelte sich eines der traditionsreichsten deutschen Seebäder. Thomas Mann, selbst innigst vertraut mit Ort und Gegebenheiten, lässt seine Tony Buddenbrook durch den Vater hierher in die Sommerfrische schicken. Sie findet Erholung – und die erste Liebe.

2349 Kilometer Ostseeküste

Abrissbirnen, Bauboom und Stillstand zwischen 1949 und 1990

Die Mauer zwischen beiden Teilen Deutschlands teilte auch den Tourismus an der Ostseeküste. Im Westen erfuhr Fehmarn einen großen Aufschwung, da es nunmehr für 41 Jahre die größte westdeutsche Ostseeinsel war. Auch die Tourismusindustrie der übrigen bundesrepublikanischen Ostseeküste erlebte viele gute Jahre, sah sich aber auch mehr und mehr durch die »Auslandskonkurrenz« des Pauschalreisen-Tourismus bedrängt und musste gegen das Image von Spießigkeit ankämpfen – schließlich lockte den Bundesbürger die weite Ferne: erst Italien, dann Mallorca, dann Tunesien-All-inclusive.

Währenddessen sorgte die Regierung der DDR durch eigene Urlaubsprogramme und die begrenzten Reisemöglichkeiten dafür, dass der Urlaub im eigenen Land attraktiv bleiben musste – und es auch blieb. Anstelle von Individualtourismus stand für viele das Gemeinschaftserlebnis im Ferienheim des volkseigenen Betriebs im Vordergrund. Der Nazi-Monumentalbau in Prora auf **Rügen** diente der Nationalen Volksarmee gleichzeitig als Kaserne und als Erholungsheim. Devisenmangel und die zunehmende Misswirtschaft sorgten für eine programmatisch verbrämte Einfachheit in Sachen Architektur und touristischer Infrastruktur und vielerorts für den allmählichen Verfall der Bäderarchitektur der Jahrhundertwende.

Dennoch gehörten Ostseeurlaube sicher auch im deutschen Osten zu den prägenden Urlaubs- und Kindheitserinnerungen und vielleicht trugen sogar die Schlichtheit der Einrichtungen und der Mangel an Komfort

Strandhafer wächst auf vielen Dünen der Ostseeküste

2349 Kilometer Ostseeküste

Im Aufwind: der Fährverkehr nach Skandinavien ab Kiel

– Urlaub mit Trabbi, Zelt, Trockenklo, Gemeinschaftsduschen und Lagerfeuer – das Ihre dazu bei.

Im Westen hatte man in den 1970er-Jahren ebenfalls das große Ganze im Blick: den Massentourismus. Um In- und Ausländer in den ehemals agrarwirtschaftlich geprägten Küstenorten aufnehmen zu können, ging man mancherorts sehr resolut zur Sache: Es wurde abgerissen, von Grund auf neu gebaut und ausgiebig betoniert. Große, massive Hotelkästen und Ferienwohnungskomplexe entstanden, Bettenburgen, die nicht zu den Fischerörtchen passten, die sich daneben wie Disneyversionen ihrer selbst ausnahmen.

Manch eine Gaststätte der Region hat leider auch heute noch den Charme eines Kaufhausrestaurants, das vorübergehend für die »Ostseewochen« dekoriert hat. Selbst die Architektur der prestigeträchtigen Olympiaanlagen (1972) in Schilksee bei **Kiel** wird heute nur noch von Kennern geschätzt, jedenfalls wahrscheinlich von deutlich weniger Menschen als dies bei dem wiedererschaffenen Kurhaus im Rügener Binz – heute ein Fünf-Sterne-Hotel – oder der Ahlbecker Seebrücke der Fall ist. Möglicherweise ein Beweis für die ewige Gestrigkeit des Durchschnittsgeschmacks – aber wer Urlaub macht, möchte sich vielleicht gar nicht so sehr mit der Zukunft auseinandersetzen.

Typisch für die Ostseeküste: reetgedeckte Häuser

Ostseetourismus im wiedervereinten Deutschland

Die Wende 1989 war ein großer Schritt für Deutschland und seine Bevölkerung und eine nicht gerade kleine Revolution für den Tourismus der Ostseeregion. Die Küstenorte der DDR erwachten aus dem – zumindest bautechnisch gegebenen – Dornröschenschlaf des Sozialismus: Findige West-Unternehmer kehrten als (Auf-)Bauherren in Goldgräberstimmung in die Badeorte der vorletzten Jahrhundertwende zurück und küssten die vor sich hin modernden Holzvillen- und Kurpavillon-Prinzessinnen wach. Dort, wo die DDR-Regierung 40 Jahre lang wenig oder gar nicht restauriert, aber immerhin auch nicht abgerissen hatte, wurde das »richtig« gemacht, was an der Ostseeküste Schleswig-Holsteins in der Nachkriegszeit und vor allem in den 1970er-Jahren so wenig geglückt war, nämlich die stilvolle Rekonstruktion der ursprünglichen Bäderarchitektur.

Wo sich der sozialistische Tourist in 40 Jahren nur selten über einen mehr oder minder schicken Neubau an seinem – zwangsläufig dennoch vielfach frequentierten – Urlaubsort erfreuen konnte, war jetzt der Besucher aus dem Westen begeistert von dem Charme der vorletzten Jahrhundertwende, der entweder frisch und liebevoll renoviert war oder noch modrig verheißungsvoll der Erneuerung harrte. An Romanverfilmungen konnte sich erinnert fühlen, wer in den ersten Jahren nach der Wende hierherkam, oder an die eigene Jugend, als man noch jeden Sommer »an die See« fuhr.

Auch der Stil entlang der schleswig-holsteinischen Ostseeküste erlebte im letzten Jahrzehnt einen Wandel: Wo bislang die Promenaden eine Mischung aus Restaurants, Imbissstube und Eiscafé prägte, finden sich inzwischen auch Wellness-Hotels, Sterne-Gastronomie und hier und dort *lounge bars*: Jet-Set-Flair mit Ostseeblick.

Im Hinterland blieben aber zum Glück – hüben wie drüben – die Gutshöfe und Adelssitze größtenteils erhalten, und von denen gab und gibt es reichlich, sowohl in Schleswig-Holstein als auch in Mecklenburg-Vorpommern. Einst ausnahmslos in Adelshand, hatten die großen Gutssitze mit ihren umfangreichen Ackerflächen seit dem 12. Jahrhundert einen prägenden Einfluss auf die wirtschaftliche und kulturelle Entwicklung der Region. Gegen Ende des 16. Jahrhunderts entwickelten sich aus den befestigten Hofanlagen des Mittelalters die eleganten Güter der frühen Neuzeit. Den Namen der großen Adelsfamilien wie Brockdorff, Rantzau und Reventlow begegnet man vielerorts auf Reisen durch Schleswig-Holstein, schließlich wurde der Besitz vor allem durch Heirat und Vererbung, aber auch durch Stiftungen erweitert und verbreitet. Die Anlagen bestehen immer aus einem Herrenhaus, Wirtschaftsgebäuden und oft auch aus schönen Gärten oder Parks. Die Innenausstattung ließ man sich damals viel kosten und holte zum Beispiel Künstler aus dem Ausland an den Hof. Sozusagen »Schöner Wohnen – Gutshof-Style«.

Auch in Mecklenburg-Vorpommern gibt es sie: stattliche, zierliche, originelle oder schlichtweg prächtige Anlagen. Im Westen wie im Osten wurden sie inzwischen weitestgehend renoviert und häufig in Hotels, Restaurants und regionale Kulturzentren verwandelt – wie gemacht für Tagesausflüge im 21. Jahrhundert mit der perfekten Mischung aus landschaftlich angenehmer Anreise, etwas Kultur und Augenschmaus, viel Kaffee-und-Kuchen und noch mehr frischer Luft. Von keinem Küstenort zwischen **Glücksburg** und **Greifswald** aus dürfte es an einem oder mehreren derartigen Ausflugszielen in bequemer Nähe mangeln. Wenn dann noch als Fortbewegungsmittel das Rad oder gar ein Pferd dient, dann könnte das der »perfekte Urlaub sein«.

2349 Kilometer Ostseeküste

Caspar David Friedrich malte die Segler vor seiner Heimatstadt Greifswald um 1818

Sie grüßen von Rügen aus: die Leuchttürme von Kap Arkona, der kleinere seit 1827, der größere seit 1901

Die einmalige Küstenlandschaft der Halbinselkette Fischland, Darß, Zingst diente Malern und anderen Künstlern als Inspirationsquelle

Ostseeluft inspiriert

Die Ostseeküste ist Künstlerland. Man muss kein Experte sein, um das Bild Caspar David Friedrichs zu kennen, das die Kreideküste bei **Stubbenkammer** zeigt. Kaum etwas hat sich verändert, seit der Greifswalder hier 1818 zum Pinsel griff.

Sein frühromantischer Mitstreiter, Philipp Otto Runge, wurde etwas weiter südöstlich, in **Wolgast**, geboren. Auf Fehmarn malte Ernst Ludwig Kirchner einige seiner expressiven Bilder, auf **Hiddensee** schrieb Gerhart Hauptmann und wählte diesen Ort auch als letzte Ruhestätte. In **Ahrenshoop** gab es Ende des 19. Jahrhunderts eine Künstlerkolonie, zu der u.a. der Brücke-Maler Erich Heckel gehörte.

Lübeck allein stellt eine ganze Ehrengalerie von Kunstschaffenden auf, allen voran die Nobelpreisträger Thomas Mann und Günther Grass - der eine verließ die Stadt früh, der andere zog erst spät hierher und gründete 2005 den Autorenzirkel Lübeck 05. Aber auch der Barock-Komponist Dieterich Buxtehude lebte und wirkte hier. Carl Maria von Weber wurde in Eutin in der **Holsteinischen Schweiz** geboren.

Autor und Chronist Walter Kempowski ließ in den 1970er- und 80er-Jahren aus der Bundesrepublik das Herz in seine Geburtsstadt hinter dem Eisernen Vorhang wandern und erzählte von seiner Heimatstadt in beinahe allen seinen Romanen - eine Familienchronik mit einer heimlichen Hauptdarstellerin: **Rostock**.

Last but not least hat Schleswig-Holstein es mit seinem seit dem Gründungsjahr 1986 alljährlich stattfindenden Musikfestival zum stolzen Titel »größtes Klassikfestival Europas« gebracht: einen Tusch bitte, für die Kunstbegeisterung dieser Reiseregion!

Die Baltische Plattmuschel lebt in großen Scharen entlang der Ostseeküste

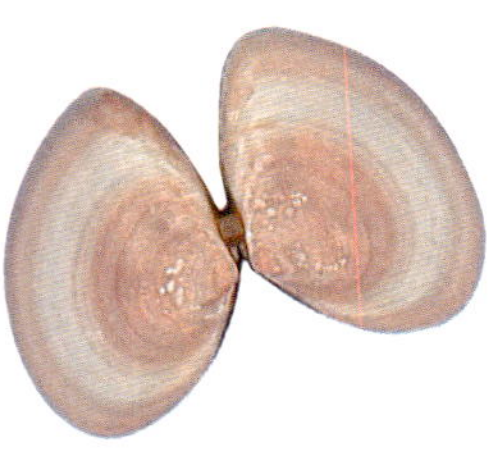

Ostseeküsteurlaub: Vielfalt und Schlichtheit gleichermaßen

Den Ostseestränden sei an dieser Stelle ein ganz besonderes Loblied gesungen. Ihre Zahl ist groß und ihre Formen sind vielfältig: ob umrahmt von Buchen, von Kiefern gesäumt oder an einer dramatischen Steilküste gelegen, ob eher mit Kies, Muscheln und allerlei spannenden Fundstücken versehen oder staubfein, wie vom Bademeister persönlich handgesiebt.

Wer neben dem Koloss von **Prora** noch über den Größenwahn der Nationalsozialisten und ihre kasernenhafte KdF-Volksverurlauburgsmaschinerie nachgrübelt, der kann dies heute an dem nach wie vor wunderschönen Strand unmittelbar zu Füßen des Ungetüms aus steingewordener Ideologie tun. In jedem Bilderbuch würde er als Urbild des perfekten Badestrands seinen Platz finden: weißester, feinkörniger Sand, der sanft in die Wellen der Ostsee lockt, eingerahmt nur durch Kiefern und Ostseeblau. Eine beruhigend reduzierte Farbpalette, die in der Lage ist, einiges von der bunten Grellheit des Städteralltags wegzulöschen.

Ein Urlaub an der Ostseeküste kann ganz unterschiedliche Akzente haben. Wer es sportlich mag, wird segeln, angeln, Golf spielen, reiten, aber auch kitesurfen oder Beachvolleyball spielen. Wer die Wellen liebt, verbringt seine Zeit am Strand und mit Spaziergängen an atemberaubenden Steilküsten. Baumfreunde bewundern die zahlreichen Eichen-, Buchen- und Kastanienalleen. Feinschmecker probieren sich durch die preisgekrönte Gastronomie und durchstöbern Hofläden und Räuchereien nach Katenschinken und saftigem Räucheraal. Kinder freunden sich mit Pferden und Seepferdchen an, und Verliebte suchen sich einsame Buchten, um ganz ungestört zu sein.

Weiße Segel vor blauem Himmel, eine frische Brise, heller Sand unter den Füßen und ein Hauch von Salz in der Luft – unvergessliche Urlaubseindrücke aus dem Land, »wo die Ostseewellen trecken an den Strand…«.

2349 Kilometer Ostseeküste

Räuchern macht Fisch nicht nur lecker, sondern auch haltbar

Schleswig-Holstein in Zahlen und Fakten

Gesamtfläche: 15 731 km^2
Einwohner: 2,8 Millionen, 176 Einwohner/km^2
Landeshauptstadt: Kiel
Küstenlänge der Ostsee: 637 km, davon entfallen 162 km auf die Schlei, 87 km gehören zur Insel Fehmarn, 146 km sind Steil-, die restlichen 491 km Flachküsten.
Höchste Erhebung: Bungsberg (168 m ü.d.M.)
Die größten Seen sind der Plöner See (30 km^2) und der Selenter See (22 km^2). Längster Fluss ist die Eider (180 km). Der Nord-Ostsee-Kanal ist 99 km lang, eine der meistbefahrenen Wasserstraßen der Erde.

Wirtschaft: Überwiegend stützt sich die Wirtschaft Schleswig-Holsteins auf die Sektoren Handel und Dienstleistungen. Mehr als zwei Drittel der Fläche des Landes werden landwirtschaftlich genutzt. Entlang der Ostseeküste werden im Jahr um die 7000 Tonnen Fisch gefangen. Im Tourismusbereich hat Schleswig-Holstein konstante Besucherzahlen zu verbuchen, ca. 4,4 Millionen Gäste machen jährlich hier Urlaub.

Mecklenburg-Vorpommern in Zahlen und Fakten

Gesamtfläche: 23 173 km^2
Einwohner: 1,8 Millionen, 76 Einwohner/km^2
Landeshauptstadt: Schwerin
Küstenlänge der Ostsee: 1712 km, davon 1360 km Haff- und Boddenküste; die Außenküste ist 355 km lang, davon 227 km Flach- und 128 km Steilküste.
Höchste Erhebung: Helpter Berg bei Woldegk (179 m ü.d.M.)
Die größten Seen sind die Müritz (117 km^2) und der Schweriner See (61,54 km^2). Längster Fluss ist die Elde (208 km), weitere bedeutende Flüsse sind Warnow (156 km) und die Peene (143 km).

Wirtschaft: Beinahe zwei Drittel der Fläche des Bundeslandes werden landwirtschaftlich genutzt. Neben der Landwirtschaft sind Schiffbau, Fischerei und Tourismus die bedeutendsten Wirtschaftszweige. In den vergangenen zehn Jahren haben die Besucherzahlen stetig zugenommen; im ganzen Bundesland gibt es über 2800 Übernachtungsstätten. Der Prozentsatz der Arbeitslosigkeit gehört zu den höchsten in der Bundesrepublik.

Chronik

Daten zur Geschichte der Ostseeküste

Karolus Magnus - Karl der Große prägt den Grenzverlauf des Ostseeraums

8000 v. Chr.
Erste steinzeitliche Besiedlungen der Region durch nomadisierende Jäger und Sammler. Funde von Pfeilspitzen und einer Harpune aus dieser Zeit belegen dies.

4000–3000 v. Chr.
Blütezeit der sogenannten Lietzow-Kultur auf Rügen, Zeitpunkt des Übergangs vom Wanderjäger zum Ackerbauern mit festem Wohnsitz.

3000–1800 v. Chr.
Beginn von Ackerbau und Viehzucht, Entstehung von Hügelgräbern in der Region (Megalithkultur).

1800–800 v. Chr.
In der Bronzezeit entwickeln sich verschiedenenorts Handel und Handwerk. Waffen- und Schmuckgegenstände werden hergestellt und gegen Waren aus südlichen Ländern getauscht, wie archäologische Funde belegen.

800 v.–800 n. Chr.
In der Eisenzeit bilden sich einzelne Stämme mit mächtigen Stammesfürsten heraus. Im Zuge der Völkerwanderung wandern Angeln und Sachsen aus dem heutigen Schleswig-Holstein nach Britannien ab (um 450 n. Chr.). Slawen wandern ins heutige Ostholstein und Mecklenburg ein, dänische Stämme gelangen bis Schleswig. Der Stamm der Rugier verlässt Rügen in Richtung Süden. Die bevölkerungsfreie Insel Usedom wird von slawischen Stämmen besiedelt.

7.–13. Jh.
Die nach dem Auszug der Rugier fast entvölkerte Insel Rügen wird von den Ranen in Besitz genommen.

So schmücken sich die Wikinger: nachgearbeitete Zierscheibe nach Funden aus Haithabu

798
Karl der Große besiegt in der Schlacht bei Bornhöved die Sachsen, die Grenze zwischen dem fränkischen und dem dänischen Reich verläuft für die kommenden tausend Jahre entlang der Eider.

Um 800
Die Dänen errichten südlich der Schlei einen Schutzwall, das Danewerk.

800–1050
Die Siedlung Haithabu ist das Handelszentrum Nordeuropas. Von hier geht die Christianisierung Norddeutschlands aus. Die Grenze zwischen den Obodriten und den Sachsen, der Limes Saxoniae, verläuft von der Kieler Förde bis Lauenburg an der Elbe.

995
In einer Urkunde wird die Michelenburg (später Mecklenburg) südlich von Wismar erwähnt.

Um 1000
Chronist Adam von Bremen verfasst die ersten schriftlichen Berichte über Rügen. Die Stadt Jumne/Julin auf der Nachbarinsel Wollin bezeichnet er als »größte aller Städte Europas«.

1066
Haithabu wird von Norwegern und Wenden zerstört.

1111
Adolf I. von Schauenburg wird mit der Grafschaft Holstein belehnt.

1128
Gewaltsame Christianisierung unter Bischof Otto von Bamberg – den Mönchen folgen die Kreuzritter, in deren Gefolge strömen niedersächsische Bauern und Handwerker ins Land.

1143
Graf Adolf II. von Holstein legt Lübeck als deutsche Handelsstadt an.

1168
Rügen gerät unter Fremdherrschaft, nachdem der dänische König Waldemar I. und Bischof Absolon von Roskilde die Insel erobert haben. Ranen-Fürst Jaromar unterwirft sich, die Christianisierung Rügens beginnt. Gründung des Zisterzienserinnenklosters in Bergen.

13./14. Jh.
In London schließen sich Ende des 13. Jh. flämische und deutsche Händler zu einem Bund, der Hanse, zusammen. Sie hat wirtschaftliche und politische Bedeutung und zählt in den kommenden Jahren an die hundert Städte als Mitglieder, darunter Danzig, Hamburg und Köln. Sie alle werden bald von Lübeck, der »Königin der Hanse«, beherrscht. Die Vitalienbrüder bedrohen als Piraten die Schiffe der Hanse. Ihre Anführer sind

Bischof Otto von Bamberg gilt als »Apostel der Pommern«

Steht für frühe europäische Handelskultur: das Lübecker Holstentor, das heute auf einem Zwei-Euro-Stück dargestellt ist

Chronik der Ostseeküste

Christian I. mit seiner Frau Dorothea von Brandenburg

Wallenstein, Oberbefehlshaber der kaiserlichen Streitkräfte, und sein Kontrahent, König Gustav II. Adolf von Schweden

Klaus Störtebeker und Gödeke Michels. In Legenden werden sie seitdem als volkstümliche Helden dargestellt.

1218
Stadtgründung Rostocks.

1227
In der zweiten Schlacht bei Bornhöved besiegt Adolf IV. von Schauenburg die Dänen und schafft damit die Voraussetzung für die Weiterentwicklung der Hanse.

1229
Auf Gotland bildet sich eine Gruppe von deutschen Handeltreibenden.

1234
Stralsund erhält das Stadtrecht.

1242
Kiel erhält das Stadtrecht.

1266
Wismar erhält das Stadtrecht.

1284
Flensburg erhält das Stadtrecht.

1419
In Rostock wird die erste Universität Nordeuropas gegründet.

1460
Der dänische König Christian I. wird Herzog von Schleswig und Graf von Holstein. Er gelobt, dass beide Länder »up ewich ungedeelt« bleiben sollen.

1522
Die Reformationsbewegung breitet sich in Norddeutschland aus.

1618–48
Im Dreißigjährigen Krieg plündern auf Rügen und Usedom die kaiserlichen Heerhaufen unter Wallenstein und die Schweden unter König Gustav

II. Adolf. Ganz Vorpommern fällt im Verlauf des Kriegs an Schweden. Adlige Gutsherren eignen sich auf Rügen willkürlich die Güter wehrloser Bauern an und zwingen diese in die Leibeigenschaft. Wallensteins Söldner besetzen Schleswig und Holstein, Mecklenburg schließt sich Dänemark an. Das Land ist schwer verwüstet, Krieg und Seuchen reduzieren die Bevölkerung auf ein Viertel. Herzog Bogislaw XIV. stirbt, das pommersche Fürstenhaus erlischt.

◁ *Ansicht von Rostock auf einem Kupferstich von Georg Braun und Frans Hogenberg (Köln, um 1575)*

1666
Gründung der Kieler Universität.

1700
Im Nordischen Krieg fällt Schleswig erneut an die Dänen. Schweden und Brandenburg-Preußen teilen sich Vorpommern. Brandenburgisch-preußische Truppen landen an Rügens Südküste und schlagen die Schweden unter König Karl XII., die aber die Hoheit über die Insel behalten.

1720
Durch den »Stockholmer Frieden« kommt Vorpommern und damit auch die Insel Usedom an Brandenburg-Preußen.

1755
Zwischen den Ständen und den Herzögen Mecklenburgs wird der »Landesgrundgesetzliche Erbvergleich« geschlossen – er gilt bis 1918.

Ab 1765
Die typisch schleswig-holsteinische Knicklandschaft entsteht durch die Parzellierung der Ländereien.

1777–84
Bau des Schleswig-Holsteinischen Kanals (»Eiderkanal«).

1793
In Bad Doberan, im Stadtteil Heiligendamm, wird das Kurhaus eröffnet – Auftakt des Bädertourismus.

1802
Erstes Seebad in Travemünde.

Bedeckend, aber nicht unattraktiv: schmuckes Badekleid aus der Zeit um 1900

Neckische Grüße aus Travemünde auf einer historischen Postkarte

Chronik der Ostseeküste

1806
Franzosen besetzen Usedom.

1810
Fürst Wilhelm Malte I. gründet den Ort Putbus.

1812/13
Die Inselbevölkerung Usedoms greift zu den Waffen, um am Freiheitskampf gegen die napoleonische Fremdherrschaft teilzunehmen. – In Grömitz und Haffkrug beginnt der Badebetrieb.

1815
Laut Beschluss des Wiener Kongresses gehört Rügen künftig zu Preußen.

1819
In Mecklenburg wird die Leibeigenschaft aufgehoben.

1820
Beginn des ersten Badebetriebs in Swinemünde, es folgt das Dörfchen Neukrug bei Heringsdorf. 1872 gründet der Berliner Bankier Hugo Delbrück die Aktiengesellschaft Seebad Heringsdorf, Ende des 19. Jh. gilt Heringsdorf als internationales Luxusbad ersten Ranges.

1827
In Mecklenburg wird die erste Chaussee fertiggestellt. Sie ist Teil einer Strecke von Berlin nach Hamburg.

1844
Die erste Fabrik zur Herstellung von Schlämmkreide nimmt in Sassnitz ihren Betrieb auf, ab 1860 entwickelt sich die Gemeinde zum führenden Badeort der Insel.

1848
Die Deutschen in Schleswig-Holstein erheben sich gegen die dänische Herrschaft und bilden in Kiel eine provisorische Regierung. Das Lied »Schleswig-Holstein meerumschlungen« wird zur Hymne der Unabhängigkeitsbewegung.

Blick über die Förde auf Kiel um 1855

1850
Nach der Schlacht bei Idstedt fallen Schleswig und Holstein zurück an den dänischen König.

1864
Dänemark verliert die Herzogtümer Schleswig und Holstein an Preußen und Österreich.

1871
Schleswig-Holstein und die Herzogtümer Mecklenburgs werden Teil des Deutschen Reiches. Kiel wird »Reichskriegshafen« und in der Folge ein wichtiger Marine- und Rüstungsstandort.

1882
Der Kieler Yacht Club organisiert die erste Kieler Regatta. Ab 1894 gibt es die »Kieler Woche«.

1895
Nach acht Jahren Bauzeit wird der Kaiser-Wilhelm-Kanal eröffnet, der später in Nord-Ostsee-Kanal umbenannt wird. – Auf Rügen unternimmt die dampfbetriebene Kleinbahn »Rasender Roland« ihre Jungfernfahrt – sie fährt noch heute.

Gedenktafel zur Novemberrevolution am Kieler Gewerkschaftshaus

1898
Das Wahrzeichen Ahlbecks, die Seebrücke, wird fertiggestellt. Kaiser Wilhelm II. lässt seiner Mätresse, der Konsulin Steude, am Strand von Heringsdorf eine schlossartige Villa bauen. Die Bezeichnung »Kaiserbäder« für Bansin, Heringsdorf und Ahlbeck wird geprägt.

1918/19
Aufstand der Kieler Matrosen gegen Ende des Ersten Weltkriegs. Auch in Mecklenburg werden Arbeiter- und Soldatenräte gebildet. Die Unruhen enden mit der Abdankung des Kaisers und der Gründung der Weimarer Republik.

1920
Die Bevölkerung Nordschleswigs entscheidet sich in einer Volksabstimmung für den Anschluss an Dänemark, die Bevölkerung Mittelschleswigs bleibt bei Deutschland.

1932
Die NSDAP wird bei den Reichstagswahlen stärkste Partei in Schleswig-Holstein.

1934
In Kiel wird die Marine verstärkt, in Rostock und Wismar entstehen Rüstungsfabriken. Mecklenburg-Schwerin und Mecklenburg-Strelitz werden zum Land Mecklenburg unter einem »Reichsstatthalter« vereinigt.

1936
Eröffnung des Rügendamms, der die Insel mit dem Festland verbindet. In der Kieler Bucht finden die Segelwettbewerbe der Olympischen Sommerspiele statt. In Peenemünde bauen die Nazis eine Luftwaffenversuchsstelle – am 3.10.1942 erfolgt der erste erfolgreiche Start der »V2«-Rakete.

1938
Am 9. November brennen in vielen Städten entlang der Ostseeküste die Synagogen. In Prora beginnen die Bauarbeiten für das »Kraft-durch-Freude«-Bad, ein Vorzeigeobjekt der Nazis.

1939–45
Im Zweiten Weltkrieg werden große Teile von Kiel, Stralsund, Wismar und Rostock zerstört. In Lübeck fallen die Bomben zuerst, später wird der Lübecker Hafen zum Umschlaghafen für Schiffe des Roten Kreuzes und somit verschont. Auf Usedom fordert die Bombardierung durch amerikanische Flugzeuge 23 000 Opfer. Kurz vor Kriegsende lässt das deutsche Militär den Rügendamm sprengen.

Chronik der Ostseeküste

Bei Kriegsende flüchtet die Deutsche Reichsregierung unter Großadmiral Karl Dönitz nach Flensburg. Nach der Kapitulation wird Schleswig-Holstein der britischen Militärregierung unterstellt. Über eine Million Flüchtlinge aus Pommern, Ostpreußen, Polen und Schlesien finden in Schleswig-Holstein eine neue Heimat. Nach dem Potsdamer Abkommen fällt Hinterpommern an Polen, darunter auch Swinemünde. Vorpommern und Mecklenburg werden zusammengefasst und der sowjetischen Siegermacht unterstellt.

Brennendes Lübeck nach den Luftangriffen von 1942

1946
Großgrundbesitzer in Mecklenburg-Vorpommern werden enteignet, das Land an »Neubauern« umverteilt.

1952
Die Staatsregierung der DDR lässt Sperren entlang der Grenze zur BRD bauen. Entstehen der ersten landwirtschaftlichen Produktionsgenossenschaften, bis 1960 sind alle Bauern in Mecklenburg-Vorpommern trotz teilweise erheblichen Widerstands Mitglied einer LPG.

1960–63
Bau der Fehmarnsundbrücke, die die Insel mit dem Festland verbindet.

1972
Die Kieler Bucht ist erneut Austragungsort der olympischen Segelwettbewerbe.

Ab 1982
In beiden Teilen Deutschlands entwickelt sich die Friedensbewegung, die den Rüstungswettlauf anprangert und vor einem Atomkrieg warnt.

1986
Erstes Schleswig-Holstein Musik Festival.

1987
Teile der Lübecker Altstadt werden in die Liste des UNESCO-Weltkulturerbes aufgenommen.

1989
Auch in den Städten Mecklenburg-Vorpommerns finden Montagsdemonstrationen statt. Im Herbst wird die deutsch-deutsche Grenze auch zwischen Mecklenburg-Vorpommern und Schleswig-Holstein durchlässig.

1990
Im Oktober wird Mecklenburg-Vorpommern Bundesland der Bundesrepublik, mit Schwerin als Hauptstadt.

Seit 1990
Große Naturräume entlang der Küste werden unter Naturschutz gestellt. Tourismus und Fremdenverkehr werden zu einem entscheidenden Wirtschaftsfaktor. Vor allem die Küstenorte Mecklenburg-Vorpommerns ent-

wickeln ihre Infrastruktur zur Beherbergung von Gästen aus dem In- und Ausland.

1993
Heide Simonis wird in Schleswig-Holstein als erste Frau zur Regierungschefin eines deutschen Bundeslandes gewählt.

1994
Rostock-Warnemünde wird Sitz der Reederei und bedeutender Standort der erfolgreichen AIDA-Kreuzfahrt-Flotte, bis 2012 wird jedes Jahr ein neues Schiff hinzukommen.

2002
Die historischen Stadtkerne Stralsunds und Wismars werden als UNESCO-Weltkulturerbe anerkannt.

2005
Erosionsbedingter Abbruch der berühmten Wissower Klinken auf Rügen.

2007
Die Staatsoberhäupter der G8-Länder tagen in Heiligendamm. Zahlreiche Protestaktionen begleiten das Treffen. – Einweihung der 1070 Meter langen Rügenbrücke am 20. Oktober.

2010
Das Schleswig-Holstein Musik Festival feiert Jubiläum: Zum 25. Mal treffen sich Musiker aus aller Welt.

2011
Die Planung für einen Tunnelbau, der Fehmarn mit Dänemark verbinden soll, schreitet voran. Die Eröffnung ist für 2020 geplant. Im August wird auf Usedom die längste Strandpromenade Europas eröffnet, sie reicht von Bansin über Ahlbeck bis ins polnische Swinemünde.

Das Rathaus von Stralsund zählt zu den bedeutendsten Profanbauten der Backsteingotik im Ostseeraum

Chronik der Ostseeküste

Ziert die 100-Euro-Goldmünze von 2007: Lübeck als UNESCO-Weltkulturerbe

Die Seebrücken der Ostseebäder – dem Horizont ein Stückchen näher

Die schönsten Reiseregionen der Ostseeküste

Region 1
Die Flensburger Förde

Lachmöwen finden sich im ganzen Ostseeraum

Die Flensburger Förde

Hoch im Norden

Die Region hoch oben im Norden Deutschlands ist traditionell geprägt durch ihre Grenze zu Dänemark und durch gemütliche Dörfer in romantisch-üppiger Knicklandschaft. Die letzte Eiszeit hinterließ fruchtbares Ackerland und steile Uferküsten, die Lage an der Ostsee und den Nachbarländern prägte jahrhundertelang die Menschen und ihre Kultur. Die nördlichste Stadt Deutschlands unterstand 400 Jahre lang dänischer Herrschaft und noch heute gibt es zahlreiche enge Kontakte zum königlichen Nachbarn.

1 Flensburg

Um 1200 als dänischer Handelsstützpunkt gegründet, liegt Flensburg heute direkt an der Grenze zu Dänemark. Jeder Fünfte spricht hier Dänisch als Muttersprache, es gibt dänische Kindergärten und Schulen

Flensburgs Ostufer mit der Kirche St. Jürgen

sowie eine dänische Zeitung. Man spricht Petuh, einen Dialekt mit dänischen, nieder- und hochdeutschen Elementen.

Die drittgrößte Stadt Schleswig-Holsteins (85 500 Einw.) kann auf eine 800-jährige maritime Tradition zurückblicken. Der Name soll auf einen Ritter namens Fleno zurückgehen, der seinen Wohnsitz an der Förde aufschlug, weil es verkehrsgünstig zwischen zwei bedeutenden Handelsstraßen lag.

1284 erhielt man das Stadtrecht, 1345 wurde die Stadtmauer errichtet. Flensburg war von großer wirtschaftlicher Bedeutung und wurde deshalb im Dreißigjährigen Krieg von Wallensteins Truppen eingenommen, konnte aber für eine gewaltige Summe freigekauft werden. Als der Stern der Hansekönigin Lübeck zu sinken begann, stieg Flensburg Mitte des 16. Jahrhunderts zur mächtigsten Handelsstadt des skandinavischen Raums auf. Im 18. Jahrhundert kamen die Vollrigger von großer Westindienfahrt hier an. Kaffee, Tee, Tabak, Baumwolle und Edelhölzer fanden ihren Weg nach Norddeutschland. Im letzten Viertel des 18. Jahrhunderts verdreifachte sich die Handelsflotte der Stadt. Dabei verdankte Flensburg seinen blühenden Handel über die Mitte des 19. Jahrhunderts hinaus der Zugehörigkeit zu Dänemark. Vor 120 Jahren zählte die Flensburger Flotte noch über 200 Schiffe.

Mit der Fahrt des Seglers »Neptunus« 1755 begann die Rum-Geschichte der Stadt. Von den Zuckerrohrplantagen Dänisch-Westindiens brachte er den Rohstoff für den Hochprozentigen mit, der von Flensburg aus den Weg in die weite Welt antrat. Als brauner Rohzucker kam der Stoff auf den Schiffen daher, als brauner Rum verließ er die Destillen der Stadt. Auch reiner Rum wurde den Engländern in Jamaika abgekauft, in Flensburg auf Trinkstärke herabgesetzt und in alle Welt vertrieben.

***Norddeutsches Grog-Rezept:* »Rum muss, Zucker kann, Wasser braucht nicht«.**

Der Handel mit Tabak verhalf Flensburg zu großem Wohlstand

Rote Kugeln am Fischernetz helfen dabei, die Netze im Wasser zu erkennen

Segelboote gehören an der Ostsee einfach dazu

Die Namen Flensburger Spirituosenhändler gelangten auf viele Flaschen, wo sie auch heute noch zu finden sind, darunter Hans »Hansen« und Hans Hinrich »Pott«. Im **Rummuseum** – übrigens dem einzigen seiner Art in Deutschland – kann man der Frage nachgehen, was denn eigentlich der Unterschied zwischen »Verschnitt« und »Übersee-Rum« ist. Das **Schifffahrtsmuseum** informiert über die Geschichte der Flensburger Seefahrt.

Mit dem Aufschwung des Handels änderte sich auch das Stadtbild. Das Hafengelände wurde ausgebaut, mehrgeschossige Packhäuser und Verwaltungsgebäude entstanden, um die Waren aus aller Welt aufnehmen zu können. Aus dem Umland kamen viele Arbeitskräfte, ein neuer Stadtteil entstand ab 1796 außerhalb der alten Stadtgrenzen: die Neustadt.

Ein Bummel durch die Gassen von Flensburg ist eine gemütliche Angelegenheit. Wer möchte, folgt dem ausgeschilderten »Kapitänsweg«, einem fast fünf Kilometer langen Stadtrundgang mit Texttafeln, der beim Schifffahrtsmuseum beginnt. Die Kaufmannshöfe der Altstadt wurden zwischen dem 17. und dem 18. Jahrhundert gebaut, steinerne Zeugen blühenden Handels. Der fünfgeschossige Westindienspeicher, der größte der Stadt, und der Speicher des Brasseriehofs vervollkommnen das Bild der historischen Handelsstadt. Die schönste Straße Flensburgs ist wahrscheinlich die Rote Straße, am Anfang der Fußgängerzone. Die größte Kirche, St. Nikolai, steht am Südermarkt. Sie wurde zwischen 1390 und 1480 errichtet. Besonders sehenswert sind auch das Portal der Ratsapotheke von 1603 (Holm, Nr. 13) und das Stadtpalais aus dem 19. Jahrhundert (Holm, Nr. 10).

Am Hafen, einst Dreh- und Angelpunkt der Stadt, geht es heute meist eher ruhig zu. Wer Flensburg vom Wasser aus sehen möchte, kann eine Fahrt auf der »Alexandra« unternehmen, einem liebenswerten alten Salondampfer von 1908.

Am Ende des Holms geht es auf der Rathausstraße Richtung **Museumsberg Flensburg**. Hier werden Leben und Kultur im ehemaligen Herzogtum Schleswig präsentiert, anhand von Möbeln und ganzen Bauernstuben kann man dem Flair vergangener Zeiten nachspüren. Eine Gemäldesammlung norddeutscher Maler des 19. und 20. Jahrhunderts, das Naturwissenschaftliche Museum und das Eiszeit-Haus, das über die Landschaftsentstehung der Region informiert, sind ebenfalls vorhanden.

Neben dem Rum und einer führenden Biersorte kennt man Flensburg vielerorts noch aus zwei anderen Gründen – wegen des punktezählenden Kraftfahrtbundesamts im Stadtteil Mürwick und wegen des Unternehmergeistes der 2001 verstorbenen Großhändlerin in Sachen Sexartikel, Beate Uhse. Offensichtlich wird der Stadt zugetraut, mit »Sünden« verschiedenster Art fertigzuwerden.

Service & Tipps:

Flensburg Fjord Tourismus GmbH
Rathausstr. 1, am ZOB
24397 Flensburg
✆ (04 61) 909 09 20
www.flensburg-tourismus.de

Phänomenta
Norderstr. 157-163, Flensburg
✆ (04 61) 14 44 90
www.phaenomenta.com
Juni-Sept. Mo-Fr 10-18, Sa/So 11-18, Okt.-Mai Mo-Fr 9-17, Sa/So 11-18 Uhr
Eintritt € 9,50/7, Besucherkarte plus (zwei Erw. plus zwei Kinder unter 16) € 28
Naturwissenschaft und Technik an 120 Stationen durch »Begreifen« erleben und verstehen, mit »Zwergen-Phänomenta« speziell für Kinder zwischen 3 und 6.

Schifffahrtsmuseum/ Rummuseum
Schiffbrücke 39, Flensburg
✆ (04 61) 85 29 70
www.schiffahrtsmuseum.flensburg.de
April-Okt. Di-So 10-17, Nov.-März Di-So 10-16 Uhr
Eintritt € 4/1,50, Fr Eintritt frei
Im alten Zollpackhaus werden Bilder, Modelle und Gerätschaften rund um das Thema Schifffahrt ausgestellt. Das Rummuseum informiert über das geschichtsträchtige Getränk. Das heutige Museumsgebäude war früher Lager für Eichenholzfässer, die den »Pure Rum« aus Dänisch-Westindien enthielten.

Museumsberg Flensburg Städtische Museen und Sammlungen für den Landesteil Schleswig
Museumsberg 1, Flensburg
✆ (04 61) 85 29 56, www.flensburg.de
Nov.-März Di-So 10-16, April-Okt. Di-So 10-17, ganzjährig Do bis 20 Uhr
Eintritt € 4/1,50
Das Heinrich-Sauermann-Haus (Möbelfabrikant und Museumsbegründer) und das Hans-Christiansen-Haus bieten Ein-

Museumsreif?

Was ist ein Knick?

Ein typischer Knick, auch »Wallhecke« genannt, ist ein ungefähr einen Meter hoher Erdwall, auf dessen abgeflachter Oberseite strauchartige Gehölze wie Schlehdorn, Holunder oder Brombeeren wachsen. Sie sollen den Wind bremsen und dadurch die Bodenerosion, also das Abtragen von Humus und Sand, verhindern.

Jeder Knick ist ein hochkomplexer, einzigartiger Lebensraum. Igel finden reichlich wirbelloses »Knabberzeug«, Singvögel haben hier ihre Kinderstuben und Greifvögel auf Nahrungssuche nutzen die höchsten Äste als Aussichtsplattform. In nur einem Kilometer Wallhecke leben etwa 1600 bis 1800 verschiedene Arten. Ein einzigartiger Schatz, denn auf den wirtschaftlich genutzten Ackerflächen überleben aufgrund von jahrhundertelanger Düngung nur wenige Tierarten.

Nach den Agrarreformen im 18. Jh. wurden die Eigentümer der Nutzflächen dazu verpflichtet, Knicks als Begrenzungswälle anzulegen, zur Einzäunung des Viehs. Zur Schonung der Wälder sollte zudem Brennholz gewonnen werden. Auch das Ansiedeln der Tiervielfalt war Teil des Plans, denn viele Knickbewohner stehen im Dienst der Schädlingsbekämpfung auf den Feldern.

200 Jahre später sorgte eine weitere Agrarreform in Mecklenburg-Vorpommern für die weitgehende Auslöschung der historisch gewachsenen Knicks, als für die volkseigenen LPG-Betriebe der DDR riesige Ackerflächen zusammengelegt wurden.

Auch heute werden in Schleswig-Holstein im Rahmen der intensivierten Landwirtschaft die Wallhecken teilweise als hinderlich empfunden. Aber Paragraf 25 des Landesnaturschutzgesetzes wurde rechtzeitig eingeführt, um die wertvollen Lebensräume heimischer Flora und Fauna zu schützen. Ziel der Gesetzgebung ist es, eine »Knickdichte« von 60 laufenden Metern je Hektar in landwirtschaftlich geprägten Gegenden zu erhalten.

Laut dem Deutschen Naturschutzbund existieren derzeit noch rund 46 000 Kilometer Knick.

Knicks prägen das Hinterland der Ostseeküste

Die 1908 gebaute »Alex« ist das letzte »seegehende« Passagierdampfschiff Deutschlands

Aus Munketoft kommt »Flens«, das Flensburger Pils aus den bekannten Bügelverschlussflaschen, die beim Öffnen »Plopp« machen. 1888 gegründet, entwickelte sich das Unternehmen in den 1930er Jahren zu einer der größten Brauereien Schleswig-Holsteins.

blicke in die Kunst- und Kulturgeschichte der Region. Gezeigt werden u.a. eine umfangreiche Möbelsammlung, Kirchenkunst und rekonstruierte Bauernstuben, auch Werke bedeutender Künstler der Region – Ernst Nolde, Ernst Barlach und Erich Heckel, sowie Sonderausstellungen. Eines der größten Museen Schleswig-Holsteins (mit Museums-Café).

Flensburger Brauerei
Munketoft 12, Flensburg
✆ (04 61) 31 80 21 10, www.flens.de
Besichtigung mit Führung (rechtzeitige Voranmeldung notwendig).

Viking Schiffsbeteiligungs GbR
Augustastr. 9, Flensburg
✆/Fax (04 61) 255 20
www.viking-schifffahrt.de
Juli/Aug. tägl. alle 2 Stunden von 9.30–15.30 Uhr, April–Juni und Sept.–Dez. mehrfach wöchentlich
Ticket nach Flensburg € 6/2, Förderundfahrt € 9/4, auch Sonderfahrten zu besonderen Anlässen
Fahrten in der Flensburger Förde zwischen Flensburg und Glückstadt.

Förderverein Salondampfer Alexandra
Schiffbrücke 22, Flensburg
✆ (04 61) 212 32, 0171-316 40 07
www.dampfer-alexandra.de
Tickets ab € 10/5
Die 1908 gebaute »Alex« ist das letzte seegehende Passagierdampfschiff Deutschlands. Verschiedene Förderundfahrten an Wochenenden im Angebot.

Niederdeutsche Bühne Flensburg e.V.
Augustastr. 3–5, Flensburg
✆ (04 61) 137 90
www.niederdeutschebuehne.de
Theaterkasse: Rathausstr. 22, Kartenvorbestellung ✆ (04 61) 233 88, ab € 14,50
Eine Chance, das Plattdeutsche einen Abend lang live zu erleben. Auch Kindertheater und Lesungen.

Piet Henningsen
Schiffbrücke 20
Flensburg
✆ (04 61) 245 76, tägl. 11.30–24 Uhr
Überregional bekanntes Fischrestaurant, 1886 gegründet, mit Biergarten

und Terrasse, serviert werden Spezialitäten wie Aalragout mit geschmorten Gurken und Zwiebeln in feiner Dillsoße. €-€€

Fördestübchen
Schiffbrücke 7
Flensburg
✆ (04 61) 136 29
»Urige« Kneipe mit familiärer Atmosphäre, Krabbengerichte nach Tagespreis, Bauernfrühstück, Lachs und Scholle, mit ein paar Tischen zum Sitzen vor dem Haus, mit Blick auf den Hafen. €

Feste & Veranstaltungen
Mai/Himmelfahrt: **Rumregatta** der Museumsschiffe
2. Wochenende im Juli: **Dampf-Rundum** - Hafen- und Stadtfest
Juli/August: **Flensburger Hofkultur** (www.hofkultur.flensburg.de) - Musik, Kabarett und Theater, open air in Kaufmanns- und Handwerkerhöfen, bei Regen mit Ausweichquartieren
3. Wochenende im Oktober: **Apfelfahrt** der Traditionssegler
Dezember, 2. Weihnachtstag: **Grogtörn** der Museumsschiffe.

2 Glücksburg

Hoch im Norden Deutschlands – beinahe schon in Dänemark – liegt Glücksburg. Hier erbauten die Herzöge zu Schleswig-Holstein von 1582 bis 1587 ein **Schloss**, das beinahe über dem umgebenden Wasser zu schweben scheint. Ganz in Weiß, mit achteckigen Türmen entstand der Bau auf den Resten eines Zisterzienserklosters. Der Wahlspruch des Hauses, »GgGmF«, steht über dem Eingangsportal: »Gott gebe Glück mit Frie-

Anglerparkplatz abseits der Flensburger Förde

Glücksburg: historischer Briefkasten aus großer Zeit

Schloß Glücksburg wurde von 1583 bis 1587 unter Herzog Johann dem Jüngeren erbaut. Sein namensgebender Wahlspruch »Gott gebe Glück mit Frieden – GgGmF«, findet sich noch heute über dem Eingangsportal

den«. Glücksburg gilt als Wiege der europäischen Königshäuser, denn der »Schwiegervater Europas«, König Christian IX. von Dänemark (1818-1906) aus dem Haus Glücksburg, brachte viele seiner Kinder in den verschiedenen Adelshäusern des Kontinents unter.

Heute ist der Besitz noch immer in adliger Familienhand. Im Internetauftritt des Hauses grüßt freundlich Christoph Prinz zu Schleswig-Holstein, auch im Namen seiner Familie – und der Stiftung. Denn wie in allen modernen Adelshäusern hat man auch in Glücksburg eine solche ins Leben gerufen, um mithilfe der Einnahmen den Stiftungszweck, die Pflege des Schlossensembles und die Erhaltung des Kulturbetriebs, zu erfüllen.

Die bedeutende Sammlung niederländischer Tapisserien und flandrischer Ledertapeten ist eine der besonderen Attraktionen des Schlosses. Zierlich und elegant spannt sich die Stuckdecke im Roten Saal – sie zählt zu den frühesten in Schleswig-Holstein. Kostbare Möbelstücke aus der Zeit zwischen Rokoko und Biedermeier, erlesenes Porzellan und Silber ergänzen die Sammlungen. Zahlreiche Porträts dokumentieren die Familienhistorie der Oldenburger und Glücksburger und auch die wechselhafte deutsch-dänische Geschichte, die diese Region schon immer prägte.

Das schöne Motto des Hauses passt übrigens auch zu zwei anderen Aktivitäten, denen man auf Schloß Glücksburg nachgehen kann: zum Tagen und zum Heiraten. Für Letzteres gibt es ein überaus stilvolles Trauzimmer und eine 1717 erbaute Schlosskapelle, übrigens eine der frühesten protestantischen Kirchen Schleswig-Holsteins, die unter Herzog Philipp Ernst barock ausgestattet wurde.

Des Öfteren haben Film- und Fernsehproduktionen das Schloss als glamouröse Kulisse verwendet. Auch Joachim Fuchsberger und Eddi Arent standen hier schon für einen Edgar-Wallace-Krimi (»Die Bande des Schreckens«) vor der Kamera.

Mitte des 19. Jahrhunderts ist der Ort beim Schloss nur ein Flecken mit Marktrecht und etwa 800 Einwohnern. Dies ändert sich ab den 1870er-Jahren. Der Aufstieg als Fremdenverkehrsort hat seinen Ursprung in der Gründung der »Ostseebad-AG« durch findige Flensburger und Glücks-

burger Geschäftsleute und Ärzte. 1872 wird in Sandwig (heute noch der Hauptstrand) das erste kleine Kurhaus eröffnet, 1875 dann an seiner Stelle das **Strandhotel** gegenüber der Dampferanlegebrücke.

Kaiser Wilhelm II. ist zu Gast hier – und isst sich durch das »Kaisermenü« mit zehn Gängen –, Kaiserin Auguste Viktoria weilt häufiger zu Besuch, weil ihre Schwester mit einem Glücksburger Herzog verheiratet ist. Zwischenzeitlich als Erholungsheim genutzt, wird das Haus 2000 als nobles »Strandhotel« wieder eröffnet – ein Aufenthalt in Glücksburg sollte unbedingt einen Cafébesuch auf der Sonnenterrasse beinhalten.

Der kleine Badeort steigt zur Stadt auf, wächst und gedeiht. Heute leben hier 6000 Menschen, die überwiegend im Fremdenverkehr tätig sind.

Mit Hilfe der Hanseatischen Yachtschule von 1925, der größten und ältesten Segelschule Deutschlands, lernen alljährlich viele Landratten den Umgang mit Reff und Ruderpinne. Zahlreiche Kur- und Wellness-Einrichtungen nutzen die gute Luft und schöne Umgebung. Während die einen sich hier bei der Reha erholen, verausgaben sich andere alljährlich im August beim »Ostseeman-Triathlon«.

Service & Tipps:

TouristServiceCenter Glücksburg
Schloß Glücksburg
24960 Glücksburg
✆ 0800 202 00 40
www.gluecksburg-ostsee.de
Mo–Fr 9–18, Sa/So/Fei 10–14 Uhr
Stadt- und Schlossrundgänge zu verschiedenen Themen. Schifffahrten nach Flensburg, s. o.

Schloßmuseum Glücksburg
Im Schloss, Glücksburg
✆ (046 31) 22 43 und 22 13
www.schloss-gluecksburg.de
Mai–Sept. tägl. 10–18, Okt. Di–So 10–18, Nov.–April Sa/So 10–17 Uhr, Eintritt € 6/3,50, Juli/Aug. Führungen speziell für Kinder (Mo 11 Uhr)
Das Wasserschloss birgt Gemälde, kostbare Ledertapeten und erlesenes Porzellan. Besonders schön: das Rosarium im Schlosspark mit über 500 Rosensorten (✆ 046 31-601 00, Mitte Mai–Ende Sept. tägl. 10–18 Uhr, mit Shop und Café).

Artefact Powerpark
Bremsbergallee 35
Glücksburg
✆ (046 31) 611 60
www.artefact.de
April–Sept. Mo–Fr 9–18, Sa/So 10–18, Okt. tägl. 10–18 Uhr, Eintritt € 4/3
Energie-Erlebnispark zum Thema Umwandlung von Sonnenstrahlung zu Strom. Über 30 Stationen zum Begreifen der Theorie aus dem Physikunterricht.

Fördeland Therme Glücksburg
Sandwigstr. 1a
Glücksburg
✆ (046 31) 44 40 70
www.foerdeland-therme.de
So–Do 10–22, Fr/Sa 11–1 Uhr
Eintritt ab € 10/7, Saunawelt ab € 14/11
Erlebnisbad mit Saunalandschaft, Fitness- und Schwimmkursen und Gastronomie. Im Sommer oft Sonderveranstaltungen auf dem Gelände.

Restaurant Glücksburger Schlosskeller
Im Schloss
✆ (046 31) 38 58, www.schlosskeller.de
Mo–Fr 11–14.30, 18–22, Sa/So 11–22, Di Ruhetag. €€

Rosen-Café
Am Schlosspark 2 a, Glücksburg
✆ (046 31) 60 10 21
Tägl. 10–18, im Winter ab 12 Uhr, Mo Ruhetag.

Restaurant Meierei Dirk Luther
Im Hotel Alter Meierhof
Uferstr. 1, Glücksburg
✆ (046 31) 619 94 11
www.alter-meierhof.de
Di–Sa 18.30–21.30 Uhr (Küche)
Sterneküche in gleich zwei Restaurants im noblen Hotel. Sehr schöner Panoramablick über die Ostsee Richtung Dänemark. €€€

Die Wildrose
Sandwigstr. 1, Glücksburg
✆ (046 31) 44 45 80

Heckrindkalb auf der Halbinsel Holnis

Das Leuchtfeuer von Falshöft verrichtete seinen Dienst an der Flensburger Außenförde von 1910 bis 2002

www.diewildrose-gluecksburg.de
Hübsches Café und Geschenkartikelshop.

Feste & Veranstaltungen
Juni: **Rosenfest** im Rosarium
Juli: **Strandmeile Glücksburg** – Stadtfest und Schwimmwettbewerb »Förde-Crossing« mit großem Feuerwerk
August: »**OstseeMan**« – Langtriathlon mit Rahmenprogramm.

3 Halbinsel Holnis

Einst war dieser nördlichste Zipfel der deutschen Ostseeküste eine wichtige Station auf dem Weg der Händler von Angeln nach Dänemark. Und schon vor 5000 Jahren siedelten auf Holnis Bauern und Fischer, wie steinzeitliche Waffen- und Werkzeugfunde beweisen.

Ebenfalls auf der Halbinsel, zur Außenförde hin, liegt der Sandstrand **Holnis Drei** mit seiner zwei Kilometer langen Promenade, einem nahe gelegenen Campingplatz und einigen Restaurants. Der Badestrand mit einer großen Flachwasserzone ist besonders kindgerecht.

Empfohlen sei auch das Wandern im 400 Hektar großen **Naturschutzgebiet** und auf dem **Theodor-Fontane-Wanderweg**, der rund neun Kilometer lang um die Nordspitze der Halbinsel, vorbei am Steilufer, am Holnis Noor und am Leuchtturm Schausende zum Pugumer See führt.

Service & Tipps:

Naturschutzgebiet Holnis
Infohütte ✆ (046 31) 29 73 und 44 16 88, www.nabu-sh.de

Fährhaus Holnis
Holnisser Fährstr. 21, Holnis
✆ (046 31) 613 30
Di Ruhetag
Restaurant mit regionaler Küche und Café mit Terrasse in einer historischen Hofanlage. €-€€

Ausflugsziele:

Munkbrarup, wegen der imposanten Holländermühle mit dem schönen Namen »Hoffnung« von 1868.

Sörup, wegen der St.-Marien-Kirche, eine jütischen Granitquaderkirche aus dem 12. Jh.

Landschaftsmuseum Angeln
Unewatt, bei Langballig
✆ (046 36) 10 21
www.museum-unewatt.de
April, Okt. Fr-So 10-17, Mai-Sept. Di-So 10-17 Uhr, Mo geschl.
Eintritt € 4,50/1
Auf »Museumsinseln« verteilt sich das Museum über den historischen Ortskern, in den verschiedenen Gebäuden wird Angeliter Landwirtschaftsgeschichte gezeigt. Im Sommer oft Sonderveranstaltungen, Führungen und Lesungen.

Megalithgräberfeld bei Oeversee/Munkwolstrup

Die Flensburger Förde von der Halbinsel Holnis aus gesehen

(Arnkiel-Park): Archäologisch-landeskundlicher Park mit sechs sogenannten Langbetten und einem Rundhügel aus der jüngeren Steinzeit (3500 v. Chr). Die Grabanlagen gelten als »Pyramiden des Nordens«, denn sie dienten den Menschen, die sie erbauten, zur Bestattung ihrer Toten. Die Gräber wurden aus Eiszeit-Findlingen (»Megalithen«) gebaut, eine Konstruktion, die erstaunliche Fähigkeiten und Wissen dieser frühen Bewohner der Region belegt.

Obstmuseum Pomarium Anglicum und Themengarten
Waldweg 2
24966 Sörup/Ortsteil Winderatt
✆ (046 35) 27 45, Eintritt € 6
Vorstellung der Obstsorten, auch Verkauf und Führungen.

Die Region Angeln hat in vielen Orten jahrhundertealte **Feldsteinkirchen** zu bieten, darunter: Steinbergkirche (12./13. Jh.), Esgrus (12. Jh.), Sörup und Sartrup (12. Jh.).

Die Halbinsel **Geltinger Birk** schirmt die Flensburger Förde vor der offenen Ostsee ab. In dem Naturschutzgebiet leben und brüten über 70 Vogelarten mit so hübschen Namen wie Knäkente, Mittelsäger oder Tüpfelralle. Es ist mit einer Gesamtfläche von 773 ha das größte Naturschutzgebiet des Kreises Schleswig-Flensburg. Östlich der Halbinsel, bei Falshöft, befindet sich eine Infostation mit kleiner Ausstellung über Flora und Fauna, die auch Führungen anbietet, Mo–Fr 9–16, Sa/So 11–16 Uhr, ✆ (046 43) 18 60 90. Vier Wanderwege von drei bis 13 km Länge führen durch das Gelände.

Tourist-Information Gelting
An der B199, Nordstr. 1a
24395 Gelting
✆ (0 46 43) 777
www.ferienlandostsee.de

Gasthaus Möwe Jonathan
24395 Pommerby
✆ (046 43) 29 88
www.moewe-jonathan.com
Liebevoll eingerichteter (Dekorationsthema: die Frau), 200 Jahre alter Landgasthof mit hausgemachter schwäbischer Küche und Vollwertkost mit umfangreicher Weinkarte. Zählt zu den besten Landgasthöfen der Region. Nichtraucherzone, Kinderspielzimmer im ersten Stock. €-€€

Simples Prinzip einer Aalreuse: Hinein geht's, aber nicht wieder raus

Region 2
Die Schleiregion und Schleswig

Bronzene Gewandfibel der Wikingerzeit

Die Schleiregion und Schleswig

Von Fischern, Heringen und Moorleichen

Der längste und schmalste Meeresarm der Ostsee, die Schlei, hat viele grüne Strände, die das Ufer von Kappeln bis Schleswig säumen. Die Region lässt sich hervorragend mit dem Kanu, dem Segelschiff oder per Rad erkunden, auch Schnorchelanfänger und Angelprofis fühlen sich hier wohl. Letztere fischen in der Region ganzjährig u.a. Meerforellen, Zander, Flussbarsche, Dorsche und natürlich Heringe aus dem seichten Gewässer.

42 Kilometer sind es von der Halbinsel Schleimünde an der Ostsee über Kappeln und Arnis bis zur Stadt Schleswig im Landesinnern. Entstanden als eine Art »Abflusskanal« aus der letzten Eiszeit, trennt dieser Meeresarm die Landesteile Angeln und Schwansen und besteht übrigens aus Brackwasser. Das ist nichts Schlimmes, sondern eine Mischung aus Salz- und Süßwasser, wobei der Salzgehalt von Schleswig bis Schleimünde immer weiter zunimmt.

In grauer Vorzeit und bis ins Mittelalter war die Schlei ein wichtiger Handelsweg, denn der Landweg von Schleswig zum

nächsten Nordseezubringer, der Treene – ein Nebenfluss der Eider, betrug nur 16 Kilometer. Bereits 1075 wird in Schriften erwähnt, dass von Haithabu – der Wikingersiedlung vor Schleswig – aus Schiffe bis Schweden und Griechenland geschickt wurden. Für die immer größer werdenden Schiffe der Hanse allerdings, vor allem für den Bautyp der Hansekogge, war der Wasserarm der Ostsee mit seiner durchschnittlichen Tiefe von drei Metern allerdings zu flach und verlor daher bald an Bedeutung.

In Angeln und der Schleiregion gibt es viele Ortschaften, deren Name auf »by«/»bu«(= Wohnort) endet: Haddeby, Sieseby, Fleckeby und natürlich Haithabu. Hat ein Dorfname eine solche Endung, lässt dies darauf schließen, dass der Ort etwa um das Jahr 1000 gegründet wurde, genauer gesagt, während der Herrschaft des Königs Olaf von Schweden. Andere Ortnamenendungen stammen auch noch aus der Zeit der »Nordmannen«, wie »torp« (= Dorf) und »-toft« (= Koppel).

Ältester Ort der Region ist wahrscheinlich Süderbrarup. Als Thingplatz mit heiliger Quelle und als Handelsplatz war es schon früh überregional bekannt. Im Thorsberger Moor nördlich des Stadtgebiets wurden bereits im 19. Jahrhundert Fundstücke – u.a. Waffen, Schilde und Prachtkleidung – aus der Zeit um das 1. Jahrhundert v. Chr. entdeckt, die heute im Landes-

An historischer Stelle rekonstruiert: Häuser (links unten) und Zaunbauweise des wikingerzeitlichen Handelsplatzes Haithabu

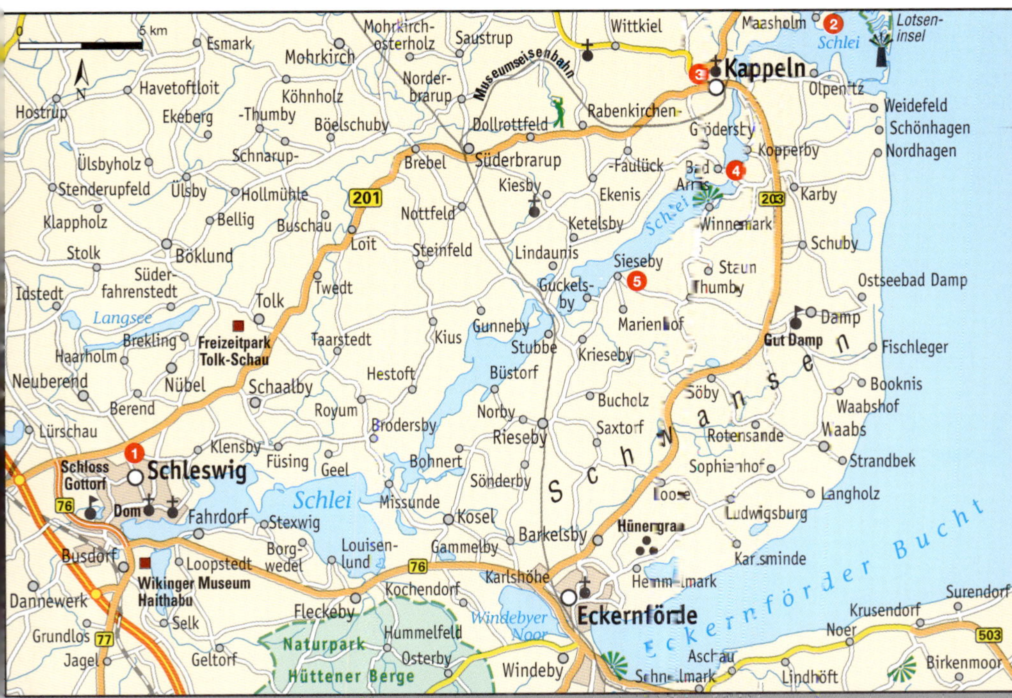

museum Schloss Gottorf in Schleswig aufbewahrt werden. Ein Ereignis für die Region ist alljährlich der Brarup-Markt, der am letzten Juli-Wochenende stattfindet. Der heute größte ländliche Jahrmarkt in Schleswig-Holstein wurde im Jahr 1593 erstmals erwähnt.

Briefmarke zum Gründungsjubiläum von Schleswig

Service & Tipps:

Tourist-Info Schleidörfer
Königstr. 3
24392 Süderbrarup
✆ (046 41) 20 47, Fax (046 41) 34 61
www.ostseefjordschlei.de

Unter www.gartenrouten-sh.de (und in den Tourist-Infos) gibt es Broschüren bzw. Druckdateien zu dem Projekt »**gartenrouten zwischen den meeren**«, das sich der Gartenkultur Schleswig-Holsteins verschrieben hat und ausgearbeitete Touren vorschlägt, die mit Auto, Rad oder per pedes Gärten und Parks der Region vorstellt.

Auch Hinweise zu Gartencafés, Gärtnereien und schönen Aussichtspunkten fehlen nicht.

1 Schleswig

1200 Jahre ist es her, dass der Ort »Sliaswich« oder »Sliestorp« erstmals erwähnt wurde: 804 kommt er in den Fränkischen Reichsannalen vor; das macht diese Stadt zu einer der ältesten Nordeuropas. Im 15. Jahrhundert war Schleswig als Residenzstadt der Gottorfer Herzöge politisches und kulturelles Zentrum der Region. Heute ist die Stadt mit ihren 24 000 Einwohnern mit den Sammlungen der Landesmuseen und den vielen Kulturdenkmälern vor allem von kultureller Bedeutung. Drei Dinge sollte ein Besuch unbedingt einschließen: den Blick in den mächtigen St.-Petri-Dom, einen Bummel durch die Altstadt und die Fischersiedlung Holm sowie einen Besuch von Schloss Gottorf.

Weithin in der Schleiregion sichtbar: der mächtige Turm des Schleswiger Doms

Der **Schleswiger Dom** ❶ entstand vom 12. bis 15. Jahrhundert. Sein weithin sichtbarer, 112 Meter hoher Turm wurde dem gotischen Bau 1894 hinzugefügt – ein Geschenk Preußens an seine Provinzhauptstadt. Im Inneren lohnt vor allem das Studium des berühmten Bordesholmer Flügelaltars mit seinen fast 400 geschnitzten Figuren von Hans Brüggemann. Jeder einzelnen seiner Figuren verlieh der große Holzschnitzer eine ausdrucksvolle Mimik und Gestik, um den Lebensweg Christi besonders anschaulich darzustellen. Der Künstler gestaltete auch die über vier Meter hohe Standfigur des heiligen Christopherus. Rund um den Dom bauten sich herzögliche Hofbeamte und hohe Kleriker ihre stattlichen Wohnsitze, darunter auch das **Königsteinsche Palais** ❷, der einstige Bischofssitz aus dem 15. Jahrhundert, und der **Plessenhof** ❸ von 1798, in dem heute die **Tourist-Info** ❺ residiert. Der **Hattenhof** ❹ aus dem 16. Jahrhundert war in seiner Geschichte schon Waisenhaus, Schule und Staatsarchiv.

Mittelpunkt der Altstadt ist der **Rathausmarkt** ❻, umgeben von schönen Häusern, aber insgesamt eher gemütlich denn prachtvoll. Das klassizistische Rathaus wurde

Fischer- und Bürgerhäuser auf dem Schleswiger Holm, im Zentrum der Friedhof

1795 fertiggestellt, das angrenzende »**Graukloster**«, das richtig Kloster St. Paul heißt und seinen Volksmundnamen angeblich aufgrund der ungefärbten, grauen Kutten der Franziskaner erhielt, kann im Rahmen von Stadtführungen besichtigt werden. In der ehemaligen Klausur des Klosters blieben Fresken aus dem 13. und 14. Jahrhundert erhalten.

Der **Holm** 7 (skandinavisch für Insel, denn eine solche war dieser Stadtteil bis 1933) gilt als einer der ältesten Teile der Stadt. Einen Eindruck von den kargen Lebensumständen vergangener Tage kann man sich bei einem Spaziergang verschaffen. Die winzigen Fischerhäuschen mit Klöndör, der »Plaudertür«, die auch zur Hälfte geöffnet werden kann, haben zum Teil auf der Rückseite einen direkten Zugang zur Schlei, dem längsten Meeresarm der Ostsee. Die Fischerboote konnten gleichsam im

Knauf eines Wikinger-schwerts

Hinterhof geparkt werden. Die kleinen Häuschen gruppieren sich um den Friedhof herum – ein würdiges Begräbnis war der einzige Luxus, den sich die Mitglieder des Beerdigungsvereins Holmer Beliebung nicht nehmen lassen wollten. Die Beliebung wurde 1650 nach dem Dreißigjährigen Krieg gegründet. Mitglieder erwarben das Recht auf ein würdiges Begräbnis und Beistand für die Angehörigen – keine Selbstverständlichkeit in Zeiten von Krieg und Pest.

Das um 1700 erbaute **Prinzenpalais** 9, unweit des Schlosses im Stadtteil Friedrichsberg, wurde benannt nach dem Prinzen zu Schleswig-Holstein-Sonderburg-Noer. Der Bau ist als einziges dreiflügeliges Herrenhaus in Stadtlage erhalten und beherbergt heute das Landesarchiv, das mehr als 12 000 Pergamenturkunden, 25 000 Karten und fast 30 000 Regalmeter Akten verwahrt. Kleine Ausstellungen im Haus werden aus ausgewählten Schätzen des Bestands zusammengestellt.

Gegenüber liegt die Anlage des **Günderothschen Hofs** 10, seit 1932 Heimat des Schleswiger Stadtmuseums mit heute vier Sammlungen, darunter seit 2002 auch das Teddy Bär Haus, das sich der Geschichte des »Seelentrösters« und Sammlerobjekts widmet.

Vorbei an dem monumentalen Bau des Oberlandesgerichts geht es zur mächtigen Vierflügelanlage des **Schloss Gottorf** 11. Ehemals Residenz der Herzöge von Schleswig-Holstein-Gottorf, beherbergen die weißen Mauern heute das **Schleswig-Holsteinische Landesmuseum** 12. Das Landesmuseum für Kunst und Kulturgeschichte zeigt Kunstschätze vom Mittelalter bis zur Gegenwart, das Archäologische Landesmuseum zählt zu den ältesten und größten seiner Art in Deutschland. Internationalen Rang hat die Sammlung durch das **Nydamschiff** und die **Moorleichen** aus der Zeit um Christi Geburt.

Rechtzeitig zur Landesgartenschau 2008 konnte die aufwändige Rekonstruktion des **Barockgartens** 13 abgeschlossen werden, der jetzt wieder prachtvoll mit Freitreppen, Wasserkaskaden und Fontänenbassins lockt. 2005 war bereits der berühmte **Gottorfer Globus** 14 im Fürstengarten der Schlossanlage wieder aufgestellt worden, eine Rekonstruktion nach historischem Vorbild. Zwischen 1650 und 1664 entstand am Gottorfer Hof Herzog Friedrichs III. ein Riesenglobus mit einem Durchmesser von über drei Metern. Er stellte äußerlich die Weltkugel dar, das Innere barg ein Planetarium, das den Sternenhimmel und den Son-

Ein Wunderwerk der Technik macht das Wunderwerk Sternenhimmel begreiflich: der Gottorfer Globus

nenlauf zeigte, so, wie sie von der Erde aus zu sehen sind. Ein Reiz besteht damals wie heute darin, dass man in den Globus hineinsteigen, dort Platz nehmen und die Sterne um sich herum kreisen lassen konnte und kann – kein Messinstrument sollte es sein, sondern die Veranschaulichung des Weltverständnisses seiner Erbauer und ihrer Zeit. Die rekonstruierte Globuskugel schwebt im ersten Stock des Globushauses fast wie im freien Raum. Die Aufhängungsachse verläuft parallel zur Erdachse, das Getriebe für die Globusmotoren verbirgt sich in der Zwischendecke. Die neuzeitliche Rekonstruktion ist in einem kubusartigen Bau untergebracht, der für einen unbequemen Spagat zwischen Barock und Moderne sorgt und schon Anlass von viel öffentlicher Diskussion war – jeder Besucher beurteile selbst!

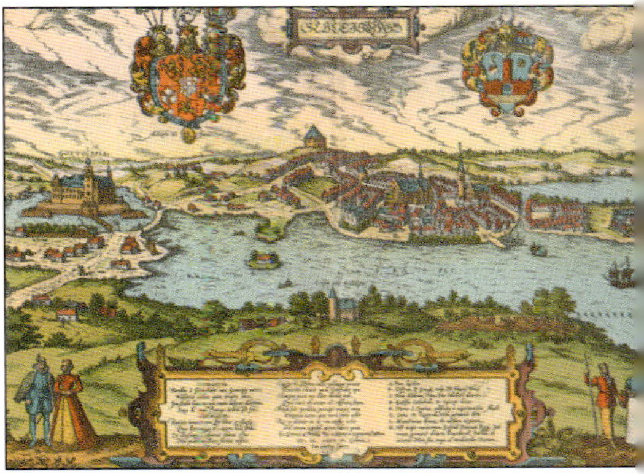

Historische Ansicht Schleswigs aus dem 16. Jahrhundert, oben links ist Schloss Gottorf zu sehen

Die Wurzeln Schleswigs liegen in **Haithabu** (»heihtabyr« = skand. Ort auf der Heide) am Haddebyer Noor. Vor den heutigen Stadtgrenzen liefen hier um das Jahr 1000 die wichtigsten Fernhandelswege der Wikinger zusammen. Händler aus Skandinavien, Russland, England, Frankreich, ja sogar Spanien kamen an die Schlei, um Waren feilzubieten und zu erwerben. In seiner Blütezeit hatte das Haithabu eine größere Ausdehnung als das damalige Köln – geschützt durch einen Befestigungswall, der noch heute zu erkennen ist.

Eine weitere Dependance der Landesmuseen ist das 1985 gegründete **Wikinger-Museum Haithabu** am Haddebyer Noor. Das Museum stellt die zahlreichen Funde aus, die Zeugnis ablegen von Haus- und Schiffbau, Handwerk und Kleidung der etwa 1000 Einwohner. Glanzstück der Ausstellung ist ein 30 Meter langes Kriegsschiff, das 1953 entdeckt und aufwändig geborgen und rekonstruiert wurde. In direkter Nachbarschaft lädt eine rekonstruierte Wikingersiedlung zur Zeitreise ein.

Wer sich aus der Ferne auf die Stadt zu bewegt, sieht von Weitem außer dem Dom auch den **Wiking-Turm** ⓯. Ein fast 90 Meter hohes Bauwerk, das in den 1970er-Jahren am Jachthafen enstand und über dessen mehr oder weniger vorhandene Schönheit sich gut streiten lässt – die phänomenale Aussicht aus dem Restaurant im obersten Stockwerk ist allerdings über jeden Streit erhaben

Service & Tipps:

Tourist-Info Schleswig ❺
Plessenstr. 7, 24837 Schleswig
✆ (046 21) 85 00 56, Fax (046 21) 85 00 55
www.ostseefjordschlei.de
Verschiedene Führungen, u.a. »Schleswigs Altstadt klassisch«, »Schleswig im Mittelalter« und »Altstadt-Abendbummel«, Treffpunkt Touristinfo

Holm-Museum
Außenstelle des Stadtmuseums
Süderholmstr. 2, Schleswig
✆ (046 21) 93 68 20, tägl. 10–17 Uhr
Eintritt frei
Eine kleine Fotoausstellung zeigt Bilder zur Geschichte der Holmbewohner.

Schleswig-Holsteinische Landesmuseen Schloss Gottorf ⓫⓬
Schloss Gottorf, Schleswig
✆ (046 21) 81 32 22 (Information)
www.schloss-gottorf.de
April–Okt. tägl. 10–18, Nov.–März Di–Fr 10–16, Sa/So 10–17 Uhr, Eintritt € 8,5
Öffnungszeiten und Eintritt gelten für alle Museen auf der Schlossinsel. Die Eintrittskarte berechtigt zum Besuch aller Museen auf der Schlossinsel sowie des Volkskunde Museums und des Barockgartens, jedoch nicht für den »Globus«.

Region 2 Die Schleiregion und Schleswig

Früher Adelssitz, heute Landesmuseum: Schloss Gottorf

Globus, April–Okt. tägl. 10–18 Uhr, Voranmeldung unter ✆ (046 21) 81 32 22 wird empfohlen. Eintritt mit Führung € 10/7, Eintritt ohne Führung, nur Außengelände € 5 (Der Einlass in das Globushaus nur zu jeder vollen Stunde möglich).
Die Stiftung der Landesmuseen umfasst diverse Museen in und um Schleswig. Zur Schlossanlage selbst gehören: das **Landesmuseum für Kunst und Kulturgeschichte**, das Kunstschätze vom Mittelalter bis zur Gegenwart in den historischen Sälen des Schlosses selbst zeigt, das **Archäologische Landesmuseum** in einem Nebengebäude sowie der **Barockgarten** 13 und das **Globushaus** 14.

Restaurant »Schlosskeller« mit schöner Café-Terrasse rechts vom Schlossportal. Reizvolle Idee: Wer mag, kann einen Picknick-Korb vorbestellen (✆ 0 46 21-38 30) und auf dem Gelände nach einem schönen Plätzchen suchen!

Stadtmuseum Schleswig im Günderothschen Hof 10
Friedrichstr. 9–11, Schleswig
✆ (046 21) 93 68 20
www.stadtmuseum-schleswig.de
Di–So 10–17 Uhr, Eintritt € 4/2
Stadtgeschichte Schleswigs vom Mittelalter bis zur Gegenwart. In Nebengebäuden: die historische Druckerei, eine Ausstellung zeitgenössischer Fotografien und das Teddy Bär Haus – Museum zur Geschichte des Erfolgsspielzeugs. Museumscafé, Shop (nicht nur für Museumsbesucher) und gebührenfreier Parkplatz.

Wikinger Museum Haithabu
Haddeby bei Schleswig
✆ (046 21) 81 30
www.haithabu.de
April–Okt. 9–17, Nov.–März Di–So 10–16 Uhr (im Winter sind die Wikingerhäuser geschl.), Eintritt € 6/4
Gezeigt wird Alltag, Handwerk und Handel der Wikinger anhand von Funden und Rekonstruktionen.

Volkskunde Museum
Suadicanistr. 46–54, Schleswig
✆ (046 21) 976 60
April–Okt. tägl. 10–18, Nov.–März Di–Fr 10–16, Sa/So/Fei 10–17 Uhr
Eintritt € 4/2,50, oder Verbundkarte s.o.
Das größte volkskundliche Museum des Landes auf dem Schleswiger Hesterberg zeigt eine spannende Dokumentation historischer Alltagskultur in Schleswig-Holstein und darüber hinaus Dauer- und und Sonderausstellungen zu landesgeschichtlichen und kulturwissenschaftlichen Themen vom 18. Jh. bis zur Gegenwart. Hübsches Museumscafé.

Schleischifffahrt
✆ (046 21) 233 19 und 516 84
www.schleischifffahrt.de
Abfahrt ab Schleihallenbrücke
Strecke 1: Schleswig–Missunde–Ulsnis–Schleswig; Strecke 2: Schleswig–Kappeln–Maasholm–Schleimünde–Schleswig
Mitte Juni–Mitte Sept. tägl. außer Di, Mitte April–Mai, Mitte Sept.–Mitte Okt. Sa/So, Mi/Do jeweils Strecke 1: 14–17 Uhr, Strecke 2: 9–18.30 Uhr, Tickets ab € 5,50

Alter Kreisbahnhof
Königstr. 9, Schleswig
✆ (046 21) 302 00
Tägl. 7–21 Uhr
www.hotel-alter-kreisbahnhof.de
Angenehm schlichte Einrichtung im eleganten alten Bahnhofsgebäude. Serviert werden schleswig-holsteinische Haus-

mannskost und saisonale Fischgerichte. Frühstücksbüffet, Café und Terrasse. € Das Hotel hat 17 Zimmer (davon 6 mit behindertengerechter Ausstattung).

Wikingerschänke
Am Margarethenwall
24866 Busdorf
✆ (046 21) 321 90
www.wikingerschaenke.de
Wikinger-Erlebnis-Gastronomie - essen und feiern wie die Wikinger, z.T. authentisch, ansonsten eher originell. Wer's mag: immer Do-So ab 19 Uhr »Haithabu-Mahl«. Reservierung empfohlen. €-€€

Feste & Veranstaltungen
Juni/Juli: **Schlossfestspiele** - Aufführungen des Schleswig-Holsteinischen Landestheaters open air im Schlosshof (Infos & Karten: ✆ 046 21-259 89 , www.sh-landestheater.de)
Im Sommer: Mittwochs **Sommerkonzerte** auf der Orgel im Dom
1. Wochenende im August: **Wikingertage** - Wikingerdorf und -theater und Livemusik (www.wikingertage.de)
Ende August: **Twiebakken-Regatta** - Wettfahrt der Fischerkähne auf der Schlei
Ende September bis Anfang Dezember - **Schleswiger Jazzherbst**
Dezember: **Weihnachtsmarkt** im Kreuzgang von St. Petri

Ausflugsziele:

Danewerk
Große Verteidigungsanlage und größtes Geländedenkmal Nordeuropas. Die Anfänge gehen auf das 8. Jh. zurück. Das Danewerk bildete einen von der Ostsee zur Nordsee reichenden Riegel quer über das Land. Mit den Befestigungsanlagen ließ sich der Zugang nach Jütland sperren, aber auch die Seehandelsroute zwischen Ost- und Nordsee kontrollieren. Der strategisch perfekt positionierte Wall war zudem von den Flotten dänischer Kriegsherren gut zu erreichen. Es existieren noch ca. 20 km dieser Wallanlage.

Museum am Danewerk
Ochsenweg 5
24867 Dannewerk/Schleswig
✆ (046 21) 378 14
www.dannewerk.de
Feb. Di-So 10-16, März-Okt. Di-Fr 9-17, Sa/So 10-17, Nov. Di-So 10-16 Uhr
Eintritt € 2/1
Beschreibt lokale Vor- und Frühgeschichte.

Tolk-Schau
24894 Tolk/Schleswig
✆ (046 22) 922
Grillhütten-Reservierung:
✆ (046 22) 20 84
www.tolk-schau.de
April-Okt. tägl. 10-18 Uhr (letzter Einlass 16 Uhr), Nebensaison Mi, Sa/So 10-18 Uhr, Eintritt € 16/15/frei
Schöner Freizeitpark mit Hirschpark, Ziegengehege und Teichlandschaft für alle, Märchenwald und Max-und-Moritz-Haus für die Kleineren, für die Größeren: Riesenrutschen, Achterbahn und Autoscooter. Neu: Tal der Dinosaurier.

Wichtig für Rollstuhlfahrer: beinahe alle Wege sind gepflastert. Kein Zutritt für Hunde, Parkplatz kostenlos.

Die Gottorfer Schlosskapelle

2 Maasholm

Das Fischerdorf liegt an der Schleimünde. Am **Hafen** geht es lebhaft zu: Lange hatten die Kutter der Fischer das Sagen, seit man einen Segelhafen baute, liegen hier auch die großen und kleinen Boote der Sportsegler. 450 Liegeplätze, eine Bootswerft und Motorenservice machen einen Stopp an der Schleimündung zu einem guten Ausgangspunkt für weitere Schleitörns. Auch für Sportangler ist Maasholm ein guter Platz.

Einen für die Ostsee ungewohnten Ausblick bietet die durch Deiche geschützte Region Oehe-Maasholm, aber sie ist leidgeprüft: Ein Vorgängerort »Maas« wurde Anfang des 18. Jahrhunderts aufgegeben und durch das heutige Maasholm ersetzt – nach häufigen Überflutungen.

Im Norden der kleinen Halbinsel fand Anfang der 1990er-Jahre eine ungewöhnliche Verwandlung statt: Eine ehemalige Nato-Raketenstation wurde von der Gemeinde Maasholm gekauft und in ein **Naturerlebniszentrum** mit meeresbiologischen und geologischen Feldstationen umgewandelt.

Ursprünglicher ist das **Seevogelschutzgebiet Oehe-Schleimünde**, das mit Dünen und Salzwiesen zahlreichen Vogelarten, allen voran natürlich den Möwen, als geschütztes Brutgebiet dient.

Service & Tipps:

Naturerlebniszentrum Maasholm
Exhöft-Seeberg 1, 24404 Maasholm
✆ (046 42) 92 16 80
www.nez-maasholm.de
Das Freigelände ist ganzjährig geöffnet, die Ausstellung März–Okt. tägl. 11–17, Eintritt frei, Spende erbeten. Lehrpfad, Ausstellung und Spielplatz.

Hochsee-Angelfahrten Bruhn
Am Hafen, Maasholm
✆ (046 42) 60 62
Tägl. 7.30–15.30 Uhr

Der Leuchtturm von Schleimünde auf der Lotseninsel, die die Schlei von der Ostsee trennt

Fahrt mit der MS »Antje D.«, die für das Hochseeangeln ausgerüstet ist, auch Angelzubehör und Leihangeln sind zu haben.

Restaurant »Schunta«
Hauptstr. 38, Maasholm
✆ (046 42) 965 60
Am Fischerei- und Jachthafen gelegen, älteste Restauration des Ortes. Fischspezialitäten. €

Café »Sand am Meer«
Hauptstr. 13, Maasholm
✆ (046 42) 96 99 63
www.cafe-sand-am-meer.de
Mit schönem Bauerngarten zum Draußensitzen, auch Frühstück.

3 Kappeln

Die gemütliche 9600-Einwohner-Kleinstadt wartet mit vielen schönen Häusern auf, vor allem in der **Prinzenstraße**. Weithin sichtbar prägt das Stadtbild die spätbarocke **St.-Nikolai-Kirche** (erbaut 1789-93). Die **Holländermühle »Amanda«** von 1888 mit ihren neun Stockwerken und 30 Metern Höhe ist die höchste ihrer Art in Schleswig-Holstein. Ihr Bau war damals ein kostspieliges Unterfangen: 80 000 Goldmark wurden investiert. Heute steht sie unter Denkmalschutz und beherbergt die Tourismusinformation und das Standesamt. Ab dem 4. Stockwerk hat man eine gute Aussicht auf Kappeln und – bei guter Sicht – bis zur Ostsee.

Eine **Fernsehserie**, die hier seit 1986 an verschiedenen Stellen der Stadt und Orten der Region gedreht wird, hat schon vielen Zuschauern Lust auf einen Besuch gemacht. Sei es, um bei Dreharbeiten einen Blick auf den »Landarzt« persönlich zu werfen, oder einfach, weil die kleine Stadt und die gesamte Gegend sich so überzeugend selbst »darstellen«. Aktuell wird der Landarzt durch den Schauspieler Wayne Carpendale verkörpert. Die Serie selbst geht in die 21. Staffel.

Im **Museumshafen** liegen restaurierte Frachtsegler und Dampfboote.

Haupteinnahmequelle der Fischer in Kappeln war der Hering. Um ihn zu fangen, entwickelte man im Mittelalter einen Heringszaun. Ein solches Exemplar aus dem 15. Jahrhundert existiert noch heute – der **Ellenberger Heringszaun** ist einzigartig in Europa. Zu Christi Himmelfahrt trifft man sich in Kappeln alljährlich zu den Heringstagen und feiert volksfestlich diese innige Verbindung mit den leckeren kleinen Fischen.

Kappelns »Hausstrand« liegt sieben Kilometer südöstlich an der Ostsee, in Weidefeld. Er ist etwa drei Kilometer lang, stellenweise bis zu 40 Meter breit und kurtaxefrei (im Südabschnitt FKK).

»Amanda« ist mit neun Stockwerken und 30 Metern Höhe die größte Holländer-Windmühle Schleswig-Holsteins. Heute ist hier die Tourist-Info Kappeln untergebracht. Die Besichtigung während der Öffnungszeiten ist kostenlos.

Service & Tipps:

Tourist-Info Kappeln
Schleswiger Str. 1 (in der Mühle »Amanda«) 24376 Kappeln
✆ (046 42) 40 27, Fax (046 42) 54 41
www.touristikverein-kappeln.de
Zum Weidefelder Strand gibt es ab dem Hafen einen Shuttle-Service mit der Bahn.

Museum Historisches Sägewerk
Neben der Mühle, Kappeln
✆ (046 42) 92 01 02
Mai–Okt. Mo–Do 10–12 und 13–17, So/Fei 10–12 und 14–16 Uhr, Vorführungen auf Anfrage, Eintritt € 1,50/1
Die historischen Maschinen wurden früher durch die Mühle angetrieben und sind heute noch in Betrieb.

Museumshafen
Hier liegen seit 1981 ca. 30 alte und nach alten Plänen rekonstruierte Schiffe aus dem Fracht- und Fischereiwesen – vom Heringsboot bis zum Lofotenkutter.

Angelner Dampfeisenbahn
Kappeln
✆ (04 61) 505 49 96
www.angelner-dampfeisenbahn.de
Mit der historischen Dampfeisenbahn kann man an Sommersonntagen die rund 20 km zwischen Kappeln und Süderbrarup zurücklegen. Fahrtermine erfragen (Fahrradmitnahme möglich).

Mit dem Schiff unterwegs in der Schleiregion
Reederei Müller, Am Hafen, Kappeln
✆ (046 42) 65 32
www.schleiraddampfer.de
Tickets ab € 10/6
April–Okt. täglich Schleirundfahrten ab Kappeln Richtung Lindaunis, Schleimünde, Schleswig und Missunde.
Behindertengerechte Einrichtungen, Fahrradmitnahme möglich, Restauration an Bord. Fahrkartenschalter am Hafen.
Im Programm sind auch Erlebnisfahrten, die Dampfer-, Dampfeisenbahnfahrt und Fahrradtour kombinieren.

Hotel & Restaurant Aurora
Rathausmarkt 6, Kappeln
✆ (046 42) 40 88
www.aurora-kappeln.de
Tägl. 7–10, 12–22 Uhr
Dient dem ZDF als **Asmussens Kneipe** in der Landarzt-Serie. Frühstück, Kaffee und klassische Fisch- und Fleischgerichte. Terrasse vor dem Haus. €
20 Einzel und Doppelzimmer, kostenlose Parkplätze und Fahrradunterbringung.

Strandcafé und Restaurant Lobster
Weidefelder Strand/Kappeln
✆ (046 42) 84 44
www.lobster-kappeln.de
Tägl. 10–22 Uhr
Frühstück (Sa/So ab 10 Uhr), Kaffee und

Fürs Fernsehen entdeckt: Die Region als Kulisse

Die schöne Schleiregion wurde Mitte der 1980er-Jahre vom Fernsehen entdeckt und zur Heimat des »Landarztes« auserwählt. Den Ort »Deekelsen« gibt es aber in Wirklichkeit gar nicht, vielmehr hat die beliebte Serie viele Drehorte in der Region; auf der Website der Schleiregion kann man sich darüber informieren und vielleicht den einen oder anderen telegenen Ort zum Ziel eines Ausflugs machen.

Kuchen sowie Fischspezialitäten, Blick auf die Ostsee inklusive. €

Feste & Veranstaltungen
Mai/ab Himmelfahrt: **Kappelner Heringstage** – großes Stadtfest (vier Tage); **Kappelner Fischmarkt** (jeden letzten Sonntag im Monat, 7–16 Uhr, Frischfisch, Maritimes, Antik- und Trödelsachen).

4 Bad Arnis

Die heute kleinste Stadt Deutschlands wurde 1667 gegründet. 280 Menschen leben auf dieser Halbinsel zusammen, weswegen die Einheimischen auch sagen, dass sie nicht »in«, sondern »auf« Arnis wohnen. Man wird dieses niedliche Städtchen in der Saison kaum mal für sich haben, aber es lohnt sich unbedingt, für einen Bummel durch die von Linden gesäumte, 600 Meter lange Hauptstraße, einmal hinzufahren. Zu beiden Seiten stehen Häuser, die größtenteils aus dem 18. und 19. Jahrhundert stammen, einer Zeit der wirtschaftlichen Blüte der Stadt.

Am etwas erhöhten Südwestende der Halbinsel haben sich die Arnisser eine kleine **Kirche** gebaut (Baubeginn 1669). Im Innern birgt sie eine Kanzel, die älter ist als das Gebäude selbst, nämlich laut einer Inschrift aus dem Jahr 1573 und vermutlich von der Insel Nordstrand stammt, wo nach einer Sturmflut ein Schiffer sie aufgefischt und hierhergebracht

Die kleine Schifferkirche von Bad Arnis

haben soll. Ebenfalls aus großer Zeit stammen die verschiedenen Votivschiffe, darunter eine Brigg unter vollen Segeln, ein dreimastiges Linienschiff, aber auch eine Dampffregatte mit Schornstein. Sie wurden gestiftet als Dank für die Rettung aus Seenot.

Zu Füßen der Schifferkirche hat Arnis einen kleinen **Strand**, ohne Strandkörbe, aber dafür auch ohne Kurtaxe und Parkplatzgebühren.

Service & Tipps:

Café und Restaurant Zur Schleiperle
An der Strandstr., 24399 Bad Arnis
✆ (046 42) 20 85, -38 95
April–Okt., Mo Ruhetag
Regionale Küche wie »Rippchen Angeliter Art« mit Schwerpunkt Fisch sowie hausgebackene Kuchen und Eis in einem schmucken blauen Pfahlbau mit Außenveranda. €–€€

Würzig, aber sehr sauer: die Frucht des Schlehdorns

5 Sieseby

1267 zum erstenmal urkundlich erwähnt, ist Sieseby, gesprochen »Siesebü«, vielleicht eines der schönsten Dörfer an der Schlei mit seinen vielen kleinen reetgedeckten Fachwerkhäusern und schönen Gärten, die vielfach bis an die Schlei reichen. Die Initialen GAS an oft Häusern beziehen sich auf den Namen Gustav Anton Schäffer. Der frühere Besitzer des Gutes Bienebek hat diese Gebäude restaurieren lassen. Eine weiße romanische **Feldsteinkirche**, erbaut um 1200 und umstanden von schönen alten Linden, bildet das Zentrum des Dorfes, das 2000 zum ersten Flächendenkmal Schleswig-Holsteins ernannt wurde.

Service & Tipps:

Schlie-Kroog
Dorfstr. 19, 24351 Sieseby
✆ (043 52) 25 31
www.schliekrog-sieseby.de
Di–So 12–14 und 18–21 Uhr
Direkt an der Schlei, im ehemaligen Bürgermeisterhaus, hier wird prämierte schleswig-holsteinische Küche serviert, z.B. fangfrischer Schlei-Aal. Philosophie des Hauses ist es, die verwendeten Produkte weitestgehend über die landwirtschaftlichen Betrieben der Region zu beziehen, für die feine Würze sorgt der hauseigene Kräutergarten. €-€€

Ausflugsziele:

Nach **Lindaunis** sollte man wegen der Klappbrücke fahren. Größere Schiffe, Autos und die Bahn arrangieren sich hier einträchtig. Im Sommer ist die Brücke eine Viertelstunde lang vor jeder vollen Stunde für Schiffe geöffnet. In Lindau (Lindauhof 4) steht auch die Arztpraxis des ZDF-Doktors.

Dorfmuseum Brodersby
Missunder Fährstr. 4
24864 Brodersby
✆ (046 22) 10 27
Mai–Okt. Sa 9–12 und 14–17 Uhr
Ausgestellt sind alte Handwerkszeuge und Arbeitsplätze, darunter eine Schmiede, eine Schusterwerkstatt und sogar eine historische Zahnarztpraxis und ein alter Frisörladen.

Dorfmuseum Ulsnis
Strandweg, 24897 Ulsnis
✆ (046 22) 26 73
Ostern–Okt. So 14–17 Uhr
Gezeigt werden Haus- und Hofgeräte, Sehenswertes aus Küche und »guter Stube«, Exponate zu verschiedenen Berufen, schöne historische Kleidungsstücke, Bilder und Bücher.

Museum in der Mühle Anna
24354 Rieseby/Norby
✆ (043 55) 798
März–Dez. Sa/So 14–17 Uhr, Eintritt frei
Ausstellung zu Handwerk und Landwirtschaft in mehreren kleinen Gebäuden.

Brarup-Markt in Süderbrarup am letzten Wochenende im Juli: größter ländlicher Jahrmarkt Schleswig-Holsteins.

Region 2 Die Schleiregion und Schleswig

Schönes Ausflugsziel:
Café Krog
Kirchenholz 13
Ulsnis
✆ (046 41) 989 00
www.cafe-krog.de
Wunderschön gelegenes Café mit großem Garten, Schleiblick und kleinem Spielplatz. Im angeschlossenen Shop gibt es Kunsthandwerkliches und Kulinarisches.

Reetgedecktes Schleihäuschen bei Rieseby

Die Eckernförder Bucht

Wald, Meer & Mehr

Die Eckernförder Bucht liegt zwischen Schwansen im Norden und dem Dänischen Wohld im Süden. Die Südküste ist geprägt durch flache Strände und markante Steilküsten, die stellenweise bis zu 30 Meter hoch sind. Im Hinterland von Eckernförde wechseln sich Moore mit waldreichen Landstrichen ab. Der Dänische Wohld ist eines der waldreichsten Gebiete Schleswig-Holsteins.

1 Damp

In den 1970er-Jahren aus dem Boden gestampft, hat der Ort außer schöner Begrünung optisch eher wenig zu bieten. Den Strand säumen Hochhäuser à la Costa Brava, der erste Eindruck des Ortes: eine Hindernisfahrt durch großflächige Parkplatzzonen. Aber in Damp liegt für viele das Augenmerk auf der erholungstechnischen Infrastruktur, die übrigens sehr behindertenfreundlich ist – und die Ostsee ist natürlich auch von hier aus schön!

Das **Reha-Zentrum** bietet seine Dienste vor allem für Menschen mit Erkrankungen im Bereich der Neurologie, der Orthopädie und der inneren Medizin an. Die **Ostseeklinik Damp** wurde in den 1970er-Jahren als eine der ersten Spezialkliniken für Sportmedizin eröffnet.

Am Jachthafen ist immer was los; ein Bummel entlang der 400 Liegeplätze ist auch für Landratten interessant. Über Schönheit und Eleganz der Boote kann sich jeder eine Meinung bilden, auch das Vergleichen mehr oder minder gelungener Namensgebung ist ein beliebter Urlaubersport: War es die holde Gattin, die dem teuren Spielzeug ihren Namen lieh – vielleicht als Trost für die vielen Stunden, die der Gatte nunmehr an Bord verbringt?

Damp bietet auch eine Vielfalt an Wellness-, Fitness- und Beautyangeboten mit dem Schwerpunkt auf ostseebezogene Anwendungen wie Bernsteinmassagen, Thalasso- und Ostseealgenextrakt-Anwendungen. Das Vital Centrum ermöglicht Badespaß, auch wenn die Ostseetemperaturen mal nicht mitspielen.

Am ca. drei Kilometer langen Aktionsstrand nördlich des Jachthafens gibt es vor allem den Erholungs- und Badebereich und einen Aktivbereich, wo oft Drachen in den Himmel steigen. Eine Mole schützt einen Teil des Strandes – das garantiert kinderfreundlich ruhiges Wasser. An der Promenade sorgen Strandlokale und kleine Geschäfte für Unterhaltung und Verpflegung.

Am **Südstrand** haben Wassersportler ihr Domizil. Es gibt einen Windsurfbereich (Ausrüstungsverleih vor Ort), und auch die lieben Vierbeiner dürfen sich hier austoben. Direkt neben dem Südstrand liegt das **Museumsschiff »Albatros«** auf dem Trockenen. Das Schiff beherbergt ein Naturkundemuseum, das über den Naturraum Ostsee informiert und in der Hauptsaison auch verschiedene Mitmach-Aktionen für Kinder anbietet.

Auf **Gut Damp** steckte schon Evelyn Hamann als »Adelheid« ihre schauspielerische Nase in mörderische Angelegenheiten. Das Herrenhaus selbst wurde 1597 fertiggestellt, seit Ende des 19. Jahrhunderts gehört es den Grafen von Reventlow. Leider kann es nicht besichtigt werden. Zur Anlage zählen auch das Kuhhaus, das für Feierlichkeiten gemietet werden kann und eine Scheune von 1640.

Krebse weltweit gibt es über 40 000 Arten, viele davon leben entlang der Ostseeküste

Wellen und Sand formen Kunstwerke ganz eigener Art

Service & Tipps:

Damp Touristik GmbH
Seeuferweg 10, 24351 Damp
✆ (043 52) 806 66
www.ostsee-resort-damp.de

Aqua Tropicana
Seeuferweg 10, Damp
✆ (043 52) 80 85 80
Juli/Aug., Okt. tägl. 10–20, Mai/Juni, Sept., Nov./Dez. tägl. 10–18 Uhr, Eintritt ab € 6/5
Badevergnügen unter echten Palmen, mit 70-m-Rutsche, Strömungskanal und Wasserfall. Wem die Ostsee zu kalt ist: Die Wassertemperatur liegt bei 30 Grad.

Vital Centrum Damp
Seeuferweg 10, Damp
✆ (043 52) 80 86 90
Mo–Fr 16–22, Sa/So/Fei ab 10 Uhr
Eintritt Schwimmbad ab € 5/3, Sauna ab € 13, Fitness-Gerätepark ab € 5
Meerwasser-Panoramaschwimmbad mit Saunalandschaft, Thalasso-Zentrum und Fitnessangebot.

Naturkundemuseum Museumsschiff »Albatros«
Am Hafen, Damp
✆ (043 46) 60 29 02
Eintritt € 2,70/1,60
Mitmach-Ausstellung für die ganze Familie mit zahlreichen Freizeitangeboten wie Fossilienwerkstatt, Bernsteinschleifen und Strandsuchspielen.

Ostsee-Restaurant
Am Hafen, Damp
✆ (043 52) 80 85 31, tägl. 7–22 Uhr
Familienrestaurant mit Kinderspielecke und tollem Hafenblick. Morgens Frühstücksbüffet, nachmittags Café-Betrieb. €

Versammelt für den Transport ins Winterquartier: Strandkörbe in Eckernförde

Naturkundliches Infozentrum
Dörphof bei Karby, ca. 8 km Richtung Kappeln
✆ (046 44) 401
Mai–Sept. tägl. 14.30–17 Uhr, Fr–So auch Führungen, Eintritt € 3/1,50
Über 600 präparierte Vögel und Tiere aus der Region und der Arktis

Feste & Veranstaltungen
Mehrfach im Sommer: **Beach-Party** mit Livemusik und Sportaktionen
September: **Drachenfest** für Profis und Anfänger.

Ausflugsziele:

Waabs
Im Zentrum findet sich eine kleine Feldsteinkirche aus dem 15. Jh. Der Strand ist hier naturbelassen und besonders für Geologieinteressierte spannend. Von Eckernförde aus führt der Weg nach Waabs über eine schöne Allee, direkt entlang der Bucht.

Sehenswert ist auch das **Herrenhaus Ludwigsburg**, das ganz von Wasser umgeben ist. Benannt wurde es nach Baron Friedrich Ludwig von Dehn, der es im 18. Jh. erwarb und nach seinen Vorstellung barock umbaute. Es gibt einen Hofladen, der Wildspezialitäten, Honig und Schaffelle im Angebot hat, und ein gemütliches Hofcafé, ✆ (043 58) 98 98 33, in der Saison Di–So 12–18 Uhr, www.gut-ludwigsburg.de.

Schönhagen
Ostseebad mit schönem Sandstrand auf der Halbinsel Schwansen. Schloss Schönhagen von 1889 beherbergt heute eine Rehaklinik. Der Strand ist ein beliebtes Ziel für Windsurfer. FKK-Abschnitte und Hundestrand.

2 Eckernförde

Das Ostseebad ist seit 1830 Ziel Erholung suchender Ostseetouristen. Die Badeurlaub-Qualitäten sind schnell zusammengefasst: vier Kilometer feiner, flacher Sandstrand an einer waldreichen, offenen Meeresbucht.

Etwa 22 600 Einwohner leben in der hübschen Kleinstadt, die mit einer ausgewogenen Urlaubsmischung punkten kann: Altstadt, Strand und Hafen liegen dicht beieinander, die Umgebung bietet viele reizvolle Ausflugsziele.

In der gemütlichen **Altstadt** ist zwischen Kieler Straße und Jungfernstieg gut bummeln; die kleinen Gassen geben einen typisch norddeutschen Eindruck. Besonders sehenswert sind die Straßenzüge Rosengang und Gudewertstraße. In der St.-Nicolai-Straße finden sich viele kleine Lädchen zum ausgiebigen Stöbern. Von den einst zahlreichen Adelshäusern ist allerdings nicht viel übrig geblieben, nur die Ritterburg steht noch immer in der Kieler Straße – benannt nach einem Gastwirt namens Ritter. Die spätgotische, dreischiffige **Nikolaikirche** schmücken Werke der Eckernförder Schnitzerfamilie Gudewerdt aus dem 16. und 17. Jahrhundert.

Das **Museum Eckernförde** zeigt die stadt- und naturgeschichtliche Sammlung dieser durch den Fischfang und die Fischverarbeitung geprägten Stadt.

Es gibt in Eckernförde zwei Strandabschnitte: den meist belebteren Hauptstrand mit zwei kleinen Seebrücken und einer neueren Promenade und den ruhigeren Südstrand (auch FKK). Von der Innenstadt braucht man zu Fuß nicht mehr als eine Viertelstunde, beides lässt sich also gut kombinieren, falls Mittagshitze oder eine Schauerwarnung anraten, den Strand kurzfristig zu meiden.

Öffnet sich für Segler: die Fußgängerklappbrücke im Eckernförder Hafen

Auch ein Besuch des 2008 eröffneten **Ostsee Info-Centers** lohnt das vorübergehende Zusammenfalten des Badelakens: Der moderne Bau beherbergt eine interaktive Ausstellung über die Tier- und Pflanzenwelt des Lebensraums Ostsee, auch die Themen Fischerei und Umweltschutz kommen zur Sprache – für die gesamte Region von zentraler Bedeutung. Besonders für Kinder spannend: Fühlbecken und Mitmach-Aktionen. Die großen Anlagen des Marinestützpunkts Eckernförde fallen zwar auf, stören aber nicht weiter.

Brandungsangeln kurz vor Sonnenuntergang

Für Angler hat die Eckernförder Bucht viel zu bieten. Neben Hochsee- und Brandungsangeln – z. B. nach Meerforellen – besteht auch die Möglichkeit, in den zahlreichen Seen um die Eckernförder Bucht sein Anglerglück zu versuchen.

Am **Hafenkai** kann man fangfrischen Fisch günstig kaufen. Eine malerische Holzklappbrücke verbindet den Hauptkai mit dem Stadtteil **Borby** am nördlichen Ufer der Förde. Im 19. Jahrhundert diente das Dorf Adligen und Reichen als Sommerfrische, nachdem Kaiser Wilhelm II. mit der Kieler Woche einen Ostsee-Trend gestartet hatte. Für den standesgemäßen Aufenthalt der noblen Gäste wurden schmucke Villen gebaut (in den Straßen Vogelsang und Jungmannufer).

Bedenklich! Die Meerforelle macht sich immer rarer in der Ostsee

Auf einer Anhöhe, dem **Petersberg**, steht die kleine, spätromanische Kirche des einst selbstständigen Dorfes. Der Bau aus dem für die Region typischen Feldstein wurde bereits vor 800 Jahren angelegt, der Turm im 19. Jahrhundert hinzugefügt. Das Taufbecken aus gotländischem Kalkstein stammt aus der Entstehungszeit der Kirche, ein Relief zeigt Szenen aus dem Leben Jesu, Altar und Kanzel wurden im 17. Jahrhundert geschaffen.

Von Borby aus empfiehlt sich eine Wanderung rund um das Windebyer Noor (etwa 10 km, Parkmöglichkeiten an der B76). Das Windebyer Noor entstand in der Eiszeit und war einst Teil der Eckernförder Bucht. Heute hat der Binnensee nur noch eine unterirdische Verbindung zur Förde. Das Wasser ist daher nicht »süß«, sondern »brackig«, enthält also einen Salzanteil.

Sprotten

Insider essen sie mit Kopf und Schwanz, die kleinen, appetitlich goldgelben Fische der Heringsfamilie. Sie haben eine Länge von etwa 15 Zentimetern und erhalten die hübsche Goldfarbe erst durch das Räuchern.

Übrigens kommen aus Eckernförde die »echten« Kieler Sprotten, denn die schmackhaften Dinger gelangten früher zwar aus Kiel in alle Welt – und sozusagen zu Weltruhm, gefangen und geräuchert wurden sie aber hier.

Alljährlich im August geben sie sich auch bei den »Sprottentagen« die Ehre.

Region 3 Die Eckernförder Bucht

1936 in Betrieb genommen und bald wieder außer Dienst: Der elegante Getreide-Rundspeicher ist heute Eckernfördes Wahrzeichen

Service & Tipps:

Eckernförde Touristik und Marketing GmbH
Am Exer 1 (Stadthalle)
24340 Eckernförde
✆ (043 51) 717 90
www.ostseebad-eckernfoerde.de

Museum Eckernförde
Rathausmarkt 8 (im Alten Rathaus), Eckernförde
✆ (043 51) 71 25 47
www.eckernfoerde.net/museum
Mai–Okt. Di–Sa 10–12.30 und 14.30–17, So 11–17, Nov.–April Di–Sa 14.30–17, So 11–17 Uhr, Eintritt € 3/2
Stadtgeschichte in Bildern und Objekten, Schwerpunkt Fischfang und -handel sowie Badeleben.

Hochseeangelfahrten mit MS »Simone«
✆ (043 52) 21 87 und (01 71) 209 65 27
www.hochseeangeln-eckernfoerde.de
Abfahrt tägl. ab Eckernförde 7 Uhr, Rückkehr gegen 17 Uhr, Fahrpreis € 29, Angeln und weiteres Zubehör können entliehen werden.

Meerwasserwellenbad
Preußerstr. 1, Eckernförde
✆ (043 51) 90 54 00
Mo–Fr 6.30–20, Sa/So 9–18 Uhr
Eintritt ab € 3/1,50
Mit Whirlpool, 75-m-Rutsche und mit Ostseeblick.

Ostsee Info-Center Eckernförde
Jungfernstieg 110 (Am Seesteg)
Eckernförde
✆ (043 51) 72 62 66
www.ostseeinfocenter.de
April–Okt. 10–18, Nov.–März 11–17 Uhr, Eintritt € 4/2
Erlebnis-Center rund um das Thema Meer, u.a. mit Aquarien, Fühlbecken, Erlebnistunnel und vielen Freizeitveranstaltungen für Kinder. Bistro und Shop.

Der neue Ratskeller
Rathausmarkt 8, Eckernförde
✆ (043 51) 24 12
www.ratskeller-eckernförde.de
Tägl. 10–15 und 17.30–23 Uhr, Dez.–März Mo Ruhetag
Deftige Fleisch- und Fischküche aus regionalen Produkten. Die Einrichtung ist eher altmodisch, der Service aber frisch und freundlich. Und natürlich gibt es Sprotten. Mit Außenterrasse. €

Kaffeehaus & Konditorei Heldt
St.-Nicolai-Str. 1, Eckernförde
✆ (043 51) 27 31, www.cafeheldt.de
Traditionscafé – schon seit 1881 wird hier Kaffee und Kuchen serviert – in einem schönen Fachwerkbau, eine Spezialität des Hauses ist das selbsthergestellte Königsberger Marzipan.

Siegfried-Werft
Vogelsang 12, direkt am Hafen
24340 Eckernförde
✆ (043 51) 757 70
www.hotel-siegfried-werft.de
Namensgeber war das rotbraune Werftgebäude, das seit 90 Jahren das Hafengelände prägt. Im hellen, freundlichen Restaurant mit eher rustikalem Ambiente und auf der schönen Außenterrasse sind saisonale und regionale Gerichte im Angebot, natürlich auch viel Fisch. Serviert wird hier u.a. das naturtrübe »Kakabellenbier«, ein Eckernförder Original. Frühstück ab 7, warme Küche 12–22 Uhr. €

Feste & Veranstaltungen
Pfingsten: **Aalregatta** – mehrtägiges Segelevent mit Rahmenprogramm
1. Wochenende im August: **Piratenspektakel** – dreitägiges Hafen- und Stadtfest mit Theater, Musik und aufwändigem Kinderprogramm
Juli: **Eckernförder Sprottentage** – Hafenfest
An jedem ersten Sonntag im Monat: **Fischmarkt** am Hafen, die Geschäfte der Innenstadt haben geöffnet.

Ausflugsziele:

Natur-Hochseilgarten Altenhof
Am Bahnhof 14, 24340 Altenhof
✆ (043 51) 66 73 33
www.hochseilgarten-eckernfoerde.de

April/Mai und Sept./Okt. Di–So ab 10, Juni–Aug. tägl. ab 9 Uhr, jeweils bis 2,5 h vor Sonnenuntergang (letzter Einlass)
Eintritt € 15/10
Hochseilgarten mit zehn verschiedenen Parcours auf unterschiedlichem Niveau. Kinder dürfen ab einer Größe von 110 cm bzw. 8 Jahren klettern. Für die Stärkung zwischendurch gibt es das Kletter-Café, für Kindergeburtstage Extra-Aktionen.

Hüttener Berge
Nördlichster der fünf Naturparks Schleswig-Holsteins und damit der nördlichste der Bundesrepublik mit zahlreichen Seen, dichten Wäldern und Wanderwegen. Vor allem auch an heißen Tagen geeignet! Die hügelige Moränenlandschaft wird auch als »kleiner Harz« bezeichnet. Höchste Erhebung ist der **Scheelsberg** (106 m) mit einer Radaranlage der Bundeswehr, am bekanntesten ist der **Aschberg** mit dem Bismarckdenkmal (98 m).

Hemmelmark
Nur 5 km vor den Toren Eckernfördes gelegen, lohnt ein Blick auf (leider nicht »in«) Gut Hemmelmark aus dem 15. Jh. Es gehörte einst Prinz Heinrich von Preußen, der eine Vorliebe für den englischen Landhausstil seiner Zeit hatte. Ein kleiner Fußweg führt zum nahe gelegenen See und zum Strand.

Wittensee
Bade-, Segel- und Angelsee (5 km lang, 2,5 km breit). Öffentliche Badestellen gibt es in Groß Wittensee, Klein Wittensee, Sande und Bünsdorf, jeweils mit Liegewiesen und Grillplätzen, teilweise auch mit Schutzhütten. Ein idyllischer Wanderweg rund um die Region beginnt 2 km hinter Groß Wittensee.

Dänischer Wohld
Schön zum Wandern entlang der Küste, z.B. zwischen Surendorf, Dänisch Nienhof und Bülk (Leuchtturm), auch ideal zum Baden und Surfen. Die nördliche Region der Halbinsel wird »Schwedeneck« genannt, denn hier landeten im Dreißigjährigen Krieg die einfallenden Schweden an (www.ostseebad-schwedeneck.de).

Gettorf
Die Fahrt nach Gettorf lohnt wegen des Tierparks, einer Kirche aus dem 15. Jh., einer Holländer-Windmühle von 1869 und eines kleinen Heimatmuseums.

Tierpark Gettorf
Süderstr. 33, 24214 Gettorf
✆ (043 46) 416 00
www.tierparkgettorf.de
Eintritt € 8/5, Eintritt Verrücktes Haus € 4/3
April–Okt. 9–18, Nov.–März 10–16 Uhr
Begehbare Freigehege, Streichelzoo und Spielplatz, Café und Restaurant. Neu auf dem Gelände: Das Verrückte Haus, das Kopf steht.

Rendsburg
Hier lockt die **Eisenbahnhochbrücke**, 1911–1913 erbaut. Sie überspannt den Nord-Ostsee-Kanal in einer Höhe von 42 m und auf einer Länge von 2,5 km. Zum Transport von Menschen und Fahrzeugen – vor allem aus dem Stadtteil Osterrönfeld, der durch den Kanalbau die direkte Verbindung nach Rendsburg einbüßte, wurde eine **Schwebefähre** eingerichtet, die heute unter Denkmalschutz steht aber immer noch bis zu 60 Menschen und sechs Autos transportiert. Die Benutzung ist – wie alle Kanalüberquerungen – kostenlos und dauert nicht mal zwei Minuten.

Ebenfalls sehens- bzw. hörenswert ist die **Schiffsbegrüßungsanlage** am Kreishafen. Hier werden täglich ab 10 Uhr bis zum Sonnenuntergang alle vorbeifahrenden Frachter und Kreuzfahrtschiffe mit ihrer jeweiligen Nationalflagge und Nationalhymne begrüßt. Die Kapitäne der Schiffe antworten ihrerseits mit einem akkustischem Signal.

Vom Restaurant »Brückenterrassen«, direkt unterhalb der Brücke, ist dies alles gut zu verfolgen (Am Kreishafen, tägl. 9–20 Uhr, ✆ 043 31-220 02).

Hochbrücke von Rendsburg mit Schwebebahn

Windsurfer fühlen sich an vielen Stränden der Ostseeküste wohl

Kiel und die Kieler Bucht

Von großen Zeiten und großen Pötten

Die Hauptstadt des Bundeslandes Schleswig-Holstein liegt am Südende der 17 Kilometer langen Kieler Förde. Vom größten Passagierhafen Deutschlands starten täglich die Fähren nach Skandinavien. Da die Anlegestellen, der Schweden- und der Norwegenkai, sich unmittelbar in der Innenstadt befinden, bilden die beeindruckenden Fährriesen zu jeder Zeit einen Teil des Stadtbildes. Mit ihren hohen Aufbauten wirken sie beinahe wie schmucke weiße Gebäude, bis dann eines dieser vermeintlichen Bauwerke plötzlich ablegt und Richtung offene Ostsee oder Nord-Ostsee-Kanal entgleitet. Der gewaltige Aufschwung des Kreuzfahrt-Tourismus der vergangenen Jahre hat für einen weiteren Ausbau der Kaianlagen gesorgt: Kiel ist Deutschlands Kreuzfahrthafen Nr. 1! Mit dem 2007 fertiggestellten Ostseekai kann man in der Landeshauptstadt Schleswig-Holsteins insgesamt mehr als 120 Schiffe im Jahr empfangen und auf große Fahrt schicken.

Alte Segler und moderne Werftkräne prägen das Stadtbild von Kiel rund um die Förde

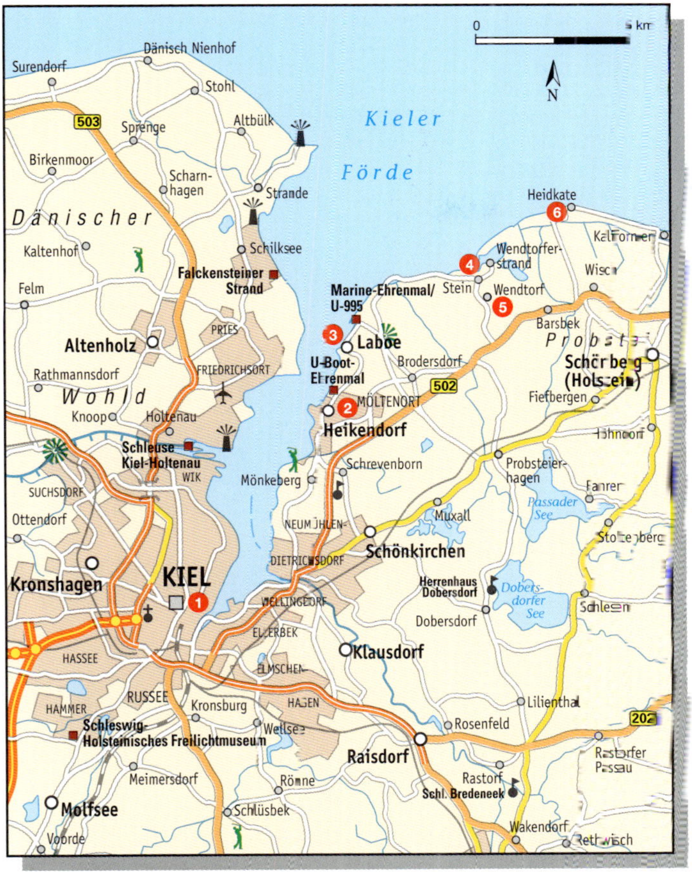

Region 4
Kiel und Kieler Bucht

Moderne Mastanlage: Elektronik hilft bei der Navigation

1 Kiel

Die Geschichte der Stadt Kiel war von Anfang an durch die Ostsee geprägt. Schon der Name trägt in sich die Bedeutung der geographischen Lage: »tom kyle«, »zum« oder »am Keil«, also an einer Förde gründeten die Bewohner 1233 ihre Stadt, die Bucht bot Schutz vor der offenen Ostsee. Nur 50 Jahre später war man dann bereits Mitglied der Hanse, konnte sich aber gegen das nahe Lübeck nicht lange halten. Ein nächster Impuls erfolgte 1665 mit der Gründung der »Christiana Albertina«, einer der ersten Universitäten an der Ostseeküste. Es folgten Ruhm und Ehre und 1727 ernannte Herzog Friedrich von Holstein-Gottorf Kiel zu seiner Residenzstadt.

Der nächste große Entwicklungsschub kam im 19. Jahrhundert durch die Industrialisierung. In Kiels Werften wurde konstruiert, entwickelt und erfunden: Das erste deutsche U-Boot, der Kreiselkompass und das Echolot entstanden in den Köpfen Kieler Ingenieure und Gelehrter. 1871 wurde das nunmehr preußische Kiel Reichskriegshafen und Sitz der kaiserlichen Flotte. Ein weiterer Höhepunkt war die Eröffnung des Kaiser-Wilhelm-Kanals, des späteren **Nord-Ostsee-Kanals**, im Jahr 1895 – eine

große technische Errungenschaft und ein außerordentlich gelungenes Projekt, das auch 100 Jahre später nicht an verkehrstechnischer Bedeutung verloren hat. Am Ende des Ersten Weltkriegs sollte von Kiel auch politisch ein wichtiger Impuls ausgehen: Der Aufstand der Kieler Matrosen war der Auslöser für die Novemberrevolution, die nur wenig später für das Ende des Kaiserreichs und den Beginn der parlamentarischen Demokratie in Deutschland sorgte.

Die Kieler Woche
Weiße Segel, internationales Flair und viel Unterhaltung

Das »Anglasen«, das Läuten einer Schiffsglocke startet die Kieler Woche und damit auch die zahlreichen Segelregatten auf internationalem Niveau und in vielen Wettkampfklassen. 5000 Segler sorgen zehn Tage lang für sportliche Höchstleistungen, Spannung und schöne Ostsee-Impressionen. Wer auf dem Wasser ganz nah dabei sein will, sollte sich rechtzeitig über das Angebot an Begleitfahrten informieren.

So wichtig die Kieler Woche als internationales Großereignis des Segelsports ist, so sehr kann man einen Besuch dennoch auch allen Nicht-Seglern und Landratten empfehlen. Das Rahmenprogramm besticht mit einer großen Vielfalt, sodass wirklich für jeden der alljährlich etwa drei Millionen Besucher etwas dabei ist. Die Internationalität spielt hierbei in jeder Hinsicht eine zentrale Rolle: ob beim Internationalen Markt mit Köchen und kulinarischen Spezialitäten aus aller Herren Länder oder beim dazu passendem kulturellen Programm auf der großen Bühne vor dem Rathaus.

Für Kinder gibt es auf der Krusenkoppel die »Spiellinie«, die seit den 1970er-Jahren zu Europas größtem Kinder-Kultur- und Aktivitätenangebot gereift ist: Vom Basteln und Werken über Theater- und Schmink-Workshops bis zu Klettern und Toben – alle Angebote sind fantasievoll gestaltet und kostenlos.

Abends wird entlang der Förde gefeiert: früher hauptsächlich am Hindenburgufer, in den vergangenen Jahren entstand ein neuer Schwerpunkt rund um die »Hörn«. Die äußerste Spitze der Förde war ehemals von Werftgelände und brachliegenden Baugrundstücken umgeben, seit ein paar Jahren avanciert die Gegend zu Kiels schicker Adresse mit Blick über Stadt und Wasser. Auf mehreren Bühnen spielen hier Live-Bands, und für das leibliche Wohl ist mehr als gesorgt.

Sicherlich gehört eine Windjammer-Parade zu den beeindruckendsten Erlebnissen dieser Woche, zu der sich große und kleine, alte und neue Segelschiffe einfinden. Auch Drei- und sogar Viermaster in vollem Segelornat sind dabei – ein Anblick, der vielleicht in einigen Jahren der Vergangenheit angehören könnte. In den Tagen der Kieler Woche kann man auch allerhand Großsegler besichtigen, zum Beispiel die schneeweiße »Gorch Fock«, das Segelschulschiff der Deutschen Marine. Den Abschluss der Woche bildet in jedem Jahr ein überdimensionales Feuerwerk, das weithin über die Förde leuchtet, und wenn die letzte Rakete erloschen ist, geben alle kleinen und großen Schiffe minutenlang Signal: ein Abschiedsgruß.

Info Kieler Woche: Landeshauptstadt Kiel, Kieler-Woche-Büro, Postfach 11 52, 24099 Kiel, ✆ (04 31) 90 19 05, www.kieler-woche.de.

Die Nationalsozialisten nutzen die 1882 ins Leben gerufene **Kieler Woche** und die Olympischen Segelwettbewerbe 1936 zu Propagandazwecken und machten Kiel erneut zum Marinestützpunkt und Kriegshafen. Damit bescherten sie der 700 Jahre alten Stadt das vorläufige Aus. Wegen der strategischen Bedeutung wurde Kiel im Zweiten Weltkrieg Ziel von über 90 Bombenangriffen, die die Stadt weitgehend dem Erdboden gleichmachten. Der Wiederaufbau erfolgte mit dem friedlicheren Schwerpunkt Fährverkehr, Güterumschlag und Schiffsbau, aber auch heute hat die Bundeswehr wieder einen Marinestützpunkt in Kiel.

1972 war Kiel erneut Gastgeber der Segelwettbewerbe der Olympischen Sommerspiele, für die der Olympiahafen in Schilksee ausgebaut wurde. Die Kieler Woche und der Nord-Ostsee-Kanal sorgten dafür, dass die heutige Landeshauptstadt Schleswig-Holsteins in aller Welt bekannt wurde.

In der Kieler Innenstadt lohnt ein Blick in die **Nikolaikirche** 1 am alten Markt. Neben dem Eingang steht der »Geistkämpfer«, eine Plastik des von den Nationalsozialisten verfolgten norddeutschen Künstlers Ernst Barlach von 1928. Der »alte« Markt ist nur noch dem Namen nach alt, denn hier blieb kaum ursprüngliche Substanz erhalten und eine Neugestaltung

mit mehretagigen Bungalows in den 1970er-Jahren gab dem Platz eine ganz neue Prägung. Durch die hübsche Dänische Straße, die einzige in der Innenstadt, die noch zahlreiche alte Häuser aufweisen kann, geht es Richtung Schloss, vorbei am **Warleberger Hof** 2, der das Stadtmuseum beherbergt.

1938 zerstörten ein Brand und 1944 ein Luftangriff den Großteil des **Kieler Schlosses** 3. Der Wiederaufbau sollte zunächst umfangreiche Elemente der historischen Mauern miteinbeziehen, aber ein neuerer Entwurf ließ am Ende nur den Westflügel der barocken Schlosserweiterung von 1697 übrig und es entstand ein eher schlichter Neubau. Direkt am Ostseekai gelegen, präsentiert sich das Kieler Schloss heute als ein markanter Gebäudekomplex im Zentrum der Landeshauptstadt. Daneben entstand eine Konzert- und Kongresshalle, Kiels erste Adresse für große, vor allem klassische Konzerte, aber auch Musicals und große Bälle. In einem Nebengebäude hat der NDR Einzug gehalten.

Nicht weit entfernt liegt das **Schifffahrtsmuseum** 4 in dem Gebäude der historischen Fischhalle.

Das Ensemble rund um den **Rathausplatz** 5 kann sich sehen lassen: das Opernhaus zur Linken, Kiels erstes privates Bankgebäude zur Rechten, geradeaus der Blick auf eine Seenfläche – den »Kleinen Kiel« –, etwas in der Ecke die Skulptur »Schwertkämpfer« von 1912. Das Opernhaus beherbergt die Opern- und Ballettbühne des Landestheaters. Der Turm des Rathauses, das 1911 im Backstein-Jugendstil erbaut wurde, ähnelt dem Campanile auf dem Markusplatz von Venedig. In 106 Metern hat man einen guten Überblick über Stadt und Förde. Zur Eröffnung der Kieler Woche versammeln sich die Einwohner hier und erwarten das »Anglasen« einer Schiffsglocke.

Zum Einkaufen und Bummeln begeben sich die Kieler in die Fußgängerzone, die sich von der Dänischen Straße über die Holstenstraße bis zur Andreas-Gayk-Straße spannt, hier geht es weiter mit der überdachten **Einkaufspassage Sophienhof** 6 und **Kleiner Herzog** (Sophienblatt). Auch die Holtenauer Straße bietet über mehrere Kilometer Shopping-Vergnügen, hier eröffneten seit den 1990er-Jahren zahlreiche Cafés und kleine Boutiquen und machten diese ehemals bedeutende Straße Kiels wieder attraktiv. Ebenfalls in der Andreas-Gayk-Straße: die **Tourist Information** 7.

Blick vom Falckensteiner Strand in Richtung Laboe: Das Marineehrenmal mit seinen 85 Metern ragt hoch über der Förde auf

Über die »Hörn«, das letzte Ende der Förde, führt seit ein paar Jahren eine noch vergleichsweise neue, 100 Meter lange **Fußgänger-Klappbrücke** 8, die die beiden Fördeseiten einander näher bringt. Der Stadtteil Gaarden auf dem Ostufer wurde traditionell geprägt durch die Anlagen der **Howaldtswerke-Deutsche Werft-AG** 9 (2005 fusioniert mit ThyssenKrupp), in denen viele Gaardener arbeiteten und arbeiten. Durch die Gastarbeiterbewegung in den 1950/60er-Jahren ist hier der Anteil an Einwohnern mit Migratonshintergrund sehr hoch und der Stadtteil entsprechend durch vor allem türkische Einflüsse geprägt und belebt. Optisch hebt sich das Ostufer durch die alles überragenden blauen Kräne der Werft hervor, die man am Horizont sehen kann.

Die beiden Fördeufer sind nicht nur durch Buslinien erschlossen, auch mit kleinen Dampfern kann man gut zu einzelnen Stadtteilen oder an den Strand gelangen. Vielleicht zum **Aquarium** 10, mit dem beliebten Seehundbecken.

Zum Baden fahren die Kieler der nördlichen Fördeseite nach Strande und Schilksee. In **Schilksee** kann man das **Olympia-Zentrum** mit dem großen Jachthafen von 1972 besichtigen, inklusive der Anlage für das olympische Feuer. In den sehr betonlastigen Gebäuden des ehemaligen Organisationssitzes befinden sich Ferienwohnungen, Geschäfte, Restaurants und das Meerwasserhallenbad. Am etwa zwei Kilometer langen Strand gibt eine ausgewiesene Nichtschwimmerzone, einen FKK-Bereich, öffentliche Grillplätze, eine Schiffsbrücke mit Anleger sowie Strandkorbvermietung, Tretbootverleih und Parkplätze.

Von Schilksee aus gelangt man über einen ca. zwei Kilometer langen Spazierweg, der meist am Wasser entlang führt, nach **Strande**. Der drei Kilometer lange Strand bietet zusätzlich zum Badevergnügen noch das rege Treiben der großen und kleinen Schiffe bei der Ein- und Ausfahrt in die Förde. Es gibt mehrere kleine Spielplätze, z. B. am Nordrand des Kurstrandabschnitts, und kleine Restaurants. In einem 20-minütigen Spaziergang ist der Leuchtturm »Hein Bülk« (erbaut 1865) erreicht.

Im Freilichtmuseum Molfsee

Das jüngere Publikum findet sich meist am **Falckensteiner Strand**. Von hier kann man den Panoramablick über die Kieler Förde bis nach Laboe genießen. Der Strand ist naturbelassen, mit Wiesenbereichen und Dünengras. Es gibt keine Strandkörbe und keine Textilvorschriften, dafür einen Hundebereich, einen Kinderspielplatz, ein Beachvolleyballfeld und einen Grillplatz. Der Strand ist im Sommer auch mit dem Fördedampfer ab Kieler Innenstadt erreichbar.

Das **Freilichtmuseum Molfsee** vor den Toren der Stadt gibt in schöner Umgebung einen genauen Einblick in das Leben vergangener Tage und ermöglicht gleichzeitig einen schönen Spaziergang

Region 4 Kiel und Kieler Bucht

Rathaus und Opernhaus der Landeshauptstadt Kiel

Service & Tipps:

Tourist Information 7
Andreas-Gayk-Str. 31, im Neuen Rathaus, 24103 Kiel
✆ (04 31) 67 91 00, www.kurskiel.de, www.kiel-magazin.de
Tägl. 8–22 Uhr
Informationen über verschiedene Stadt- und Hafenrundgänge imd -rundfahrten sowie - neu im Programm - Segway-Touren: Auf zwei Rädern mit bis zu 20 km/h die Stadt und ihre Sehenswürdigkeiten erleben. Während der Kieler Woche gibt es hier auch Infos zum Eventprogramm. Rechtzeitige Reservierung ist dabei fast immer und überall notwendig.

Rathausturm-Besichtigung
Mai–Sept. Mi und Sa 12.30 Uhr
Start Rathaus Haupteingang, € 3,50/1,50

Aquarium Kiel 10
Düsternbrooker Weg 20, Kiel
✆ (04 31) 600 16 37
www.aquarium-kiel.de
April–Sept. 9–19, Okt.–März 9–17 Uhr
Eintritt € 3/2/Kinder frei
In den mehr als 30 Becken leben heimische und tropische Meeresbewohner, im Außenbecken entzücken tagtäglich die Seehunde ihr begeistertes Publikum - kostenlos, vom Hindenburgufer aus zugänglich. Bester Zeitpunkt: Die Seehunde werden täglich außer Fr um 10 und 14.30 Uhr gefüttert!

Kieler Schifffahrtsmuseum, Historische Fischhalle und Museumsbrücke 4
Wall 65, Kiel
✆ (04 31) 901 34 28
www.kiel.de/kultur/museum/
April–Okt. tägl. 10–18 Uhr, Eintritt € 3/1
Das Gebäude der Schiffbau- und schifffahrtshistorischen Sammlung wird 2011 renoviert. Geöffnet sind dennoch die an der neu gebauten Museumsbrücke liegenden verschiedenen Typen historischer Schiffe: ein Seenotrettungskreuzer, ein Feuerlöschboot und ein kohlebefeuertes Dampfschiff von 1905.

Mediendom
Sokratesplatz 6, Kiel
✆ (04 31) 210 17 41, www.mediendom.de
Tickets ab € 7/5.50
Programme finden nachmittags und abends statt

Freilichtmuseum Molfsee - Ein Spaziergang durch Natur und Geschichte

Das Freilichtmuseum vor den Toren Kiels gibt einen genauen Einblick in das norddeutsche Leben vergangener Tage. Eine große Zahl verschiedener Haus- und Hoftypen, Fischerkaten und Windmühlen vermitteln besser als jedes Geschichtsbuch das Lebensgefühl längst vergangener Tage. Bäuerlicher, aber auch bürgerlicher Alltag lässt sich hier authentisch nach(er)leben.

Der Museumsvereinsgründung von 1958 mit dem Ziel, die historisch wertvolle ländliche Bausubstanz Schleswig-Holsteins zu bewahren, folgte 1960 die Eröffnung des Museums mit den ersten 13 Objekten. Heute ist das Freilichtmuseum in Molfsee mit über 70 historischen Gebäuden das größte seiner Art in Norddeutschland. Auf 60 Hektar angesiedelt, schließt die Ausstellung Wiesen, Gärten, Felder und Teiche mit ein, jeder Besuch ist auch gleichzeitig ein Spaziergang.

Hausschmuck aus Walfischzähnen: Das Fischerhaus ist nur eines von über 70 historischen Gebäuden im Freilichtmuseum

Für den Museumsbesuch sollte man auf jeden Fall einen ganzen Tag einplanen - kein Problem, da auch für stilechte Verpflegung durch den Verkauf der Produkte aus Meierei, Backhaus und Räucherkate bestens gesorgt ist. Auch Korbmacher, Schmied, Drechsler, Töpfer, Weber und Holzbildhauer demonstrieren ihre Tätigkeiten. Eine alte Apotheke mit Kräutergarten gewährt Einblicke in die Geschichte der Pharmazie. Für Kinder vielleicht das Schönste: der historische Jahrmarkt mit Karussells und Schiffschaukel. Überhaupt ist die beste Idee der Besuch mit der ganzen Familie, vorzugsweise einschließlich der ältesten Generation - vielleicht erweckt die kleine Zeitreise längst vergrabene Jugenderinnerungen.

Die Ausstellung überzeugt durch ihre angenehm ruhige Gestaltung. Statt Bilderflut und Informationsüberfluss wirken die Exponate eher für sich, immer im Spannungsfeld zwischen ärmlicher Kargheit und wohltuender Schlichtheit - je nach Augenmaß des Betrachters.

Moderne Technik vermittelt Wissen in der Form von Multimedia-Shows in einem Kuppelbau, Themen sind Astronomie und Raumfahrt, aber auch Orchideen oder Pink Floyd.

Stadtmuseum Warleberger Hof 2
Dänische Str. 19, Kiel
✆ (04 31) 901 34 25
www.kiel.de/kultur/museum/
Tägl. 10–18, im Winter 10–17 Uhr
Eintritt € 3/1
Historische Räume und Gewölbekeller im ältesten noch erhaltenen Adelshaus der Stadt aus dem frühen 17. Jh. Interessante Sonderausstellungen.

Schleswig-Holsteinisches Freilichtmuseum
Hamburger Landstr. 97
24113 Molfsee
✆ (04 31) 65 96 60
www.freilichtmuseum-sh.de
April–Okt. Di–So 9–18, Mitte Juni–Juli bis 20 Uhr für Spaziergänger offen, Häuser um 18 Uhr geschl., Nov.–März So u. Fei 11–16 Uhr (nur einige Häuser geöffnet)
Eintritt € 7/5, Kinder unter 6 Jahren frei
Über 70 Haus- und Hoftypen der verschiedenen schleswig-holsteinischen Landschaften mit dazugehörenden Einrichtungen und regelmäßigen Handwerksvorführungen. Besonders schön: der historische Jahrmarkt – freie Fahrt in der Museumsbahn und im Karussell mit dem Eintrittspreis.

Am Eingang können »Bollerwagen« gemietet werden – falls kleine Besucher zwischendurch müde werden. Mit Museumsrestaurant »Drathenhof«, Imbissbuden beim Jahrmarktgelände und Käseverkauf in der Meierei.

Museumsrestaurant im Drathenhof/Freilichtmuseum
✆ (04 31) 65 08 89
www.drathenhof.de
Regionale Küche in altem Hofgebäude.
€

Kanalausstellung Wasser- und Schifffahrtsamt
Auf der Kanalschleuse, Kiel
✆ (04 31) 360 30
Eintritt von der Nordseite mit Führung, März–Okt. 11, 13 und 15 Uhr € 2,30/1,50, von der Aussichtsplattform auf der Südseite ohne Führung € 1,50/1
Die Alten Schleusen von 1895 (Nordseite des Kanals) sind nur noch in den Sommermonaten in Betrieb. Eine kleine Ausstellung zum Thema bietet theoretischen Hintergrund und Historisches. Von der Südseite aus kann man den internationalen Schifffahrtsverkehr beim Ein- und Ausschleusen beobachten (ca. 1,5 Std. pro Vorgang).

Ebenfalls im Holtenauer Hafen zu sehen: der **Leuchtturm** von 1895, der über die Kanalmündung wacht.

Schwimmhalle Schilksee
Drachenbahn 18, Kiel/Schilksee
✆ (02 60) 404 41, tägl. 8–21 Sa/So 8–18 Uhr, Eintritt ab € 2,70/1,20
Sport- und Gesundheitsbad im ehemaligen Olympiabecken. Fitness-Studio und Sauna.

Theater in Kiel:

Theaterkasse im Opern- und Schauspielhaus
Am Rathausplatz, Kiel
✆ (04 31) 90 19 01
Fax (04 31) 90 16 28 70
Di–Fr 10–19, Sa 10–13 Uhr
Mo 10–19 Uhr telefonische Bestellung
Ticketverkauf für alle drei Häuser sowie für Konzerte im Kieler Schloss
Opernhaus, Rathausplatz 4

Im historischen Warleberger Hof in der Dänischen Straße hat das Stadtmuseum sein Domizil

Der Kieler Leuchtturm, 1895 in Holtenau, am Eingang zum Nord-Ostsee-Kanal, in Betrieb genommen

Region 4 Kiel und Kieler Bucht

Seezeichen dienen der Navigation nach Sicht und sind zur Orientierung an Küsten, Sandbänken und in Hafeneinfahrten stationiert

Eigenes Ballett- und Opernensemble der Landesbühne
Schauspielhaus
Holtenauerstr. 103
Klassisches und modernes Schauspiel
Theater im Werftpark
Ostring 187 a
Schauspiel für Kinder und Erwachsene.

Theater Die Komödianten
Wilhelminenstr. 43, Kiel
✆ (04 31) 55 34 01
www.komoedianten.com
Modernes Schauspiel, Komödien, Revuen und Freilichttheater im Rathausinnenhof.

Theater am Wilhelmplatz
Wilhelmplatz 2, Kiel
✆ (04 31) 950 95, www.nbkiel.de
Niederdeutsches (= Plattdeutsches) Amateurtheater.

Die **Förde-Fährlinie** fährt täglich etwa stündlich von der Bahnhofsbrücke Kiel bis zur Laboer Brücke. In den Sommermonaten fahren die Fördeschiffe darüber hinaus auch zu den Badestränden Falckenstein, Schilksee und Strande. Anleger in Kiel sind Bahnhof, Seegarten, Reventlou, Bellevue und Friedrichsort auf dem Westufer, Mönkeberg, Möltenort auf dem Ostufer der Förde. Mehr Info: ✆ (04 31) 594 12 60/-63, www.sfk-kiel.de

Forstbaumschule
Düvelsbeker Weg 46, Kiel
✆ (04 31) 33 34 96
Mo-Sa 10-24, So 10-23 Uhr
Das Restaurant liegt am Eingang des Kieler Parks Forstbaumschule am Düsternbroker Gehölz. Biergarten, Jazzmusik im Pavillon, kleine und große Gerichte, teils regional, teils mediterran. €

Louf
Reventlouallee 2, Kiel
✆ (04 31) 55 11 78
April-Sept. ab 10, Okt.-März ab 11.30, So ab 9 Uhr
Direkt an der Förde gelegen, Terrasse mit Blick auf Hindenburgufer und die andere Fördeseite. Wechselnde Speisekarte, mediterran und gehoben gut bürgerlich. Frühstück, Mittagstisch, Café, Bar, Restaurant, nahe dem Landeshaus. €€

Seeburg
Düsternbrooker Weg 2, Kiel
✆ (04 31) 56 11 25,www.seeburg-kiel.de
Historisches Restaurant, 1913 als Studentenwohnheim gegründet. Biergarten und Fördeblick. €€

Konditorei und Café Fiedler
Holstenstr. 92-94, Kiel
✆ (04 31) 99 71 90, www.cafe-fiedler.de
Traditionshaus mit 90-jähriger Firmengeschichte und einer großen Auswahl an erlesenen handgefertigten Konditorprodukten. Im Sommer auch Außengastronomie vor dem Haus. Eine Filiale gibt es auch in der Holtenauer Str. 62.

Seebar im Seebad Düsternbrook
Am Hindenburgufer, Kiel
✆ (04 31) 341 85
www.seebad-duesternbrook.com
Frischer Wind in alter Holzkonstruktion - die Seebar öffnete ihre Tore 2009. Nach umfangreichen Umbauarbeiten kann Kiel jetzt in seiner alten Seebadeanstalt nicht mehr nur baden, sondern auch »loungen«. Auf mehreren Ebenen und um einige Ecken herum kann man hier sitzen, essen und vor allem den fantastischen Blick auf die Förde genießen. Die Getränke sind eher teuer, dafür ist das Essen gut und günstig, aber man kann auch mit einem einfachen Eis am Stiel das Recht auf eine der weißen Liegen erkaufen. €

Die Naturbadeanstalt wird weiterhin betrieben, das Eintauchen in die Förde kostet hier für Kinder € 1,20, für Erwachsene € 2,20.

Vapiano Kiel
Kaistr. 51, Kiel
✆ (04 31) 248 59 00
So-Do 10-24, Fr/Sa 10-1 Uhr
Modernes Gastronomiekonzept mit Selbstbedienung an verschiedenen Themenstationen. Salate, Mediterranes und Pasta - alles wird frisch vor den Kundenaugen zubereitet, für Pizza-Wartezeiten gibt es einen »Pieper« in die Hand. Schickes, leichtes Ambiente mit Fördeblick. €

Feste & Veranstaltungen
Letztes Wochenende im Februar: **Kieler Umschlag** - Stadtfest in der Innenstadt zur Erinnerung an Kiel als Handelsstadt
3.-4. Sonntag im Juni: **Kieler Woche** - größte Segelveranstaltung der Welt mit zahlreichen Regatten, Windjammerparade und umfangreichem Rahmenprogramm wie dem Internationalen Markt auf dem Rathausplatz
September: **Kieler Hafenfest** - mariti-

mes Programm und Open Ship (= Gelegenheit zur Besichtigung verschiedener Schiffe)
2. und 3. Wochenende im Oktober: **Herbstmarkt** im Freilichtmuseum – Kunsthandwerk und Produkte der Museumsbetriebe.

Ausflugsziele:

Das idyllische Bauerndorf **Bissee** am Bothkamper See, südlich von Kiel, lohnt einen Spaziergang. Der Antikhof Bissee eignet sich ebenfalls als Ausflugsziel: Hier sind in einer historischen Hofanlage ein großes Restaurant mit gehobener Küche, ein schöner Kaffee- und Biergarten unter alten Kastanien, ein Hofladen mit regionalen Lebensmitteln, das Gartenhaus mit Artikeln rund um den privaten Garten (Gartengeräte, Zubehör und Pflanzen) sowie ein großes Antiquitätengeschäft versammelt.
Antikhof Bissee
Eiderstr. 13, 24582 Bissee
✆ (043 22) 25 00 (Restaurant)
www.antikhof-bissee.de

Nord-Ostsee-Kanal – viel Verkehr auf der Straße der Traumschiffe und »großen Pötte«

Zeit ist bekanntlich Geld, und Feldherren, Herzöge und Könige zerbrachen sich deshalb jahrhundertelang immer wieder den Kopf darüber, wie sich der 900 Kilometer lange Weg zwischen Nord- und Ostsee, an der stürmischen Nordspitze Dänemarks vorbei, am besten abkürzen ließe. Unter der Ägide Kaiser Wilhelms II. gelang schließlich das Kunststück: 1895 wurde die Verbindung zwischen Brunsbüttel an der Elbmündung und Kiel an der Ostsee feierlich eröffnet, damals noch unter dem Namen »Kaiser-Wilhelm-Kanal«. Die Rechnung ging auf, denn 100 Jahre danach zählt der Nord-Ostsee-Kanal – weltweit bekannt unter dem Namen »Kiel-Canal« – zu den meistbefahrenen künstlichen Wasserstraßen der Welt. Jährlich passieren im Schnitt 43 000 Schiffe mit einer Gesamtladung von über 80 Millionen Tonnen den Kanal.

Die Schleuse Kiel-Holtenau ist gewissermaßen die Eingangspforte zur Ostsee, die Schleuse Brunsbüttel der Rückweg zur Nordsee. Acht Straßen und vier Eisenbahnlinien überqueren den Nord-Ostsee-Kanal auf insgesamt zehn Brücken, zahlreiche Fahrzeug- und eine Personenfähre ermöglichen den – übrigens immer kostenlosen – Transport auf die andere Seite. Alle Brücken haben die gleiche Durchfahrtshöhe von 42 Metern, weil der Kanal auf die Linienschiffe der kaiserlichen Marine ausgelegt wurde.

Vielgenutzte »Abkürzung«: der Nord-Ostsee-Kanal, eine der meistbefahrenen Wasserstraßen der Welt

Beinahe so prachtvoll wie zu Kaisers Zeiten sind auch heute noch die Luxusschiffe, die seit einigen Jahren vermehrt neben den Frachtern den Kanal durchqueren. Die riesigen Luxusliner, die im Schneckentempo durch die Wasserstraße navigieren, locken jedes Jahr Tausende Menschen an die Brücken und Ufer, mit Kameras stehen die Fans bereit und wissen meist viel über jedes einzelne Schiff. Wer die Passagierschiff-Riesen von Nahem sehen möchte, sollte sich zum Aussichtspunkt an der Grünentaler Hochbrücke oder in Kiel auf die Holtenauer Hochbrücke begeben. Ein Besuch der Schleusen im Kieler Stadtteil Holtenau bietet Gelegenheit, das rege Treiben auf dem Kanal zu beobachten. (Siehe auch Rendsburg, S. 53, über die Rendsburger Hochbrücke und die Schiffsbegrüßung.)

2 Heikendorf/Möltenort

Das beschauliche Heikendorf mit rund 8200 Einwohnern liegt auf dem Ostufer der Kieler Förde, ca. zwölf Kilometer vom Stadtzentrum Kiels entfernt. Der Ortskern im oberen Teil von Heikendorf ist schnell erkundet, ein paar Cafés und Restaurants, einige Geschäfte. Im ältesten Haus des Ortes (1865) befindet sich ein kleines **Künstlermuseum**. Hier lebte und arbeitete der Maler Heinrich Blunck.

Meister Lampe unterwegs in der Probstei

Unten am Wasser laden die **Uferpromenade** und der kleine **Fischerei- und Segelhafen** im Ortsteil Möltenort zum Bummeln ein. Vormittags verkaufen die Fischer hier ihren Fang direkt vom Kutter. Von hier sind die großen Schiffe, die in den Kieler Hafen oder den Nord-Ostsee-Kanal einfahren wollen, besonders gut zu beobachten. Am bewachten **Kurstrand** werden Strandkörbe vermietet, außerdem gibt es noch mehrere kleinere Freistrände entlang der Promenade. Auch in der **Seebadeanstalt** Altheikendorf kann man baden.

Heikendorfs Umgebung bietet sich für Wanderungen und Radtouren an (Fahrräder können im Ort gemietet werden): ein abwechslungsreiches Radwandergebiet mit sanften Hügeln und weiten Feldern. Zwischen Wäldchen und Rapsfeldern blitzt immer mal wieder die Ostsee auf.

Der gut ausgebaute **Fördewanderweg** führt bei Heikendorf am Möltenorter **Ehrenmal** vorbei, einer Gedenkstätte für die mehr als 35 000 gefallenen U-Boot-Fahrer beider Weltkriege. Beim Spaziergang entlang der Förde kann man sehr gut die zahllosen großen und kleinen Segelschiffe und Fähren, aber auch die großen Container- und Kreuzfahrtschiffe auf dem Weg in den Nord-Ostsee-Kanal sehen.

Service & Tipps:

Künstlermuseum Heikendorf
Teichtor 9, 24226 Heikendorf
✆ (04 31) 24 80 93
www.kuenstlermuseumheikendorf.eu
Di–Sa 14–17, So 11–17 Uhr, Führungen nach Vereinbarung, Eintritt € 3/2
Historisches Atelierhaus des Heikendorfer Malers Heinrich Blunck (1891–1963) mit Werken der Heikendorfer Künstlerkolonie und jährlich vier bis fünf Wechselausstellungen.

Golf-Club Kitzeberg
Wildgarten 1, Heikendorf
✆ (04 31) 23 23 24, www.golf-kiel.de
18-Löcher-Platz mit 9 neuen und 9 älteren Spielbahnen. Auch Schnupperkurse für Anfänger.

Galerie-Café Roehrskrog
Möltenorter Weg 1
Heikendorf/Möltenort
✆ (04 31) 24 17 47
Schönes kleines Café in einem niedrigen alten Reetdachhaus direkt am Möltenorter Hafen. Bester Platz im Cafe: die Couch am Kamin, leckerster Kuchen: die Eierlikörtorte.

Das kleine Strandhaus
Strandweg 8, Heikendorf/Möltenort
✆ (04 31) 249 87, Mo–Fr 15–23, Sa/So 12––23 Uhr, Di Ruhetag
Sehr gute regionale und saisonale Küche, viel Fisch. Die Innenräume und die z.T. windgeschützte Terrasse bieten einen weiten Blick auf die Kieler Förde und den Strand. Auch gut zum Bestaunen der auslaufenden Kreuzfahrtschiffe. €–€€

Zur Zeit der Rapsblüte ist es an der Ostsee besonders schön

Vom Ehrenmal aus gut zu überblicken: Laboe und die Kieler Förde

3 Laboe

Der Ort Laboe – ausgesprochen »Labö« – besteht aus Ober- und Unterdorf, wobei zu letzterem der Hafen gehört. Wie in vielen mittleren und kleinen Badeorten an der Ostseeküste liegen im **Laboer Hafen** sowohl Jachten als auch Fischkutter. Fährschiffe nach Kiel (ca. eine Stunde Fahrt) und Dänemark legen von hier ab. Der Tourismus ist mittlerweile zum wichtigsten Wirtschaftsfaktor Laboes geworden. Über 25 000 Feriengäste und zahlreiche Tagesgäste kommen alljährlich.

Aushängeschild des Ortes ist der ca. 50 Meter breite, zwei Kilometer lange feine **Sandstrand** mit mehreren Spielplätzen, Trampolin und Beach-Volleyball-Feldern (vor dem Hallenbad). Spielt das Wetter nicht mit, steht ein **Meerwasserhallenbad** als Alternative zur Verfügung. Entlang der langen Promenade lässt es sich gut bummeln.

Das beeindruckende, 85 Meter hohe **Marine-Ehrenmal** wurde von 1927 bis 1936 zur Erinnerung an die im Ersten Weltkrieg gefallenen Marinesoldaten erbaut. Seit 1954 dient es als Gedenkstätte für die auf den Meeren gebliebenen Seeleute aller Nationen und als Mahnmal einer friedlichen Seefahrt. Zwei Fahrstühle oder 341 Stufen führen zur Aussichtsplattform. Die Form des Gebäudes ist der des Achterstevens eines Schiffes nachgebildet. Die angegliederte »historische Halle« beherbergt eine Ausstellung mit Schiffsmodellen, Karten und Dioramen zur Geschichte der Handelsschifffahrt und der Marine.

Zu Füßen des Ehrenmals befindet sich das **U-995**, ein Unterseeboot, dessen spannendes und teilweise beklemmendes Inneres besichtigt werden kann (der gleiche Typ wurde in Wolfgang Petersens Film »Das Boot« verwendet).

Die Probstei

Sie beginnt bei Laboe an der Kieler Außenförde und verläuft entlang des über 20 Kilometer langen Sandstrands bis nach Schönberg, genauer bis hin zum Süß- und Salzwasserbiotop bei Stakendorf. Die Urlaubsregion ist geprägt durch kleine, ruhige Ortschaften und Dörfer, in denen geringes Verkehrsaufkommen die Fortbewegung zu Fuß und mit dem Rad sehr angenehm machen. Die Landschaft bietet neben weißen Sandstränden und schönen Steilküsten im Hinterland diverse Binnenseen, Wiesen, Felder und Knicks.

1226 schenkte der damalige Landesherr Graf Adolf IV. den nördlichen Teil des Kreises Plön dem Benediktinerinnenkloster in Preetz. Nach der Bezeichnung des Vorstehers dieses Klosters, dem »Probst«, erhielt dieses Gebiet den Namen »Klösterlich Preetzer Probstei«, seine Bewohner wurden zu »Probsteiern«. Das wurden sie wohl ganz gern, denn aus der Zugehörigkeit zum Klosterbereich ergab sich in ihrer rechtlichen Stellung ein bedeutender Unterschied zu den übrigen Ostholsteinern: Sie waren keine Leibeigenen, sondern freie Bauern mit Erbrecht.

Für die Besichtigung des U-995 und des Marine-Ehrenmals gibt es auch ein Kombi-Ticket für € 7,50/4,50/Kinder unter 6 Jahren frei

Service & Tipps:

Tourismusbetrieb Laboe
Björn 2, 24235 Laboe
✆ (043 43) 42 75 53
www.laboe.de

Meeresbiologische Station
Strand 1, Laboe
Nähe U-Boot und Ehrenmal
✆ (043 43) 42 93 21
April–Okt. tägl. außer Mo, Nov.–März Do–So 11–18 Uhr, Eintritt € 6/4
Über 30 Schauaquarien mit Ostseegetier zum Anfassen und Haifischbecken zum Angucken. Auch meeresbiologische Schiffsausfahrten.

Marine-Ehrenmal
Strandstr. 92, Laboe
✆ (043 43) 49 48 49 62
www.deutscher-marinebund.de
April–Okt. tägl. 9.30–18, Nov.–März 9.30–18 Uhr
Eintritt € 5/3/Kinder bis 6 Jahre frei

U-995
Strandstr. 92, am Ehrenmal
✆ (0 43 43) 427 00
www.deutscher-marinebund.de
April–Okt. tägl. 9.30–18, Nov.–März 9.30–18 Uhr, Eintritt € 3,50/2,30/Kinder bis 6 Jahre frei
1943 bei Blohm + Voss in Hamburg gebaut, gehört das U-Boot zum Typ VII C., bekannt aus dem Film »Das Boot« von Wolfgang Petersen. 1972 wurde es von zwei Schwimmkränen nach Laboe überführt und als technisches Museum am Strand aufgestellt.

Meerwasserschwimmhalle
Strandstr. 25, Laboe
✆ (043 43) 12 49
Mo/Di, Fr 10–18, Sa/So 10–17, Mi bis 22, Do 10–16 Uhr
Eintritt € 4/3,50/2,50/unter 4 Jahren frei
Klassisches Hallenbad mit Saunabereich. Das Badewasser ist der Ostsee entnommen.

Fischküche Laboe
Am Hafen, Laboe
✆ (043 43) 42 97 99
Mitte Feb.–Mitte Dez. tägl. 11.30–20.30, Mai–Aug. 11.30–21 Uhr
Viel frischer Fisch, wechselnde Tagesangebote, Sonnenterrasse mit Hafenblick. €

Restaurant Baltic Bay
Fördewanderweg 2, Laboe
(am Jachtzentrum)
✆ (043 43) 424 20
Mo–Sa 11.30–23, So 10.30–22 Uhr
Modernes Restaurant in der vor Kurzem neu erbauten Marina. Jeden Sonntag Brunch. €

Feste & Veranstaltungen
März/April: Eröffnung der **Dorschtage** – Hunderte von Anglern bemühen sich um den Titel Dorschkönig/in, Rahmenprogramm auch für Nicht-Angler (www.dorschtage.de)
August: **Klassiker Regatten** German Classics – Treffen von über 100 klassischen Segeljachten, Seifenkistenrennen und Sky-Cup, dazu Rahmenprogramm mit einem maritimen Markt, Kunst und Kultur.

Rar geworden: Dorsche in der Ostsee

4 Stein

Region 4
Kiel und Kieler Bucht

Direkt an der Kieler Förde liegt das kleine Dorf Stein (ca. 1000 Einwohner). Und das immerhin seit 1240. Die Badegäste kommen seit dem 19. Jahrhundert hierher. Bis heute lockt vor allem die Verbindung von ländlichem Dorfleben und Badestrand. Der **Strand** selbst ist attraktiv durch ein Stück schöne Steilküste und die Steiner Mole. Vor allem für Familien mit Kindern geeignet ist der durch die Mole geschützte Flachwasserbereich. Wer dennoch den Wellen trotzen möchte, der kann hier das Kitesurfen lernen.

Stein ist klein und »überschaubar« – anstelle von Restaurants gibt es eher Imbisse und eine Fischräucherei. Eifrig ist man hier aber bemüht um ein vielseitiges Freizeitprogramm: Es gibt das Feuerwehrfest, das Molenfest, aber auch tägliche Strandgymnastik und Erlebnis-Exkursionen für Kinder.

Service & Tipps:

Fremdenverkehrsverein e.V.
Dorfring 20 a, 24235 Stein
✆ (0 43 43) 92 99, www.stein-ostseebad.de

Wind- und Kitesurfschule
✆ (04 31) 220 09 46
www.tatort-hawaii.de
Tägl. 10–18 Uhr
Treffpunkt: Am Strand, links der Buhne
Windsurfkurse ab 6, Kitesurfkurse ab 14 Jahren. Auch Strandkorbvermietung und Events rund um das Thema Wassersport sind im Angebot, darunter auch die Gestaltung von Kindergeburtstagen.

So schmeckt der Ostseeurlaub am Strand von Stein

Eine Nehrung ist ein schmaler, meist sandiger Landstreifen, der einen flacheren Teil des Meeres von der offenen See abtrennt, das ist vor allem typisch für gezeitenlose Meere wie die Ostsee. Auch Nehrungs-, Sand- oder Strandhaken genannt.

5 Wendtorf

Von seinem beschaulichen unmittelbaren Nachbarn Stein unterscheidet sich dieser Ort mit 1150 Einwohnern durch den großen Jachthafen, der mit seinen 850 Liegeplätzen der größte an der Kieler Bucht ist. Als wenig schön empfinden wohl die meisten die Plattenbau-Appartementanlage auf der **Marina**, Baujahr 1972 – allerdings haben die Bewohner selbst einen besonders schönen Blick auf die Ostsee. Auf dem vorgelagerten Nehrungshaken liegt das Naturschutzgebiet Bottsand.

Am westlich gelegenen Strand ist es ruhig, in einigen Bereichen gilt FKK. Im Ort selbst, der etwa anderthalb Kilometer landeinwärts liegt, erfreuen sich Kinder (und somit auch deren Eltern) am **Kinderabenteuerland**. Der Spiel- und Kletterplatz bietet Naturerleben und Erholung.

Service & Tipps:

Tourist-Info Wendtorf
24235 Wendtorf/Ostsee
Im Sportzentrum
✆ (043 43) 49 95 63
www.wendtorf-ostsee.de

Kinderabenteuerland
Im Ort
Eintritt frei
Großer Naturgelände-Erlebnisspielplatz mit Hängebrücke, Tunnelrutsche, Seilfloß und Ponyreiten.

Ausflugsziel:

Krokauer Mühle
Krokau
www.muehle-krokau.de
Pfingstmontag–Okt. So 14–17 Uhr
Eintritt € 1/0,50
Das Mühlenmodell »Erdholländer« von 1872 in Aktion.

6 Heidkate

Der Strand von Heidkate, eingebettet in Natur- und Vogelschutzgebiete, ist von hügeliger Dünenlandschaft zum Land hin begrenzt, hier herrscht meist weniger Trubel als an den Nachbarstränden, allerdings gibt es auch keine der üblichen Strand-Infrastruktur. Am **Naturstrand** gibt es einen FKK-Bereich, Tennisplätze, Kinderspielplätze und ein Surfcenter.

Ausflugsziele:

Irrgarten – Naturgarten Heckenlabyrinth
Alte Dorfstr. 100
24535 Probsteierhagen
April–Okt. 10–19 Uhr, Mi Ruhetag
✆ (043 48) 230
www.irrgarten.biz
Eintritt € 1
Geeignet für die ganze Familie: Das Labyrinth aus Weiß- und Rotdornhecken im großen Garten bietet überraschend anspruchsvollen Denk-Sport, der Weg zum Aussichtsturm im Zentrum – und zurück – ist lang und nicht leicht zu finden. Kinderspielplatz, Minigolf und ein großer Gasthof mit Kegelbahn sorgen für reichlich Abwechslung.

Schloss Hagen
Masurenweg 1
Probsteierhagen
✆ (043 48) 75 76, www.schloss-hagen.de
Besichtigungen bei Veranstaltungen und nach Absprache
Am Südrand der Probstei liegt das Herrenhaus Hagen von 1649 mit seinem schönen Park. Den zweigeschossigen Dreiflügelbau beherrscht ein Treppenturm in der Mittelachse, kleinstufige Treppengiebel schließen die kurzen Seitenflügel ab.

Im Innern sind schöne Stuckdecken enthalten, im östlichen Saal gibt es Reliefs mit Abbildungen verschiedener Herrenhäuser der Region. Heute beherbergt das Schloss Hagen das Kulturzentrum der Gemeinde Probstei, die

Weißdornblüten im Mai und Juni, …

regelmäßig Kunstausstellungen und Handwerkermärkte veranstaltet.

Der **Historische Pfad** zwischen Probsteierhagen und dem Schloss zeigt und erklärt auf 2,8 km Länge anhand von Schautafeln bäuerlichen Alltag in der ehemaligen Gutsanlage. Begleitbroschüre im Tourismusbüro Probsteierhagen erhältlich.

Landeskulturzentrum Schloss Salzau
24256 Salzau (Fargau-Pratjau)
✆ (043 03) 180
www.kulturzentrum-salzau.de
Am Selenter See liegt die ehemalige Gutsanlage. Salzau gehört zu den Rittersitzen, die bereits im ältesten Kieler Stadtbuch von 1264 erwähnt werden. Der prächtige Bau enstand allerdings erst 1882, da der Vorgängerkomplex einem Brand zum Opfer fiel. Mit über 90 Räumen ist Schloss Salzau das größte Herrenhaus des Bundeslandes.

Seit 1986 gehörte der gesamte Gebäudekomplex mit dem großen Park, dem Torhaus, dem Kavaliershaus und einer Scheune – umgebaut zum Konzertsaal mit 1750 m² –, dem Land Schleswig-Holstein. Das Schloss fungierte bis 2010 als Veranstaltungsort für das »Schleswig-Holstein Musik Festival«, das hier begründet wurde. Seit Mitte 2010 steht die Anlage jedoch zum Verkauf. Die weitere Nutzung als Tagungs- und Ausstellungsort sowie als lebendige Werkstatt internationaler Künstler aller Richtungen ist derzeit noch nicht geklärt. Zahlreiche Veranstaltungen finden dennoch weiterhin hier statt.

Besuchern sind die Außenanlagen zugänglich.

… Weißdornfrüchte im August und September

Schleswig-Holstein Musik Festival

Es ist das größte Klassikfestival Europas: Jedes Jahr finden im Juli und August an rund 75 Spielstätten in Schleswig-Holstein mehr als 120 Konzerte vor mehr als 130 000 Zuhörern statt. Das ganze Bundesland ist dann quasi »flächendeckend« mit Spielstätten übersät – von Niebüll bis Travemünde wird musiziert und zugehört.

Seit seiner Gründung 1986 durch den Pianisten Professor Justus Frantz gehört das Schleswig-Holstein Musik Festival zu den herausragenden internationalen Kulturereignissen und wurde zum Vorbild zahlreicher ähnlicher Events in seinem Ursprungsland und in ganz Europa.

Wenn der jeweilige Intendant ruft, dann kommen renommierte Künstler aus aller Welt an Nord- und Ostsee: Sir Simon Rattle, Anne-Sophie Mutter, die Sächsische Staatskapelle, das Gewandhausorchester Leipzig und die Münchner Philharmoniker, aber auch ein Max Raabe, die NDR-Big Band und die King's Singers.

Seit zehn Jahren ist Rolf Beck Intendant des Festivals, das jedes Jahr unter einem anderen Länderschwerpunkt steht und neben der Musik parallel die Kultur des jeweiligen Partnerlandes in Ausstellungen und Filmen vorstellt.

Aber nicht nur die Musik ist ein Erlebnis, sondern auch die Spielstätten, neudeutsch *locations*, denn gespielt wird in Kirchen, alten Ställen und Scheunen, in eleganten Herrenhäusern und imposanten Schlössern. Außerdem werden in der ungewohnten Umgebung von Werftgelände, Flugzeugterminal, Reithalle und Rinderstall Taktstöcke geschwungen. Die vielleicht originellste Spielstätte: Eine Autofähre geht exklusiv für die Konzerte des Festivals im Hafen von Wyk auf Föhr vor Anker und wird in einen Konzertsaal umgebaut. Die Fläche, auf der sonst die Autos untergebracht sind, verwandelt sich durch Bühne, Teppich, Sitzplätze und Licht in einen schwimmenden Konzertsaal.

Mit der seit 2001 bestehenden Reihe »Text und Musik« wird eine alternative Konzertform angeboten, die die Darbietung von Texten – rezitiert von bedeutenden Schauspielern und Autoren – in einen musikalisch sinnvollen Kontext stellt.

Für den musikalischen Nachwuchs gibt es viele Aktivitäten und gute Gelegenheiten, das »SHMF« zu genießen: Im Rahmen einer Kindermusikwerkstatt werden Sprösslinge von Klassikfans zwischen drei und 13 Jahren während der Konzerte von ausgebildeten Musikpädagogen betreut. Ein spezielles Kindermusikfest ist ebenfalls Teil des Programms, und auch die »Musikfeste auf dem Lande« – eine Verbindung von klassischer Musik und Picknick – dürften kleinen und großen Zuhörern gleichermaßen gut gefallen. Jungen Talenten steht die 1987 von Leonard Bernstein gegründete Orchesterakademie und die Chorakademie offen, und bei den Meisterkursen in Lübeck werden Nachwuchskünstler gefördert. Seit 2002 ist auch das internationale Jazzfestival JazzBaltica Teil des Festivals.

Kartenzentrale des Schleswig-Holstein Musik Festivals
Postfach 3840, 24037 Kiel
✆ (04 31) 23 70 70 (Mo-Fr 9-18 Uhr)
Fax (04 31) 237 07 11
www.shmf.de, bestellung@shmf.de
Ticketbestellung immer ab Februar d. J.

7 Schönberg/Schönberger Strand

Der Ort **Schönberg** mit seinen 6300 Einwohnern ist das Zentrum der Probstei, des ehemaligen Herrschaftsbereichs des Propstes zu Preetz. Schönberg wurde um 1250 vom Propst Friedrich gegründet, ein Schriftstück aus dem Jahr 1259, das in den Archiven des ehemaligen Bistums Lübeck aufbewahrt wird, erwähnt zum ersten Mal den Namen »Sceneberg«.

Ende des 19. Jahrhunderts wurde aus dem Bauerndorf ein zentraler Ort mit aufblühendem Handwerk und Handel, und auch der Fremdenverkehr nahm seinen Anfang. Die aufwändigen Fassaden vieler Häuser weisen auf den Wohlstand dieser Zeit hin. Das Probstei-Museum verschafft einen Eindruck von Kultur und Geschichte der Region.

Die 1971 eingerichtete große **Ostseeklinik** im Ortsteil Holm ist heute, neben dem Tourismus, größter Arbeitgeber in der Umgebung.

Zwei Vorgängerkirchen wurden durch Sturmflut und Feuer zerstört, 1784 wurde daher der heutige Bau eingeweiht. Ein Fisch, genauer gesagt ein Barsch dreht sich anstelle eines Wetterhahns auf der Spitze im Ostseewind: ein sichtbarer Dank an die Bars(ch)beker Bauern, die viel zum Bau der Kirche beitrugen. Dem spätbarocken Backsteinbau, der auf einem kleinen Hügel über der Stadt thront, direkt gegenüber befindet sich das **Kindheitsmuseum**. Erwachsene und Kinder finden hier gleichermaßen viel zu entdecken – eine tolle Möglichkeit für Eltern, den Kindern die eigene Kindheit nahezubringen.

Mit dem Wort Mole bezeichnet man eine als Damm in die See ragende Aufschüttung, befestigt durch eine Stein- oder Holzkonstruktion. Sie dient als Wellenbrecher und Hafenmauer, die auf der geschützten Innenseite oft als Steg ausgebaut ist.

Der Ortsteil **Schönberger Strand**, etwa vier Kilometer dem Ort vorgelagert, ist durch »Buhnen« in einzelne Buchten unterteilt, eine davon ist als Hundestrand ausgewiesen, eine andere den Surfern vorbehalten (Buhne 20/21). Der FKK- Bereich befindet sich im Bereich der Mole 18/19. Die Seebrücke am Schönberger Strand verlängert die Promenade, die ohnehin schon als die längste der Ostseeküste gilt: Sie reicht von Stein bei Laboe bis hierher.

Zwei große Strandabschnitte eignen sich dafür, den Daheimgebliebenen eine irreführende Postkarte zu senden: Ohne zu lügen, kann man näm-

Spätbarocker Backsteinbau: die Kirche von Schönberg

lich aus **»Kalifornien«** und **»Brasilien«** schreiben. Der Name »Kalifornien« entstand aufgrund einiger an den Strand gespülten Teile eines Schiffes mit dem Namen »California«.

Service & Tipps:

Tourist-Service Ostseebad Schönberg
Käptens Gang 1, 24217 Schönberg
✆ (043 44) 414 10
www.schoenberg.de

Museumsbahnen Schönberger Strand
Am Schierbek 1, Schönberg
✆ (043 44) 23 23 oder 414 10
www.vvm-museumsbahn.de
Von Pfingsten bis 15. Sept. verschiedene Fahrten mit historischen Straßen- und Eisenbahnen, u.a. von Schönberger Strand nach Schönberg, aber auch bis zum Kieler Hauptbahnhof. Auf dem **Museumsbahnhof** kann man über 50 historische Schienenfahrzeuge besichtigen.

Kindheitsmuseum Schönberg
Knüllgasse 16, Schönberg
✆ (043 44) 68 65
www.kindheitsmuseum.de
Mai So 14–17, Juni–Okt. tägl. außer Mo 14–17, Do auch 10–12 Uhr
Eintritt € 2/1
Die liebevoll gestaltete Ausstellung zeigt Kindheit im Wandel der Zeit seit 1850, Schulsachen, Spielzeug, Kinderliteratur, Kleidung und Möbel. Auch wechselnde Sonderausstellungen, eine kleine, einfache Caféteria (Getränk gegen Spende) und verschiedene Spielmöglichkeiten für kleine Besucher.

Probstei-Museum
Ostseestr. 8, Schönberg
✆ (043 44) 31 74
www.probstei-museum.de
Mai–Okt. tägl. außer Mo 14–17, Do auch 10–12, Nov. und Mitte März–April So 14–17 Uhr
Eintritt € 2/1
Die Hofanlage mit historischen Fachwerkgebäuden und einem modernen Ausstellungshaus liegt umgeben von Bauerngarten und Grünanlagen. Gezeigt wird die frühere Lebens- und Arbeitswelt der Probsteier. Verschiedene Aktivitäten und wechselnde Sonderausstellungen.

Radtour am Fördeufer

Feste & Veranstaltungen
Anfang Juni: **Thingtag** - Historienfest in der Anlage des Probstei-Museums
Mitte Juli: **Seebrückenfest** - Volksfest am Strand mit Livemusik und Feuerwerk
Juli/August: **Probsteier Korntage** - Angebote rund um das Thema Korn: Wahl der Kornkönigin, Kutschfahrten, Hofführungen und »Mitmachangebote« wie Getreidemahlen in der historischen Krokauer Mühle und Brotbacken.

Ausflugsziele:

Bei einem Ausflug nach **Preetz** kann man um den Preetzer See spazieren und das Heimatmuseum des Preetzer Nonnenklosters besuchen.

In den Tourist-Infos erhältlich: Die Faltblätter »radfahren in der probstei« und »rad- und urlaubskarte« mit verschiedenen ausgearbeiteten Radtour-Vorschlägen (auch geführte Themen-Touren), Reparaturstellen, Fahrradvermietern und Bett & Bike-Betrieben.

8 Lütjenburg

Eingebettet in liebliche Knicklandschaft, umgeben von Hügeln, Wäldern und Seen, liegt der Luftkurort Lütjenburg mit seinen 5500 Einwohnern. Schon im frühen Mittelalter war hier ein Handelsort und Mittelpunkt des Umlandes. 1156 wurde in Lütjenburg der Grundstein für die **St.-Michaelis-Kirche** gelegt. Die schönen Bürgerhäuser wurden nach dem verheerenden Stadtbrand von 1826 erbaut, nur das **Färberhaus** am Marktbrunnen stammt noch aus dem 16. Jahrhundert. Der **Markt**, die gute Stube der Stadt, ist umrahmt von historischen Fassaden, Klinkerhäusern und Fachwerk. Bis zum Ostseestrand mit den Badeorten Hohwacht, Behrensdorf, Sehlendorf und Hohenfelde sind es nur ein paar Kilometer. Noch näher an der Stadt liegen zwei große Binnenseen, der Selenter- und der Große Binnensee. Und fast vor der Haustür wartet die abwechslungsreiche Landschaft der Holsteinischen Schweiz.

Methorn, zu Zeiten der Wikinger ein verbreitetes Trinkgefäß

Service & Tipps:

Touristeninformation Lütjenburg
Markt 4, 24321 Lütjenburg
✆ (043 81) 41 99 41
www.stadt-luetjenburg.de

Turmhügelburg Lütjenburg
Nienthal bei Lütjenburg
Info Führungen/Veranstaltungen:
✆ (043 81) 91 88 47
www.turmhuegelburg.de
Kein Eintritt - Spenden sind willkommen
Die Turmhügelburg ist die authentische Rekonstruktion einer regional typischen Burganlage aus der Zeit um 1250. Der Verein, der das Projekt mit Begeisterung betreibt, versteht sich und seine Arbeit als »lebendes Museum«. Angeboten werden Führungen und diverse Veranstaltungen zum Thema, wie Wikingerlager und Mittelalter-Märkte. Auch eine (nagelneue) Kapelle nach altem Vorbild gibt es, in der z.B. Trauungen stattfinden.

Eiszeitmuseum
Nienthal 7, Lütjenburg
✆ (043 81) 41 52 10
www.eiszeitmuseum.de
Im Sommer tägl. 10-18 Uhr, im Winter

nur am Wochenende
Eintritt € 3/2
Eher für Kinder geeignet, mit viel Anfassbarem zum »Begreifen«, von Mammutzahn bis Muschel.

Pur – Bistro, Café und Delikatessengeschäft
Neuwerkstr. 9, Lütjenburg
✆ (043 81) 40 41 47

Der Name ist Konzept: Verwendet werden Produkte aus der Region, die von kleinen Erzeugern kommen und noch handwerklich hergestellt werden. Im Angebot: Ungewöhnliches und Klassiker, z. B. Lammbratwurst, Wildschweinbraten und Wildkräutersalat. Handgerösteter Kaffee und eine umfangreiche Weinkarte. Mit Gartenterrasse.

Hohwachter Bucht und die Wagrische Halbinsel

Fahrversuche mit einem Bootsnachbau der Slawenzeit

Der Name Wagrien geht auf den slawischen Stamm der Wagrier zurück, der seit dem 8. Jahrhundert nicht nur die Halbinsel, sondern den gesamten Raum zwischen Kieler Förde, der mittleren Trave und dem Unterlauf des Flusses bewohnte. Das Zentrum Wagriens war Starigard, heute Oldenburg. Die mächtige **Wallanlage** existiert noch heute, gelegen zwischen der Stadt und der Freilichtanlage **Oldenburger Wallmuseum**. Die Turmhügelburg war die am häufigsten verwendete Befestigungsform der slawischen Bewohner. Im Kreis Plön existieren Reste von 45 dieser Turmhügelburgen, elf davon gab es im Umkreis von Lütjenburg, wo erst vor wenigen Jahren ein Nachbau entstand.

9 Hohwacht

Die malerisch waldige Umgebung Hohwachts – der Wald reicht hier bis an den Strand – lockte schon viele Künstler an diese Küste, darunter die Maler Philipp Otto Runge und Erich Heckel. In dem kleinen Fischerdorf selbst ist kein Haus höher als die Bäume. Zu beiden Seiten des Fischereiliegeplatzes erstreckt sich der Strand. Der **Kurstrand** vor dem alten Ortskern ist durch das bewaldete Steilufer geschützt. Zur anderen Seite hin ist es windiger, hier treffen sich die vor allem die Surfer und Hobie-Cat-Segler. Es gibt eine Segel- und Surfschule.

In Hohwacht entstand vor wenigen Jahren eine neue Attraktion, genannt »die Flunder«: eine **Seeplattform** als vorgelagerte Promenade. Eine 370 Quadratmeter-Konstruktion aus Eichenbohlen, die an einem 24 Meter hohen Stahlpylon aufgehängt sind – übrigens mit behindertengerechtem Zugangssteg.

Über der Ostsee schwebend: die »Hohwachter Flunder«

Service & Tipps:

Hohwachter Bucht Touristik GmbH
Berliner Platz 1
24321 Hohwacht
✆ (043 81) 905 50
Fax (043 81) 90 55 55
www.hohwacht.de

Schlösser- und Herrenhäusertour von Hohwacht aus, Busrundreisen mit Besuch diverser Gutshöfe und Herrenhäuser mit Kaffeestopp, Infos unter
✆ (043 81) 90 55 60 (Juli/Aug.), ab € 18/Person

Genueser Schiff
Seestr. 18, Hohwacht
✆ (043 81) 75 33
www.genueser-Schiff.de
Wunderschön einsam gelegenes großes Reetdachhaus, mit einzigartigem Blick auf die Ostsee und originell altmodischem Interieur. Der besondere Clou sind die Strandkörbe im Garten, in denen man sich den leckeren Kuchen oder kleine Gerichte servieren lassen kann. €-€€

Feste & Veranstaltungen
Mitte September: **Drachenfest** – Drachenfans aus der Region treffen sich am Strand beim Hotel Genueser Schiff.

An der Hohwachter Bucht

10 Behrensdorf

Unter dem Leuchtturm »Neuland« von 1960, dem 40 Meter hohen Wahrzeichen dieses Feriengebietes, erstreckt sich der weitläufige **Naturstrand** von **Behrensdorf**. Steinmolen schaffen kleine Badebuchten. Der gemütliche Familienstrand kommt ohne allzuviel Infrastruktur aus, es gibt nur Tretboote und einen Minigolfplatz. Keine Promenade, aber dafür viel Ruhe. In der Nähe liegt das **Naturschutzgebiet »Kleiner Binnensee«** mit vielen seltenen Vogelarten. FKK ist möglich, Kurtaxe wird nicht erhoben.

Service & Tipps:

Straußenfarm Ostseeblick
Ostseering 11, 24257 Hohenfelde
✆ (043 85) 907
www.straussenfarm-ostseeblick.de
Tägl. 10–18 Uhr, Eintritt € 2/Führung ab €1
Originelles Ausflugsziel. Auf der Farm kann man sich die putzigen Riesenvögel genauestens anschauen – und essen. Ein kleiner Shop bietet Produkte rund ums das Tier mit den langen Wimpern.

11 Weissenhäuser Strand

Inmitten des Naturschutzgebietes Weissenhäuser Brök liegt der Weissenhäuser Strand. Hier gibt es die höchsten Dünen der schleswig-holsteinischen Ostseeküste. Der **Sandstrand** geht kinderfreundlich flach ins Wasser über. Die 4000 Betten starke **Ferienanlage Weissenhäuser Strand** steht natürlich im Kontrast zu den idyllischeren Dörfern entlang der Ostsee, kann aber mit guter Infrastruktur punkten. Der **Columbus-Park**, eine 120 000 Quadratmeter große Wasser- und Spiellandschaft mit Seen, Brücken und Inseln, wo man auch rudern, paddeln oder Tretboot fahren kann, ist eine Alternative zum Strand – bei freiem Eintritt für Kinder. Auch zahlreiche Vogelarten sind hier zu Hause, vom Ostafrikanischen Kronenkranich bis zum Rotrückenpelikan.

Deutlich gefälliger ist das **Schloss Weissenhaus** von 1895 im gründerzeitlichen Neo-Barock, umgeben von einem schönen Park, direkt an der Ostsee. Auf dem Gelände entsteht derzeit die hochwertige Ferienanlage **Village Schloss Weissenhaus**, die ab 2012 den Betrieb aufnehmen soll.

Service & Tipps:

Tourist-Info Weissenhäuser Strand
Seestr. 1, 23758 Weissenhäuser Strand
✆ (043 61) 550
www.weissenhaeuserstrand.de
Dort auch Info über **Planwagenfahrten**
Mai–Okt. Mi und Sa ab € 6,50/4

Subtropisches Badeparadies und Dünenbad Weissenhäuser Strand
Seestr. 1, Weissenhäuser Strand
✆ (043 61) 550
www.weissenhaeuserstrand.de
Tägl. 9.30–20.30 Uhr
Eintritt Badeparadies ab € 18/11, Eintritt Dünenbad ab € 11, Tageskarte € 14, für Gäste des Ferienparks gelten günstigere Preise
Die »subtropische« Badeanlage (31 °C Luft- und 29 °C Wassertemperatur) wurde 2010 nach Umbauarbeiten neu eröffnet und kann mit einer der größten Wasserspiellandschaften Deutschlands aufwarten, darunter eine 214 m lange Rutsche.

Das **Dünenbad** (im Strandhotel) ist eine Saunalandschaft mit Schwimmbecken, Solarium, Whirlpool und Wellnessanwendungen.

In der ganzen Ferienanlage gibt es zahlreiche Gastronomieangebote, vom

Region 4
Kiel und Kieler Bucht

Kunst oder Natur?

Fischrestaurant über eine Pizzeria bis hin zur Hotelbar. Überall sind Spielgelegenheiten für Kinder. €-€€

Ausflugsziele:

Selenter See
Vor allem zur Rapszeit lohnt eine Fahrt rund um den See über schöne Landstraßen und durch das landwirtschaftlich geprägte Hinterland.

Geführte Wanderung durch eine Geologin entlang der schönen Steilküste, 5 km, ca. 2 Std., Kinder bis 12 Jahre € 0,50/ab 12 Jahre € 1, Infos erhältlich bei der Ferienpark-Rezeption (Juli–Sept.).

12 Gut und Herrenhaus Panker

Das über 600 Jahre alte Gut liegt zwischen Lütjenburg und Schönberg in der Holsteinischen Schweiz, unweit der Ostseeküste. Seit 1400 unter der Herrschaft der Grafschaft Rantzau, kaufte Friedrich I. von Hessen 1739 den Besitz für seine unehelichen Söhne, die zu Grafen von Hessenstein erhoben wurden. Das heutige **Herrenhaus** wurde um 1800 errichtet, seit 1947 ist es der stilvolle Sitz eines durch die Kurhessische Hausstiftung gegründeten Trakehnergestüts. Da das Herrenhaus noch bewohnt wird, kann es leider nicht besichtigt werden. In dem **Barockgarten** und auf dem gesamten Gelände sind Spaziergänger aber gern gesehen. Stallungen und eine Schlosskapelle sind vorhanden, und in den ehemaligen Wirtschaftsgebäuden sind verschiedene kleine **Geschäfte** untergebracht, ein Kunst- und Kunsthandwerksverkauf und ein Antiquitätengeschäft. Wer sich vor dem Essen noch etwas die Beine vertreten möchte, kann zu Fuß nach ein-

Gut Panker ist in Privatbesitz und wird heute noch bewohnt

einhalb Kilometern den **Hessenstein** auf dem Pilsberg erreichen, dessen 128 Meter Höhe zwar nicht nach viel klingen, aber in Schleswig-Holstein schon einen absoluten Spitzenplatz einnehmen. Der Aussichtsturm von 1841 ermöglicht mit zusätzlichen 17 Metern Höhe bei klarem Wetter einen Panoramablick vom Bungsberg bis nach Fehmarn und zu den Kränen der Kieler Werften.

Ein Essen oder Kaffeetrinken in der **Olen Liese** rundet den Besuch kulinarisch ab. Eine hervorragende Bedienung und unglaublich leckeres Essen sind garantiert und dazu – durchs Fenster oder von der Terrasse – der Blick auf edle Pferde. Der schöne Landgasthof ist übrigens nach einem Lieblingspferd des Fürsten Wilhelm von Hessenstein benannt. Das erhielt sein Gnadenbrot von einem Knecht des Gutsbesitzers, der seinen Diener dafür mit einer wertvollen Schanklizenz belohnte. So wurde aus dem Bauernhaus eine Bauernschenke und 200 Jahre später ein exklusives Gourmet-Restaurant.

Bewaffneter Slawe im Oldenburger Wallmuseum

Service & Tipps:

Wirtschaft Ole Liese und Restaurant »1797«
24321 Gut Panker (bei Lütjenburg)
✆ (043 81) 906 90, www.ole-liese.de
Wirtschaft Nov.–April Mi–Fr ab 18, Sa/So ab 12, April Mi–So ab 12, Mai–Sept. Di–So ab 12, Okt. Mi–So ab 12 Uhr. Restaurant April–Sept. Mi–Sa ab 18 Uhr. €€€

13 Oldenburg in Holstein

»Starigard« hieß die Stadt vor 1000 Jahren, sie war Hauptsitz der slawischen Fürsten und bedeutender Handelsplatz und ist somit einer der ältesten Siedlungsorte Schleswig-Holsteins. Heute ist Oldenburg mit seinen 9700 Einwohnern Versorgungszentrum für die umliegende Region.

Dem Besucher bietet sich ein geschlossenes Stadtbild mit dem großen Marktplatz als Zentrum – seit dem 12. Jahrhundert wurde hier Markt abgehalten. Das **Rathaus** mit den gemütlichen Laternen und dem kleinen Turm auf dem Dach wurde 1834 fertiggestellt. Das aus dem Turm erklingende Glockenspiel aus 23 Einzelglocken und -glöckchen leistete man sich aber erst 1984. Ab 8 Uhr morgens ertönen alle zwei Stunden verschiedene Melodien.

Die **St.-Johannis-Kirche** von 1156 gilt als erster reiner Backsteinbau Norddeutschlands, allerdings stammen heute große Teile des Baus sowie die Innenausstattung aus dem 18. Jahrhundert. Zu beiden Seiten des Rathauses geht die gemütliche Fußgängerzone ab.

Die historische Ringwallanlage gehört neben Haithabu zu den wichtigsten frühgeschichtlichen Burganlagen Schleswig-Holsteins. Der slawische Ringwall umschloss die damalige Siedlung, Ende des 8. Jahrhunderts entstand daraus eine zweiteilige Burg mit etwa vier Hektar Innenfläche – eine gewaltige Anlage! Ein Spaziergang auf der rekonstruierten, 18 Meter hohen Wallkrone vermittelt einen Eindruck von der einstigen Größe und Bedeutung des Walls. Das **Wallmuseum** im Museumshof unterrichtet über Alltag und Geschichte der slawischen Frühsiedler.

»Aldenburgum Holsatiae«, Oldenburg in Holstein, auf einem Kupferstich von 15[illegible]

Bei den alljährlichen Slawentagen kommen Besucher des Wallmuseums voll auf ihre Kosten

Ende des 16. Jahrhunderts wurde in Oldenburg der vielleicht berühmteste Sohn der Stadt geboren. Johann Liss, später bekannt als Jan Lys verließ die Stadt mit 17 Jahren, um als Maler in die Niederlande und später nach Italien zu gehen. Er malte religiöse Motive und bäuerliche Szenen, wie er sie als Kind in Oldenburg gesehen hatte. Liss starb früh, wurde aber mit seinem Werk einer der berühmtesten Barockmaler seiner Zeit – allerdings posthum.

Service & Tipps:

Tourismus-Büro Oldenburg
Markt 1
23758 Oldenburg i. H.
✆ (043 61) 49 81 03
Fax (043 61) 34 02
www.oldenburg-holstein.de

Oldenburger Wallmuseum
Prof.-Struve-Weg 1, auf der Museumsinsel
Oldenburg i. H.
✆ (043 61) 62 31 42 und 26 74
www.starigard-museum.de
April–Okt. Di–So 10–17, Juli–Aug. tägl. 10–18 Uhr, Eintritt € 4/2
Informativ und ansprechend gestaltete Ausstellung über die Lebenswelt der Slawen, untergebracht in verschiedenen Hofgebäuden, ein historisches Backhaus und – besonders gelungen – eine Hafenanlage mit Wohnhütten und Handelsschiffnachbau. Außerdem auf dem Gelände: eine Ausstellung, die der ältesten Gilde Deutschlands gewidmet ist, sowie ein Rosengarten. Oft Aktionstage mit Mitmach-Angebot. Museumsshop und Restaurant/Café.

Eselpark Nessendorf
Wiesengrund 3
24327 Nessendorf
✆ (043 82) 748, www.eselpark.de
Mitte März–Okt. tägl. 10–18 Uhr
Eintritt € 4,50/4
Wer in der Region Urlaub macht, kommt kaum um diesen Park herum, denn überall wird hierfür die Werbetrommel gerührt. Allerdings ist die Anlage vor allem für Eselfreunde interessant, die werden hier nämlich gezüchtet. Außerdem im Angebot: Kutschfahrten, auch zum Selbstlenken, und Reiten auf den Grautieren. Kaffee- und Biergarten.

Feste & Veranstaltungen
Juni, an St. Johanni: **Festumzug der Toten- und Schützengilde** und **Schützenfest**. Die Gilde stammt nachweislich von 1192 und ist damit die älteste Deutschlands, zu dem Thema gibt es auch eine Ausstellung im Wallmuseum.
Juli: **Slawentage** – Wettkämpfe rund um das Thema Mittelalter im Wallmuseum
Ende Juli: **Oldenburger Stadtfest**
Mitte August: **Wallfest** – zweitägiges Volksfest rund um das Wallmuseum

14 Heiligenhafen

Das Ostseeheilbad mit seinen rund 9100 Einwohnern am Eingang zum Fehmarnsund, mit den vorgelagerten Landzungen Steinwarder und Graswarder, wandelte sich – wie viele Orte der Region – vom beschaulichen Städtchen mit kleinen adretten Bürgerhäuschen mit dem Beginn des Bädertourismus zu einem trubeligen Badeort. Mit dem Bau der Fehmarnsundbrücke wurde es allerdings wieder ruhiger. In den letzten Jahren unterzog sich Heiligenhafen einer Verjüngungskur, man wollte sich vom alten Heilbad zum modernen Ferienpark entwickeln und baute den **Ostsee-Ferienpark**, am westlichen Rand des Binnensees gelegen.

Die **Altstadt** weiter südöstlich hat gleich zwei Häfen zu bieten. Es gibt den **Fischereihafen** mit seinem regen Treiben, wo man Dorsch und Scholle direkt vom Kutter kaufen kann, und einen modernen **Jachthafen** mit insgesamt 1200 Liegeplätzen für Segel- und Motorjachten und der größten Hochseeangelflotte Europas. Das älteste Gebäude der Stadt steht ebenfalls am Hafen, es ist ein **Salzspeicher** von 1587, Zeuge einer frühen Blüte der Stadt. Dahinter die **Stadtkirche** von 1390 – mit einem Votivschiff, der Fregatte Samson von 1636 – und das **Heimatmuseum**. Hier werden vor- und frühgeschichtliche Funde aus der Umgebung sowie Schiffsmodelle und Dokumente zur Stadtgeschichte gezeigt.

Auch Künstlerprominenz hat sich in Heiligenhafen umgetan, der Dichter Theodor Storm und der Maler Lyonel Feininger wohnten beide zeitweilig hier.

Bei schlechtem Wetter bietet sich für Kinder das **Aktiv-Hus** mit der **Kinderspielwelt Schatzinsel** an, für Erwachsene gibt es einen Indoor-Beachvolleyballplatz, eine Kletterwand und weitere Sportangebote sowie die Salveo Saunalandschaft.

Sonnenuntergang am Anleger bei Heiligenhafen

Der **Steinwarder Strand** von Heiligenhafen liegt zwischen Festland und Fehmarn, wobei man die Fehmarnsundbrücke immer im Blick hat. Die große Windwahrscheinlichkeit ruft viele Windsurfer auf den Plan. Aber hier ist genug Platz für alle - kein Wunder bei 4,8 Kilometern Strand.

Gebadet wird hauptsächlich in der Nähe der Rettungsschwimmer-Hauptwache. Dort finden sich auch Restaurants und Cafés, mehrere Badestege, Tretboot- und Katamaranvermietung sowie zwei Segel- und Surfschulen.

Auf der **Halbinsel Graswarder** gibt es Natur plus Information: Ausstellungen, Vorträge, naturkundliche Exkursionen und Informationstafeln, von der Steilküste bis zu den Salzwiesen rund um die Stadt.

Service & Tipps:

Tourismus-Service Heiligenhafen
Bergstr. 43, 23774 Heiligenhafen
✆ (043 62) 907 20
www.heiligenhafen-touristik.de

Naturschutzgebiet Graswarder
April–Okt. tägl. 10.30 und 15 Uhr ein- bis zweistündige Führungen in die Seevogelkolonie, Treffpunkt: Infozentrum Graswarder
✆ (043 62) 69 47
www.graswarder.de

Aktiv-Hus Heiligenhafen
Ostsee-Ferienpark, Heiligenhafen
✆ (043 62) 502 90 50/-11
www.aktiv-hus.de
Kinderspielwelt mit Trampolinen, Kletterburg und Krabbelbereich, Mo–Do 14–19, Fr–So 10–19 Uhr, Eintritt Kinder € 12 (Ganztag)/Erwachsene frei
Sportarena mit Kletterwand und Bogenschießen sowie Wellnessbereich, tägl. 10–22 Uhr, Eintritt ab € 14/8,50, Hallenbad ab € 5/4.

Heimatmuseum Heiligenhafen
Thulboden 11 a, Heiligenhafen
✆ (043 62) 3876
April–Okt. Di–Fr, So 15–17 Uhr
Eintritt € 2/1
Fossiliensammlung und vor- und frühgeschichtliche Funde aus der Umgebung sowie Schiffsmodelle und Dokumente zur Stadtgeschichte. Museumsshop und Café-Ecke.

Anno 1800
Lauritz-Maßmann Str. 30
Heiligenhafen
✆ (043 62) 79 13, tägl. 17–24 Uhr
Rustikales uriges Restaurant in der Innenstadt von Heiligenhafen. Montags Livemusik. €

Ausflugsfahrten
✆ (043 62) 50 62 01
Rund-, Lampion- und Sundbrückenfahrten mit der MS »Seho« ab Kommunalhafen. Hochseeangelfahrten ab € 25.

Feste & Veranstaltungen
Juli: **Heiligenhafener Hafenfest** - zehn Tage, die sich dem Thema Fisch in vielen Variationen widmen sowie Live-Musik.
Oktober: **Hafengeburtstag mit Kohlregatta**.

15 Großenbrode

Kurz vor der Fehmarnsundbrücke liegt dieses Heilbad, gleich an drei Seiten von der Ostsee umgeben.

Den historischen Ortskern prägt die **St.-Katharinen-Kirche.** An der Promenade gibt es Geschäfte, Restaurants und Bars. Am Jachthafen und auf der Seebrücke ist gut flanieren.

Überbrückt die Distanz zwischen Steilküste und Strand: die Holzbrücke an der Jugendherberge in Dahme

16 Dahme

Das Ostseeheilbad zählt nur etwa 1200 Einwohner, empfängt jedoch jährlich über 60 000 Badegäste. Wie es scheint, geht das erfrischend simple Motto des kleinen Ortes auf: »Gebräunt, gestärkt, genesen – dann bist Du in Dahme gewesen!« Der **Hauptstrand** ist etwa 6,5 Kilometer lang und liegt unmittelbar vor dem Ortskern. An der 1,6 Kilometer langen **Strandpromenade** liegen das **Meerwasser-Hallenbad** für schlechtes Wetter und eine Auswahl an Restaurants und Cafés. Alles ist eher schlicht, die einstöckigen Promenadengebäude im Bungalowstil, thematisch aufgepeppt. Zum Ausgleich sitzt man hier überall »in Augenhöhe« mit dem Strand, hat einen freien Blick und kurze Wege. Der Strand selbst ist sehr weiß und nahezu steinfrei. Die Seebrücke ragt 200 Meter weit in die Ostsee hinaus. Es gibt eine Surfschule, Reit- und Tennismöglichkeiten, einen Funpark für Inlineskater (am Nordstrand) und jede Menge Strandkörbe. Der **Kinderhafen** bietet kostenlos betreuten Spielspaß auch bei Regen.

In der südlichen Umgebung des Ortes bieten sich ein Blick auf die schöne Steilküste und ein Ausflug zum **Leuchtturm von Dahmeshöved** an. Von dem 35 Meter hohen, achteckigen Bauwerk von 1879 hat man eine tolle Aussicht auf die Ostsee, deren Wasser in Dahme wegen des Zugangs zur offenen See besonders klar ist.

Zwei Kilometer südlich ▷ von Dahme steht der Leuchtturm von Dahmeshöved. Zu DDR-Zeiten war er ein wichtiger Navigationspunkt für Menschen, die über die Ostsee in den Westen flohen

Service & Tipps:

Kurbetrieb Dahme
Seestraße 50, 23747 Dahme
✆ (043 64) 49 20 25
www.dahme.com
Fledermausführung im Kurpark, Mai-Sept. Mi abends
Leuchtturm: April-Okt. So-Mo 15-16.30 Uhr

Meerwasser-Hallenschwimmbad, Sauna & Fitness
Im Sport- und Gesundheitszentrum Dahme, an der Strandpromenade
✆ (043 46) 470 99 14, tägl. 10-18 Uhr
Eintritt Schwimmbad/Sauna jeweils € 5,50/2,50, Kombikarten erhältlich
Bad und Sauna mit Außenbereich, Meersalzgrotte und Wellnessangebot.

Feste & Veranstaltungen
Mitte Juni: **Internationales Shantychor-Treffen** mit Konzerten auf dem Nystedplatz
August: **Seebrückenparty** mit Feuerwerk.

Ausflugsziel:

Museumshof Lensahn
23738 Lensahn
✆ (043 63) 911 2
www.museumshof-lensahn.de
April-Okt. tägl.10-17, Mai-Sept. 10-18 Uhr, Eintritt € 5/3,50/2,50
Über 4000 Exponate zum Thema historische Landwirtschaft und Haustierrassen sind auf dem 200 Jahre alten Prienfeldhof versammelt. Verschiedene Führungen - auf Wunsch »op Platt« - und Aktionsparcours. Auch ein »Tierkinnerstall« ist vorhanden - ein Haustier-Streichelzoo. Die Gaststube »Im alten Kuhstall« serviert Deftiges wie Sauerfleisch mit Bratkartoffeln.

17 Grube

Der Erholungsort Grube liegt nur drei Kilometer landeinwärts inmitten des Bäderbezirks Amt Grube mit den Ostseeheilbädern Dahme und Kellenhusen. Er bietet mit dem **Rosenfelder Strand** in fünf Kilometern Entfernung einen herrlichen Naturstrand, der auch für Hundebesitzer und FKK-Anhänger geeignet ist (am Südende).

Grube erhebt keine Kurtaxe und bietet günstige Unterkünfte, gute Einkaufsmöglichkeiten und Sportstätten. Am Südende des Ortes steht die **St.-Jürgen-Kirche** aus dem 13. Jahrhundert am Marktplatz. Das dazugehörige - ehemalige - Pfarrhaus ist umgezogen - ins Kieler Freilichtmuseum Molfsee nämlich, weil es als das älteste datierte Bauernhaus Schleswig-Holsteins gilt. Regelmäßig nistet und brütet auf einem Gruber Schornstein ein Storchenpaar. Das **Dorfmuseum** präsentiert eine kleine volkskundliche Sammlung, darunter auch die Bänke der alten Dorfschule und frühzeitliche Ausgrabungsfunde aus der Umgebung. Indiskret aber spannend: Eine Kameraüberwachung ermöglicht im Museum den Einblick in die Kinderstube des treuen Storchenpaars.

Service & Tipps:

Touristbüro Gemeinde Grube
Haus des Gastes, Wenddorf 1
✆ (043 64) 47 15 63
www.gemeinde-grube.de

Strandkörbe schützen vor Wind und Sonne am Strand von Kellenhusen

18 Kellenhusen

Vom Laubwald des Eutiner Staatsforsts umgeben liegt Kellenhusen. Vor 125 Jahren noch ein Fischernest, ist es heute ein beliebtes Ostseeheilbad. Durch einen Deich abgeschirmt liegt der Strand, rund vier Kilometer lang und bis zu 80 Meter breit, mit einer langen und kurvigen **Promenade**, genannt »Lady Prom«. Zum textilfreien Badegenuss geht es weiter südlich an den Lensterstrand, auf dem Deichweg z. B. mit dem Fahrrad gut erreichbar. Im **Staatsforst** gibt es berühmte Eichen, einen **Waldlehrpfad** und ein **Wildgehege**. 2007 wurde die neue, 305 Meter lange **Erlebnis-Seebrücke** mit »Themeninseln« eingeweiht. Hier kann jeder in Hängematten träumen oder von Sprungbrettern in die Ostsee tauchen, auch ein Kinderspielplatz (rechts der Brücke) fehlt nicht. Mit der modernen Gestaltung der Brücke wurde architektonisches Neuland betreten – auf gelungene Weise.

Service & Tipps:

Kellenhusen Tourismus-Service
Strandpromenade 15
23746 Kellenhusen
✆ (043 64) 497 50
www.kellenhusen.de

Meerwasser-Hallen- und Freibad
Kellenhusen
✆ (043 64) 49 75 17
Tägl. 10–17.30 Uhr
Hallenbad April–Mitte Mai und Mitte Sept.–Okt., Freibad Mitte Mai–Mitte Sept.
Eintritt frei mit der OstseeCard

café landgang
Strandpromenade 25 (links der Seebrücke), Kellenhusen
✆ (043 64) 47 00 70
Tägl. 11–22 Uhr, Di geschl.
Flottes, modernes Café, das kleine Snacks, Eis und Kuchen serviert, im Innenraum oder auf der Strandterrasse. Für Kinder toll: einige Playstations mit Spielen zum Ausleihen.

Feste & Veranstaltungen
Juni: **Seebrücke im Lichtermeer** – Musikprogramm auf der Seebrücke und Feuerwerk
Juli: **Seebrückenfest**
Oktober: **Hubertuswochen** – Veranstaltungen rund um das Thema Wald.

Ist sie dabei? Das Haus der Natur in Grömitz-Cismar zeigt Deutschlands größte Muschelausstellung

19 Kloster Cismar

Die heute noch vorhandene Kirche ist übrig geblieben von einer gewaltigen Klosteranlage, deren Geschichte eigentlich 1177 in Lübeck begann. Zu dieser Zeit nämlich wurde in der Hansestadt das Johanneskloster gegründet, und dessen Mönche zogen 1238 nach Cismar um. Verschiedene Reliquien und die 1249 geweihte Johannes-Heilquelle (der Brunnen ist noch erhalten) machten Cismar zu einem Wallfahrtsort. Später verlor das Kloster an Bedeutung und wurde 1561 aufgelöst. Zarin Katharina die Große ließ 1763 einen Teil zu einem Schloss umbauen.

Heute nutzen das Landesmuseum und die Kirchengemeinde die erhaltenen Anlagen. Kloster Cismar zählt zu den bedeutendsten Bauwerken der norddeutschen Backsteingotik und ist, nach der in Lübeck, die größte Klosteranlage Schleswig-Holsteins. Über dem Brunnenhaus befindet sich das Refektorium, der Speisesaal der Mönche, in dem ein Café eingerichtet ist. Im Westteil der Kirche finden seit 1987 wechselnde Ausstellungen von überregionaler Bedeutung statt. Im Ort **Cismar** (400 Einwohner) lohnt ein Besuch des Zentrums Haus der Natur.

Kloster Cismar
Bäderstraße, 23743 Cismar
✆ (043 66) 10 80 und (046 21) 81 32 22 (Landesmuseen)
www.cismar.de
In der Sommersaison Di–So 10–17 Uhr
Eintritt € 3/2
Führungen durch Klosteranlage und Kirche im Sommer Mi und So um 17 Uhr (ca. 1 Std.)
Kloster-Café mit sehr idyllischer Terrasse, Ostern bis Okt. 10–18 Uhr, ✆ (043 66) 88 88 81

Haus der Natur
Bäderstr. 26
Grömitz-Cismar
✆ (043 66) 12 88
www.hausdernatur.de
Tägl. 10–19 Uhr, Eintritt € 2,50/1
Zehntausend Ausstellungsstücke: einheimische und exotische Tiere, Mineralien und Versteinerungen, mit mehr als 4000 ausgestellten Arten Deutschlands größte Muschelausstellung

Hof Klostersee
Klosterseeweg
Cismar-Grönwohldshorst
✆ (043 66) 517
Mo–Fr 9.30–12 und 15–18, Sa 9.30–12 Uhr
Hofladen mit biologisch-dynamisch erzeugten Produkten, auf Anfrage Führungen durch Käserei und Backstube. Auch drei Ferienzimmer und fünf Ferienwohnungen.

Feste & Veranstaltungen
2. Wochenende im August: **Klosterfest** – Kunsthandwerkermarkt und Spezialitäten der Region

Westfront des ehemaligen Benediktinerklosters Cismar

Fehmarn

Ruhe, Raps und Radvergnügen

Windkraftrotoren fangen auf Fehmarn den Ostseewind zur Energiegewinnung ein

Etwas vermessen ist er vielleicht, der Titel »Hawai‘i Deutschlands«, aber mit 2200 Sonnenstunden im Jahr liegt Fehmarn in der deutschen Sonnenstatistik eindeutig weit vorn. Zur Insel geht es seit 1963 über die Fehmarnsundbrücke, im Insel-Volksmund liebevoll »Kleiderbügel« genannt. Der Sund (= abgesondert, abgetrennt) zwischen Insel und Festland ist hier 1200 Meter breit.

Mit 185 Quadratkilometern ist Fehmarn die größte Insel Schleswig-Holsteins und nach Rügen und Usedom die drittgrößte Insel Deutschlands. 78 Kilometer Küstenlinie mit schönen Sand- und Naturstränden, Steilküsten und Sandbänken gibt es – also das ganze Ostseeprogramm auf einer Insel versammelt.

Vor allem in der Nebensaison ist es auf Fehmarn tatsächlich möglich, versteckte Winkel zu finden, wo man mit Meer und Strand fast allein sein kann. 171 Kilometer ausgeschilderte Wanderwege führen rund um die Insel.

Flügge Leuchtturm auf Fehmarn: jetzt noch rot-weiß, bald schon gelb

Gegenüber den Festlandbewohnern Schleswig-Holsteins hatten die Fehmaraner der Vergangenheit den großen Vorteil, nie Leibeigene gewesen zu sein und entwickelten daher – so die allgemeine Ansicht – ein ganz natürliches Selbstbewusstsein. Aufgrund ihrer günstigen Lage bezüglich alter Handelswege war die Insel allerdings immer wieder Ziel von Piraten, die Fehmarn als Versteck nutzten.

Die Landwirtschaft war traditionell der größte Wirtschaftsfaktor der Insel, denn die Böden sind außerordentlich fruchtbar. Dennoch steht heute die Tourismusindustrie im Vordergrund; vor allem die zahlreichen Ferienwohnungen und prämierten Campingplätze sind bei den etwa 300 000 Besuchern pro Jahr beliebt.

Durch das Taktieren eines engagierten Briten, Sir William Strang Baron of Stonesfield, blieb Fehmarn in den Verhandlungen der Alliierten den Westdeutschen erhalten und hatte somit über 40 Jahre lang das Alleinstellungsmerkmal »einzige westdeutsche Ostseeinsel«. Mit einer Gedenktafel am Heimatmuseum erinnert man sich des Herrn in Dankbarkeit. Seitdem Rügen und Usedom wieder das Liebeswerben um die bundesdeutschen Ostseetouristen aufgenommen haben, ist es auf Fehmarn ein wenig ruhiger geworden – für die Besucher und wahren Fans durchaus ein Vorteil.

Einmal angekommen, steigt man am besten aufs Fahrrad um, denn diese Art der Fortbewegung ist auf dem flachen Eiland – der Hinrichsberg ist mit gerade einmal 26 Metern die höchste Erhebung – mit wenig Kraftaufwand verbunden und daher auch für weniger trainierte Stadtmenschen geeignet. Auf diese Weise (über zahlreiche Fahrradleihmöglichkeiten informiert die Touristeninformation) gelangt man wirklich überall hin. Von fast jedem Inselort gibt es bereits Blickkontakt mit dem Kirchturm der anvisierten Nachbarortschaft.

Eleganz in Stahl: die Fehmarnsundbrücke, die seit 1963 die Insel mit dem Festland verbindet

Radwege sind gut ausgeschildert, gern auch mit diskretem Hinweis auf die öffentlichen Örtlichkeiten. Überhaupt kann man sagen, dass die Insel in Bezug auf touristische Infrastruktur gut erschlossen ist. Ein großer Vorteil auch für alle, die sich im Urlaub auf die Erholung konzentrieren wollen, kurz gesagt: Senioren und Familien mit Kindern kommen hier gut zurecht.

Allenfalls eine frische Ostseebrise kann das Radlervergnügen hin und wieder etwas trüben. Aber ein bisschen Wind gehört nunmal an die Küste, auf der Insel hat man daher zahlreiche Windkrafträder in die Rapsfelder gestellt. Friedliche Riesen, die das Inselbild ebenso prägen wie die immer wieder wechselnden Ansichten der Fehmarnsundbrücke, die am Horizont ebenso auftaucht wie als Dekoration an Hauswänden. Die Windkrafttechnologie wird auf der Insel seit Mitte der 1990er-Jahre eingesetzt, inzwischen liefert man Inselstrom sogar auf das Festland.

Region 5
Fehmarn

Auf Fehmarn gehören Schafe zum Landschaftsbild

In den meisten Orten ist es derartig ruhig und ländlich, dass auch die Einkaufsmöglichkeiten begrenzt sind. Das Frühstücksbrötchen ist vielleicht vor Ort noch erhältlich, aber für größere Einkäufe oder einen Restaurantbesuch müssen Fahrtwege in Kauf genommen werden. Dafür entschädigen zahlreiche wirklich gute Cafés und häufige Gelegenheiten, ein leckeres Fischbrötchen zu erstehen.

Nur 14 000 Einwohner leben ständig auf Fehmarn, etwa die Hälfte von ihnen in Burg. 2003 wurde die gesamte Insel zur Stadt Fehmarn ernannt, ein Vorgang, der für bürokratische Erleichterung sorgen soll.

Der Mai eignet sich ganz besonders gut als Urlaubszeit, man hat die Radwege ziemlich für sich allein und die gesamte Insel verwandelt sich in ein einziges Rapsfeld. Die Insulaner wählen alljährlich ihre Rapskönigin, und der angenehme süße Duft der gelben Blüten liegt überall in der Luft und im Blickfeld – zusammen mit dem Blau der Ostsee ein unvergesslicher Eindruck. Übrigens: Die Fehmaraner nennen ihre Insel den »6. Kontinent« – wer die Insel verlässt, kehrt zurück nach Europa. Das muss es wohl sein, das durch Freiheit gewonnene Selbstbewusstsein.

An der Westküste liegt direkt hinter dem Deich das Wasservogelreservat Wallnau, 250 Brut- und Zugvogelarten tummeln sich auf seinen Teichen und Feuchtwiesen. Die Zugvögel machen hier wegen der günstigen Lage Fehmarns zwischen Mitteleuropa und Skandinavien regelmäßig Halt. Etwa zehn Hektar des insgesamt 300 Hektar großen Areals sind für Besucher geöffnet. Hier begegnet man Austernfischern, Graugänsen und Säbelschnäblern. Am besten fängt man mit der ansprechend präsentierten Ausstellung im Informationszentrum an. Für Kinder gibt es eine Balancierscheibe, Summsteine und am Ende des Rundgangs einen Seilzirkus. Ein Besuch kann im kleinen Museumsshop mit Café abgerundet werden.

Region 5 Fehmarn

Im Wasservogelreservat Wallnau leben zeitweise bis zu 250 Brut- und Zugvogelarten

Service & Tipps:

Tourismus-Service Fehmarn (für die ganze Insel)
- Südstrandpromenade 1, Burgtiefe
23769 Fehmarn
✆ (043 71) 50 63 33
- Landkirchener Weg 46, am Kreisverkehr, Burg, Fehmarn
✆ (043 71) 50 63 00
www.fehmarn.de

Fehmarn im Internet
www.insel-fehmarn.de
www.fehmarn-aktuell.de

Wasservogelreservat Wallnau
23769 Fehmarn
www.nabu-wallnau.de
Tägl. 10–17 Uhr
Führungen (1–1,5 Std.) März–Okt. tägl. um 11, 13 und 15 Uhr, zusätzliche Termine in der Hauptsaison, Nov.–Feb. auf Anfrage, ✆ (043 72) 10 02, Eintritt € 7/4,50
Auf der Webseite und im Informationszentrum gibt es viele weiter Angebote und Infos für alle Altersgruppen.

Feste & Veranstaltungen
Februar: **Inselkarneval**
März/April: **Osterfeuer**
Mai: **Rapsblütenfest** in Petersdorf (drei Tage) und **Windsurf-Festival** (Wulfener Hals)
Juni: **Pferde-Festival**
Juli: **Johannimarkt** (Kirmes und Altstadtfest in Burg), **Hafenfest** (Burgstaaken) alle zwei Jahre, das nächste Fest ist 2011
August: Harley-Davidson-Treffen (Burg), **Beach Volleyball Masters**
1. Samstag im September: **Fehmarn Open Air/Jimi-Hendrix Revival Festival** (Flügger Strand).

Ausflugsziele:

Über Inselerkundungen zu verschiedenen Aspekten wie Ökologie und Geologie informiert der Veranstaltungskalender der Website sowie der Tourismus-Service.

Angelfahrten mit der MS »Antares« ab Hafen Orth
Infos bei Rainer Blickwedel
Dorfstr. 2
Fehmarn (Sulsdorf)
✆ (043 72) 611
www.hochseeangeln-antares.de
April–Juni
Hochseeangeltouren, Rund- und Tauchfahrten. Angelverleih möglich.

Expressionist und Inselfan: Ernst Ludwig Kirchner

Der Künstler Ernst Ludwig Kirchner lebte und malte zwischen 1908 und 1914 des Öfteren auf der Insel und wohnte dabei in Staberhuk im Haus des Leuchtturmwärters und in Burg (»Villa Port Arthur«, Staakensweg 32, Burg). Klar, dass man auf Fehmarn stolz darauf ist, dem berühmten Brücke-Maler und Expressionisten zur Inspiration gedient zu haben, der immerhin über die Landschaft seines Ferienziels sagte, es sei »ein irdisches Paradies«.

Die Ernst-Ludwig-Kirchner-Dokumentation in Burg, im oberen Stockwerk der Stadtbücherei, zeigt eine kleine, leider etwas angestaubte Auswahl von Kopien seiner Werke. Eine wunderschöne Motivation für Inselradtouren und eine Wanderung bietet die Inselkarte, auf der die Motive des Malers eingezeichnet sind, von dem Ernst-Ludwig-Kirchner-Verein ausgearbeitet und im Dokumentationszentrum gegen einen Unkostenbeitrag erhältlich.

Ernst Ludwig Kirchner: »Häuser auf Fehmarn« von 1908 und »Gutshof auf Fehmarn« von 1914

Kleiner Törn zur Fehmarnsundbrücke ab Hafen Orth, Juli/Aug. 15.30 Uhr, Fahrpreis € 6/3

Inselrundflüge
Ab Flugplatz Neujellingsdorf
✆ (043 71) 91 [illegible] und (01 71) 99 10 931
Rundflüge täglich nach Wetterlage vom kleinsten Flugplatz Deutschlands. Preise auf Nachfrage.

Strände
Am Niobe und Grüner Brink, 7 km lang und bis zu 150 m breit, im Nordwesten, umgeben von Landschaftsschutzgebieten mit Panorama-Ausblick auf die Fährschiffe nach Dänemark; **Presen**, im Nordosten, hat einen kleinen Naturstrand, sehr ruhig, keine Infrastruktur; **Südstrand**, 25 km lang, bis zu 60 m breit, im Südosten, feinsandigster Strand Fehmarns, mit Seebrücke und Promenade, Bootsverleihen und großem Angebot an Restaurants und Cafés.

FKK-Strandabschnitte finden sich in der Nähe der Campingplätze Wallnau und Wulfener Hals.

Der **Flügger Strand** ist 6 km lang, 100 m breit und liegt ruhig und abgelegen an der Westküste, umgeben von schönen Dünen.

Hier gibt es für Uneingeweihte eine Überraschung, nämlich einen Gedenkstein für Jimi Hendrix, der hier 1970 sein letztes Konzert gab. Ein alljährliches Revivalfestival (1. Sa im Sept.) erinnert an den Auftritt des Sängers, der kurz darauf in London starb.

Gedenkstein für Jimi Hendrix

Vom Flügger Leuchtturm aus kann man, nachdem die 162 Stufen erklommen sind, rundum weit aufs Wasser und auf die Insel gucken (April–Okt. Di–So 10–17 Uhr).

Fehmarns Strände sind beliebt bei Windsurfern: 12 ausgewiesene Surfreviere von »Anfänger« bis »fortgeschritten« machen die Insel für diesen Sport attraktiv.

1 Burg auf Fehmarn, Burgtiefe und Burgstaaken

Insel-Hauptstadt ist **Burg auf Fehmarn** (6300 Einwohner), im Südosten der Insel gelegen. Das kleine Städtchen bietet ein typisch norddeutsches Bild mit Backsteinhäusern (Die Häuser der Breite Straße Nr. 49–53 sind aus dem 16./17. Jh.), Fachwerk und Kopfsteinpflaster. Ein kleines **Heimatmuseum** befindet sich im sogenannten Predigerwitwenhaus und in der ehemaligen Post. Benannt ist es nach dem Heimatforscher Peter Wiepert (1890–1980). Dokumentiert werden inseltypische Bräuche und Inselgeschichte; im ehemaligen Postgebäude erfährt man etwas über die Dichterin Charlotte Niese (1851–1935), die hier in ihrer Jugend lebte.

Die Kirche **St. Nikolai** ist die größte der Insel, sie wurde im 13. Jahrhundert erbaut. In ihrem Innern sind vor allem der bronzene Taufstein und ein Schnitzaltar aus dem 14. Jahrhundert bemerkenswert.

Das eher beschauliche Nachtleben der Insel spielt sich nur in Burg ab, aber das lockt ohnehin wohl nur die wenigsten Urlauber. Die meisten Geschäfte gibt es in der Gertrudenthaler Straße und dem Landkirchner Weg mit ausreichend Parkplätzen.

Die **Kapelle St. Jürgen** erreicht man über die Sahrensdorfer Straße. Ursprünglich war der Bau Teil eines Siechenhauses, einer Pflegestation für Kranke, die – wie im Mittelalter üblich – außerhalb der Stadt lag. In der Kapelle, die vermutlich 1507 fertiggestellt wurde, finden sich spätgotische Malereien mit Blumenmotiven. (Besuch nur nach telefonischer Anfrage, Infos hierzu im Aushangkasten.)

Nicht nur an Regentagen lockt der Besuch des Meereszentrums Fehmarn mit seinen fast 40 Aquarien: Hai-Blickkontakt inklusive! Nicht heimisch, aber spannend.

Der Hafen **Burgstaaken** ist über den Staakensweg zu erreichen, etwa zwei Kilometer südlich der Innenstadt von Burg. Bis 1770 stand hier ein Gefängnis, ein »Staken«. Ein Getreidespeicher aus Backstein und ein modernes Silo prägen das Erscheinungsbild. Hier überraschen Kletterer!

Im Wasser liegen Fischer- und Sportboote, auf dem Trockenen ein **U-Boot**, das als Museum besichtigt werden kann. (Infos über die U-Bootflotte der Nachkriegszeit im Pavillon davor (www.ostsee-u-boote.de, in der Saison tägl. 10–18 Uhr, € 5).

Neugierige lockt ein Besuch der **Experimenta** – das »verrückte Labor« zeigt spannende Experimente aus der Physik zum Anfassen. Unter dem Motto »sehen, staunen, verstehen« gibt es über 100 Stationen zu erleben. Nebenan kann man im **Planet Erde** durch die Erdgeschichte reisen, Tyrannosaurus rex in Lebensgröße und Erdbebensimulator inklusive.

In **Burgtiefe** auf der Ostseeseite des Burger Binnensees liegt Fehmarns vielleicht schönster Strand – der einzige der Insel, an dem Kurtaxe zu entrichten ist – **Südstrand** genannt. Beherrscht wird das Bild durch die drei so gar nicht zur Insel passenden Hochhäuser. Die Ferienanlage wurde Ende der 1960er-Jahre erbaut und ist wahrlich keine Augenweide, bietet aber seinen Bewohner eine traumhafte Aussicht sowie eine 3000 Quadratmeter große, überdachte Laden- und Restaurantpassage.

Die Ruine der **Burg Glambek** des Königs Waldemar von 1210 wurde durch Wallensteins Truppen im Dreißigjährigen Krieg zerstört. 1872 tauchten die Ruinen nach einer Sturmflut aus dem Meer auf und wurden 1908 ganz freigelegt.

Auf der anderen Seite, zum Binnensee hin, liegt der moderne **Jachthafen**.

St. Nikolai in Burg und St. Petri in Landkirchen sind die beiden ältesten Sakralbauten von Fehmarn. Über dem schönen Portal der Petrikirche ist der heilige Petrus, Schutzpatron der Insel, abgebildet

Region 5 Fehmarn

Abendflaute auf der Ostsee

Service & Tipps

Ernst-Ludwig-Kirchner-Dokumentation
Bahnhofstr. 47, im Haus der Stadtbücherei, 23769 Burg a. Fehmarn
✆ (043 71) 86 95 90
www.kirchnerverein-fehmarn.de
Mo–Fr 9.30–12 und 14.30–18.30 Uhr, Mi nachmittags geschl.
Führungen Juli–Sept. So 11.15 Uhr
Kleine Ausstellung zu dem Brücke-Maler und seinem Bezug zu Fehmarn.

Experimenta
Hafenstr. 69, Burgstaaken
✆ (043 71) 86 44 46
www.experimenta-fehmarn.de
März–April/Okt., tägl. 10–16, Mai–Sept. 10–17, Juli/Aug. bis 18 Uhr
Eintritt € 7/6

Planet Erde
Hafenstr. 69, Burgstaaken
✆ (043 71) 8[illegible] 2 47
Tägl. März/April und Okt. 10–16, Mai–Sept. 10–17, Juli/Aug. bis 18 Uhr
www.planet-erde-fehmarn.de
Eintritt Hauptsaison € 8,50/6,50/Kinder bis 4 Jahre frei, Goldwaschen und Edelsteinsuche inklusive.

Peter-Wiepert-Heimatmuseum
Breite Str. 49–53 (neben der St.-Nikolai-Kirche)
Burg a. Fehmarn
✆ (043 71) 62 57 und [illegible]6 27
Juni–Okt. Di–Sa 11–16 Uhr
Eintritt € 3/1
Sammlung zu Geschichte und Brauchtum der Insel.

Meereszentrum Fehmarn
Gertrudenthaler Str. 12 (Ortseingang)
23769 Burg a. Fehmarn
✆ (043 71) 44 16
www.meereszentrum-fehmarn.de
März–Okt. tägl. 10–18, Juni–Aug. bis 19, Nov.–Feb. bis 17 Uhr, Eintritt € 10/9/6,50
Mit einer Gesamtwassermenge von 4 Mill. Litern Deutschlands größtes tropisches Aquarium, mit Meeresbewohnern von Hai bis Koralle. Neues Rundaquarium, in dem die Haie von allen Seiten bewundert werden können. Die Korallenbänke sind echt und »lebendig« – keine künstlichen Deko-Objekte. Café und Bistro.

Modelleisenbahnausstellung und Surfmuseum
Landkirchener Str. 46 (Ortseingang, am Kreisel)
23769 Burg a. Fehmarn
✆ (043 71) 889 99 90
www.bahnparadies.de
www.surfmuseum.de
April–Okt. tägl. 10–18 Uhr, Kombi-Eintritt € 6/3/Kinder bis 4 Jahre frei, Einzelkarte Surfmuseum € 3
Auf zwei Etagen und insgesamt 1000 m² Fläche wurden hier Modellbahnträume wahr. Die kleinen Präzisionsminiaturen fahren durch verschiedene Zeiten und Themen. Ein Chip zum Selbstfahren ist

im Preis enthalten, für kleine Kinder gibt es eine große Bahn zum Mitfahren.

Das **Surfmuseum** der Brüder Charchulla, die übrigens am Südstrand eine Surfschule betreiben, zeigt Kuriosa aus der Welt und Geschichte des Windsurfens. Eine bunte Mischung für den gelungenen Familienausflug. Mit Museumsshop und Restaurant.

Bürgerbus
Seit 1997 gibt es die Bürgerbusinitiative, die - zu zivilen Preisen - ein Streckennetz zusätzlich zu den öffentlichen Anbietern abfährt, z.B. nach Wulfen, Staberndorf und Katharinenhof. Vor allem werden auch Campingplätze angefahren. Mehr Infos bei der Tourismusinformation, z.B. im »Urlaubskurier«. www.buergerbus-fehmarn.de, Abfahrtsort in Burg: Niendorfer Platz

Segelschule Dübe
Am Jachthafen 5–7
Burgtiefe, ✆ (043 71) 64 26
www.yachtschule-duebe.de
Motorboote (mit und ohne Führerschein), Tretbootverleih am Südstrand (auch Fahrradverleih)

Taro Charterboot-Angelzentrum
Campingplatz Miramar
Fehmarnsund
✆ (043 71) 98 75
Angelboote mit und ohne Führerschein, im Sommer Wasserski und Bananenfahrten.

Wassersportcenter Windsurfing Fehmarn
Am Hafen 2, Orth, ✆/Fax (043 71) 10 52, Katamaran Hobie, Kajak, Kanu, Ruderboot, Jolle, Kites.

Meerwasserwellenbad
Südstrandpromenade 1, Burgtiefe
✆ (43 71) 88 99 60, www.fehmare.de
Juli–Okt. 10–19, Nov.–Juni 14–19 Uhr
Eintritt € 12/6

Golfplatz Wulfener Hals am Burger Binnensee
www.golfclub-fehmarn.de

Kutterfahrt MA »Seepferdchen«
Burgstaaken, Brücke 1, ✆ (043 71) 1593, ab 10 Uhr mehrmals täglich

Lotsenhus
Burgstaaken 65
✆ (043 71) 55 97, www.lotsenhus.de
Blick direkt auf den Hafen, Fischgerichte. €–€€

Zur Traube
Orthstr. 9–11, Burg a. Fehmarn
✆ (043 71) 88 89 77
www.zur-traube-fehmarn.de

Kite-Surfer finden auf Fehmarn gute Windverhältnisse vor

Mo–So ab 12 Uhr
Aufgrund der Herkunft der Eigentümer gibt es hier schwäbische Küche, aber auch Regionales und Saisonales und natürlich Fisch findet sich auf der kleinen, aber feinen Karte. Gehobene Küche, vielleicht das erste Haus am Platz, unnachahmliche Gastgebercharme, ruhige und angenehme Atmosphäre. Kleine Terrasse im Hof. Umfangreiche Weinkarte. €€

Café Jedermann
Orthstr. 25, Burg a. Fehmarn, hinter dem Kino
✆ (043 71) 14 11, tägl. ab 11 Uhr
www.cafejedermann-fehmarn.de
Café und idyllischer Biergarten, hausgemachte Torten und viele Eisspezialitäten.

Café Klatsch
Ohrtstr. 5, Burg a. Fehmarn
✆ (043 71) 24 22
Tägl. ab 10, Sa/So ab 9 Uhr Frühstück, Mi, Fr/Sa auch abends Betrieb
Frühstück, Cocktails und selbstgebackener Kuchen auf großer Terrasse, etwas abseits der manchmal recht lauten Burger Hauptverkehrsstraße.

Café Kontor
Burgstaaken 59
✆ 0173-616 42 47
Tägl. 11–18, im Sommer ab 12 Uhr
Sehr gemütliches und hübsches Café mit Außenterrasse im Vorgarten. Bei den selbstgebackenen Torten wird die spektakuläre Größe der Tortenstücke nur noch durch den Geschmack übertroffen. In allen Räumen des alten Kontorhauses stehen viele kleinere und größere Dekorations- und Einrichtungsgegenstände zum Verkauf, von Kerzenständern bis zu Patchworkquilts.

Kaffeetrinken kombiniert mit Shopping – im Café Kontor in Fehmarn

2 Bannesdorf

Wer im ruhigen Bannesdorf nicht wohnt, der fährt dort vielleicht einmal wegen der St.-Johannis-Kirche hin. Sie ist die kleinste und jüngste der vier Inselkirchen, wurde sie doch »erst« 1359 zum ersten Mal urkundlich erwähnt. Als Erbauer der Kirche gelten Mönche des dänischen Klosters Esrom. Der hölzerne Glockenturm neben dem alten Bau ist mit seinen kaum 300 Jahren sozusagen der »Neubau«. Ein Blick in die kleinen, alten Kirchen lohnt immer. In St. Johannis gibt es einen romanischen Taufstein aus gotländischem Stein, ein Chorgestühl mit kostbaren Schnitzereien, spätgotische Wandbilder und einen Rokokoaltar von 1777. Draußen hängt über der Südtür eine alte Sonnenuhr.

Erstmalige Erwähnung fand Bannesdorf 1230 als »Bondemaersthorp«. Ein Hünengrab und einen Thingplatz soll es hier gegeben haben – sagt die Legende, erhalten ist hiervon nichts. Die ursprüngliche Form des Angerdorfes, das um einen zentralen Platz herum angeordnet ist, wurde bis heute bewahrt.

3 Katharinenhof

An der Südostküste der Insel gelegen, bietet der Ort ein kleines Freilichtmuseum. Katharinenhof selbst ist eher ein Straßendorf, allerdings ein hübsches, mit vielen schönen Ferienwohnungen. Schon der Weg in den Ort kann in diesem Fall das Ziel sein: Die Zufahrtsstraße ist eine schöne Allee aus Linden. Am Wasser hat der Ort noch eine 16 Meter hohe Steilklippe zu bieten – ein urwüchsiges Stück Schleswig-Holstein.

Service & Tipps:

Museum Katharinenhof
Katharinenhof 15
23769 Bannesdorf
✆ (043 71) 12 30
Ostern–Okt. Di–So 11–17 Uhr
Eintritt € 5/2,50
Zeigt in mehreren Hofgebäuden verschiedene historische Werkstätten und einen kleinen Fuhrpark. Im Haupthaus gibt es eine kleine Ausstellung mit mechanischem Spielzeug und Bügeleisen. Die Präsentation ist nicht gerade aufwändig, aber dennoch einen Besuch wert. Museumscafé mit Terrasse.

Restaurant Waldpavillon
Katharinenhof 28
Bannesdorf
✆ (043 71) 87 99 13
www.waldpavillon-fehmarn.de
Mitte April–Juni Mi–So 12–21.30, Juli–Sept. Mo–So 12–22 Uhr
Wunderschön im Wald gelegen, mit sensationellem Ostseeblick, auch von der Terrasse aus. Herzhafte, holsteinische Küche mit großer Auswahl an Fischgerichten. Auch Apartmenthaus vorhanden. €–€€

Allee-Café und Bistro
Katharinenhof 3
Bannesdorf
✆ (043 71) 50 38 38
Pfingsten–Okt. tägl. 11–18, Nov.–Ostern Sa/So 14–18 Uhr
In einer ehemaligen Scheune in Strandnähe gibt es Selbstgebackenes und Eis. Kleiner Hofladen.

4 Landkirchen

Etwa in der Inselmitte liegt Landkirchen. Hier tagte bis 1867 die Landesversammlung. In der Kirche St. Petri, einer dreischiffigen, backsteinernen Hallenkirche, steht daher noch eine eichene Truhe aus dem 13. Jahrhundert, der sogenannte Landesblock, in dem früher die wichtigen Dokumente zum Landrecht der Insel aufbewahrt wurden. Die Ausstattung der kleinen Kirche ist z.T. prächtig barock versilbert und vergoldet. An den Wänden links und rechts hängen zahlreiche Stifterbilder mit Gedenktafeln aus dem 16. und 17. Jahrhundert. Es lohnt die Mühe, einige der Texte zu entziffern, denn sie geben einen kleinen Einblick in ihre Entstehungszeit. Besonders interessant sind die Votivschiffe, originalgetreue Modellschiffe, darunter auch das älteste Deutschlands. Im Eingangsbereich stehen links Betschemel, die ebenfalls Inschriften tragen: Die Kniehilfen wurden von Generation zu Generation weitergegeben.

Neben dem Kirchengebäude steht der hölzerne Glockenturm aus dem 17. Jahrhundert. Über dem Portal ist das – neu gemalte – Siegel Fehmarns zu sehen. Es stellt Petrus mit dem Schlüssel dar, den Schutzheiligen dieser Kirche und zugleich der Patron der ganzen Insel, und trägt den Schriftzug »Sigillum Terre Imbrie« (Siegel von Fehmarn), wie er in alten Urkunden gefunden wurde.

Service & Tipps.

Dat Ole Aalhus
Hauptstr. 3[illegible], direkt gegenüber der Kirche
23769 Landkirchen
✆ (043 71) 91 99
www.aalhus.de
Mo–Sa 17–24 Uhr
Altes Fachwerkhaus mit Terrasse. Umfangreiche Fischkarte mit Fehmaraner Spezialitäten, aber auch Fleischgerichte und Vegetarisches. €

Flora-Café
Altjellingsdorf Nr. 1
23769 Fehmarn
✆ (043 71) 87 92 14
Stilvolles Café in altem Hofgebäude mit großer Sonnenterrasse und kleinem Shop für Floristik und Geschenkartikel. Die Schwestern Maaß bieten hervorragende Torten und Kuchen aus eigener Produktion mit besonderem Augenmerk auf eine große Auswahl an glutenfreien Leckereien – sogar das Speiseeis ist allergikergeeignet.

Im Flora-Café in Fehmarn empfangen die Schwestern Maaß ihre Gäste auf das Herzlichste

5 Petersdorf

In Petersdorf beeindruckt ein exakt angelegter Schutzring aus alten Linden, der die St.-Johannis-Kirche aus dem 13. Jahrhundert umgibt. Der Kirchturm ist der höchste der Insel (64 m) und diente in früheren Zeiten den Seefahrern als Orientierungspunkt. Hier findet auch alljährlich die Wahl zur Rapsblütenkönigin statt - die junge Dame muss eine waschechte Insulanerin sein und ist dann ein Jahr lang Botschafterin ihrer Insel.

Sie liebt sandigen Boden: die Sandnelke

6 Puttgarden

Vom Fährhafen Puttgarden an der Nordküste legen die Fähren nach Rødbyhavn auf Lolland ab (rund 20 km), an Bord führen sie Menschen, Autos und ganze Eisenbahnzüge mit sich. Die Strecke ist Teil der Vogelfluglinie, der kürzesten Verbindung zu Wasser und Land zwischen Mitteleuropa und der skandinavischen Halbinsel, und avancierte daher zum »Tor des Nordens«.

Quer über die Insel führt die Europastraße 47, der Durchgangs-/Fährverkehr und der Inselverkehr kommen sich dabei aber nicht in die Quere, sondern sind zwei getrennte Systeme.

Der Ort Puttgarden liegt etwas abseits, westlich des Hafens. Hier geht es eher ruhig zu. Immerhin stand hier die erste Inselkirche, die im Jahr 1198 erstmals urkundlich erwähnt wurde.

Service & Tipps:

Scandlines
23769 Puttgarden
✆ 0180 11 66 88
www.scandlines.de

Fährverbindungen in 45 Min. »Vogelfluglinie« Puttgarden-Rødby (Dänemark), Fußgängertageskarte ab € 11/6 (Hauptsaison/Nebensaison), mit dem PKW ab € 85 (bis zu 9 Personen/Hin- und Rückfahrt).

Das Wappen von Fehmarn

In die Regierungszeit König Christians II. von Dänemark kam es 1544 zu einer Landesteilung der Herzogtümer Schleswig und Holstein. Die Lehnsverhandlungen gestalteten sich schwierig und dauerten bis 1579. Der Vereinbarung folgte die feierliche Investitur des Herzogs von Fehmarn. Bei der Festlichkeit wurde eine aus blauem Damast hergestellte und mit einer goldenen Krone gezierte Lehnsfahne getragen. Der Rechtstext von damals besagte dazu: »... die weilen aber Fehmarn kein gewisses Wappen hat so viel die Königlichen Commissarien und allerseits Räte aus dem Fürstentum sich dessen entsinnen können (...) Doch haben bei diesem Punkt Herzog Johanns Fürstliche Gnaden Räte sich vernehmen lassen, dass in ihres gnädigen Fürsten Archiven alte fehmarnsche Briefe vorhanden, daran ein Wappen der Insel Fehmarn hängen solle.« Dieses Siegel trug demnach wahrscheinlich den Wortlaut »Sigillum terre imbrie« und eine Krone, wie sie auch die heute verwendete Fehmarnfahne aufweist, die an vielen Häusern der Insel flattert.

7 Lemkenhafen

Lemkenhafen liegt im Südwesten Fehmarns. Der kleine Hafenort zieht Segler und Surfer an. Die Attraktion des Ortes und eine Radtour dorthin wert ist die europaweit einzige erhaltene Segelwindmühle. Über Funktion und Geschichte der Konstruktion von 1787 informiert das kleine Museum, das in **Jachen Flünck** – so der Name der betagten Dame – untergebracht ist. Gemahlen wurde hier »Grütz und Graupen«, auch von Fehmarner Landwirtschaft und berühmten »Ureinwohnern« ist in der Ausstellung die Rede.

Mühlen- und Landwirtschaftsmuseum
Mühlenweg 45, 23769 Lemkenhafen
✆ (043 72) 18 74
Juni–Okt. tägl. außer Mi 10–17 Uhr
Eintritt € 3/1
Mühlen- und Landwirtschaftsmuseum, seit 1962 in der Windmühle.

Aalkate
Königstr. 20
Lemkenhafen, direkt am Wasser
✆ (043 72) 532
www.aalkate-original-fehmarn.de
Räucherkate mit Aal und mehr aus dem Meer im Angebot. Kleines Fischereimuseum. €

Von Puttgarden aus geht es Richtung Norden

Region 6
Lübeck und
Lübecker Bucht

Lübeck und die Lübecker Bucht

Die Königin der Hanse und ihre Seebadnachbarn

Nach Kiel ist die Hansestadt Lübeck die zweitgrößte Stadt Schleswig-Holsteins. In Bezug auf die Stadtfläche gesehen ist sie sogar die größte, denn durch Eingemeindung gehören seit 1972 zehn Stadtteile und 35 Stadtbezirke zu Lübeck.

Von Hamburg, Kiel und Schwerin ist es jeweils etwa gleich weit entfernt – im Schnitt 70 Kilometer –, das macht Lübeck zu einem attraktiven Ziel für Tagesbesucher.

In Reih und Glied: Möwen an der Trave

Der älteste Teil der »Stadt der Sieben Türme« liegt auf einem Werder, einer Flussinsel, umgeben von den Wasserläufen der Trave und der Wakenitz. Durch die Trave ist Lübeck mit ihrer »schönsten Tochter«, dem Seebad Travemünde verbunden, und auch die anderen Städte und Orte der Lübecker Bucht beziehen sich in vielerlei Hinsicht auf das alte Haupt der Hanse.

Zu DDR-Zeiten war es auch die Lage an der deutsch-deutschen Grenze, die die Region prägte. Viele Jahrzehnte war Lübeck vom mecklenburgischen Teil seines Hinterlands abgetrennt, allerdings verschaffte dies dem Fährhafen Travemünde eine bevorzugte Stellung im Fährverkehr zwischen Westeuropa und den Ostseeländern Schweden und Finnland. Seit der deutschen Wiedervereinigung ist Lübeck wieder Oberzentrum der Region, auch für das westliche Mecklenburg.

Lübeck: die Königin der Hanse aus der Vogelperspektive

Die deutsche UNESCO-Kommission e.V. über die Bedeutung und Ernennung Lübecks als Weltkulturerbe 1987:

»Lübeck hat einen exemplarischen Charakter für die hansische Städtefamilie im Ostseeraum. Die Stadt wurde 1143 gegründet und 1159 unter Heinrich dem Löwen in den bis heute fortwirkenden Grundlinien angelegt. Kerngerüst der Stadtarchitektur sind die in der Hochgotik errichteten Strukturen, die in der Parzellierung, der Aufreihung gleichartiger Giebelhäuser, Dachwerke oder Hochblendgiebel anschaulich werden. Die früh ausgeprägte wirtschaftliche und gesellschaftliche Differenzierung innerhalb des Stadtgefüges – im Westen die Kontor- und Wohnhäuser der wohlhabenden Kaufleute, im Osten das Kleingewerbe und die Handwerker – ist noch heute erlebbar. Besonders deutlich wird sie in der Anordnung der »Gangbuden«, Werkstätten auf dem rückwärtigen Grundstück der Kaufmannshäuser, zu denen ein enges Netz von »Gängen« führt.«

Das Heiligen-Geist-Hospital auf einer kolorierten Fotografie um 1900

Region 6
Lübeck und Lübecker Bucht

Ein guter Tipp: die (erneute) Lektüre der »Buddenbrooks« – sicherlich die beste Vor- oder Nachbereitung eines Lübeck-Besuchs.

1 Hansestadt Lübeck

Ein Besuch der wunderschönen Lübecker Altstadt darf wirklich bei keinem Ostseeurlaub fehlen! Nicht nur einzelne Gebäude sind hervorzuheben, sondern es ist der Gesamteindruck eines intakten mittelalterlichen Stadtbilds, das der geneigte Betrachter auf sich wirken lassen kann. Die Lübecker Kaufleute hatten Geld und wollten es zeigen. Lübeck war die Königin der Hanse und ihre Bewohner ließen sich eine Stadt bauen, die noch Jahrhunderte später beeindruckt: 1987 wurde der Altstadtkern daher von der UNESCO als Weltkulturerbe anerkannt. Der so geschützte Bereich bezieht die wichtigsten Bauwerke der Stadt ein: das Rathaus, das Burgkloster, den Koberg – ein vollständig erhaltenes Viertel des späten 13. Jahrhunderts – mit Jakobikirche, Heiligen-Geist-Hospital und den Baublöcken zwischen Glockengießer- und Aegidienstraße, das Viertel der Patrizierhäuser des 15. und 16. Jahrhunderts zwischen Petrikirche und Dom, die Salzspeicher am linken Traveufer und natürlich das Holstentor. Die sieben Türme der fünf gotischen Hauptkirchen auf dem Altstadthügel bilden zusammen die markante – und seit Jahrhunderten unveränderte – Silhouette der Stadt.

Vorschlag für eine Stadttour

Etwa zwei Stunden Fußweg, ohne Besichtigungen

Rathaus – Café Niederegger – St. Marien – Buddenbrookhaus – Schiffergesellschaft – Gangviertel (Hellgrüner und Dunkelgrüner Gang) – Heiligen-Geist-Hospital – Jakobikirche – Willy-Brandt-Haus – Günter-Grass-Haus – Füchtingshof – Glandorpsgang – St. Katharinen – Aegidienkirche – St. Annen – Dom – St. Petri – TheaterFigurenMuseum – Holstentor

Historisch gewachsen: Das Lübecker Rathaus vereint Baustile aus verschiedenen Jahrhunderten

Der Rundgang durch Lübeck startet am **Rathaus** ❶. Es gilt als eines der schönsten und ältesten seiner Art in Deutschland. Noch heute ist der monumentale Bau Sitz der Verwaltung, der Bürgerschaft und des Senats. Baubeginn war 1230, kurz nach der Verleihung der Reichsfreiheit an Lübeck. Immer wieder wurde angebaut und erweitert – die vielen verschiedenen Stilrichtungen sind Zeugen lebhaften Architekturinteresses. 1594 wurde die im niederländischen Stil errichtete Renaissancetreppe an der Breiten Straße errichtet. Am besten kann man sie vom Giebelfenster des gegenüberliegenden **Café Niederegger** ❷ aus bewundern. Im zweiten Stock des »Marzipan-Paradieses« gibt es einen Ausstellungsraum, in dem über die Geschichte des Hauses und die des köstlichen Mandelprodukts und seiner Verarbeitung informiert wird. Hier kann man auch gut etwas Wartezeit überbrücken, wenn die Tische der hochfrequentierten Räumlichkeiten, wie so oft, alle besetzt sind. Schließlich kann kein japanischer Tourist Europa den Rücken kehren, ohne die berühmte Marzipan-Nuss-Torte des Hauses probiert zu haben.

Hinter dem Rathaus ragt eine mächtige Kirche auf. Sie gilt mit ihren 750 Jahren als Mutterkirche der norddeut-

schen Backsteingotik: St. Marien ❸ diente rund 70 Kirchen im Ostseeraum als Vorbild. Die stolzen und reichen Bürger Lübecks errichteten dieses Wunderwerk bewusst in unmittelbarer Nähe ihres Rathauses. Der Bau wurde um 1250 begonnen und 1350 vollendet. Das Backsteingewölbe ist mit 38,5 Metern im Mittelschiff das höchste der Welt. Bei einem Bombenangriff brannte das Innere fast völlig aus – die herabgestürzten Glocken im Süderturm zeugen heute mit beredtem Schweigen von der schweren Zeit. Viele wertvolle Kunstwerke verbrannten ebenfalls, darunter auch der berühmte Lübecker Totentanz. Die Fenster der Totentanzkapelle von

Der mächtige Bau von St. Marien diente vielen Backsteinkirchen im norddeutschen Raum als Vorbild (oben links)

Moderner Teufel an altem Gemäuer: Die Plastik von Rolf Goerler ziert seit 1999 die Marienkirche

Lübeck literarisch: Buddenbrookhaus – Heinrich-und-Thomas-Mann-Zentrum

»Mit vier Geschwistern wuchs ich auf in einem eleganten Stadthause, das mein Vater sich und den Seinen erbaut hatte«, schrieb Thomas Mann über das Haus, das er beim Verfassen seines Romans »Die Buddenbrooks« im Sinn hatte. Der Roman brachte ihm den Literatur-Nobelpreis und der Stadt einen weltberühmten Sohn. Im Herzen Lübecks wurde 1758 das »Haus in der Mengstraße«, wie es der Autor im Roman nennt, fertiggestellt, 1842 erwarb es die Familie Mann und lebte und wirkte darin bis 1891. Thomas Mann lässt seine Romanfamilie, die Buddenbrooks, 1841 einziehen.

Nach dem Erfolg des jungen Schriftstellers, der inzwischen seinen Lebensmittelpunkt nach München verlegt hatte, wurde das Haus von 192[illegible] bis 1929 zur »Buddenbrook-Buchhandlung« und schuf so erstmals die Verbindung zwischen Werk und Bewohner, jedoch fand eine völlige Umgestaltung des Interieurs statt. Ein Brandbombenangriff ließ 1942 allein die Fassade übrig.

1975 wurde im Zwischengeschoss ein »Thomas-Mann-Zimmer« eingerichtet. 1993 weihte Bundespräsident Richard von Weizsäcker das Heinrich-und-Thomas-Mann-Zentrum in der Mengstraße 4 ein. Auf fünf Etagen ist ein Museum entstanden, das den Besuchern ein ganzheitliches Literaturerlebnis bieten möchte. Die beiden ständigen Ausstellungen »Die Manns – eine Schriftstellerfamilie« und »Die ›Buddenbrooks‹ – ein Jahrhundertroman« werden von weiteren literarischen und kulturellen Veranstaltungen ergänzt. Zwei Räume sind originalgetreu eingerichtet, leises Pferdegetrappel untermalt die Atmosphäre des 19. Jahrhunderts.

Neben der Dauerausstellung beherbergt das Haus heute umfangreiche Sammlungen, eine Spezialbibliothek und ein Archiv; so ist das Haus nicht nur Gedenkstätte, sondern zugleich auch ein Ort der Forschung.

Gar nicht verstaubt: die Einrichtung des »Hauses in der Mengstraße«, in dem Thomas Mann aufwuchs

1957 nehmen die Motive und Gestalten des zerstörten Kunstwerks wieder auf. Die heutige Astronomische Uhr, nach dem Vorbild des im Krieg verbrannten Originals, stammt von dem Lübecker Uhrmacher Paul Behrens.

Von der Breiten Straße geht es nach links in die Mengstraße. Hier steht das **Buddenbrookhaus** (4), über das der berühmteste Sohn der Stadt in seinem berühmtesten Buch schrieb: Die Rede ist natürlich von Thomas Mann. Im Herzen Lübecks wurde 1758 das schöne Haus erbaut, das heute das Heinrich-und-Thomas-Mann-Zentrum beherbergt.

Vorbild für Weltliteratur: das Buddenbrookhaus

Dann geht es ein paar Schritte zurück und weiter die Breite Straße entlang nach Norden und nach links in die Engelsgrube, benannt nicht nach himmlischen Flügelwesen, sondern nach den englischen Handelspartnern Lübecks aus der Hansezeit. An der Ecke steht das altehrwürdige Haus der **Schiffergesellschaft** (5) (Nr. 2), 1535 durch die Gemeinschaft von Seeleuten erworben und bis heute in ihrem Besitz. Das Gebäude ist eines der schönsten Treppengiebelhäuser der Stadt und darf zum Glück betreten werden – es ist ein Restaurant. Von der Engelsgrube geht es rechts in den Engelswisch; am Haus mit der Nummer 28 führt ein niedriger Rundbogen in den **Hellgrünen Gang** (6), er mündet in die Straße An der Untertrave. Nur wenige Schritte weiter rechts führt der **Dunkelgrüne Gang** wieder in den Engelswisch zurück. Wie in anderen Großstädten des späten Mittelalters gab es auch in Lübeck eine Vielzahl von Tagelöhnern und Lastenträgern. Meist wohnten sie in kleinen Holzhäusern, die dicht aneinandergedrängt auf Eckgrundstücken oder an den Rückseiten der Bürgerhäuser standen. Die versteckt gelegenen Wohnbereiche wurden Gänge oder **Gangviertel** genannt. Hier versuchte manch ein lübscher Kaufmann durch Mietwucher an den Armen zu verdienen. Gegen Ende des 17. Jahr-

hunderts gab es in Lübeck noch mehr als 180 Gänge, heute bestehen noch etwa 90. Achtung: Es empfiehlt sich, den Kopf einzuziehen!

Am Ende des Dunkelgrünen Gangs geht es durch die Große Altefähre nach rechts in die Klein Burgstraße über den Koberg. Hier steht mit seinen vier schlanken Türmen das 1286 vollendete **Heiligen-Geist-Hospital** **7**, eines der ältesten Sozialeinrichtungen Europas. Es wurde von reichen und frommen Bürgern gestiftet und diente zunächst als Krankenhaus, dann als Altenheim – bis heute. Die Kammern des Langhauses, die winzige Zimmerchen waren, und die Kirchenhalle bieten alljährlich den Rahmen für einen sehr stimmungsvollen Kunsthandwerker-Weihnachtsmarkt. An den »Kabuusterchen« stehen noch die Namen der letzten Bewohner, bevor diese 1970 in den modernisierten Gebäudeteil umzogen.

Dann weiter rechts in die Königstraße. Die **Jakobikirche** **8** (hier die Rückseite) wurde 1334 als Kirche der Seefahrer und Fischer geweiht, die noch heute in der gegenüberliegenden Schiffergesellschaft einkehren. Ihr Patron ist der Heilige Jakobus der Ältere; die Kirche ist eine Station auf einem Zweig des Jakobswegs von Nordeuropa nach Santiago de Compostela. St. Jakobi blieb als eine der wenigen Lübecker Kirchen im Krieg unbeschädigt und verfügt daher als einzige über zwei alte Orgeln. In der nördlichen Turmkapelle befindet sich eine Gedenkstätte für die auf See gebliebenen Lübecker Seeleute. Hier steht auch das Wrack eines Rettungsboots der 1957 gesunkenen Viermastbark »Pamir«.

Das **Willy-Brandt-Haus** **9** (Königstr. 21) und das **Günter-Grass-Haus** **10** (Glockengießerstr. 21) sind beide vergleichsweise junge Newcomer-Einrichtungen in der Lübecker Innenstadt – mit ihrer Einweihung wurde das »Nobelpreisträger-Trio« der Stadt komplett.

Seit 2002 eine feste Größe im Kulturleben Lübecks: das Günter-Grass-Haus in der Glockengießerstraße 21

Weiter geht es die Glockengießerstraße entlang, wo sich zwei der schönsten Stiftshöfe Lübecks befinden: der **Füchtingshof** **11** von 1639 und der **Glandorpsgang** **12**, der 1612 gegründet wurde.

◁ Eleganter Backsteinbau mit wohltätiger Aufgabe: das Heiligen-Geist-Hospital

Gleich um die Ecke steht **St. Katharinen** **13**, die einzige erhaltene Klosterkirche der Stadt. Seit 1980 wird sie vom Museum für Kunst und Kulturgeschichte verwaltet. Ein Langzeit-Restaurierungsprogramm sieht vor, sie wieder in den Zustand ihrer Entstehungszeit um 1300 zu versetzen.

Von der Glockengießerstraße geht es durch Tünkenhagen, Rosengarten, Schlumacherstraße und Balauerfohr auf die **Aegidienkirche** **14** zu. Sie ist die kleinste der Lübecker Innenstadtkirchen – und die schlichteste, erbaut als Kirche der Handwerker und Kämmerer im 14. und 15. Jahrhundert.

Unterwegs zum nächsten Highlight lohnt noch der Blick in weitere Gänge, die hier abzweigen. Von St. Aegidien geht es durch die St.-Annen-Straße. Hier liegt das ehemalige Stift **St. Annen** **15**, heute die **Kunsthalle St. Annen** und das **St.-Annen-Museum**. Der Weg durch das Lübecker »Fegefeuer« führt in eine der ruhigsten Ecken der Altstadt. Hier steht der **Dom** **16**, Lübecks ältestes Baudenkmal. Nachdem die Stadt 1160 Bischofssitz geworden war, legte Heinrich der Löwe im Jahre 1173 den Grundstein zu dem gewaltigen Backsteinbau, der zwischen 1226 und 1335 zur gotischen Hallenkirche umgestaltet wurde. Nach starken Zerstörungen im Zweiten Weltkrieg begann der Wiederaufbau ab 1960 nur zögerlich und kos-

Vergoldete Skulptur einer Löwin im Lübecker Dom

Günter Grass (*1927 in Danzig) ist Schriftsteller, Bildhauer, Maler und Grafiker. Er war Mitglied der Gruppe 47 und gilt als einer der bedeutendsten deutschsprachigen Autoren der Gegenwart. Im Jahr 1999 erhielt er den Nobelpreis für Literatur für sein Lebenswerk. 2005 gründete er den Autorenzirkel Lübeck 05.

Der Autor der »Blechtrommel« (1959) und »Katz und Maus« (1961) lebt heute in der Nähe von Lübeck. In der Hansestadt selbst befindet sich das Günter-Grass-Haus mit einem großen Teil seiner literarischen und künstlerischen Originalwerke.

tete die Stadt am Ende etwa 13 Millionen Deutsche Mark. Den Abschluss bildete 1982 die Wiederherstellung des »Paradieses« – dieser prächtige Vorraum diente im Mittelalter als Freistätte für Verfolgte und Ort der Almosenausgabe. 1970 wurde der Dom so eingerichtet, wie er heute zu sehen ist: ein schlichter Sandsteinaltar, nur um eine Stufe erhöht. Um den Altar gliedert sich das Gestühl kreuzförmig in vier Blöcke. Das alte Taufbecken von 1455 hat seinen Platz im ehemaligen romanischen Chorhaupt. Eine Ausstellung im Norderturm zeigt Bilder von dem Ausmaß der Kriegszerstörung. Vor dem Dom erinnert seit 1975 die Kopie des Braunschweiger Löwen an den Grundsteinleger.

Nach diesem Meilenstein Lübecker Architektur geht es nun durch Parade, Pferdemarkt und Schmiedestraße bis zur Großen Petersgrube, an deren nördlichem Ende der Turm der **Petrikirche** 17 aufragt. Zwischen 1227 und 1250 erfolgte der Bau von St. Petri, einer spätromanischen, dreischiffigen Kirchenhalle. Wegen der starken Zerstörung diente die ehemalige Kaiserkirche nach Kriegsende bescheiden ihren Artgenossinnen als Lagerhalle für Kunstschätze und Bauteile. Erst 1987 war die äußerliche Rekonstruktion abgeschlossen, im Inneren verzichtete man auf die Wiederherstellung. 2004 wurde St. Petri zur Universitätskirche ernannt und beherbergt häufig Kunstausstellungen. Ein Fahrstuhl im Turminneren befördert Gäste auf eine 50 Meter hoch gelegene Aussichtsplattform. Von hier bietet sich ein einmaliger Blick über all die Backsteinschönheiten.

Im Kolk hat das **TheaterFigurenMuseum** 18 seine Heimat – eine große Sammlung von Marionetten und Handpuppen auf vier Stockwerken. Von hier geht es zum Traveufer – gegenüber ein hübsches Fotomotiv: die markanten Salzspeicher der Stadt – über die Brücke, zum weltberühmten Symbol hanseatischen Selbstbewusstseins und Lübecks Wahrzeichen, dem **Holstentor** 19. Erbaut zwischen 1464 und 1478 von dem Lübecker Ratsbaumeister Hinrich Helmstede, ist es wohl das berühmteste deutsche Stadttor. Lübeck war das Haupt der Hanse und der sogenannte »Lübecker Pfennig« war die gemeinsame

Währung. Das brachte der erfolgreichen Stadt viele gierige Feinde, und das Holstentor bildete nur einen kleinen Teil einer weitaus größeren, komplexen Anlage von Befestigungstoren. Der Bau hat seiner Funktion nach daher eine Stadt- und eine Feldseite, erstere mit vielen Fenstern ausgestattet, letztere mit wenigen, dafür aber mit Schießscharten und Geschützkammern.

Die Inschrift *Concordia Domi Foris Pax* (Drinnen Eintracht, draußen Friede) zierte zunächst ein älteres, äußeres Tor. Im Zuge der Industrialisierung im 19. Jahrhundert empfand man aber alte Gemäuer als rückschrittlich und riss alle anderen Stadttore ab. 1855 hätte auch das Holstentor beinahe dem Ausbau der Eisenbahn im Stadtbereich weichen müssen. Aber ab 1863 besann man sich, sanierte den maroden Bau und zierte ihn 1871 mit dem friedvollen Motto.

Im Inneren des Holstentors befindet sich heute eine Ausstellung, die dem Beruf des Kaufmanns und der Bedeutung der Stadt als Fernhandelszentrum gewidmet ist. »Die Hanse – Macht des Handels« ist ein Porträt der stolzen Gilde, die Lübeck im Mittelalter Rang und Namen verschaffte.

Das Wahrzeichen, das lange den 50-Mark-Schein zierte und seit 2006 auch auf Zwei-Euro-Münzen prangt, kann man übrigens nicht nur besichtigen, sondern auch anders, auf typisch lübsche Art, verinnerlichen: in Form einer Nachbildung aus echtem Lübecker Marzipan von Niederegger.

Wahrzeichen der Stadt und der Hanse: das Holstentor aus dem 15. Jahrhundert

Region 6 Lübeck und Lübecker Bucht

Die Volksausgabe der »Buddenbrooks« von 1930 machte den Erfolgsroman von 1901 noch populärer

Paul Thomas Mann (*1875 in Lübeck, † 1955 in Zürich) zählt zu den bedeutendsten Erzählern deutscher Sprache im 20. Jahrhundert. Charakteristisch für seine Prosa sind genaue Beobachtung, sprachliche Präzision, eine ironische Haltung und später Allegorien und mythologische Motive. Für seinen ersten Roman »Buddenbrooks« (1901) erhielt er 1929 den Nobelpreis für Literatur. Sowohl dieser Roman als auch die Novelle »Tonio Kröger« (1903) haben als Handlungsort eindeutig die Geburtsstadt des Autors, ohne dass dies jedoch im Text jemals erwähnt wird. Über den Badeort der Lübecker schrieb Thomas Mann: »In Travemünde, dem Ferienparadies, wo ich die unzweifelhaft glücklichsten Tage meines Lebens verbracht habe, (...) gingen das Meer und die Musik in meinem Herzen eine ideelle, eine Gefühlsbindung für immer ein (...).« Seit Thomas sieben Jahre alt war, fuhr die wohlhabende Lübecker Kaufmannsfamilie Mann regelmäßig ans Meer.

Sein älterer Bruder Heinrich und drei seiner sechs Kinder, Erika, Klaus und Golo, waren ebenfalls bedeutende Schriftsteller.

Service & Tipps:

Welcome Center/Touristbüro
Holstentorplatz 1, 23552 Lübeck
✆ (04 51) 889 97 00
www.luebeck-tourismus.de
Tipp: Die Agentur hat außerordentlich umfangreiches und attraktiv gestaltetes Informationmaterial. Die Magazine »Lübeck rundum« und »Lübeck Shopping«, im Welcome Center erhältlich, beschreiben verschiedene Rundgänge durch die schönsten Ecken der Stadt. Lübeck verfügt über ein Parkleitsystem.

Stadtführungen
Infos bei der **Tourismusinformation**, Nov.–März Sa 14, So/Fei 11, April Mo–Sa 14, So/Fei 11, Mai–Okt. Mo–Fr 11 und 14, So/Fei 11 Uhr. Treffpunkt Welcome Center (s.o.), Holstentorplatz
Weitere Führungen beim **Lübecker Verkehrsverein e. V** (✆ 04 51-723 39).
Stadtrundfahrt mit dem Doppeldeckerbus (ca. 1 Std.): ✆ (04 51) 888 28 28, www.lvgbus.de, Mai–Sept. tägl. 10–16 Uhr, Tickets ab € 7/4,50
Abfahrt Haltestelle Untertrave/Holstentorbrücke.

Hafen- und Kanalrundfahrten City Schifffahrt
✆ (04 51) 706 38 59
www.cityschifffahrt.de
Tickets ab € 9/4,50
Stühff Fahrgastschifffahrt
✆ (04 51) 707 82 22
www.luebecker-barkassenfahrt.de
Tickets ab € 8/4

Buddenbrookhaus 4
Heinrich-und-Thomas-Mann-Zentrum
Mengstr. 4, Lübeck
✆ (04 51) 122 42 40
www.buddenbrookhaus.de
Tägl. Jan.–März 11–17, April–Dez. 10–18 Uhr, Eintritt € 5/2
Ausstellung über die Familie Mann, ihre Geschichte und ihr Schaffen.

Günter-Grass-Haus 10
Glockengießerstr. 21, Lübeck
✆ (0451) 122 42 30
www.guenter-grass-haus.de
April–Dez. tägl. 10–17, Jan.–März tägl. außer Mo 11–17 Uhr, Eintritt € 5/2
Seit 2002 wird hier der Nobelpreisträger von seiner unbekannteren Seite gezeigt: als Bildhauer und Grafiker.

Willy-Brandt-Haus 9
Königstr. 21, Lübeck
www.willy-brandt-luebeck.de
Tägl. 10–17 Uhr, Eintritt frei
Neuestes Kind der Lübecker Museumslandschaft ist das 2007 eröffnete **Willy-Brandt-Haus** in der Königstraße. Leben und politisches Wirken des Bundeskanzlers werden präsentiert – des dritten Nobelpreisträgers der Stadt, wie stolz betont wird.

St. Annen-Museum und Kunsthalle 15
St. Annen-Str. 15, Lübeck
✆ (04 51) 122 41 37
Tägl. außer Mo Jan.–März 11–17, April–Dez. 10–17 Uhr, Eintritt € 5/2,50
Bedeutende Sammlung sakraler sowie moderner Kunstwerke. Das Museum befindet sich in den Räumen des St.-Annen-Klosters, das 1502 zur Unterbringung unverheirateter Kaufmanns-

Der »Passionsaltar« (1491) von Hans Memling im St. Annen-Museum in Lübeck

Region 6 Lübeck und Lübecker Bucht

Historische Ansicht des Holstentors um 1900

töchter gegründet wurde. Noch heute zeigt das Erdgeschoss nahezu unversehrt die Struktur der mittelalterlichen Anlage.

TheaterFigurenMuseum 18
Kolk 14, Lübeck
✆ (04 51) 786 26
Tägl außer Do 11–18 Uhr
Eintritt € 5/4/2
In einem 400 Jahre alten Kaufmannshaus zeigt die Sammlung rund tausend Theaterfiguren aus mehreren Kontinenten und drei Jahrhunderten. Museumsshop und hübsches Café.

Museum Holstentor 19
Holstentorplatz, Lübeck
✆ (04 51) 122 41 29
Jan.–März tägl. außer Mo 11–17, April–Dez. tägl. 10–18 Uhr
Eintritt € 5/2
Ausstellung über den Beruf des Kaufmanns und die Bedeutung der Stadt als Fernhandelszentrum.

Industriemuseum Geschichtswerkstatt Herrenwyk
Kokerstr. 1–3, Lübeck
✆ (04 51) 30 11 52
Fr 14–17, Sa/So 10–17 Uhr, Eintritt € 5/2
Im ehemaligen Kaufhaus der Arbeiterkolonie des Hochofens wird über Leben und Arbeit in der einstigen Metallhütte berichtet.

Freilichtbühne Lübeck
Wallstraße/Wallanlagen
Lübeck
✆ (041 94) 75 64
www.freilichtbuehne-luebeck.de
Tickets ab € 12/11
Open-Air-Bühne für Kino und Konzert in schöner Anlage im Osten der Innenstadt. Für Kinder gibt es im Sommer Fr–So um 15 Uhr Aufführungen.

Ratskeller zu Lübeck
Markt 13, Lübeck
✆ (04 51) 720 44
www.ratskeller-zu-luebeck.de
Tägl. 11–23 Uhr
Regionale und bürgerliche Küche, auch viele Fischgerichte in ehrwürdig-uriger Atmosphäre. €–€€

Schiffergesellschaft 5
Breite Str. 2, Lübeck
✆ (04 51) 767 76, tägl. 10–1 Uhr
www.schiffergesellschaft.com
Lübecker Traditionshaus, in dem sich einst Kapitäne und Seeleute zum Bier trafen. Unter der Decke hängen Schiffsmodelle und mächtige Kronleuchter, man sitzt auf langen Holzbänken mit hohen Rückenlehnen.

Serviert wird selbstredend überwiegend regionale Küche. Auch ein schöner Innenhof ist vorhanden: der »Schiffergarten«. €–€€

Marzipan

Sie kamen aus dem fernen Orient an die Ostsee: das Rezept und seine Zutaten. Mandeln – süße sowie bittere –, feiner Zucker und edles Rosenwasser wurden vermengt, zunächst, um ein kostbares Heil- und Stärkungsmittel herzustellen. Lange war es den Reichen und Adligen vorbehalten und durfte auch nur von Apothekern hergestellt werden. Erst zu Beginn des 19. Jahrhunderts kamen auch Normalsterbliche in den wunderbaren Genuss, denn durch die Herstellung von Zucker aus heimischen Rüben wurde das Produkt preiswerter. Der junge Konditor Johann Georg Niederegger ist ein großer Förderer des Lübecker Marzipans. 1806 übernimmt er eine Lübecker Konditorei, 1822 erwirbt er bereits das heutige Stammhaus. Seine Nachfolger erweitern das Unternehmen stetig. Das Haus darf den russischen Zarenhof beliefern, wird auf der Wiener Weltausstellung von 1873 prämiert und Hoflieferant des deutschen Kaisers. 2006 konnte Niederegger das 200-jährige Firmenjubiläum feiern.

»Schwein gehabt«: Es ist aus Marzipan von Niederegger

Wullenwever
Beckergrube 71, Lübeck
✆ (04 51) 70 43 33, www.wullenwever.de
Di–Sa 19–23 Uhr
Sehr feine Sterne-Küche in einem sehr alten Kaufmannshaus, serviert werden Köstlichkeiten wie Auberginenmousse und gegrillter Hummer. Die umfangreiche Weinkarte enthält vor allem deutsche Weine und berücksichtigt Nachwuchswinzer. €€€

Niederegger-Café, Shop und Marzipan-Museum 2
Breite Str. 89, gegenüber der Rathaustreppe, Lübeck
✆ (04 51) 53 01-126/127
www.niederegger.de
Mo–Fr 9–19, Sa 9–18, So 10–18 Uhr
Die Lübecker Institution feierte 2006 ihr 200-jähriges Firmenjubiläum. Das Café ist erste Wahl zum Frühstück, für einen Mittagsimbiss und natürlich zur Kaffeestunde: Tortenvielfalt mit Schwerpunkt Marzipan. Die Ausstellung im 2. Stock zeigt die Geschichte der Mandel-Spezialität von ihren orientalischen Ursprüngen bis in die Hansestadt (Eintritt frei, auch ohne Café-Besuch).

Filialen des Cafés: Holstenstr. 13–15, ✆ (04 51) 75 30, Mo–Fr 9–18, Sa 9–16 Uhr und neuerdings das **Arkadencafé** am Marktplatz, ✆ (04 51) 530 11 26, Mo–Do 8–22, Fr/Sa 8–24, So 10–22 Uhr, serviert werden hier Tapas, Kleinigkeiten und Wein. Eine weitere Filiale gibt es in Travemünde, siehe dort.

Niederegger Fabrikverkauf
Zeißstr. 1–7, Lübeck
✆ (04 51) 53 01-0
Mo–Fr 8–17, Sa 9–14 Uhr
Großpackungen und Ausschussware zu vergünstigten Preisen. Kleines Café.

Wiener Kaffeehaus im Kanzleigebäude
Breite Str. 62, Lübeck
✆ (04 51) 296 98 95
Mo–Sa 9–19, So 10–18 Uhr
Großes Café mit Terrasse in der Fußgängerzone, von wo aus man den Trubel an sich vorbeifließen lassen kann. Serviert werden Kuchen, Eis und kleine Gerichte.

Über **Musik in Lübecks Kirchen** kann man sich online unter www.kirchenmusik-luebeck.de informieren. Ein besonders schöner Weg, um Lübecks Kirchen zu erleben.

Shopping in Lübeck
Nette und spannende kleine und mittlere Geschäfte lassen sich überall finden, vor allem aber in der Breiten Straße, der Hüxstraße, der Königsstraße und der Vorderreihe – auch die Straßen selbst sind schon einen Spaziergang wert! Größere Shoppingcenter sind die Lindenarkaden (Nähe Lindenplatz), die Königspassage (Nähe Königstraße) und das 2008 eröffnete Haerder Center (am Kohlmarkt).

Feste & Veranstaltungen
Oktober/November: **Nordische Filmtage** – bedeutende Veranstaltung für Filme aus Nordeuropa
Dezember: **Weihnachtsmarkt** – in der ganzen Altstadt, vor allem im Heiligen-Geist-Hospital.

2 Grömitz

In das größte Seebad an der schleswig-holsteinischen Ostseeküste kamen schon 1813 die ersten Badegäste, 1949 erhielt der Ort das Prädikat »Seeheilbad«, und heute gilt Grömitz als besonders familienfreundlich. Die 7 700 Einwohner empfangen jährlich rund 100 000 Feriengäste und über 300 000 Tagesbesucher. In der Hochsaison ist es hier alles andere als ruhig oder beschaulich, z.B. beim Saisonhöhepunkt »Ostsee in Flammen« mit Feuerwerk und umfangreichem Rahmenprogramm oder bei einer der zahlreichen anderen Veranstaltungen.

Unter den üblichen Ostseebad-Attraktionen hat sich Grömitz fast überall Superlative herausgesucht: die längste **Strandpromenade** (3,5 km), acht Kilometer Sandstrand mit über 5000 Strandkörben, eine fast 400

»Das bekannte Grömitzer Ostseebad wird am 1. Juli diesen Jahres eröffnet, und indem ich solches ehrerbietigst anzeige, bemerke ich zugleich, dass für das Bad 13 Schilling und für ein Warmbad 51 Schilling zu entrichten sein wird.«
Anzeigentext eines Grömitzer Schuhmachers in den »Wagrisch-Fehmarnschen Blättern« von 1862

Meter lange **Seebrücke** und 780 Liegeplätze im Jachthafen. Die **Kurpromenade** lädt zum (Einkaufs-)Bummeln ein, wobei hier alles eher preisgünstig ist, also mehr Imbissstuben als Restaurants. Der FKK-Bereich liegt etwas außerhalb, am Lensterstrand, vier Kilometer östlich. Die Zeit ist in Grömitz nicht stehengeblieben, seit Kurzem ist man hier stolz, über den ersten und bislang einzigen Strand- und Kurpromenadenbereich mit kabellosem Internetzugang – einem sogenannten WLAN-Hotspot – zu verfügen, zugänglich rund um den Bereich des Kur- und Badezentrums sowie im **Grömitzer Jachthafen**. Guthabenkarten sind beim Tourismus-Service erhältlich. Stilecht dazu: die Strandbar Ostsee Lounge. Hier kann man beim Trocken-Surfen auch noch Cocktails trinken und sich auf weißen Liegen lagern: Ibiza-Feeling mit Ostseeblick. Bei soviel aktuellem Lifestyle darf natürlich auch das Wellnessangebot nicht fehlen (z.B. im »Wellnarium« in der Grömitzer Welle), aber auch klassische Kuren kann man sich hier angedeihen lassen (www.groemitz-kur.de). Dazu gehört der tägliche Spaziergang im schönen Kurpark.

Ebenfalls innovativ und einmalig in der Lübecker Bucht: eine **Tauchgondel**, am Ende der Seebrücke fest installiert. Bei Regen gibt es für Kinder das **Strandhaus** mit spannenden Aktivitäten für alle Altersklassen.

Eine besonders clevere Idee hatte man in Grömitz, um die Orientierung im Strandkorbmeer zu erleichtern: Einzelne Strandabschnitte sind mit einfachen Bildern gekennzeichnet – nicht nur für Kinder hilfreich … einziges Manko der regen Betriebsamkeit: In der Hochsaison ist öfter lästige Parkplatzsuche angesagt. Dafür führt die Strand-Elektroeisenbahn **»Rasender Benno«** von der Seebrücke zum Ortskern.

Ostseeurlaub vom Feinsten am Strand von Grömitz

Service & Tipps:

Tourismus-Service Grömitz
Kurpromenade 58, 23739 Grömitz
✆ (045 62) 25 60, www.groemitz.de
Infos zum Rasenden Benno: ✆ (045 62) 61 56
Besonderes Angebot für Kinder: Die Fußball-, Surf- und Segel-Ferienschule für Kinder von 6 bis 16 Jahren, Infos beim Tourismus-Service.

Meerwasserbrandungsbad Grömitzer Welle
Kurpromenade 58, Grömitz
✆ (045 62) 25 62 47
www.groemitzer-welle.de
Jan.–März Di, Do/Fr 14–20, Mi 14–21, Sa/So 10–20, April–Okt. tägl. 10–20, Mi, Fr bis 21, Nov.–Dez. Di–Fr 14–20, Sa/So 10–20 Uhr, Eintritt ab € 11/4 (Ermäßigung durch die OstseeCard)
Meerwasserbrandungsbecken mit Strömungsbecken und Wasserrutsche, im Wellarium gibt es eine vielfältige Saunalandschaft und ein Thalassozentrum.

Strandhaus
Kurpromenade 20, Grömitz
✆ (045 62) 22 38 32
Mai–Okt. Mo–Fr 9.30–17 Uhr
Für Kleinkinder (1–3 Jahre) gibt es den Mini-Club Mi 15–17 Uhr, für Kinder (4–10 Jahre) gibt es den Grömel-Club Mo–Fr 9.30–13 Uhr, für Teenis (12–17 Jahre) den Index-Club Juli–Sept. Mo–Fr ab 12 Uhr, Eintritt frei
Animation, Betreuung und Kurse für Kinder (einzelne Aktivitäten kostenpflichtig).

Seefahrten ab Grömitz-Seebrücke: Hafen- und Ostseerundfahrten, u.a. nach Wismar, Fehmarn und Travemünde, auch »Piratenfahrten« und Abendsegeltörns auf dem Traditionssegler »Nordende« ab € 12/7, Infos unter ✆ (045 62) 25 52 49 und beim Tourismus-Service.

Segelschule »Blauer Peter«
Jachthafen, Grömitz
✆ (045 62) 71 56
Segelschule, Bootsverleih, Service rund ums Segeln.

Zoo Arche Noah
Mühlenstr. 12, Grömitz
✆ (045 62) 56 60
www.zoo-arche-noah.de
Tägl. März–Okt. 9–18 Uhr, Nov.–Feb. bis Einbruch der Dunkelheit
Eintritt € 7/4
Affen, Kängurus, Murmeltiere, Tiger, Löwen, »Liger« – eine seltene Kreuzung von Löwe und Tiger –, Streichelzoo und Ponyreiten. Fütterungszeiten 11–12 und 15.30–16 Uhr. Grill- und Picknickplätze können kostenlos benutzt werden, Café und Restaurant sind vorhanden.

La Marée
Christian-Westphal-Str. 52 (im Hotel Pinguin), Grömitz
✆ (045 62) 98 27
Tägl. außer Mo ab 18 Uhr
Gehobene mediterrane Küche mit frischen Produkten. Es kocht Ernst Fischer, ehemals tätig in der deutschen Botschaft in Paris. €€–€€€

Café zum Ziegelhof
Hof Mougin, Langenredder 66
23743 Lenste/Grömitz
✆ (045 62) 22 33 10
April–Okt. tägl. 14–18 Uhr
Landwirtschaftlicher Betrieb auf 400 Jahre altem Hof, Café-Hofladen und Verkauf von Kaffee und Kuchen vor dem Blumengarten. Auch Bauernhofurlaub.

Ostsee Lounge
Kurpromenade 56, rechts der Seebrücke, vor der Strandhalle
✆ (045 62) 22 25 70
April–Okt. tägl. ab 11 Uhr bei trockenem Wetter
Hipper Lichtblick für junges und junggebliebenes Publikum, ein angenehm eleganter Kontrast zu dem allgemeinen Imbissbudenlook auf der anderen Seebrückenseite. Klassische Cocktailauswahl, auch alkoholfreie, Longdrinks und Weine, serviert auf Barhockern und Liegen, beste Adresse bei Sonnenuntergang – falls es frisch wird, gibt es Decken.

Jack Wolfskin Store
Seestr. 22–28, Grömitz
✆ (045 62) 22 48 12
Outdoorequipment: Campingausrüstung, Rucksäcke, Wanderschuhe und Regenjacken – falls der Ostseewind stürmischer pustet als erwartet ...

Feste & Veranstaltungen
Mitte Mai: **Grömitzer SunRun** – Halbmarathon und andere Laufwettbewerbe
Juli/August: **Grömitzer Woche** – internationaler Segelwettbewerb mit Rahmenprogramm, **Ostsee in Flammen** – Feuerwerk mit Musikuntermalung und Rahmenprogramm.

In den Wanten

Lädt zum Bummeln ein: die Fußgängerzone von Neustadt in Holstein

3 Neustadt in Holstein

Einige der 16 200 Einwohner der Stadt, die im 13. Jahrhundert als »de nighe stad« gegründet wurde, sind wohl schon als Statisten auf deutschen Fernsehschirmen zu sehen gewesen, denn Neustadt ist seit 2003 Heimat der ZDF-Serie »Die Küstenwache« und des dazugehörenden Bootes »Albatros II«.

Das Hafenbild prägt der **Pagodenspeicher** von 1830, in dem heute eine Boutique, ein Wein- und Teehandel sowie ein kleines Eiscafé mit schönem Blick auf den Hafen untergebracht sind. Bis ins 20. Jahrhundert diente der ehrwürdige Speicher, dem man die Last der Jahre ein wenig ansieht, als Getreidelager. Das schöne klassizistische **Rathaus** am Marktplatz ersetzte seinen Vorgänger nach einem verheerenden Stadtbrand im Jahr 1817.

Neben dem malerischen Marktplatz hat Neustadt noch eine gotische **Stadtkirche** aus dem 13. Jahrhundert und das 1344 gegründete **Heilig-Geist-Hospital** zu bieten. Letzteres wurde zur Aufnahme und Pflege der Pilger erbaut, die auf dem Weg zum Kloster Cismar waren. Heute sind hier Seniorenwohnungen untergebracht. Im mittelalterlichen **Kremper Tor** (der Unterbau stammt aus dem Jahr 1244), dem letzten von ursprünglich drei Stadttoren, ist das **Stadtmuseum** untergebracht, darin auch das **Cap-Arcona-Museum** zum Gedenken an die »Cap Arcona«, die im Mai 1945 mit über 7500 KZ-Häftlingen an Bord in der Lübecker Bucht unterging.

Die große **Ancora Marina** südlich der Innenstadt ist einer der modernsten Jachthäfen Deutschlands.

Der Strand von **Rettin** wird überwiegend von Einheimischen genutzt, der ruhige, familienfreundliche Strand geht flach ins Wasser über – angenehm für Kinder und Nichtschwimmer (auch FKK-Abschnitt). Touristische Infrastruktur gibt es hier kaum. Die Urlauber zieht es eher nach **Pelzerhaken** mit seiner neu gestalteten **Promenade** und der kleinen alten **Seebrücke**. Eine Fahrt durch die nähere Umgebung führt unter hohen Bäumen an vielen großen und zum Teil sehr alten Hofanlagen vorbei.

Service & Tipps:

Tourismus-Service Neustadt-Pelzerhaken-Rettin
Dünenweg 7
23730 Neustadt/Pelzerhaken
✆ (045 61) 70 11
www.neustadt-holstein.de
Im Sommer finden zweimal wöchentlich Stadtführungen zu wechselnden Themen statt.

Stadtmuseum zeiTTor
Im Kremper Tor, Neustadt i. H.
✆ (045 61) 55 84 24
April–Okt. Di–Sa 10[illegible]0–17, So 14–17, Nov.–März Fr 15–17, Sa 10–12, So 14–16 Uhr, Eintritt € 3,[illegible]0/frei
Ausstellungsschwerpunkte des kürzlich neu gestalteten Museums sind Geologie und Archäologie Holsteins und Sammlungen zu Fischerei, Landwirtschaft und Handwerk. Angeschlossen ist das **Cap-Arcona-Museum** zur Erinnerung an die Bombardierung und den Untergang zweier Schiffe, auf denen in den letzten Kriegstagen in der Lübecker Bucht KZ-Häftlinge untergebracht waren. Es starben mehr als 7[illegible]0 Menschen (Ostern–Okt. Di–So 10.30–17, So 14–17 Uhr, Eintritt frei).

Das »Küstenwache-Studio« 1
Am Hafen, Neustadt i. H.
✆ (045 61) 10 [illegible]
www.fanclubkuestenwache.de
Studio- und Schiffsbesichtigungen, Hinweise zu Autogrammstunden und mehr.

Sail & Surf Pelzerhaken
Auf der Pelzerwiese 24
23730 Pelzerhaken
✆ (045 61) 5[illegible]4 81 72
Unterricht und Verleih von Equipment zum Kiten, Windsurfen und Segeln, spezielle Kinderkurse.

Hofanlage Marienhof
Rosengarten 50, Neustadt i. H.
✆ (045 61) 160 10 (Restaurant)
www.marienhof-neustadt.de
Große Anlage, die ein Antiquitätengeschäft, einen großen Bauernmarkt mit z.T. regionalen Lebensmitteln, Garten-, Deko- und Geschenkartikeln, ein Restaurant und ein Café mit schöner Gartenterrasse verbindet. Dort gibt es auch einen Kinderspielplatz.

Hotel & Cafe Wallburg
Am Heisterbusch 4, Neustadt i. H.
✆ (045 61) 512 20
Cafébetrieb mit hausgemachten Torten auf der Terrasse und im Wintergarten mit toller Aussicht. €

Feste & Veranstaltungen
Mai: **Anbaden** – offizielle Saisoneröffnung in Pelzerhaken
3. Woche im Juni: **Ancora-Cup** – Regatta und Hafenfest
Juni–September: **Kultur am Meer** – Konzerte, Kleinkunst und Kabarett in Pelzerhaken (Haus des Gastes)
Ganzjährig Di und Fr 8–13 Uhr: **Wochenmarkt** auf dem zweitgrößten Marktplatz Schleswig-Holsteins.

Ausflugsziel:

Herrenhaus Hasselburg
Die Hofanlage nahe der Neustädter Bucht ist beispielhaft für einen voll entwickelten Gutshof des 18. Jh. Das Torhaus ist das größte und vielleicht eleganteste des Landes. Eine lange Lindenallee führt zum Herrenhaus. Hier wurden die Innenaufnahmen für die TV-Serie »Die Guldenburgs« gedreht.

Die historische Hofanlage und die große reetgedeckte Konzertscheune werden u. a. für Veranstaltungen des Schleswig-Holstein Musik Festivals genutzt. Zu diesen Anlässen ist eine Besichtigung des Herrenhauses möglich. Im Torhaus gibt es ein Atelier.

Teil der ehemaligen Befestigungsanlage von Neustadt in Holstein: das Kremper Tor

4 Sierksdorf

Als »Logenplatz an der Ostsee« empfindet sich Sierksdorf – oder zumindest schlägt eine clevere Marketing-Strategie dies vor. Zu Recht, denn vom Steilufer aus hat man einen herrlichen Blick auf die Ostsee und die Nachbarorte in der Lübecker Bucht. Im Hinterland führen uralte Alleen zu romantischen Gutshäusern, reetgedeckten Katen und idyllischen Bauernhöfen.

Prägende Kindheitseindrücke von Sand und Meer

Vor der Haustür liegt der dreieinhalb Kilometer lange **Strand**. Er ist eher schmal und vor allem ruhig. Das liegt vielleicht daran, dass sich die meisten Urlauber lieber im **Hansa-Park** aufhalten, der hier in der Gunst der Kinder mit Baden und Buddeln heftig konkurriert. Nördlich des beschaulichen Örtchens liegt er und direkt daneben neuerdings auch ein großer Ferienwohnungskomplex. Einem prominenten Urlauber, dem Maler und Grafiker Karl Schmidt-Rottluff (1884–1976), der hier viele Sommer lang die Küstenlandschaft malte, hätte das wahrscheinlich nicht sehr gefallen – obwohl das bei Expressionisten vielleicht schwer zu sagen ist. Vielleicht hätte ihn eher Deutschlands erstes **Bananenmuseum** interessiert, das 1991 hier seine Pforten öffnete.

Service & Tipps:

Tourist-Information Sierksdorf
Im Haus des Gastes
Vogelsang 1, 23730 Sierksdorf
✆ (045 63) 47 89 90, www.sierksdorf.de
Eine kleine Dokumentation zu dem Maler Karl Schmidt-Rottluff.

Hansa-Park
Am Fahrenkrog 1, Sierksdorf
✆ (045 63) 47 40
www.hansapark.de; April–Mitte Okt. tägl. 9–18, Fahrgeschäfte ab 10 Uhr Eintritt für Besucher ab 15 Jahre € 30, Kinder € 24, Kinder unter 4 Jahren und Geburtstagskinder (bis 14) frei (Ausweis mitbringen)
Vergnügungspark direkt am Wasser, über 30 Fahrattraktionen, darunter auch Raumfahrt-Simulation, außerdem Dschungel-Kindertheater, Piratenbucht und Niedrigseilgarten für die Kleinen. Neueröffnung 2011: »Die Schlange von Midgard«, eine Achterbahn mit Wikingerthema. Varieté-Show-Angebot und Erlebnisgastronomie. Auch extra Seniorenangebote.

Erstes Deutsches Bananenmuseum
Prof.-Haas-Str. 59, Sierksdorf
✆ (045 63) 83 35
www.bananenmuseum.de
Sa/So 11–13 Uhr, Eintritt € 2/1,50
Antworten auf die Frage, warum sie krumm ist, die Banane, und über 10 000 Exponate rund um die Frucht.

Auch in Gummistiefeln ein großer Spaß: Ostseeurlaub ist Kinderurlaub

Palmenhaus-Café
Heidberg 1
23730 Sierhagen/Neustadt
✆ (045 61) 55 84 12
www.palmenhaus-cafe.de
April–Okt. tägl. 14–18 Uhr
Historische Gutsgärtnerei mit hausgemachtem Kuchen und Kaffee, auch Gartenberatung und Pflanzenverkauf.

Wasserski- und Wakeboardpark Süsel
Süseler Moor 6, 23701 Süsel
✆ (045 24) 17 77
www.wasserski-suesel.de
Mai–Juli tägl. 12–19.30, Aug. 12–18.30 Uhr
Fahrten ab € 33,50/26,50
Für Anfänger und Fortgeschrittene, mit Sonnenterrasse und Angelmöglichkeit.

5 Haffkrug

Ein eher ruhiger und beschaulicher Ort. Das einstige Fischerdorf gilt als das älteste Seebad an der Lübecker Bucht, denn bereits 1811 öffnete hier ein kleines Badehaus seine Pforten. Der **Seebrückenvorplatz** ist im Sommer Ort für viele verschiedene Veranstaltungen, ein **Lehrpfad** entlang der geschwungenen Promenade informiert über die schuppigen Meeresbewohner, die dem Fischerörtchen das Einkommen bescherten, bevor die anfingen, Touristen an Land zu ziehen. Die kürzlich neu gestaltete **Promenade** lädt zu ausgedehnten Spaziergängen nach Scharbeutz oder Sierksdorf ein, die beide nicht weit entfernt sind. Gleich neben der Promenade verläuft die Küstenstraße, man muss sie überqueren, wenn man die kleinen Geschäfte, Restaurants und Cafés aufsuchen will. Schön für Radfahrer und Inlineskater: der breite Weg, der entlang der Promenade verläuft, parallel zum Fußweg.

Dekorative Strandbesucher: Stockenten in Haffkrug

Service & Tipps:

Tourist-Info Haffkrug
Strandallee 2 (Ostsee Outlet)
23683 Scharbeutz, OT Haffkrug
✆ (045 63) 14 [illegible]4, www.scharbeutz.de

Feste & Veranstaltungen
Juli: **Fröhliche Aalwoche** – Fest rund um das Thema Fisch.
September: **Haffkruger Herbst** auf dem Seebrückenvorplatz.

6 Scharbeutz

Über mehr als sechs Kilometer erstreckt sich der weiße **Hausstrand** von Scharbeutz – von der Ostsee-Therme bis nach Haffkrug. Entlang der gepflegten Promenade und an den zwei **Seebrücken** herrscht eher ruhiges, am südlichen Strandabschnitt, an der Uferstraße, lebhafteres Treiben. Parkmöglichkeiten gibt es hier ganz nah am Strand, allerdings kann es in der Hauptsaison sehr voll werden. Gleich hinter der Promenade stehen viele kleine Ferienhäuser, manche im gefälligen Gründerzeitstil, weniger nobel als im Nachbarort Timmendorfer Strand, aber trotzdem hübsch anzuschauen.

Wer ein Grillfest am Strand plant, kann gegen eine Gebühr den Grill, Sitzgelegenheiten und Zubehör mieten. Weitere Infos unter ✆ [illegible] 72-412 01 01 oder in der Tourist-Info.

Der Clou in der Ferienregion Scharbeutz: der »Scharbeutel«, eine prall gefüllte Tasche, voll mit Entdecker-Utensilien, die das ganze Jahr über für Ausflüge geliehen werden kann, darin enthalten sind u. a. eine Becherlupe, mit der sich Meeresgetier genau anschauen lässt, ein Fernglas, ein Kompass, Kescher, Sieb, Naturspiele und Infos rund um die ostholsteinische Landschaft. Kosten: 10 Exemplare für € 5 (€ 50 Pfand).

Service & Tipps:

Tourist-Info Scharbeutz
Strandallee 134, im Kurparkhaus
23683 Scharbeutz
✆ (045 03) 77 09 64, www.scharbeutz.de

Ostsee-Therme Scharbeutz
Strandallee 143, Scharbeutz
✆ (045 03) 35 26 16
www.ostsee-therme.de
Tägl. 9–22, Sauna bis 23 Uhr
Eintritt ab € 18/10
Erlebnisbad am Meer mit Strandzugang, Sauna- und Wellnesslandschaft und zwei großen Riesenrutschen. Jeden 1. Sa im Monat Mitternachtssauna bis 2 Uhr.

Herzberg's Restaurant
Strandallee 129, Scharbeutz
✆ (045 03) 741 59
www.herzbergs-restaurant.de
Tägl. 11–15 und 17–22 Uhr
Klassische, regionale und saisonale Küche im Fachwerkhaus, eigene Kreationen wie Steinbeißerfilet auf Orangen-Chili-Möhren-Sahne. €–€€

Capolino Café-Lounge
Strandallee 124 a, Scharbeutz
✆ 0177-597 58 79
Schönes Strandcafé im modernen Look mit viel Holz, eleganten Liegen und gemütlichen Sitzsäcken, schön gelegen, direkt hinter dem Deich, auf dem Strandhafer wächst. Frühstück, kleine Gerichte, Kuchen und Eis und diverse Kaffeespezialitäten sowie Wein- und Cocktailkarte.

Feste & Veranstaltungen
Ostern: **Ostermarkt** mit Eiersuchen
August: **Straßenkünstlerfest**, **Schlotzerfest** im Kurpark, **Piratenfest** und **Neptuntage**
September: **Scharbeutzer Schützenfest** mit Vogelschießen und Umzug im Kurpark.

7 Timmendorfer Strand

Nobel geht es hier zu – das ist kaum zu übersehen. In der Saison gleiten teure Autos durch den Ort, aufwändig gestaltete Privatvillen und Hotels prägen das Bild. Seit den 1880er-Jahren siedelten sich hier Kurhäuser und Sanatorien an, heute gibt sich im Sommer vor allem der Hamburger Jetset ein Stelldichein und spielt »Sehen und Gesehenwerden«. Es gibt einen **Alten** und einen **Neuen Kurpark**. Im Gemeindeteil Timmendorfer Strand wurde in den 1930er-Jahren ein Kurpark mit einer Freilichtbühne angelegt. Neben einer Minigolfanlage und einem großen Schachbrett entstand 1994 das Kurmittelhaus, die denkmalgeschützte Trinkkurhalle wird ganzjährig als Veranstaltungsort genutzt. 2006 began-

Seit 2007 ist Timmendorfer Strand Austragungsort eines Beach-Polo-Turniers.

nen die Arbeiten zur Grundsanierung. Geplant ist, den Park in den Zustand der 1930er-Jahre zurückzuversetzen. Der **Neue Kurpark** liegt zwischen Kur- und Strandpromenade im Ortskern.

Besonders schön bei heißem Wetter: die schattige **Promenade** unter hohen alten Bäumen. Sie sorgt auch für genügend Abstand zwischen Strand und Straße. Aber bei aller Noblesse – den meisten Besuchern ist der **Strand** am wichtigsten: 3,5 Kilometer lang und bis zu bis zu 40 Meter breit, komplett mit allen Annehmlichkeiten ausgestattet; Extra-Strandabschnitte für Familien mit Kindern sind reichhaltig mit Spielgeräten versehen. Während der Hauptsaison sind Parkplätze in Strandnähe rar, von den gut ausgeschilderten kostenfreien Parkplätzen muss man einige Minuten laufen. Auch einkaufen kann man hier reichlich, vor allem entlang der Flaniermeile im Ortszentrum.

Auf jeden Fall lohnt sich in Timmendorfer Strand ein Besuch des **Sealife**: Hier kann man die Unterwasserwelt der Ostsee kennenlernen und – wer mag – sogar Fische streicheln.

Die gepflegte Promenade von Timmendorfer Strand

Zaghaft: Bad aus dem Badekarren

Von Bademoden und Badesitten

Gesund sollte es sein, das Baden, hatte man gehört und gelesen. Um die »Entwicklung des natürlichen Menschen« und einen Bezug zur Natur ging es den aufgeklärten Medizinern. In England wurde damit begonnen und an der Ostsee machte es der kränkliche Herzog von Mecklenburg-Schwerin auf Anraten seines Leibarztes Prof. Dr. Vogel als erster nach und stieg ebenfalls in die Wellen.

Baden war alles Mögliche, nur nicht das unbeschwerte Vergnügen heutiger Strandjünger. Man verwandte in Heiligendamm zunächst ein Badeschiff mit absenkbarer, durchlöcherter Badekabine. Das schien sicherer als die Badekarren, die zur gleichen Zeit in England zum Einsatz kamen. Später allerdings waren auch diese an der Ostseeküste lange Zeit das Bade-Mittel der Wahl. Sie wurden an Land bestiegen und mit Pferden ins Wasser gezogen oder mittels einer Konstruktion aus Tauen und Winden in die Ostsee bugsiert. Später entstanden dann die - zunächst nach Geschlechtern getrennten - Badeanstalten.

Da die räumliche Trennung von zuschauenden Mitmenschen gegeben war, wurde dann allerdings nackt gebadet. Unter den Ärzten, die ihren Patienten das kühle Nass verordneten, herrschte allgemein Einigkeit, dass dies deutlich gesünder sei. »Badekleider leide ich in Doberan gar nicht, in der festen Überzeugung, dass sie nachtheilig sind, und leicht zu Erkältungen Anlass geben«, schrieb der Bade-Guru Vogel, und auch sein Amtsnachfolger, J. D. W. Sachse, schrieb warnend von dem schweren Fall einer erkälteten Gräfin, die bekleidet in die Fluten gestiegen war. Über Badekappen war man uneins, da sie vorläufig meist undicht waren.

Aber Anstandsvorstellungen und Sitte - oder vielleicht auch die Mode- und Textilindustrie - waren stärker, und das Badekostüm setzte sich durch. Allerdings geriet der Aufzug manches Mal eher zu »wetterfester Kleidung«: In Mantel, lange Hose und Hut gekleidet, geriet das Verlassen des Wassers mitunter sicher zum Kraftakt. Aufmerksame Maler der damaligen Zeit hielten fest, wie sich das getränkte Material seinerseits am jeweiligen Körper »festhielt«. Die Kleidung war nämlich u.a. deshalb so voluminös, damit im nassen Zustand nicht gar Körperkonturen zu erkennen waren.

Nach der Reichsgründung 1871 erlebte der Ostseetourismus einen regelrechten Boom. Unter der Schirmherschaft des deutschen Kaisers schossen mondäne Hotels und Kuranlagen aus dem Boden. Der Adel hatte eine neue Möglichkeit gefunden, zu repräsentieren, sich zu amüsieren und zu treffen: Man fuhr an die See. Der Hof hatte es vorgemacht, da wollte man in der guten Gesellschaft nicht nachstehen.

Neue Moden erfordern neue Mode, das galt damals wie heute. Dem maritimen Thema näherte man sich inhaltlich insofern, als die Mode Elemente der Marine übernahm, also Streifen und die Farben Weiß und Blau. Der Kaiser selbst war schließlich ein großer Marine-Fan, Jungen trugen den allseits beliebten Matrosen- oder Kieler Anzug, da konnte man nichts falsch machen. Den Damen der feinen Gesellschaft wurden Tuniken und Überkleider mit wadenlangen Pluderhosen auf den badewilligen Leib geschneidert, der Herr gab sich da freizügiger und trug auch mal nackte Waden zur Schau. Damit alles seinen Schick hatte, gab es natürlich auch Rüschen und Schleifen oder einen flotten Messingknopf hier und da. Baumwolle, aber auch Wolle kam als Material zum Einsatz.

Alles in allem ergab sich aus der im Wasser durchweichenden Kleidung ein Gewicht, das schon für geübte Schwimmer geradezu einen gesundheitsfördernden Trainingseffekt gehabt haben muss. Wer aber nicht schwimmen konnte - und das galt lange für die Mehrzahl, vor allem der Frauen-, für den gestaltete sich der Akt des Badens in der Tat deutlich abenteuerlicher als das moderne Urlaubserlebnis.

Frühe Bademoden der Damenwelt: ein Dekolleté mit Matrosenkragen und eng geschnürt oder, …

Ein Kaiserreich und einen Weltkrieg später machten die spaßverliebten Wilden Zwanziger natürlich vor dem Thema Bademode nicht halt. Damenkleider hörten plötzlich bei den Knien auf und das Badetrikot wurde erfunden. Die Herren trugen gar nur eine – wenngleich recht voluminöse – Hose. Ein Foto von 1919 zeigt Reichspräsidenten Ebert und Reichswehrminister Noske im Ostseebad Haffkrug/Travemünde, vor Pressefotografen ungeniert im Wasser stehend »nur« mit großformatigen weißen Militärbadehosen bekleidet – ein Skandal von Berlin bis München!

Auf dem »Berliner Strandfest an der Ostsee« 1926 im Sportpalast durften verwegene Damen Badeanzüge präsentieren, die selbst das progressive weltgewandte Berliner Publikum noch schockieren konnten: Die obere Hälfte des Kleidungsstücks wurde auf eine hosenträgerartige Konstruktion reduziert, die Beinausschnitte des Hosenteils rückten nach oben und übrig blieb: sehr wenig Stoff, der nun immerhin niemanden mehr lebensgefährlich gen Meeresboden ziehen konnte. Die Nation war oder gab sich schockiert, aber immerhin: Die Modenschau hatte einschneidende Bedeutung, denn sie galt als Vorläufer der späteren französischen Riviera-Mode und ist damit immer noch fast Status quo.

Eine Unterbrechung des Trends gab es noch, die die Entwicklung der Bademode und -moral bremste. Der »Zwickelerlass« vom 18. August 1932 regelte im vorschriftsfreudigen Dritten Reich das Deutsche Badeverhalten. Das Nacktbaden wurde verboten und das Zusammensein der Geschlechter beim Baden wurde per Gesetz geregelt: »Frauen dürfen nur dann öffentlich baden, falls sie einen Badeanzug tragen, der Brust und Leib an der Vorderseite des Oberkörpers vollständig bedeckt, unter den Armen fest anliegt sowie mit angeschnittenen Beinen und einem Zwickel versehen ist. In sogenannten Familienbädern haben Männer einen Badeanzug zu tragen.«

Nach dem Ende des Zweiten Weltkriegs ordnete sich die Gesellschaft neu, und in Sachen Bademode orientierte man sich jetzt an der Siegermacht USA. Amerikanische Vorbilder prägten über Generationen die Mode am Strand. Der Bikini trat ab 1949 seinen aufsehenerregenden Siegeszug an.

Zu enthüllen gab es nun nur noch wenig, FKK wurde ohnehin vielerorts parallel zelebriert. Da kam nochmal eine Revolution ganz anderer Art: Stoffe wie Nylon machten aus der ehedem eher sperrigen Badekleidung eine »zweite Haut«, die zwar noch bedeckt, aber nichts mehr verbirgt.

Ein etwa 100 Jahre dauernder Prozess der vorsichtigen Annäherung an das nasse Element findet hier sein vorläufiges Ende. Trauriger Schlussgedanke: Wenn heute mancherorts – vor allem in Australien – die Badekleidung wieder mehr vom Körper bedeckt, dann nur aus der Erkenntnis, dass ein Zuviel an Sonnenstrahlen der Haut nicht gut tut – wieder eine Mode, die aus der Sorge um die Gesundheit geboren wurde.

Ab 1949 tritt dann der Bikini seinen aufsehenerregenden Siegeszug an

… etwas später und schon legerer, im einteiligen Baumwolltrikot

Service & Tipps:

Tourist-Service Timmendorfer Strand
Timmendorfer Platz 10
23669 Timmendorfer Strand
✆ (045 03) 357 70
www.timmendorfer-strand.de

Strandkorbvermietung von Timmendorfer Strand

Sealife Timmendorfer Strand
Kurpromenade 5
Timmendorfer Strand
✆ 0180 5 66 69 01 01
www.visitsealife.com
Tägl. 10–19 Uhr, Eintritt ab € 13,95/9,95 (Online-Bestellung günstiger)
Eine Unterwasserreise von der Flussquelle in die Tiefe des Nordatlantiks. In 30 Becken macht man Bekanntschaft mit Haien und Rochen und lernt Interessantes über die Aufzucht von Seepferdchen. Es gibt auch »Berührungsbecken« und täglich öffentliche Fütterungen und Vorträge. Seit 2011 git es eine neue Sonderausstellung: »Die Invasion der Seespinnen«: unzählige Tiere im 20 000-Liter-Becken.

Café Engel's-Eck
Am Platz 3, Timmendorfer Strand
✆ (045 03) 20 58, www.cafe-engels-eck.de
Hier kann es voll werden, dafür gibt es bei Kaffee und Kuchen eventuell den einen oder anderen Promi zu sehen.

Restaurants »Noblesse« und »Panorama« im **Grand Hotel Seeschlösschen**
sowie Bistro, Bar und Café auf der Sonnenterasse
Strandallee 141, Timmendorfer Strand
✆ (045 03) 60 13 34
Vor allem von der Terasse direkt an der Promenade aus schöner Blick über die Bucht und den Strand. €€

Orangerie
Im Maritim Seehotel
Strandallee 73b, Timmendorfer Strand
✆ (045 03) 60 50
www.orangerie-timmendorfer-strand.de
Mi–So 18–22.30, So 12.30–14 Uhr (Reservierung empfehlenswert)
Michelin-Sterne-Koch Lutz Niemann präsentiert hochfeine, französisch inspirierte Küche, ortsbedingt fischlastig, sehr leicht und elegant, dazu z.B. Kartoffelschaum und Champagnersud. Eine sehr umfangreiche Weinkarte lädt zum Genießen ein. €€€

Feste & Veranstaltungen
Mai: **Beach-Polo-Turnier**
Juli: **Lukullische Meile** – Feinschmecker-Festival lokaler Gastronomen
August: **Deutsche Smart Beachvolleyball-Meisterschaften**
November: **Fischers Wiehnacht** - Hafenfest.

8 Niendorf

Auch ins kleine Niendorf kommen die Badegäste schon seit über 150 Jahren. Damals ließ der »Badewirt« Johann Johannsen vor seinem Logierhaus, das heute noch unter dem Namen »Johannsens Kurhotel« besteht, zwei Badekarren aufstellen. Erst seit 1922 existiert der **Fischereihafen**, dem sich später auch noch ein **Jachthafen** hinzugesellte. Gleich drei Segelvereine sind hier ansässig. Die Niendorfer Fischer forderten den Bau eines Hafens ein, weil sich die Badegäste durch die Boote (und die nach See »duftende« Fracht) gestört fühlten, die bis dato nämlich am Badestrand anlandeten. Im kleinen Niendorfer Hafen wird heute neben frischem Fisch auch Kunsthandwerkliches und Bratwurst feilgeboten. Ein großer hölzerner Uhu weist auf den nahen **Vogelpark** hin.

Der Strand, der zu Niendorf gehört, ist zwei Kilometer lang und geht sehr flach ins Wasser über. Die eher klein dimensionierte **Promenade** reicht von der Seebrücke bis zum Meerwasserschwimmbad. Verwaltungstechnisch gehört man in Niendorf übrigens zur Nachbargemeinde Timmendorfer Strand.

Service & Tipps:

Gästezentrale Niendorf
Strandstr. 121 a, Niendorf
✆ (045 03) 33 77 60
www.niendorf-ostsee.de

Vogelpark und Eulengarten Niendorf
An der Aalbeek, Niendorf
✆ (045 03) 47 40
www.vogelpark-niendorf.de
Eintritt € 8/4
Tägl. 9–20 Uhr, in der Nebensaison bis zum Einbruch der Dunkelheit
Fremde und einheimische Vögel in natürlicher Umgebung und eine artenreiche Eulensammlung. Mit Caféterrasse.

Ostsee-Rundfahrt
Reederei Belis
Strandstr. 32, Niendorf
✆ (045 03) 52 72
www.ostsee-rundfahrten.de
Ostern bis Okt. tägl. 10.45 Uhr, Tickets

Im Niendorfer Fischereihafen arbeiten derzeit etwa 20 Fischer auf drei Hochseekuttern, gefangen werden vor allem Dorsch und Hering

Drachen am Strandhimmel von Travemünde

ab € 7/4
Abfahrt Niendorfer Hafen mit der »Hanseat II«, ca. einstündige Ostsee-Rundfahrt mit einem großen Motorschiff, Gastronomie an Bord.

Feste & Veranstaltungen
Juli/August: **Niendorfer Hafentage** - Fest mit Ständen und verschiedenen Aktivitäten rund um den Hafen.

Ausflugsziel:

Karls Erdbeer-Hof
Fuchsbergstr. 4, 23626 Warnsdorf
✆ (045 02) 88 84 32
www.bauernmarkt.de
Tägl. 8-20 Uhr, Eintritt frei
Hofanlage mit Bauernmarkt, Café und Angebot für Kinder wie z.B. Maislabyrinth, Stockbrotbacken und Ponyreiten.

9 Travemünde

1187 gegründet, bekam Travemünde 1204 seinen ersten Hafen und 1539 einen 31 Meter hohen **Leuchtturm**. Der durfte 1972 in den wohlverdienten Ruhestand gehen und beherbergt heute ein kleines Museum (✆ 045 02-88 91 80, Mai-Sept. 13-16 Uhr, www.leuchtturm-travemuende.

»Lübecks schönste Tochter«: Travemünde liegt vor allem westlich der Trave. Die an der Mündung in die Ostsee gelegene Halbinsel Priwall auf dem Ostufer gehört aber ebenfalls noch dazu

de). Das Travemünder Leuchtfeuer weist seitdem aus der luftigen Höhe von 114,7 Metern vom Maritim Strandhotel aus den Weg.

Wahrzeichen der Stadt mit ihren 13 600 Einwohnern ist die **Viermastbark »Passat«**. 1911 bei Blohm + Voss in Hamburg gebaut, ist sie das letzte Frachtsegelschiff, das noch um Kap Hoorn segelte. Seit 1966 ist sie ein schwimmendes Museum.

Die Einkaufsmeile Travemündes befindet sich in der **Vorderreihe**. In der Hauptsaison sind die Geschäfte auch sonntags geöffnet. Die Alte **Vogtei** in der Vorderreihe 7 mit dem kunstvollen spätbarocken Portal war die Residenz des Hafenkommandanten, der auch für das Leuchtfeuer verantwortlich war. Das älteste Haus Travemündes steht in der Jahrmarktstraße: Die Nummer 13, ein typisches Fischerhaus, wurde vermutlich gegen Ende des 16. Jahrhunderts erbaut.

Wer vom Strand aus gern richtig große Schiffe sehen möchte, der ist im Seebad Travemünde richtig: Vom Badelaken aus kann man sie beobachten, vom kleinen Segler bis zu den gewaltigen Ostseefähren.

Die **Kaiserallee**, parallel zur Strandpromenade, ist mit ihren über 600 »Kastenlinden« besonders schön. Die **Strandpromenade** selbst ist gepflegt und weitläufig; sie wurde bereits 1898/99 angelegt, um Travemünde als Seebad noch attraktiver zu gestalten. 3,5 Kilometer Strand hat man hier zu bieten, der in Höhe der Hafeneinfahrt gut 250 Meter breit ist. Richtung Norden reicht er bis zum Steilufer Brodtener Höhe. Gegenüber, am anderen Ufer der Tra-

Die Alte Vogtei wurde im 16. Jahrhundert als Sitz der Vögte erbaut. Sie überwachten die Travemündung, um Lübeck vor feindlichen Eroberungsschiffen zu schützen.

ve, am Strand der Halbinsel Priwall, und am Brodtener Steilufer tummeln sich vor allem FKK-Fans.

Die **Halbinsel Priwall** zwischen Ostsee und Trave ist der ursprünglichste Teil von Travemünde, im Norden gibt es Strand und Dünen, im Süden Feuchtwiesen. Viele Vögel leben hier, von Silbermöwe bis Zwergseeschwalbe, von Graureiher bis Höckerschwan. Manche das ganze Jahr über, andere als Saisongäste.

Den Priwall nennen zahlreiche Vogelarten ihr Zuhause

Travemünde hat im Sommer viele Veranstaltungen zu bieten, so zum Beispiel die **Travemünder Woche**, die bereits seit 1889 Segler zusammenführt. Auch Windjammer und Traditionssegler aus aller Welt machen manchmal einen Zwischenstopp im Hafen.

Vielen ist Travemünde wegen des **Spielcasinos** ein Begriff. 1825 wurde eine erste Spielbank eröffnet, in der russische Adlige gern ihr Glück versuchten. Nach dem Krieg erhielt man 1949 wieder die Konzession zum Glücksspiel, und während das Casino in das »Konversationshaus« einzog, begann das Wirtschaftswunder in Deutschland. Im schicken Travemünde fanden sich Prominente wie Curd Jürgens, Königin Soraya und Sophia Loren ein.

Heute wurde der Jugendstilsaal frisch renoviert - im ersten Stock hat man Aussicht auf die Lübecker Bucht - und man sitzt wieder elegant am Roulettetisch, »faites vos jeux« in Lübecks »schönster Tochter«, wie Travemünde gern genannt wird. Neuerdings gibt es auch manchmal Theater in den eleganten Hallen: Dostojewskis »Der Spieler« oder auch mal ein thematisch passendes Krimi-Drama.

Die Viermast-Stahlbark ▷ »Passat« lief 1911 zur Jungfernfahrt nach Valparaíso aus und liegt seit 1960 als Wahrzeichen auf festem Liegeplatz in Travemünde

Service & Tipps:

Lübeck und Travemünde Marketing GmbH
Bertlingstr. 21, im Strandbahnhof
23570 Travemünde
✆ (04 51) 88 77 99 7 00
www.travemuende-tourismus.de

Viermast-Bark »Passat«
Liegeplatz am Priwallhafen
Mitte Mai–Mitte Sept. tägl. 10–17, Mitte Sept.–Mitte Mai tägl. 11–16.30 Uhr
✆ (045 02) 122 52 87
Eintritt € 3/1,50, Kinder unter 6 Jahren frei
Die Viermastbark ist heute ein Museum.

Möwennachwuchs im flauschigen Tarnkleid

PASSAT

Seebadmuseum Travemünde
Torstr. 1, am Marktplatz
Travemünde
✆ (045 02) 22 90
März–Sept. Di–So 11–17 Uhr
Eintritt € 5/Kinder frei
2007 eröffnet, wird hier über die Geschichte Travemündes als Seebad von 1802 bis heute informiert. Filme, Hörstationen und Exponate zu den Themen Bademode, Fischerei und Schifffahrt.

Ausflugsfahrten MS »Marittima«
✆ 0163-547 57 72, einstündige Hafen- und Ostseetörns, Abfahrt von der Überseebrücke 2, Travepromenade, in der Saison tägl. 11–17 Uhr
Könemann Schifffahrt, ✆ (04 51) 280 16 35, www.koenemannschiffahrt.de
90-minütige Travefahrten bis Lübeck mit Erklärungen zu Sehenswürdigkeiten, Abfahrt Vorderreihe, gegenüber Café Niederegger, in der Saison 12 und 16 Uhr, Abfahrt Lübeck 10, 14, Juli–Sept. auch 17.45 Uhr, Hin- und Rückfahrt ab € 17/10.

Segelschulen: Wasserfahrschule Schött
Teutendorfer Weg 2, Travemünde
✆ (045 02) 45 04
www.wasserfahrschule.de

Segelschule Mövenstein
Kaiserallee 40–42, Travemünde
✆/Fax (045 02) 24 52
www.moevenstein.de

Casino Travemünde
Kaiserallee 2, Travemünde
✆ (045 02) 84 10
www.casino-sh.de
Französisches und American Roulette, Black Jack. Großes Spiel tägl. 17–2, Automatenspiel tägl. 11–1.30 Uhr
Eintritt € 2, Zutritt ab 18 Jahren (Ausweis mitbringen). Achtung: Gepflegte Klei-

Die Travemünder Woche findet seit 1892 alljährlich in der Lübecker Bucht statt

dung wird erwartet! Tickets für Special-Events wie Krimi-Theater und Cocktailparties gibt es im Casino und im Welcome Center in Lübeck (am Holstentor).

Buddenbrooks Restaurant
Im Grand Spa Resort A-ROSA
Außenallee 10, Travemünde
✆ (045 02) 307 06 32, Di–Sa 18.30–22 Uhr
Gourmet-Restaurant mit Michelin-Stern und klassisch-eleganter Einrichtung. €€€

Pesel
Mecklenburger Landstr. 1
Travemünde
✆ (045 02) 733 33
Neben der Priwallfähre, Terrasse mit Blick über die Trave und die Vorderreihe. Gutbürgerliche Küche und Fischgerichte. €

Night Sailor Bar im Maritim Strandhotel
Trelleborgallee 2, Travemünde

✆ (045 02) 89 20 34, www.maritim.de
Theke mit Meerblick, Di–Sa abends Livemusik und Cocktails.

La Belle Epoque
im **Hotel Casino Travemünde**
Kaiserallee 2, Travemünde
✆ (045 02) 30 80
www.columbia-hotels.de
Mi–So 18.30–23 Uhr (Reservierung empfehlenswert)
Hier kocht der prämierte Sterne-Küchenchef Kevin Fehling eine multikulturelle Mischung auf internationalem Niveau. Unbedingt Platz lassen für raffinierte Köstlichkeiten wie Gâteau von Mango und Litschi mit schwarzem Johannisbeersorbet oder Granité von der Passionsfrucht. Eleganter Wintergarten und Sommerterrasse mit Seeblick. €€€

Café Niederegger
Vorderreihe 56, Travemünde
✆ (045 02) 20 31
www.niederegger.de
Mo–Fr 9–18, Sa 9–18.30, So 10–18.30 Uhr
Konditorei und Café des bekannten Lübecker Marzipanherstellers. Tortenvergnügen pur, auch auf der Terrasse mit Traveblick.

Künstlercafé Savoir Vivre
Vorderreihe 7, in der Alten Vogtei
Travemünde
✆ (045 02) 77 08 68
Gemütlich und stilvoll: Cafe, Restaurant und Weinhandlung in alten Mauern, rundherum hängt Kunst.

Classic Ship Collection
Strandweg 5, Travemünde
✆ (045 02) 55 78, www.classic-ship.de
Verkauf berühmter Schiffe als Modelle im Maßstab 1:1250, von der »Gorch Fock« bis zur »Titanic«.

Feste & Veranstaltungen
Letztes Wochenende im Juli: **Travemünder Woche** – internationale Segelregatta mit Rahmenprogramm, Kunsthandwerkermarkt auf dem Fährplatz
August: **Altstadtfest** – Straßenfest in der Innenstadt, **Sail Travemünde** – Treffen der Windjammer und Traditionssegler
Oktober: **Herbstdrachenfest**.

Ausflugsziel:

Am **Brodtener Steilufer**, Travemündes zerklüfteter Steilküste, ist gut spazierengehen.

Piratenflagge in Travemünde

Region 7
Holsteinische Schweiz

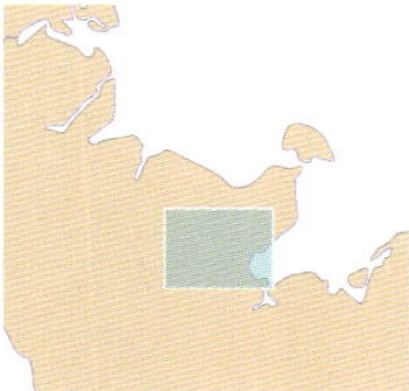

Die Holsteinische Schweiz

Filmreife Idylle, Carl Maria von Weber und jede Menge Seen

Die Holsteinische Schweiz, größter Naturpark Schleswig-Holsteins, liegt zwischen Kiel und Lübeck. Idyllisch ist es hier, auf eine manchmal fast altmodische Art und Weise. Sicher wurde deshalb hier ein Klassiker der nachkriegsdeutschen Heimatfilme, die »Immenhof«-Reihe, gedreht. An der Straße von Malente in Richtung Eutin liegt das Gut Rothensande, das der beliebten Filmfamilie samt Vierbeinersammlung als trautes Heim diente.

Majestätisch: Seeadler mit Beute

Die malerische Landschaft mit ihren beinahe 200 Seen hat immer viele Künstler in ihren Bann gezogen. Früher lebten und wirkten sie an den Höfen adliger Kunstfreunde; die Kunstschaffenden von heute bevorzugen eher kleine, versteckte Dörfer. Oft dienen historische Gebäude als reizvolle Ausstellungsräume.

Immerhin zwei Berge gibt es dann doch in dieser »Schweiz«: den Bungsberg mit 168 Metern und den markanten Kalkberg mit 91 Metern Höhe.

Seit dem 17. bis ins 19. Jahrhundert prägte das Gutswesen die Region wirtschaftlich und kulturell. Der Landadel baute sich Gutsanlagen mit meist stattlichen Herrenhäusern, die mancherorts im Volksmund wegen des prunkvollen Baustils - und des Kontrasts zur eigenen Behausung - auch als »Schloss« bezeichnet wurden. Besonders schön sind in der Holsteinischen Schweiz die zahlreichen Alleen. Sie stammen aus der Zeit der Gutsherren und sind demnach häufig mehr als 300 Jahre alt.

Die Region wartet - last but not least - mit einem weiterem Plus auf, denn hier ist noch der Seeadler zu Haus, der größte Vogel Deutschlands, dessen mächtige Flügel eine Spannweite von über zwei Metern aufweisen. Es lohnt also der regelmäßige Blick zum Himmel.

1 Bad Malente-Gremsmühlen

Fünf der vielen Seen in der Region kann man auf einen Streich kennenlernen - dabei hilft die klassische **5-Seen-Fahrt**. In Bad Malente geht sie los, zwölf Kilometer lang führt die Minikreuzfahrt vorbei an stillen Buchten, waldigen Landzungen, Brutstätten für Wasservögel und stattlichen Buchenwäldern. Wie heißen die fünf? Gleich mal schnell auswendig lernen und bei Nachfrage an Bord auftrumpfen: Dieksee, Langensee, Behlersee, Höftsee und Edebergsee. Jede Menge andere Schiffsrundfahrten versprechen ein gemütliches Vertrautmachen mit der Seenlandschaft, und wer im Urlaub mehr Bewegung möchte, kann hier auch gut paddeln oder baden, wozu viele idyllische **Badestellen** einladen.

Informationen zu Flora und Fauna des Naturparks vermittelt der **Naturlehrpfad Malenter Au**.

Service & Tipps:

Tourismus-Service Malente
Bahnhofstr. 3
23714 Bad Malente-Gremsmühlen
✆ 080 02 02 00 80
www.bad-malente.de
Im Welcome-Center gibt es zahlreiche Broschüren, z.B. zum »Wasserwandern in der Holsteinischen Schweiz«.

5-Seen-Fahrt und Kellersee-Fahrt GmbH
Bahnhofstr. 5, Bad Malente-Gremsmühlen
✆ (045 23) 22 01, www.5-seen-fahrt.de
5-Seen-Fahrt Mai–Sept. tägl. 10–16 Uhr, immer zur vollen Stunde, April, Sept./Okt. nur alle zwei Stunden, Abfahrt Malente-Gremsmühlen, Halt in Niederkleevez, Timmdorf, Plön-Fegetasche und zurück

Kellerseefahrt Mai–Sept. tägl. außer Mo 10–16 Uhr alle zwei Stunden, ab Malente (Janusallee/Lindenallee), Halt in Fissau/Fährhaus, Sielbeck/Uklei und Malente/Fischerei
Für beide Fahrten gilt: Rundfahrt € 9/4,50, einfache Fahrt € 6/3.
Die Rundfahrt kann für Ausflüge einmal unterbrochen werden, Fahrräder können nicht mittransportiert werden. Nachmittags Kaffee und Kuchen an Bord erhältlich. Größere Hunde benötigen ein eigenes Ticket.
Do »**Romantische Abendfahrt**« ab Anleger Fischerei (Malente, Kellerseestraße) 19 Uhr, Dauer 1 Stunde, Fahrpreis € 5.

Naturlehrpfad Malenter Au
Der beschilderte Pfad lehrt mit Erläuterungen zu heimischen Pflanzen und Tieren, Beginn am Ende der Janusallee, tägl. 8–16 Uhr, Eintritt frei.

Wo sich heute das Wasser des Ukleisees ausbreitet, soll sich der Sage nach einst eine Blumenwiese mit einer Quelle befunden haben, die von einer zierlichen Nymphe mit blondem Haar bewacht wurde

2 Bosau

Der idyllische Luftkurort Bosau liegt auf einer Landzunge am Ostufer des Großen Plöner Sees und kann auf eine über 850 Jahre alte Geschichte zurückblicken. Die **Vicelin-Kirche St. Petri**, ein Feldsteinbau aus dem 12. Jahrhundert, gehört zu den ältesten Bauten dieser Art in der Region. Bischof Vicelin ließ sie als Bischofsbasilika im Jahre 1151/52 im spätromanischen, teilweise schon frühgotischen Stil erbauen. Trotz einiger Umbaumaßnahmen im Laufe der Jahrhunderte blieb das Äußere größtenteils erhalten, nur aus dem einst runden Westturm wurde ein rechteckiger, der später noch eine Barockhaube bekam. Der hübsche, baumgesäumte Kirchhof ist ebenfalls mit Feldsteinen abgegrenzt. Von hier hat man einen schönen Blick auf den See.

Im Innern gibt es einen geschnitzten Altar von 1350 mit reichem Figurenschmuck zu sehen. Auch ein Triumphkreuz mit vier fliegenden Engeln (ca. 1470) und eine reich verzierte Kanzel schmücken die Vicelin-Kirche.

In der Vicelin-Kirche St. Petri finden alljährlich die Bosauer Sommerkonzerte statt. Als »Vicelinkirchen« werden verschiedene, angeblich auf Gründungen des Slawenmissionars Bischof Vicelin zurückgehende Kirchen bezeichnet.

Service & Tipps:

Vicelin-Kirche St. Petri
23715 Bosau
✆ (045 27) 17 18
www.kirche-bosau.de
Tägl. 8–18 Uhr, Führungen werden auf Anfrage angeboten.

Das Eutiner Schloss war ehemals der Sommersitz der Herzöge von Oldenburg. Heute sind die Räume im Rahmen von Führungen zu besichtigen.

3 Eutin

Im Zentrum der Holsteinischen Schweiz liegt Eutin mit seinen 17 000 Einwohnern. Das »Weimar des Nordens« war einst fürstbischöfliche Residenz und ist heute kultureller Mittelpunkt der Region. Die Stadt erlebte ihre Blütezeit im 18. Jahrhundert, der Goethe-Maler Tischbein war hier Hofmaler und die spätere Zarin Katharina die Große kam mehrfach zu Besuch.

Durch den historischen Ortskern Eutins lässt es sich angenehm bummeln. Der schöne **Marktplatz** ist außerordentlich gefällig – und autofrei. Besonders schön sind das **Witwenpalais** (1786) und das klassizistische **Rathaus** (1791). Einen Blick von oben ermöglicht der **Wasserturm**. Das Industriedenkmal wurde 1909 fertiggestellt und erst 2006 aus dem Dienst genommen.

Zu Beginn des 19. Jahrhunderts wurde der Eutiner Schlosspark zu einem Landschaftsgarten im englischen Stil umgewandelt. Der Hofgärtner Daniel Rastedt bezog den Eutiner See in die Anlage mit ein und gestaltete eine Ideallandschaft mit Wasserläufen, Baumgruppen und einer scheinbar natürlich gewachsenen Umgebung im Sinne des mythischen Arkadien.

Unmittelbar an die Altstadt der »Rosenstadt« grenzt die **Promenade** entlang dem großen Eutiner See. Der **Rundweg** um den See ist etwa acht Kilometer lang, verschafft einen guten Eindruck von der reizvollen Landschaft und ist für Fußgänger und Radfahrer geeignet.

Das **Eutiner Schloss**, dessen Ursprung auf eine erste Niederlassung der Lübecker Bischöfe in Eutin um 1160 zurückgeht, wurde viele hundert Jahre lang fast ständig umgebaut, bis das Gebäude endlich mit der Aufstockung 1840 seine heutige Form erhielt. Seit 1997 wird der vierflügelige, von einem Wassergraben umgebene Bau wieder als Museum genutzt. Zu sehen sind historische Deckengemälde, Wandbespannungen, Gemälde, Gobelins und antike Möbelstücke sowie eine Sammlung der Schiffsmodelle Zar Peters des Großen.

Der heute als englischer Landschaftsgarten gestaltete **Schlosspark** liegt direkt am Eutiner See. Mit dem Küchengarten, der Orangerie, dem Wasserfall und einem Monopterostempelchen stellt er ein besonders typisches Gartendenkmal der Aufklärung dar und weist zudem einen beeindruckenden Bestand großer alter Bäume auf. Sehenswert ist auch der Schlossvorplatz mit Remise, Marstall und Kavaliershaus, worin sich heute die Eutiner Landesbibliothek sowie das Theater am Schloss befinden.

Region 7 Holsteinische Schweiz

Carl Maria von Weber erwarb sich großen Ruhm als Komponist, Pianist und Dirigent

Carl Maria von Weber (1786-1826)
In der Lübecker Straße 48 steht das Geburtshaus Webers, ein zweigeschossiges Fachwerkhaus aus dem 18. Jahrhundert. Eine Erinnerungstafel von 1853 verkündet:

»In diesem Hause ward geboren
Carl Maria von Weber.
Getauft zu Eutin, den 20. November 1786.
Gestorben in London, den 5. Juni 1826.«

Webers genaues Geburtsdatum ist unbekannt, seine Taufe fand in der Schlosskapelle statt. Schon bald darauf verließ er mit seinen Eltern die Stadt. Nur zweimal in den Jahren 1802 und 1820 machte der Komponist auf Konzertreisen Station in Eutin. Die Stadt ist ihm dennoch treu ergeben: Ein Tempel im Schlossgarten, erbaut 1793/94, ist seit 1844 dem Andenken Webers gewidmet. 1951 wurden anlässlich seines 125. Todestages die Eutiner Festspiele ins Leben gerufen, heute eines der bekanntesten Freilicht-Opernfestspiele Nordeuropas. Im Ostholstein-Museum am Schlossplatz sind einige seiner Partituren ausgestellt.

Über die gesamte Region informiert das **Ostholstein-Museum** im ehemaligen Marstall des Schlosses.

Carl Maria von Weber, berühmtester Sohn der Stadt, verbrachte nur wenig Zeit in seiner Heimat, dennoch erklingt alljährlich auf der **Naturbühne** im Eutiner Schlossgarten sein »Freischütz« von 1821 mit Jägerchor, Jungfernkranz und Büchsenknall.

Westlich der Stadt, im Dodauer Forst, steht seit 500 Jahren die **Bräutigamseiche**. Eines der Astlöcher dient als Briefkasten für Verliebte und eine romantische Geschichte rankt sich um die Entstehung. Es war vielleicht ein slawischer Häuptlingssohn, der den heute stattlichen Koloss aus Liebe zu einer wendischen Fürstentochter pflanzte. Eine andere Erklärung des Namens bringt eine frühe Aufforstungsaktion im 18. Jahrhundert ins Spiel, bei der der Landesfürst von jedem heiratswilligen Bräutigam das Pflanzen und Hegen einer Eiche verlangte - eine eigenwillige Form der Heiratssteuer. Lange Zeit war dies jedenfalls der einzige Baum der Welt mit einer eigenen Postanschrift: Bräutigamseiche, Dodauer Forst, 23701 Eutin.

»Goethe in der Campagna« (1787), das wohl berühmteste Werk Tischbeins, der den Dichter 1786 in Italien kennenlernte und malte

Johann Heinrich Wilhelm Tischbein (1751-1829)
war Freund und Begleiter Goethes auf dessen »Italienischer Reise«. Er malte unter anderem das bekannte Porträt »Goethe in der Campagna«.

Ab 1808 lebte Tischbein als Hofmaler in Eutin. Einige seiner Gemälde aus dieser Zeit sind im Eutiner Schloss und im Ostholstein-Museum zu besichtigen.

Über dem Eingang des Hauses in der Stolbergstr. 8-10 weist eine Gedenktafel darauf hin, dass Tischbein hier während seiner Eutiner Zeit wohnte.

Service & Tipps:

Tourist-Info
Markt 19, 23701 Eutin
✆ (045 21) 709 70
www.eutin.de
Verschiedene Themen-Stadtführungen auf Anfrage.

Schloss Eutin
✆ (045 21) 709 50
www.schloss-eutin.de
Juli–Sept. 10–17, Okt. 10–16 Uhr immer zur vollen Stunde, Besichtigung nur im Rahmen von Führungen, Dauer ca. 60 Min. Eintritt € 5/3/1,50

Ostholstein-Museum Eutin
Schlossplatz 1, Eutin
✆ (045 21) 78 85 20
www.oh-museum.de
April–Sept. Di–So 10–13 und 14–17, Do bis 19, Okt.–Jan. und März Di–So 15–17, Do und So auch 10–12 Uhr
Eintritt € 3/1/Kinder frei
Das Ostholstein-Museum in Eutin ist im ehemaligen Marstall des Eutiner Schlosses am klassizistisch gestalteten Schlossplatz untergebracht. Im Obergeschoss wird die ständige Ausstellung mit den Themenschwerpunkten Eutin zur Goethezeit um 1800, Landschaftsmalerei und Eutiner Silber und Zinn präsentiert, während im Erd- und Dachgeschoss Räume vorhanden sind, in denen jährlich etwa 10 Sonderausstellungen zu den unterschiedlichsten Themen gezeigt werden.

Eutiner Seenrundfahrt
Parkweg 12, Eutin
✆ (045 21) 33 44 und 0172-414 11 36
In der Hauptsaison täglich fünf (11, 12.15, 13.30, 14.45, 16 Uhr), in der Nebensaison drei Fahrten (12.15, 13.30, 14.45 Uhr) vom Anleger **Stadtbucht** (weitere Haltestellen Redderkrug und Schwimmhalle).
Seenrundfahrt im Barkassenschiff, dessen Glasdach bei schönem Wetter geöffnet wird. Auch Themenfahrten mit Schlossbesuch und Opernfahrten mit Büfett und Schiffstransfer direkt zum Anleger der Freilichtbühne

»Rosenstadt« Eutin: Kletter-, Rank-, Busch- und Edel-Rosen vor und an Fassaden

Region 7 Holsteinische Schweiz

Schöne Aussicht: das ▷ Plöner Schloss ist weithin sichtbar

Es gibt Gastronomie an Bord und unterwegs Erklärungen zu Sehenswürdigkeiten, Flora und Fauna. Fahrt € 6/3 (Rundfahrt) und € 4/2 (einfache Fahrt).

Kanu-Verleih
Boote Keusen
Sielbecker Landstr. 17, Eutin-Fissau
✆ (045 21) 42 01
www.boote-keusen.de
Tägl. ab 9 Uhr, So nach Vereinbarung
€ 15–40/Boot/Tag
Tret-, Angel- und Ruderboote sowie Kanadier und Kajaks für Tages- und Mehrtagestouren, auch Boots- und Personentransport zum Ablegeort.

Alte Mühle
Mühlenweg 5, Eutin
✆ (045 21) 50 42
Mo–Fr ab 18, Sa/So ab 17 Uhr
Urige Kneipe und Restaurant in historischer Windmühle. €

Bacchuskeller
Königstraßenpassage 2, Eutin
✆ (045 21) 68 60
Mo–Sa 18–22 Uhr, So Ruhetag
Saisonale frische und leichte Küche serviert im 300 Jahre alten historischen Gewölbekeller. Umfangreiche Weinkarte. €–€€

Schlossküche
Schlossplatz 5 (im Schloss), Eutin
✆ (045 21) 761 20 45
Di–Fr 9–18, Sa 10–18, So 14–18 Uhr
Café, Bistro und Restaurant: Vom Frühstück bis zum Abendessen wird man hier stilvoll und lecker versorgt, die schöne Aussicht auf den Schlossgraben ist inklusive. Zur Festspielzeit im Angebot: fertige Picknickkörbe. €–€€

Feste & Veranstaltungen
März/April: **Internationaler Ostereiermarkt** in Eutin, immer vier Wochen lang vor Ostern
September–November: **Eutiner Weber-Tage** mit Aufführungen der Werke des Komponisten
Juli/August: **Eutiner Festspiele** – Opernaufführungen auf der Freilichtbühne am See.

Brutsaison der Weißstörche in der Holsteinischen Schweiz

4 Plön

Majestätisch thront über der Stadt Plön die **Schlossanlage**, deren mächtiger Renaissancebau weithin zu sehen ist. Er wurde von 1633 bis 1636 errichtet und ist ganz aus Backstein, dem in Schleswig-Holstein damals bevorzugt genutzten Baustoff. Der leuchtend weiße Verputz erfolgte erst im 19. Jahrhundert. Viele Jahre wurde das Schloss als Internat genutzt, zunächst von den Nazis, dann als schleswig-holsteinisches Gymnasium, seit 2004 hat die Firma Fielmann die Räume als Fortbildungsstätte für Augenoptiker gemietet (Führungen nur auf Voranmeldung, der Eintritt ist kostenlos, (✆ 045 22-80 10).

Der schöne **Schlossgarten** aus dem 18. Jahrhundert und die Prinzeninsel sind ebenfalls sehenswert. Im Garten stehen der **Marstall** und das **Uhrenhaus**, das heute als Naturparkhaus ein Naturerlebniszentrum beherbergt (Eintritt frei). Das Rokoko-Schlösschen **Prinzenhaus** entstand westlich des Hauptschlosses zwischen 1745 und 1751, vermutlich nach Plänen von J.G. Rosenberg. Mit seiner reichen Innenausstattung an Stuckaturen und Malereien zählt das Gebäude zu den Hauptwerken des Rokoko in Schleswig-Holstein.

Plön selbst war im 17. Jahrhundert Residenzstadt des Hauses Schleswig-Holstein-Sonderburg-Plön. Die Lage der Stadt inmitten von acht Seen ist reizvoll, die hübsche **Altstadt** lädt zum Bummeln ein, die Fußgängerzone lockt mit Cafés und kleinen Geschäften.

Region 7 Holsteinische Schweiz

Die Grebiner Mühle nordöstlich von Plön: In den 1950er-Jahren zog der letzte Müller aus, seit 2007 steht der Bau vom Typ eines Kellerholländers unter Denkmalschutz

Service & Tipps:

Tourist Großer Plöner See
Bahnhofsstr. 5, 24306 Plön
✆ (045 22) 509 50
www.touristinfo-ploen.de
Tägl. Führungen zu Stadt- und Schlossgeschichte, Treffpunkt Tourist-Info.

Prinzenhaus
✆ (043 07) 81 03 45
Okt.–April So 11.30, Mai–Sept. Mi 11.30, Sa/So 15 und 16 Uhr
Ausstellung »Zur Geschichte des Prinzenhauses« in der 1. Etage des Nordflügels jeweils Mi, Sa/So 14–17 Uhr.

Feste & Veranstaltungen
Mai: **Plöner Jazzfestival** zwischen den Seen.

Ausflugsziele:

Parnaß-Aussichtsturm
von 1888 im Waldgebiet am Trammer See
Radtour rund um den **Plöner See** (36,7 km), vorbei am Plöner Schloss, mit Halt an der Gaststätte Fegetasche, Pause in Bosau wegen der Vicelin-Kirche und in Ascheberg wegen der Seewindmühle Seventana. Als kürzere Alternative bietet sich ab Bosau eine Fahrt mit dem Schiff an.

Hotel & Restaurant Die Fegetasche
Fegetasche 1, Plön
✆ (045 22) 90 51
www.fegetasche.de
Internationale und regionale Gerichte, Kaffee und Kuchen auf schöner, großer Terrasse. €–€€

Zum **Bungsberg**, der höchsten Erhebung der Holsteinischen Schweiz und dem höchsten Berg Schleswig-Holsteins: stolze 168 m über Normal Null (Wanderung von Schönwalde aus ca. 8 km).

Karl-May-Spiele in Bad Segeberg

Von Cowboys, Indianern und Fledermäusen

Seit über 50 Jahren reiten Rothäute, Kavalleristen und Trapper mit Karacho durch die Bad Segeberger Bühnenschluchten und schließen Blutsbrüderschaften, die Bleichgesichtern die Tränen – der Rührung – in die Augen treiben. Das Stadion mit der schönen Freiluftbühne vor dem Kalkberg war der Kleinstadt aus der Zeit des Nationalsozialismus als Erbe geblieben, und 1952 begann man damit, diesen Ort marketingtechnisch geschickt in Szene zu setzen.

Die Wahl fiel auf die Werke des Bestseller-Autors Karl May – dabei hat Bad Segeberg sogar keinen Bezug zu dessen Leben. Allerdings konnte sich sein Heimatort Radebeul zu DDR-Zeiten die Meriten des erfolgreichen Herrn kaum ans Revers heften, da dieser nicht ins sozialistische Weltbild passte.

Die alljährlichen neuen Inszenierungen in den Sommermonaten finden »frei nach Karl May« statt, das lässt Spielraum für showträchtige Einlagen und Nebenhandlungen, denn die Dramaturgie sorgt immer für reichlich Feuerzauber sowie Stunt- und Trickreitkunst.

Ganze Generationen von Bad Segebergern fuhren schon als Komparsen auf dem Thespiskarren durch schleswig-holsteinische Pseudo-Prärie, und viele lokale Vierbeiner haben sich wahlweise der Kavallerie verpflichtet oder sich zu gezähmten Palominos gewandelt, um actionreich inszenierter Männerfreundschaft einen stilvollen Rahmen zu geben.

Mit Pierre Brice konnte die Kalkberg GmbH in den 1980er-Jahren den weit über die deutsche Prärie hinaus bekannten Traum-Winnetou gewinnen, in dessen markante Fußstapfen derzeit Erol Sander treten darf, um Blutsbrüderschaft mit Thorsten Nindel als Old Shatterhand zu besiegeln. Auch Gaststars aus Film und Fernsehen haben sich schon in Chaps und Federkleid geworfen, darunter Elke Sommer und Ingrid Steeger oder Patrick Bach und Freddy Quinn. Nach eher bescheidenen Anfängen mit einem 25 000-Mark-Budget ist das Unternehmen heute zu einem »Schatz im Silbersee« geworden.

Das Rahmenprogramm hat auch einiges zu bieten: Das neu gestaltete Indian Village neben dem Freilichttheater zeigt eine Westernstadt, gleich daneben findet sich im »Nebraska-Haus« die Ausstellung »Die Welt der Indianer«. Das benachbarte Blockhaus bietet Einblicke in über 50 Jahre Geschichte der Karl-May-Spiele. Und wer nicht ohne Beute nach Hause zurückkehren möchte, kann sich im Fan-Shop mit Souvenirs ausstatten.

Eher natürliche Dramatik bietet sich den Besuchern der **Kalkberghöhlen**. In Deutschlands nördlichsten Höhlen existiert ein einzigartiges Ökosystem, das unter anderem seltene Arten von Fledermäusen und Schnecken beherbergt. Die Bad Segeberger Unterwelt bietet etwa 18 000 Fledermäusen das größte Winterschlafquartier Deutschlands. Im Noctarium kann man die lichtscheuen Flatterer näher kennenlernen.

Karl-May-Festspiele
Karl-May-Platz
23795 Bad Segeberg
✆ 01805-95 21 11, www.karl-may-spiele.de
Ende Juni–Anfang Sept.
Außerhalb der Festspielsaison auch Konzerte.

Kalkberghöhle/Noctalis
Karl-May-Platz, Bad Segeberg
✆ (045 51) 80 82 11
www.noctalis.de
Höhle:
April–Sept. tägl. 10–18, nach Festspielaufführungen auch bis 19.30 Uhr
Eintritt € 6/4
Fledermaus-Erlebnisausstellung Noctalis:
Mo–Fr 9–17, Sa/So 10–18 Uhr
Eintritt € 8/5, Kombiticket € 1[illegible]

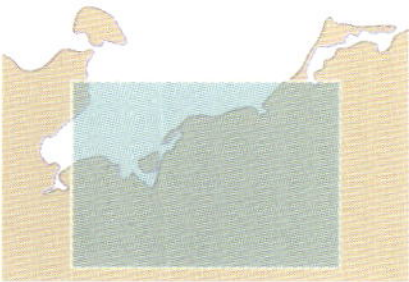

Mecklenburger Bucht und Wismarbucht

Auferstanden … – Hansestädte und Seebäder im Aufwind

Bewacht die Hafeneinfahrt von Warnemünde: das Leuchtfeuer auf der Ostmole (unten)

Viel, sehr viel hat sich seit der Wiedervereinigung entlang der Bucht verändert. Hier und da hätte der interessierte Betrachter ganz gern mal ein Vergleichsbild: vorher – nachher. Ob alle Veränderungen nur immer zum Besten sind, muss natürlich hinterfragt werden. Insgesamt macht die Region jedenfalls einen sehr positiven Eindruck – zumindestens aus der Sicht des Reisenden. Straßenbau und sonstige Verkehrsinfrastruktur haben bundesdeutschen Standard. Die üblichen Gewerbegebiete sind allerorten vorhanden. An allen Ortseingängen gibt es die nützlichen, aber meist wenig charmanten Zonen mit Tankstellen und Discountern. Bekannte Drogerieketten haben die Haupt- und Seitenstraßen erreicht, und kein noch so kleiner Ort muss ohne Döner-Imbiss oder Asia-Restaurant auskommen. Nur hier und dort steht noch das unrenovierte, graubraune Eigenheim aus DDR-Tagen neben dem bereits adrett aufgehübschten und mit modern eingerichteter Ferienwohnung versehenen Nachbarn.

Und nicht zuletzt sind die Ergebnisse der verschiedenen lokalen Überlegungen zu den Themen »Tourismus-Marketing«

und »freie Marktwirtschaft« an Souvenirgeschäften, ganzjährig vollen Eventkalendern, einer regen Kunst- und Theaterszene sowie Wellness-Oasen und Gourmet-Restaurants abzulesen – die Reiseindustrie hat ihre Hausaufgaben gemacht. Der Ostseetourismus hat in der Region eine lange Tradition und ist heute – mehr denn je – bedeutender Wirtschaftsfaktor und prägendes Element.

Der berückenden Bäderarchitektur, den altehrwürdigen Hansestädten, den ehemals hochherrschaftlichen Landsitzen und vielen Innenstädten haben die letzten Jahre eine Verjüngungskur sondergleichen verschafft. Es wurde und wird renoviert, rekonstruiert und wiederbelebt. Auferstanden aus abbruchreifen Gebäuderuinen, hat man sich an der mecklenburgisch-vorpommerschen Ostseeküste definitiv und erfolgreich der touristischen Zukunft zugewandt.

Region 8 Mecklenburger & Wismarbucht

Ostsee-Souvenir: Buddelschiff

1 Hansestadt Rostock und Warnemünde

Erstmals 1161 urkundlich erwähnt, wurde Rostock durch die Gewährung einer Vielzahl landesherrlicher Privilegien – darunter Gerichtsbarkeit und Münzrecht – und eine rasante Entwicklung von Handel und Handwerk im 14. Jahrhundert zu einer mächtigen Hansestadt. Doch der Dreißigjährige, der Nordische und der Siebenjährige Krieg zerstörten alle alten Handelsbeziehungen. Erst im 19. Jahrhundert kam ein erneuter Aufschwung und die Handelsflotte der Stadt war zeitweilig mit 378 Segelschiffen die größte der Ostsee. Heute ist Rostock die größte Stadt Mecklenburg-Vorpommerns.

Ein berühmter Sohn der Stadt war der Schriftsteller Walter Kempowski (1929–2007). Wer seine Romane liest, der kennt sich schon ein wenig in Rostock aus. Dem jüngst Verstorbenen ließ die Stadt, die er so liebevoll beschrieb, 2009 eine große Ehre zuteilwerden: Das Warnow-Ufer bzw. die Promenade wurde in »Kempowski-Ufer« umbenannt. In insgesamt sechs Romanen und drei Textsammlungen hat der Sohn eines Rostocker Reeders und Schiffmaklers die Chronik einer Familie vom 19. bis in die Mitte des 20. Jahrhunderts hinein erdacht und erzählt.

Wichtig war und ist für Rostock natürlich vor allem der Hafen – der größte der deutschen Ostseeküste. Denn schließlich ist er es, der die ehemalige Hansestadt Mecklenburgs »Tor zur Welt« sein lässt. Nur wenige Minuten liegt der Stadthafen mit seiner breiten Uferpromenade, mit Kneipen und Speichern von der Innenstadt entfernt.

Jedes Jahr im August lockt die »Hanse Sail Rostock« imposante Windjammer, Traditionssegler und Museumsschiffe nach Warnemünde und in den Stadthafen von Rostock.

Die Übersichtskarte zur Region 8 finden Sie S. 152–153.

Vorschlag für eine Stadttour durch Rostock

Etwa zwei Stunden ohne Besichtigungen.

Kröpeliner Tor – Kröpeliner-Tor-Center – Fünfgiebelhaus – Universitätsplatz – Brunnen der Lebensfreude/ Blücherdenkmal – Palais – Kloster zum

»Rostocker Pils«
Die Braukunst hat in Rostock eine lange Tradition, denn ihre Ursprünge reichen bis ins Jahr 1258 zurück. Das Bier wurde schon damals weit über die Grenzen der Hafen- und Hansestadt geschätzt – so auch in Lübeck und in Skandinavien. Die Hanseatische Brauerei Rostock fühlt sich seit 1258 dieser hanseatischen Tradition verpflichtet.

Region 8
Mecklenburger & Wismarbucht

Zentrum der Daueraus- ▷ stellung zur mittelalterlichen Kunst im Kulturhistorischen Museum in Rostock bildet der um 1425 entstandene ehemalige Hochaltar der St. Johanniskirche, die Szene zeigt die Heimfahrt der Heiligen Drei Könige

Heiligen Kreuz - Kulturhistorisches Museum - Michaeliskirche - Hopfenmarkt - Heiligengeisthof - Marienkirche - Steintor - Ständehaus - Rosengarten - Rathaus - Kerkhoffhaus - Krahnstöver-Haus - Kuhtor - St. Nikolai - Alte Stadtmauer - Alter Markt - Petrikirche - Slüterdenkmal - St. Katharinenstift - Mönchentor - Nördliche Altstadt - Wokrenter Straße - Hausbaumhaus - Hafenviertel

Der Rundgang beginnt am ehrwürdigen **Kröpeliner Tor** ❶ aus dem 13. Jahrhundert, einem von einst 22 Stadttoren, von denen noch drei weitere erhalten sind. Das einstmals hölzerne Tor wurde im Laufe der Zeit mehrmals um- und ausgebaut. Seine Lage an der Straße zu den bedeutenden Hanse-Schwesterstädten Lübeck und Wismar war den Stadtvätern Grund genug, das Tor so zu gestalten, dass es jedermann die Bedeutung Rostocks vermittelt. Mit seiner Höhe von 54 Metern ragt es bis heute über die Stadt.

Aber die Zeit bleibt nicht stehen: Gleich neben dem jahrhundertealten Stadttor wurde 2007 mit dem **Kröpeliner-Tor-Center** ❷ (KTC) das modernste Einkaufszentrum Mecklenburg-Vorpommerns eröffnet.

Weiter geht es durch die Kröpeliner Straße, Rostocks Einkaufs- und Bummelmeile, in Richtung Altstadt, vorbei am **Fünfgiebelhaus** 3 von 1986 (mit Glockenspiel) zum **Universitätsplatz** 4. Der dreieckige Platz hat seinen Namen nach dem dort befindlichen Hauptgebäude von 1870, der bereits 1419 gegründeten Rostocker Universität – sie ist die älteste Nordeuropas.

Rund um den **Brunnen der Lebensfreude** finden sich zahlreiche Baudenkmäler, darunter das von Johann Friedrich Schadow geschaffene **Blücherdenkmal** 5 von 1819, das den berühmten Generalfeldmarschall darstellt, der 1742 in Rostock geboren wurde. Ebenfalls in der illustren Runde: das 1714 erbaute herzogliche **Palais** 6 mit dem **Barocksaal** von 1750 und die klassizistische **Hauptwache** von 1823.

Links des Platzes betritt man den Hof des **Klosters zum Heiligen Kreuz** 7. Das Kloster wurde durch die Dänenkönigin Margarete als Zisterzienserkloster um 1270 gegründet. Heute gehört zu dem Gebäudeensemble die Klosterkirche aus dem 14. Jahrhundert und das **Kulturhistorische Museum** 8. Eine Pforte verbindet das Kloster mit den weitläufigen Wallanlagen aus der Zeit um 1625.

Weiter geht es die »Kröpi« – wie die Rostocker sie nennen – bis zum Rostocker Hof. In dem ehemaligen Hotel, von dem nur noch die Fassade erhalten blieb, befindet sich heute die gleichnamige Ladenpassage. Gleich dahinter: die **Michaeliskirche** 9, erbaut 1483, sowie der **Hopfenmarkt** 10. Zurück zur Kröpeliner Straße, vorbei am Spitalpfarrhaus – heute die Stadtbibliothek –, geht es links in die Faule Grube und auf den **Heiligengeisthof** 11. Nur ein Stück weiter liegt der Ziegenmarkt. Hier steht Rostocks größter Sakralbau, die **Marienkirche** 12. Die Fertigstellung zog sich über 200 Jahre hin. Baubeginn war Mitte des 13. Jahrhunderts, 1398 stürzte das fast vollendete Werk in sich zusammen.

Wie in alten Zeiten: Während der alljährlichen Hanse Sail tummeln sich Segler aller Größen im Hafen von Rostock

Das Rostocker Rathaus ist ein aus drei Teilen bestehendes Gebäudeensemble, dessen Entstehung bis in das 13. Jahrhundert zurückreicht. Der barocke Vorbau von 1726 verdeckt die spätgotische Backsteinfassade

Daraufhin änderte man die Pläne und es entstand eine kreuzförmige Basilika nach den Vorbildern französischer Kathedralen und der Lübecker Marienkirche. Sehenswert sind die Kunstschätze im Innern: die Astronomische Uhr von 1472 – das Kalendarium reicht bis 2017! –, der bronzene Taufkessel von 1290, der Rochusaltar aus der Zeit um 1530 und die prächtige Barockorgel aus dem 18. Jahrhundert. Dem mutigen Einsatz Rostocker Bürger ist es zu verdanken, dass die Marienkirche das Bombardement des Zweiten Weltkriegs überstanden hat.

An dieser Stelle lohnt ein Abstecher zum **Steintor** 13 von 1577. Stadtseitig sind von links nach rechts das Sekretsiegel, das Große Stadtsiegel und das Ratswappen sowie die Inschrift »Sit intra te concordia et publica felicitas« (In deinen Mauern herrsche Eintracht und allgemeines Wohlergehen) eingefügt. Unmittelbar gegenüber befindet sich das **Ständehaus** 14 – 1889–93 im Stil des Historismus erbaut. Sehenswert sind der innere Lichthof, das Treppenhaus und der getäfelte Sitzungssaal. In dem Gebäude residiert heute das Oberlandesgericht von Mecklenburg-Vorpommern. Gleich vor der Tür liegt die perfekte Kulisse für eine kleine Pause: der **Rosengarten** 15.

Jetzt geht es zurück zum **Rathaus** 16 am Neuen Markt, seit mehr als 700 Jahren Domizil der Stadtverwaltung. Das Haus wurde hauptsächlich zwischen 1270 und 1290 als zweigeschossiges Doppelhaus mit Gewölbekeller erbaut. Im Mittelalter diente es auch als Kaufhaus.1484 wurde das »Neue Haus« zum städtischen Festhaus mit Laube, Schauwand und sieben Türmen erweitert. Zu Beginn des 18. Jahrhunderts kamen der barocke Vorbau und der wertvolle Rathausfestsaal hinzu. Weitere Zweckbauten erfolgten ab Anfang des 20. Jahrhunderts. Kurios: An der rechten Seite der Fassade gibt es scheinbare Fenster, die jedoch nur aufgemalt sind. Gleich nebenan, im Gebäude der einstigen Hauptpost, sitzt die Rostocker Tourismus-Information.

Danach geht es in Richtung Große Wasserstraße, vorbei am **Kerkhoffhaus** 17 mit einem terrakottaverzierten Staffelgiebel von 1470. Hier ist heute das Standesamt untergebracht. Auf der linken Seite steht ein weiteres gotisches Bürgerhaus – **Krahnstövers** 18, benannt nach einem erfolgreichen Weinhändler.

Der Rundgang führt vorbei am ältesten Torturm Norddeutschlands – dem **Kuhtor** 19 von 1262. Nur etwa hundert Meter weiter tront seit 1230

St. Nikolai ⓴. Die älteste Kirche Rostocks wartet mit allerlei Sonderlichem auf: Unter dem Altar befindet sich eine Straßendurchfahrt, der »Schwibbogen«, im Kirchendach sind 20 Wohnungen untergebracht und der Turm beherbergt Verwaltungseinrichtungen der Kirche.

Durch eben diesen Schwibbogen, die schmalste Gasse der Stadt, erreichen wir die Lohgerberstraße mit verschiedenen restaurierten Speichern und interessanten Giebeln. Direkt hinter der rechten Häuserzeile verlief die alte **Stadtmauer** ㉑, von der heute noch Reste erhalten sind.

Der **Alte Markt** ㉒ gilt als Ursprung der Hansestadt. Aushängeschild der **Petrikirche** ㉓ war der gotische Turmhelm, der im Zweiten Weltkrieg den Bomben zum Opfer fiel. Mit 125 Metern über N. N. ist der Turm von St. Petri seit der Rekonstruktion von 1995 wieder höchster Punkt der Stadt und sogar eine nautische Landmarke. Von oben bietet sich ein beeindruckender und informativer Rundumblick auf Rostock.

Neben der Kirche befindet sich das **Slüterdenkmal** ㉔ zur Erinnerung an den Rostocker Reformator, der im 16. Jahrhundert seine Predigten in plattdeutscher Mundart abhielt – anstelle des bis dato üblichen Lateins, das nur die wenigsten verstanden.

Weiter geht es nun in Richtung Amberg. Das **St. Katharinenstift** ㉕, eine Klosteranlage der Franziskaner von 1223, ist seit 2000 das Domizil der Hochschule für Musik und Theater. Knapp einhundert Meter weiter in der Strandstraße steht das klassizistisch umgestaltete **Mönchentor** aus dem 16. Jahrhundert.

Zwischen Koßfelderstraße und Haedgehafen liegt die **Nördliche Altstadt** ㉖. Ihr Aushängeschild, die **Wokrenter Straße** ㉗, zeugt vom Wohlstand früherer Zeit. Die erneuerten Fassaden der Bürgerhäuser und Speicher präsentieren verschiedenste Giebelformen und farbige Prachtwände. Das spätgotische **Hausbaumhaus** ㉘ ist eines der wenigen noch erhaltenen dieser Art in Rostock. Die Holzkonstruktion, die als Stützwerk für das Gemäuer dient, ähnelt in ihrem Aufbau einem Baum.

Das Kuhtor ist das älteste der noch bestehenden vier Stadttore der historischen Befestigung Rostocks. Im Mittelalter führte man das Vieh durch dieses Tor auf die Warnowwiesen.

Auf einer Briefmarke aus DDR-Zeiten: Rostocker Wahrzeichen wie Kröpeliner Tor und »Teepott«

Das alte **Hafenviertel** 29 ist durch die Giebelhäuser der Wokrenterstraße, die Speicher und die Neubauten der achtziger Jahre gekennzeichnet, denn in Rostock wurde auch schon zu DDR-Zeiten aufwendig renoviert. Obwohl es sich bei den Ergänzungen um Plattenbauten handelt, wurde durch ihre Gestalt und die Klinkerverkleidung ein optischer Übergang zu den altehrwürdigen Gemäuern geschaffen - sicher Geschmackssache, aber in der Intention doch ehrenwert.

Stadtteil Warnemünde

Den freien Zugang zur Ostsee sicherte sich die Kommune bereits zwischen 1252 und 1323 durch Landaufkäufe entlang der zwölf Kilometer langen Trichtermündung der Warnow. Heute gehört das nördlich der Altstadt gelegene **Ostseebad Warnemünde** zum Stadtgebiet: Rostocks »schöne Tochter«. Auch die Tochter machte Karriere - im 19. Jahrhundert vom Fischerdorf zum eleganten Seebad. 1926 rief man hier, nach Kieler Vorbild, die »Warnemünder Woche« ins Leben, die heutzutage alljährlich in der ersten Juliwoche stattfindet.

Am **Alten Strom** reihen sich die schmucken Fischerhäuschen, viele mit »Glaskästen« versehen - ehemals unbeheizten Holz-Glas-Veranden, mit denen die Fischer ihre Häuser für die Badegäste umgestalteten. Das Bild Warnemündes ist geprägt von kleineren Bürgerhäusern aus der Gründerzeit, viele wurden inzwischen aufwändig renoviert.

Vornehm geht es in **Kurhaus** und **Spielcasino** zu. Beide sind in einem Gebäude von 1927 untergebracht, das nach umfangreichen Renovierungen 2001 wiedereröffnet wurde.

Der **Strand** von Warnemünde ist der breiteste an der mecklenburgischen Ostseeküste, z.T. bis zu 100 Metern. Aufgrund der Lage der Bucht kann es hier manchmal hohe Wellen geben.

Reger Fährverkehr vor der Warnemünder Mole

Glanzvoller Neubau: die Jachthafen-Anlage »Hohe Düne« (Warnemünde)

Besonders schön ist die **Dünenlandschaft**. Die kilometerlange Seepromenade verläuft direkt hinter den Dünen und beginnt am **Leuchtturm**, 1897/98 aus weiß glasierten Ziegelsteinen erbaut. Am Fuße des Leuchtturms steht Warnemündes sogenannter »**Teepott**«, ein Gebäude mit muschelförmigem Betondach aus dem Jahr 1965, das heute mehrere Restaurants und die kuriose Sammlung des Abenteurers Reinhold Kasten beherbergt.

Zwei Attraktionen neueren Datum haben dem ohnehin schon beliebten Badevorort Rostocks zu noch größerer Beliebtheit verholfen: Die Kreuzschifffahrt und die nagelneue Jachthafen-Prachtanlage **»Hohe Düne«**. Die Architektur der riesigen Anlage jenseits des Stroms möchte grandios wirken, ist aber vor allem erstmal groß. Es beeindruckt jedoch, dass ein derartig großer Komplex »aus einem Guss« entstanden ist. Der einheitliche Stil, hellbeige-farbener Putz mit braun eingefassten Fenstern und Türen, entspricht einem neureichen Look irgendwo zwischen Florida, Marbella und Disney World. Das See-Amphitheater mit Treppen, die aus dem Meer zum Haupteingang führen, wirkt schlichtweg phänomenal und erinnert irgendwie an Hollywoodschinken über das alte Rom. Alles in allem gilt für diese Anlage das, was für alle Projekte dieser Größenordnung gilt: Wenn Leben darin ist und Menschen es annehmen, dann

> »Für das nahe Warnemünde kauft Grete Monatskarten. Schon der Weg vom Bahnhof zum Strand, am Alten Strom entlang, ist sehr ereignisreich. Einlaufende Kutter sind hier zu sehen, Fischer, die ihre Netze flicken (…) dazu die Musik aus den Cafés, von denen am Alten Strom eines neben dem anderen liegt. (…) Im Strandkorb »Susemiehl 76« werden die beiden Kinder entkleidet und mit Schaufel und Eimer ans Wasser geschickt.«
>
> Walter Kempowski, »Schöne Aussicht« (Goldmann, 1981)

Aus glasierten Ziegelsteinen: der Warnemünder Leuchtturm

»Dann gehen sie über den Brink, eingehakt, Karl mit seinem Handstock, den er eigentlich gar nicht braucht, der ihm aber als ein Zeichen seines Bürgertums unentbehrlich ist. Dem Kröpeliner Tor schreiten sie entgegen, dieser kolossalen Anlage. Man schreitet auf dieses Tor zu, man kann gar nicht anders als darauf zuschreiten: Wenn man hindurchgegangen ist, erst dann befindet man sich im eigentlichen Rostock, und hier geht sofort das Grüßen los. Oh, wie nett, da ist ja Habersaat.«

Walter Kempowski, »Schöne Aussicht« (Goldmann, 1981)

kann es sehr schön werden, sollte es leer bleiben und Vergänglichkeit sowie Pleite atmen, dann hat dieses Ufer ein großes Problem. Wer hier nur auf eine Stippvisite reinschaut, der kann sich alles vom Café oder von mehreren Restaurants aus – darunter auch das bereits preisgekrönte Feinschmeckerhaus »Der Butt« – in Ruhe betrachten.

Vom Warnemünder Ufer verkehrt eine kostenpflichtige **Fähre** Tag und Nacht im Viertelstundentakt zur Hohen Düne und stellt damit die Verbindung zu Graal-Müritz und Ribnitz-Damgarten her.

Auf dem Weg zur Fähre geht oder fährt man am Anleger der sanften Riesen vorbei, denn hier hat u.a. die **AIDAluna** ihren Heimathafen. Die modernen Kreuzfahrtgiganten sind schwimmende Hotelburgen mit allem Komfort und ausgeklügelter Wellness- und Vergnügungsinfrastruktur. Wer nicht mit ihnen in See sticht, der staunt zumindestens gern mal vom Ufer herüber oder bewundert die weißen Stahlriesen in Aktion.

Die **Uferpromenade** Warnemündes ist angenehm belebt, im Sommer manchmal fast zu voll, aber trotz aller Neuerungen der vergangenen Jahre sehr hübsch geblieben. Aus dem überreichen Angebot kann sich jeder

Fischerei war traditionell das Handwerk vieler Warnemünder

Geräucherte Meerforelle

das Gewünschte heraussuchen, es reicht vom einfachen Eisstand bis zum noblen Restaurant, vom günstigen Bäckerei-Café über Fischbrötchenstände bis hin zur Sky-Bar in der 19. Etage des Neptun-Hotels, wo man in lauen Sommernächten auf der Dachterrasse tanzen kann.

Überhaupt ist das Attraktive an Warnemünde als Badeort die Infrastruktur des Hinterlands, die bei – natürlich nur kurzzeitiger – Schlechtwetterlage einen schnellen Kulissenwechsel von Strand zu Museum oder Ähnlichem ermöglicht.

Service & Tipps:

Tourist-Information Rostock
Neuer Markt 3, 18055 Rostock
✆ (03 81) 381 22 22, www.rostock.de

Tourist-Information Warnemünde
Am Strom 59
18119 Rostock-Warnemünde
✆ (03 81) 54 80 00
Fax (03 81) 548 00 30
www.warnemuende.de
Führung op Platt und Hochdeutsch durch Warnemünde: »Warnemünn ankieken«, April–Okt. Sa 11–12.30 Uhr, Treffpunkt Tourist-Information.

Kempowski-Archiv Rostock
Klosterhof Haus 3, Rostock
✆ (0381) 203 75 40
www.kempowski-archiv-rostock.de
Di–So 14–18, Do 9.30–12 Uhr, Eintritt frei
Das kleine Museum dokumentiert Leben und Werk des bekannten Romanautors und Dokumentars. Etwas für Fans und Kenner. Das Archiv bietet auch einen stadtgeschichtlichen Rundgang »Auf den Spuren der Familie Kempowski in Rostock« an.

Kulturhistorisches Museum Rostock
Klosterhof Haus 7, Rostock
✆ (03 81) 20 35 90
www.kulturhistorisches-museum-rostock.de
Tägl. außer Mo 10–18 Uhr, Eintritt frei
Das 1859 gegründete Museum zählt zu den ältesten Norddeutschlands. Die Sammlung zeigt Malerei, Grafiken und Kunsthandwerk, außerdem Münzen, Möbel, Militaria und Gegenstände der Alltagskultur.

Zoo Rostock
Rennbahnallee 21, Rostock
✆ (03 81) 208 20
www.zoo-rostock.de
April–Okt. 9–19, Nov.–März 9–17 Uhr, Eintritt € 11,50/9/6
1700 Tiere aus aller Welt in einer Park-

Walter Kempowski (1929–2007) setzte seiner Heimatstadt Rostock in vielen Romanen ein liebevolles Denkmal

und Waldlandschaft, der größte Zoo an Nord- und Ostseeküste. Ein Restaurant – die »Elefantenlodge«, mit Blick auf die grauen Riesen – und zwei Cafés sind auf dem Gelände.

Tierische Begegnung im Rostocker Zoo

Schiffbau- und Schifffahrtsmuseum

Auf dem Traditionsschiff Typ »Frieden« im IGA-Park, Liegeplatz Schmarl sowie in der August-Bebel-Str. 1
Rostock
✆ (03 81) 12 83 13 64
www.schifffahrtsmuseum-rostock.de
April–Juni und Sept. Di–So, Juli/Aug. tägl. 9–18 Uhr, Eintritt € 4/2,50
Neben dem Traditionsschiff mit seinen Erlebnis- und Ausstellungsräumen können im Hafen noch weitere Bootsarten besichtigt werden. Die Ausstellung in der August-Bebel-Straße dokumentiert 1000 Jahre Schiffbau in Rostock. Vgl. Karte S. 153.

Heimatmuseum Warnemünde

Alexandrinenstr. 30/31
Rostock-Warnemünde
✆ (03 81) 526 76
www.heimatmuseum-warnemuende.de
April–Okt. Di–So 10–17, Nov.–März Mi–So 10–17 Uhr, Eintritt € 3/2/1
In einem hübschen Fischerhaus von 1767 wird das Leben der Warnemünder Fischer, Matrosen und Lotsen im 19. Jh. gezeigt.

Der Butt

Am Yachthafen 1, im Hotel Yachthafenresidenz, Rostock-Warnemünde
✆ (03 81) 504 00, www.hohe-duene.de
So/Mo geschl.
Im März 2008 eröffnet, erhielt Chefkoch Tillmann Hahn bereits acht Monate nach der Eröffnung einen Michelin-Stern. Die hochfeine Küche bietet kulinarische Highlights wie Stubenküken oder Jakobsmuscheln in Absinth und natürlich Steinbutt. Umfangreiche Weinauswahl. €€€

Alljährlich ein Besuchermagnet: die Hanse Sail

Restaurant & Bar Silo 4
Am Strande 3 d, Rostock
✆ (03 81) 458 58 00, www.silo4.de
Di–Sa 18–24, So 10–14 Uhr
Schon die Fahrt mit dem Fahrstuhl in die 7. Etage des ehemaligen Hansespeichers ist ein Erlebnis, hat man doch den Überblick über Stadt, Land und Leute. Der Clou für Eltern: der sonntägliche Brunch mit Kinderbetreuung. €€

Teepott Restaurant
Seepromenade 1
Rostock-Warnemünde
✆ (03 81) 548 45 88
Gemütliches, flottes Restaurant im 2002 restaurierten »Teepott«, dem originellen Strandpavillonbau von 1968. Von der Terrasse bietet sich rundum eine schöne Aussicht auf den Strand. €

Zur Gartenlaube 1888
Anastasiastr. 24
Rostock-Warnemünde
✆ (03 81) 526 61
www.zur-gartenlaube1888.de
Mo–Sa 18–24 Uhr
Äußerst liebevoll ausgestattetes Feinschmeckerlokal: Antike Möbelstücke, Gemälde und üppige Blumensträuße sowie das aufmerksame Personal sorgen für ein ganz besonderes Speiseerlebnis. €€–€€€

Café Röntgen
Seestr. 5, Nähe Leuchtturm
Rostock-Warnemünde
✆ (03 81) 519 36 56
Kleine Filiale der Konditoreikette, die auch in Kühlungsborn und Schwerin ihre hochfeinen Köstlichkeiten anbietet

Hafenrundfahrten
Viele Anbieter entlang des Alten Stroms und am Rostocker Stadthafen.

Angel- und Seetouristik GmbH
Auf der Mittelmole Warnemünde
✆ (03 81) 591 20 12
www.angel-seetouristik.de
Erlebnis- und Angelfahrten mit dem Kutter.

Feste & Veranstaltungen
Mai: **Stromerwachen** – Warnemünder Saisonauftakt mit Bummelmeile und Marktständen
Juli: **Warnemünder Woche** – Segelveranstaltung und Straßenfest
August: **Hanse Sail Rostock/Warnemünde** – Maritimes Fest im Stadthafen mit Windjammern und Museumsschiffen (www.hansesail.com
September: **Warnemünder Stromfest** – Ausklang der Sommersaison mit Angelwettbewerb und Feuerwerk.

Ein schönes Bild: weiße Segel im Rostocker Hafen, im Hintergrund die »Hohe Düne«, links im Vordergrund ist der Bug der »Gorch Fock« zu sehen

0
5
10 km
N
Mecklenburger
Bucht
Quals
Süssau
Rosenfelde
Siggeneben
Grube
Gruberdieken
Thomsdorf
Dahme
Guttau
Dahmeshöved
Kloster Cismar
Cismar
Kellenhusen (Ostsee)
Lenste
Grömitz
Kühlungsborn-West
Kägsdorf
Meschendorf
Mechelsdorf
Bastorf
Rerik
Wustrow
Blengow
Zweedorf
Roggow
Salzhaff
Russow
Jörnstorf
Pepelow
Langenwerder
Kielung
Boiensdorfer Werder
Gollwitz
Boiensdorf
Rakow
Neubukow
Damekow
Bantow
Krempin
Poel
Kaltenhof
Kirchdorf
Blowatz
Niendorf
Friedrichsdorf
Ravensberg
Nantrow
Timmendorf
Kirchsee
Breitling
Lischow
Hagebök
Madsow
Fährdorf
Alt Farpen
Zarnekow
Bäbelin
Steinbeck
Boltenhagenbucht
Redewisch
Groß Schwansee
Elmenhorst
Grundshagen
Boltenhagen
Hohen Schönberg
Barendorf
Tarnewitz
Kalkhorst
Arpshagen
Klütz
Wismarbucht
Rustwerder
Haken
Neuburg-Steinhausen
Tatow
Schloss Bothmer
Wohlenberger Wiek
Harkensee
Klützer Winkel
Stellshagen
Wohlenberg
Hohen Wieschendorf
Krusenhagen
Gagzow
Neuendorf
Rankendorf
Zierow
Niendorf
Verkehrsmuseum
Hornstorf
Gamehl
Zülow
Glasin
Wilmstorf
Welzin
Damshagen
Bössow
Gramkow
Schloss Lütgenhof
Groß Voigtshagen
Roggenstorf
Parin
Wahrstorf
WENDORF
Benz
Goldebee
Dassow
Steinzeitdorf
Weitendorf
Nikolaikirche
Kritzow
Nevern
Moor
Kussow
Warnow
Groß Walmstorf
Jassewitz
Gägelow
Fürstenhof
Markt
Wismar
Perniek
Tramm
Gostorf
Hamberge
Barnekow
Krassow
Triwalk
Neukloster
Prieschendorf
Mallentin
Santower See
Zurow
Redenberg
Santow
Malzow
Hof Mummendorf
Gresso
Metelsdorf
Lübow
Kloster-kirche
Lübberst
Groß Bünsdorf
Grevesmühlen
Käselow
Krönkenhagen
Masslow
Fahren
Reinstorf
Blüssen
Papenhusen
Börzow
Wotenitz
Quaal
Schloss Blücho w
Dorf Mecklenburg
Grieben
Rottensdorf
Lübsee
Bonnhagen
Rambow
Mecklenburg
Großer Wariner See
Roduchelstorf
Boienhagen
Grapen Stieten
Neperstorf
Kastahn
Groß Krankow
Bobitz
Groß Stieten
Moidentin
Jesendorf
Nisbill
Warin
Torisdorf
Vitense
Strohkirchen
Diedrichshagen
Testorf
Naudin
Kleekamp
Bibowsee
Hohen Viecheln
Harmshagen
Niendorf
Falkenhagen
Löwitz
Othenstorf
Rüting
Schönhof
Dambeck
Bibow
Blankenberg
Klein Rünz
Rehna
Schildberg
Bad Kleinen
Ventschow
Neuhof
Wendisch Rambow
Bülow
Wedendorf
Dalliendorf
Wüstenmark
Rubow
Langen Jarchow
Zahrensdorf
Groß Rünz
Köchelstorf b. Rehna
Webelsfelde
Moltenow
Zickhusen
Gallentin
Flessenow
Warnekow
Nesow
Botelsdorf
Goddin
Alt Meteln
Neu Schlagsdorf
Buchholz
Keezer See
Häven
Thurow
Groß Eichsen
Wendelstorf
Demern
Buchholz
Hof Meteln
Schweriner See
Keez
Schönfeld
Klein Trebbow
Retgendorf
Tessin
Holdorf
Lübstorf
Liessow
Golchen
Breesen
Güstow
Frauenmark
Dalberg-Böken
Nutteln
Necheln
Naturpark
Möllin
Dragun
Crammoner See
Hundorf
Warnow
Roggendorf
Gadebusch
Niendorf
Zaschendorf
Schönlage
Groß Thurow
Hof Drieberg
Pingelshagen
Seehof
Cambs
Kleefeld
Goldensee
Ganzow
Cramonshagen
Rampe
Zittow
Mü sselmow
Bendhof
Barner Stück
Dutzow
Klein Salitz
Brüsewitz
Wickendorf
Cambser See
Kritzow
Wendorf
Schaalsee
Groß Salitz
Wakenstädt
Kaeselow
Warnitz
Ziegelsee
Leezen
Weberin
Venzkow
Kneese
Lankow
Langen Brütz
Lützow
Neumühler See
Jagdschloss Friedrichsthal
LANKOW
Vorbeck
Krembz
Pokrent
Groß Brütz
Neumühle
Dom
Gneven
Basthorst
Schönwolde
Alt Steinbeck
Machandelberg 85
Gottesgabe
SCHWERIN
Godern
Stintenburger Hütte
Neu Steinbeck
Renzow
Wittenförden
Gädebehn
Stöllnitz
Grambow
Schloss Schwerin
Kobande
105
E22
20
208
14
104
106
192
129
44
86
71
1
2
3
4
5
6
7

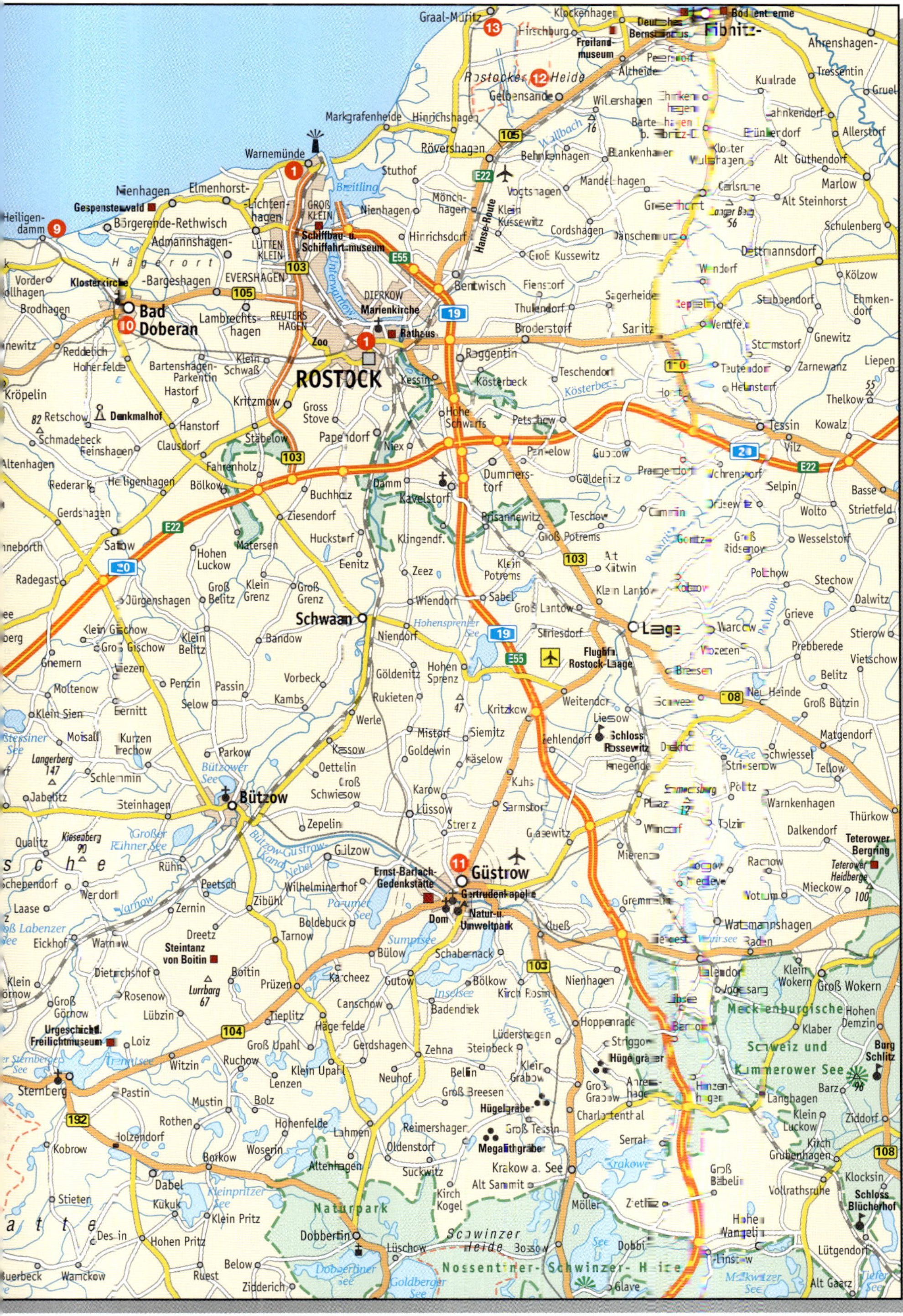

Graal-Müritz
Klockenhagen
Ribnitz-
Ahrenshagen-
Tressentin
Gruel
Kuhlrade
Allerstorf
Alt Guthendorf
Marlow
Alt Steinhorst
Schulenberg
Freiland-museum
Altheide
Rostocker
Heide
Gelbensande
Markgrafenheide
Hinrichshagen
Rövershagen
Warnemünde
Breitling
Stuthof
Nienhagen
Elmenhorst-
Lichten-hagen
Gespensterwald
Heiligen-damm
Börgerende-Rethwisch
Admannshagen-
Hägerort
Bargeshagen
EVERSHAGEN
LÜTTEN KLEIN
Schiffbau- u. Schiffahrt-museum
Hinrichsdorf
Mönch-hagen
Klein Kussewitz
Cordshagen
Groß Kussewitz
Hanse-Route
Voigtshagen
Mandelshagen
Blankenhagen
Behnkenhagen
Wallbach
E22
E55
105
103
19
Klosterkirche
Bad Doberan
Brodhagen
Vorder
Lambrechts-hagen
REUTERS HAGEN
DIERKOW
Marienkirche
Rathaus
Zoo
Bentwisch
Fienstorf
Thulendorf
Sagerheide
Broderstorf
Saritz
Roggentin
Kessin
Kösterbeck
Teschendorf
Kösterbeck
ROSTOCK
Klein Schwaß
Kritzmow
Gross Stove
Papendorf
Reddelich
Hohenfelde
Bartenshagen-Parkentin
Hastorf
Kröpelin
Retschow
Denkmalhof
Hanstorf
Schmadebeck
Clausdorf
Stäbelow
Fahrenholz
Bölkow
Buchholz
Ziesendorf
Huckstorf
Niex
Hohe Schwarfs
Petschow
Damm
Kavelstorf
Dummerstorf
Göldenitz
Pankelow
Tessin
Kowalz
Liepen
Thelkow
Zarnewanz
Gnewitz
Kölzow
Stubbendorf
Dettmannsdorf
Selpin
Basse
Wolto
Strietfeld
Wesselstorf
Stechow
Dalwitz
Stierow
Prebberede
Vietschow
Belitz
Groß Bützin
Matgendorf
Schwiessel
Tellow
Warnkenhagen
Thürkow
Dalkendorf
Teterower Bergring
Rehdern
Heiligenhagen
Gerdshagen
Satow
Radegast
Jürgenshagen
Hohen Luckow
Matersen
Groß Belitz
Klein Grenz
Groß Grenz
Eikhof
Klingendorf
Zeez
Prisannewitz
Groß Potrems
Teschow
Klein Potrems
Sabel
Wiendorf
Klein Lantow
Groß Lantow
Lage
Striesdorf
Flughafen Rostock-Laage
Schwaan
Niendorf
Hohensprenzer See
Hohen Sprenz
Göldenitz
Rukieten
Bandow
Klein Gischow
Groß Gischow
Klein Belitz
Penzin
Passin
Vorbeck
Kambs
Selow
Moltenow
Klein Sien
Bernitt
Moisall
Kurzen Trechow
Langerberg
Schlemmin
Parkow
Bützower See
Bützow
Oettelin
Groß Schwiesow
Kassow
Werle
Mistorf
Goldewin
Siemitz
Käselow
Kritzkow
Weitendorf
Liessow
Schloss Rossewitz
Karow
Lüssow
Strenz
Sarmstorf
Kuhs
Jabelitz
Steinhagen
Zepelin
Gülzow
Großer Kühner See
Rühn
Qualitz
Kieseberg
Ernst-Barlach-Gedenkstätte
Güstrow
Gertrudenkapelle
Dom
Natur- u. Umweltpark
Wilhelminenhof
Parumer See
Peetsch
Zibühl
Zernin
Laase
Eickhof
Warnow
Dreetz
Steintanz von Boitin
Tarnow
Boldebuck
Bülow
Sumpfsee
Schabernack
Glasewitz
Mierendorf
Watmannshagen
Lalendorf
Klein Wokern
Groß Wokern
Mecklenburgische Schweiz und Kummerower See
Hohen Demzin
Burg Schlitz
Klaber
Dietrichshof
Rosenow
Boitin
Prüzen
Karcheez
Gutow
Bölkow
Inselsee
Badendiek
Nienhagen
Hoppenrade
Lurrburg
Lübzin
Tieplitz
Canschow
Hägerfelde
Gerdshagen
Zehna
Steinbeck
Lüdershagen
Klein Grabow
Bellin
Groß Breesen
Hügelgräber
Groß Grabow
Charlottenthal
Hügelgräber
Urgeschichtl. Freilichtmuseum
Loiz
Groß Görnow
Sternberg
Witzin
Ruchow
Groß Upahl
Klein Upahl
Neuhof
Lenzen
Pastin
Mustin
Bolz
Rothen
Holzendorf
Hohenfelde
Lohmen
Reimershagen
Oldenstorf
Groß Tessin
Megalithgräber
Krakow a. See
Serrahn
Kobrow
Borkow
Woserin
Altenhagen
Suckwitz
Alt Sammit
Dabel
Kukuk
Stieten
Klein Pritz
Naturpark
Kirch Kogel
Möller
Dobbertin
Lüschow
Schwinzer Heide
Hohen Pritz
Des in
Below
Ruest
Zidderich
Warnckow
Dobbertiner See
Goldberger See
Nossentiner-Schwinzer-Heide
Glave
Dobbin
Linstow
Hohen Wangelin
Lütgendorf
Alt Gaarz
Groß Bäbelin
Vollrathsruhe
Klocksin
Schloss Blücherhof
Kirch Grubenhagen
Langhagen
Klein Luckow
Barz
Ziddorf
108
104
192

2 Klütz mit Schloss Bothmer

Wer aus dem »Westen« in den »Osten« fährt, über die früher schwer bewachte Landesgrenze, heute Bundeslandgrenze, trifft zwischen Lübeck und Wismar zunächst auf den Klützer Winkel und die Wohlenberger Wiek. Die Landschaft ist hier gering besiedelt, es gibt sanfte grüne Hügel und viele Alleen - typisch für die mecklenburgische Ostseeküste. Aber nicht immer war ihre Schönheit die alleinige Existenzberechtigung dieses eleganten und prächtigen Straßenschmucks: Frühere Landesherren und Gutsbesitzer legten die Alleen zum Schutz der Straßen an, die durch Wind und Wetter oft nur schwer passierbar waren.

Klütz und seine 3000 Einwohner sind stolz darauf, dass der Autor Uwe Johnson ihren Ort als Vorbild für das »Jerichow« in seinem Roman »Jahrestage« vor Augen gehabt hat - oder haben soll, denn der Autor hat diese Aussage wohl nie offiziell bestätigt. Die Stadtväter gründeten dennoch einen Förderverein und eröffneten 2006 nahe dem Marktplatz das Literaturhaus »Uwe Johnson« in einem alten Getreidespeicher von 1890. Es beherbergt heute die Stadtbücherei und eine Dauerausstellung über den Autor. Hier finden auch Lesungen und andere kulturelle Veranstaltungen statt.

Vor den Toren des kleinen Klütz liegen **Schloss und Park Bothmer**, die größte Barockanlage Mecklenburgs und einst repräsentativer und wirtschaftlicher Mittelpunkt der Besitzungen des Reichsgrafen Hans Caspar von Bothmer (1656-1732). Der weitgereiste Diplomat ließ seinen Architekten Johann Friedrich Künnecke die Stile verschiedener Höfe in seinem eigenen Bauvorhaben vereinen, vor allem in den Niederlanden und England machte er stilistische Anleihen. Die Zweiflügel-Anlage, erbaut zwischen 1726 und 1736, mit einer roten Backsteinfassade und einem weitgehend symmetrischen Grundriss, ist umgeben von einem Park, der ehemals barock angelegt, später aber nach den Prinzipien englischer Gartenkunst überformt und in den vergangenen Jahrzehnten weitgehend sich selbst überlassen wurde. Ein kleiner Wassergraben umrahmt die gesamte Anlage, sodass sie nur über den Haupteingang betreten werden kann.

Schloss und Park wurden nach dem Zweiten Weltkrieg bis 1998 als Altersheim genutzt. Seit 2008 befinden sie sich im Besitz des Landes Mecklenburg-Vorpommern und werden derzeit aufwändig restauriert und können daher nur von außen bewundert werden. Das ist einerseits schade, aber andererseits umgibt die Anlage im Moment eine Art verwunschener Charme - anstelle denkmalpflegerischer Akuratesse herrscht derzeit noch ungebremst wuchernde Botanik vor.

Besonders bemerkenswert und jetzt schon bzw. noch immer formvollendet: die durch hohe Gärtnerkunst gewachsene und gestaltetete **Lindenallee** (»Feston-Allee«), die von dem Ort Hofzumfelde her auf die Toreinfahrt zu führt.

Als Dank für literarischen Ruhm: das Literaturhaus »Uwe Johnson« (Klütz)

Noch im Dornröschenschlaf, aber in den kommenden Jahren hoffentlich wieder wach geküsst: Schloss Bothmer in Klütz

Service & Tipps:

Schloss Bothmer
23948 Klütz
www.mv-schloesser.de
Tägl. April–Sept. 10–20, März und Okt. 10–18, Nov.–Feb. 10–16 Uhr
Eintritt frei
Über Parkführungen informiert ein kleines Informationsbüro, mit einem sehr kleinen Café.

Literaturhaus »Uwe Johnson«
Im Thurow 14, Klütz
✆ (03 88 25) 22387
www.literaturhaus-uwe-johnson.de
Jan.–März Do–So 10–16, April–Okt. tägl. außer Mo 10–17 Uhr
Eintritt € 3,50/ 1,50
In der Dauerausstellung wird das Leben und Werk des in Pommern geborenen Autors (1934–84), der bis zu seinem Umzug nach Westberlin 1959 im Wesentlichen in Mecklenburg gelebt hat, präsentiert.

Schmetterlingspark
An der Festwiese 2, Klütz
✆ (03 88 25) 26 39 37
www.schmetterlingszoo.de
April–Mitte Okt. tägl. 9.30–17.30 Uhr
Eintritt € 6,50/3,50
Vom Himmelsfalter bis zur Baumnymphe gibt es hier an die 600 hübschen Flattertiere und zahlreiche exotische Blumen zu bewundern.

Piraten-Open-Air-Theater
Schweriner Landstr. 15
23936 Grevesmühlen
✆ (038 81) 75 69 46
www.piratenopenairtheater.de
Tickets ab € 17
Open-Air-Theater in aufwändig gestalteter Kulisse. Die Gaststätte »Zur Schatzinsel« bietet thematisch Passendes. €

3 Boltenhagen

1803 begann hier der Badebetrieb mit dem Aufstellen des ersten Badekarrens durch den Grafen Bothmer aus Klütz – das macht Boltenhagen (2550 Einwohner) zum drittältesten Badeort der Region – mit heute über 9000 Gästebetten. Auch der Schriftsteller Fritz Reuter verbrachte hier manche Sommerfrische und wohnte in der Dünenstr. 13. Es gibt im Ort einige Häuser im typischen Stil der Bäderarchitektur, obwohl seit der Wende vor allem moderne Ferienwohnungskomplexe erbaut wurden. Wie überhaupt Boltenhagen gerade für Familienurlaube zu empfehlen ist. Der **Sandstrand** (4,5 km) geht sehr flach ins Wasser über, die Wellen sind hier eher ruhig. Der Stadtkern wurde neu gestaltet, ein **Kurpark** und eine 290 Meter lange **Seebrücke** sorgen für Seebadflair. Seit Mai 2008 gibt es östlich des Zentrums die neue **Marina Weiße Wiek** mit großem Übernachtungs- und Freizeitangebot – eines der größten touristischen Bauvorhaben Deutschlands der letzten Jahre.

Kinderstolz

Gründerzeitvillen im drittältesten Badeort der Region – Boltenhagen

Service & Tipps:

Kurverwaltung Boltenhagen
Ostseeallee 4, 23946 Boltenhagen
✆ (03 88 25) 36 00
www.boltenhagen.de

Ostsee-Therme Boltenhagen
Ostseeallee 106, Boltenhagen
✆ (03 88 25) 493
www.ostsee-therme-boltenhagen.de, tägl. 10–21 Uhr
Eintritt ab € 5/2,25/Std., mit Sauna € 8,50/3,75 Std., Zehnerkarten € 60/27,50
Meerwasserthermalbad (30 °C) mit Bio-, Trocken- und Dampfsauna, Solarium sowie Massagen und medizinischen Wannenbädern. Café mit Sonnenterrasse (9.30–17 Uhr).

Oldtimer-Rundfahrten im Schulbus von 1919
Abfahrt ab Kurhaus Boltenhagen
Boltenhagen
✆ (03 88 25) 29512 und 0178-280 53 00

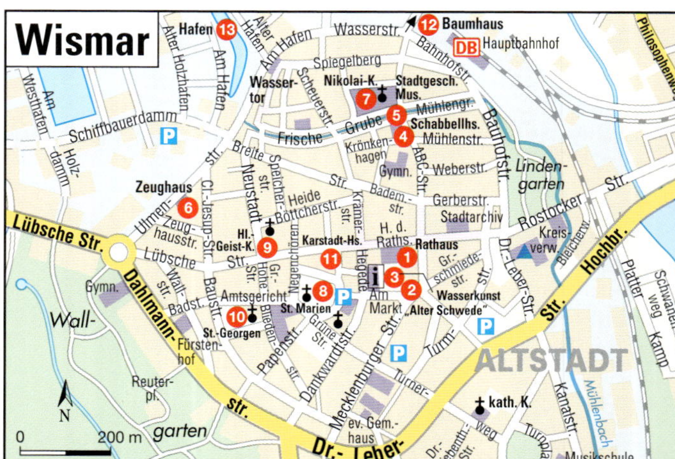

Region 8
Mecklenburger
& Wismarbucht

4 Hansestadt Wismar

1229 erstmals urkundlich erwähnt, durchlebte Wismar eine wechselvolle Geschichte. Von 1632 bis 1803 befand sich die Stadt in schwedischer Hand. Grundriss und Parzellenstruktur blieben seit der Gründung der Handelsmetropole nahezu unverändert. Die schweren Verluste wertvoller Bausubstanz im Zweiten Weltkrieg konnte die Stadt in den vergangenen Jahren durch Rekonstruktion wieder ausgleichen. Zusammen mit Stralsund wurde Wismar 2002 in die Liste der UNESCO-Welterbestätten aufgenommen.

Ansicht von Wismar auf einem Kupferstich von 1575, veröffentlicht in dem Städteansichtenbuch »Civitates Orbis Terrarum« von Frans Hogenberg und Georg Braun

Bei einem Besuch der Hansestadt mit ihren 44 400 Einwohnern bietet es sich an, am Marktplatz mit seinen prächtigen Giebelhäusern anzufangen. Zum Gebäudeensemble gehörten das klassizistische **Rathaus** 1 (1819) und der **Alte Schwede** 2 (erbaut um 1380), in dem sich seit 1878 eine gleichnamige Gaststätte befindet. Besonderer Blickfang auf dem großen Marktplatz ist die sogenannte **Wasserkunst** 3, Beispiel einer bereits früh hoch entwickelten Wasserversorgung der Stadt. Der zwölfeckige Pavillon im Stil der niederländischen Renaissance wurde 1602 fertiggestellt und versorgte rund 220 Häuser und 16 öffentliche Schöpfstellen

Traumvillen – Villenträume: Die Bäderarchitektur der Ostseeküste

Ein faszinierend romantischer und verspielter Architekturstil ist entlang der Mecklenburger Bucht und vor allem auf Usedom und Rügen allgegenwärtig. Mit dem Begriff »Bäderarchitektur« werden Bauten bezeichnet, die von der Mitte des 19. Jahrhunderts bis zum Ersten Weltkrieg in den Badeorten der Ostsee entstanden. Die meist zwei- bis viergeschossigen Villen sind oft aus Holz oder haben einen Holzvorbau mit einem weißen Anstrich. Sie zeichnen sich durch Loggien, auffällige Erkerkonstruktionen, verspielte Türmchen oder antikisierende Säulen aus. Die häufig vorkommenden Dreiecksgiebel zieren romantische Reliefs und großzügige Jugendstilfenster lassen Ostseeluft- und -licht in das hochherrschaftliche Urlaubsdomizil.

Unter »Bäderarchitektur« ist kein einheitlicher Stil zu verstehen, vielmehr handelt es sich um einen Sammelbegriff, der die verschiedensten Elemente zusammenfasst. Die Bauherren und ihre Architekten spielten auf der erlernten Klaviatur klassischer Bildung und machten Anleihen bei französischen Renaissancepalästen, beim Klassizismus oder bei dem Urbild des Sommersitzes, den Medici-Villen der Toskana. Durch die Farbe Weiß und die filigranen Gestaltungselemente sollte der Eindruck lichter Sommerfrische entstehen, sozusagen »Architektur gewordene Urlaubsimpressionen«. Dies gelang vielerorts und macht noch heute den besonderen Reiz dieser Gebäude aus. Liebevoll restaurierte Bauten sind vor allem an den Strandpromenaden der Inseln, insbesondere der »Kaiserbäder«, zu finden. Das eine oder andere Schatzkästlein harrt noch der Wiederbelebung durch den Restaurierungskuss eines Investors.

Sommerfrische, in Architektur gekleidet

Umgezogen: Der prächtige Altaraufsatz aus St. Georgen wurde in der Wismarer St.-Nikolai-Kirche aufgestellt. Das Meisterwerk der Spätgotik aus der Zeit um 1430 ist beinahe zehn Meter breit und vier Meter hoch

Erst 1897 wurde die Konstruktion durch ein moderneres Versorgungssystem ersetzt. Das **Schabbellhaus** 4, ein Wohn- und Brauhaus aus der Zeit der Renaissance, ist heute Sitz des **Stadtgeschichtlichen Museums** 5. Nach einer verheerenden Explosion errichteten die Schweden 1700 ein neues barockes **Zeughaus** 6, ein wahres Meisterwerk architektonischer Kunstfertigkeit, denn der Dachstuhl – von immerhin 60 mal 15 Metern – wird ohne zusätzliche Abstützung nur von den Außenmauern getragen. Einige Kanäle durchziehen Wismar, die der Stadt stellenweise einen Hauch von Amsterdam geben. Die »Grube« aus dem 13. Jahrhundert ist eines der ältesten Kanalsysteme Deutschlands.

Ein Besuch der altehrwürdigen **Nikolaikirche** 7 (erbaut 1381–1487) beeindruckt und stimmt traurig zugleich und ist leider nicht ganz untypisch für viele der großen Kirchen in der ehemaligen DDR. Jeder, der Backsteinschönheiten in liebevoll und aufwändig restaurierten Erhaltungszustand gesehen hat, erkennt sofort, dass hier in St. Nikolai viel zu retten und noch mehr zu tun ist. Die einzigartigen Kunstschätze sind schlecht beleuchtet und kaum beschildert. Das beeindruckende Fresko im Eingangsbereich zeugt von der verletzlichen Farbenfreudigkeit längst vergangener Tage, während der nackte Backstein der Säulen des Hauptschiffs gerade durch ihre bloße Kargheit ein ganz besonders eindrucksvolles Zeugnis der gewaltigen Konstruktion ablegt. Wenig Zierrat lenkt hier von der eigentlichen Grundform St. Nikolais ab.

Noch schlechter bestellt ist es um **St. Marien** 8 (1270): Über der Stadt ragt zwar noch immer der Turm des 700 Jahre alten Baus, von See aus ist er weithin sichtbar und diente immer als wichtiger Orientierungspunkt, aber das Hauptschiff wurde 1960 gesprengt. Die evangelische Gemeinde war gezwungen, auf das vergleichsweise winzige Gebäude des ehemaligen Pfarrhauses auszuweichen – bis heute!

Besser erhalten ist die **Heilig-Geist-Kirche** 9 (erbaut 1255) mit ihrer kunstvoll bemalten Flachdecke aus dem 17. Jahrhundert. Im Nebenraum war die »Krankenstation« – durch das Öffnen der Flügeltüren konnten die Patienten am Gottesdienst teilhaben.

Das Wappen König Karls XII. am Zeughaus in Wismar

Beeindruckend ist auch der Wiederaufbau von **St. Georgen** ⑩ – lange Zeit die größte Kirchenruine Deutschlands. Die Wiedereinweihung soll 2010 stattfinden.

1881 wurde in Wismar Geschichte geschrieben, Warenhausgeschichte nämlich. **Rudolph Karstadt** legte in der Krämergasse, Ecke Lübsche Strasse ⑪ den Grundstein für den späteren Konzern.

In der Wismarbucht vor der Insel Poel wurde 1999 eine 31 Meter lange Kogge aus dem Jahr 1354 geborgen. Sie ist das bislang größte gefundene Schiff aus der Hansezeit: 200 Tonnen war ihre Ladekapazität. Eine fahrtüchtige Nachbildung dient der Stadt und der Region Mecklenburg-Vorpommern als kultureller »Botschafter zur See«.

Bereits im Jahre 1672 werden zum ersten Mal die sogenannten **Schwedenköpfe** erwähnt. Die zwei Herkulesbüsten standen damals in der Hafeneinfahrt. Einen historischen Schwedenkopf gibt es im Stadtgeschichtlichen Museum zu sehen. Vor dem **Baumhaus** ⑫, das im 18. Jahrhundert den Hafen mit einem Schlag»baum« abriegelte, stehen zwei Duplikate. Am **Hafen** ⑬ liegen meist auch mehrere Fischerboote, die Räucherfisch anbieten – gut für einen kleinen Imbiss zwischendurch.

Service & Tipps:

Tourist-Information Wismar
Am Markt 11, 23966 Wismar
© (038 41) 194 33
Fax (038 41) 251 30 91
www.wismar.de
Stadtführungen © (038 41) 251 30 25, April–Okt. tägl. 10.30, Sa/So auch um 15 Uhr, Treffpunkt: vor der Tourist-Information, Dauer: ca. 2 Stunden, Karten in der Tourist-Information

Der Backstein: Multitalent und Wunderwaffe der Hansearchitektur

Nur der Turm ist ihr geblieben: St. Marien in Wismar, erbaut um 1270

Der Kreuzanker dient dazu, eine zugfeste Verbindung zwischen Balken und Mauerwerk herzustellen

Stadtmuseum Wismar im Schabbellhaus
Schweinsbrücke 8, Wismar
✆ (038 41) 28 23 50
www.schabbellhaus.de
Mai-Okt. Di-So 10-20, Nov.-April Di-So 10-17 Uhr, Eintritt € 2/1
Im historischen Bürgerhaus von 1571 wird die Stadtgeschichte von Störtebekers Zeiten bis zum Beginn des Industriezeitalters dokumentiert.

Spaßbad Wonnemar
Bürgermeister-Haupt-Str. 38
Wismar
✆ (038 41) 327 60
www.wonnemar.de
Mai-Sept. tägl. 10-21, Okt.-April So-Do 10-22 Uhr, Eintritt ab € 8,90/7,90, Saunawelt ab € 12,50/10,90, auch Kombitickets und Schnäppchentarife
Gesundheits- und Erlebnisbad in schöner Anlage mit 18 Innen- und Außen-, Abenteuer- und Wellenbecken, Rutschen, Palmengarten, Sole- und Thalassobecken, Wellnessangebot und Saunawelt. Sehr schöne Anlage, drei Restaurants.

Restaurant »Zum Weinberg«
Hinter dem Rathaus 3, Wismar
✆ (038 41) 28 35 50
www.weinberg-wismar.de
Tägl. mittags und abends geöffnet
Das Gebäude, 1355 errichtet und etwa 1575 im Renaissancestil umgestaltet, wird nachweislich seit 1648 als Weinhandlung genutzt. Sehenswert ist die bemalte Balkendecke des Hauptraums,

Bürgerstolz und Kathedralenwunder aus gebranntem Ton: Die Backsteingotik der Hansestädte

Sollte dem Begriff »Hanse« eine Farbe gegeben werden, es müsste ein tiefes, ins Bräunliche gehendes Rot sein: die Farbe des Ziegelsteins. Rot leuchten die Kirchtürme und Stadttore, die Bürgerhäuser und Klostermauern, ein erster und auch der bleibende Eindruck, den der Besucher mitnimmt.

Zeitlich betrachtet ging der großformatige Bau aus Backsteinen im 12. Jahrhundert von der Backsteinromanik in die Backsteingotik über und verwandelte sich dann im16. Jahrhundert in die Backsteinrenaissance.

In den mittel- und nordeuropäischen Küstenländern um die Ostsee erlebte der mittelalterliche Backsteinbau flächendeckende Ausbreitung. Von Lübeck ging mit dem Bau von St. Marien die Initialzündung für den monumentalen Bautyp der Kathedralbasilika aus. Nach ihrem Vorbild entstanden die großen Basiliken in Wismar und Stralsund, aber auch in Riga, Malmö und Gnesen. Viele Hansestädte wählten für ihre Hauptkirchen die aufwendigste und »vornehmste« Bauform aller gotischen Sakralbauten, die dreischiffige Querhausbasilika mit Umgangschor, Kapellen, äußeren Strebepfeilern und einem Querschiff, auch ganze Klosteranlagen und Profanbauten entstanden aus dem Baustoff. Parallel entwickelte sich der Stil der viel kleineren Land- und Stadtpfarrkirchen.

Bei einer Reise durch die Dörfer der Ostseeküste wird schnell klar: Die durchschnittliche Dorfkirche ist über 600 Jahre alt! Repräsentative Rathäuser mit dekorativen Schaufassaden wie das in Stralsund entstanden als Ausdruck wirtschaftlichen und städtischen Selbstbewusstseins und Selbstverständnisses. Wallanlagen und Stadttore sind vereinzelt als geschlossene Ensembles erhalten, überwiegend jedoch als einzelne Festungstürme oder Stadttore, wie zum Beispiel in Rostock und Lübeck. Im Laufe der Zeit kam mehr Farbe ins Spiel: Steinglasuren schillerten in Schwarz, Braun oder Grün, wie am Beinhaus des Bad Doberaner Münsters.

Wenngleich Städte und Regionen politisch und wirtschaftlich konkurrierten, zeugt die gemeinsame Architektursprache doch von einem kulturellen Einvernehmen, und bis heute dominieren die großen Kathedralen die Silhouetten der ehemaligen Hansestädte.

Auch nach über 600 Jahren mächtig und erhaben: St. Nikolai in Wismar

Infos über Backsteingotik, u.a. auch in Nachbarländern, gibt es auf der Website der Europäischen Route der Backsteingotik e.V., www.eurob.org.

Von Kanälen durchzogen: die Altstadt Wismars

besonders urig sitzt es sich in dem kleinen Ein-Tisch-Raum links vom Eingang. Das Essen ist regional geprägt und sehr gut gutbürgerlich. Im Eingangsbereich beweisen Fotos und Autogrammkarten, dass es hier auch Promis und Politikern geschmeckt hat. €

Cafè Alte Löwen-Apotheke
Bademutterstr. 2, Wismar
✆ (038 41) 25 25 38
www.alte-loewenapotheke.de
Tägl. 9-18, Mai-Sept. Mo-Fr 11-18 Uhr
Am Ende der belebten Einkaufszone der Innenstadt. Schönes Café im Gebäude der alten Apotheke von 1645. Auch Lesungen und Musikabende.

Café Glücklich
Weberstr. 20, Wismar
✆ (03841) 79 69 377
www.cafe-gluecklich.de
So-Mi 9-18, Do-Sa 9-20 Uhr
2008 hat sich hier Frau Glücklich ihren kleinen, aber feinen Café-Traum erfüllt. Schon der Weg in eine Seitenstraße unweit der Fußgängerzone ist ein Vergnügen, denn die Weberstraße ist im Sommer von Rosen üppig berankt. Die winzigen Räumlichkeiten sind liebevoll dekoriert, die Grund-Deko-Idee: das Thema Glück. Es versteht sich von selbst: Im Café Glücklich sind Kuchen und Quiche aus der hauseigenen Produktion.

Tierpark Wismar
Am Tierpark 5, Wismar
✆ (038 41) 327 30
www.tierpark-wismar.de
Im Sommer tägl. 9-18, im Winter Sa/So 10-17 Uhr, Eintritt € 3,50/2
Südwestlich der Altstadt leben auf dem Gelände Wild- und Haustiere von Wisent bis Fledermaus, von Esel bis Hängebauchschwein. Abenteuerspielplatz, Bootsanlage und Streichelgehege bieten Gelegenheit zum Erkunden und Herumtollen. Prima für kleine Schlappmacher: Bollerwagen werden kostenfrei verliehen.

Ausstellungen »Wege zur Backsteingotik« und »Dialog des Geistes«
Im St.-Marien-Kirchturm bzw. der St.-Georgen-Kirche
✆ (038 41) 251 30 25

Hafen- und Seerundfahrten
Alter Hafen, Wismar
✆ 0180-512 33 44
www.adler-schiffe.de
Tickets ab € 9,50/5,50
Abfahrten stündl. und öfter
Anlegestelle auf der rechten Seite des Alten Hafens, Parkplätze in unmittelbarer Nähe vorhanden.
Ausflugsfahrten im Hafen, in die Bucht und nach Poel, auch Abendfahrten bei Sonnenuntergang. Alle Touren mit Gastronomie und Erläuterungen.

Feste & Veranstaltungen
März/April: **Wismarer Heringstage** - zahlreiche Restaurants widmen dem Hering und seinen Artgenossen besondere Aufmerksamkeit
Juni: **Wismarer Hafentage** - Hafenfest und Segelveranstaltung mit traditionellem Fassumzug und Abschlusskonzert
3. oder 4. Wochenende im August: **Schwedenfest Wismar** - Historienfest, erinnert an die 155-jährige Zugehörigkeit Wismars zu Schweden.

Neuschwanstein des ▷ Nordens: das Schweriner Schloss

5 Schwerin

Früher Residenz der mecklenburgischen Herzöge, ist Schwerin mit 97 000 Einwohnern seit 1990 Landeshauptstadt Mecklenburg-Vorpommerns – das passt gut zusammen: Viele Landesbehörden sind in herzoglichen Repräsentativbauten untergebracht.

Das **Schloss Schwerin** ❶ präsentiert sich monumental und filigran zugleich. Malerisch am Schweriner See gelegen, ist es anerkanntermaßen einer der wichtigsten Bauten des Historismus in Europa, sozusagen das Neuschwanstein des Nordens. Bei der Planung der heutigen Form stand das Loireschloss Chambord Pate, aber bereits um 1018 wird eine Burg erwähnt, die an derselben, attraktiven Stelle stand. Der Umbau im 19. Jahrhundert bezog die vier bereits vorhandenen Gebäude aus dem 15. und dem 17. Jahrhundert mit ein. Äußerlich und zum Teil auch im Inneren in den vergangenen Jahren perfekt restauriert, mit einer goldglänzenden Kuppel, »tront« das Gebäude wahrlich über dem Wasser des romantischen Sees wie ein Märchenschloss.

Die Repräsentationsräume beherbergen heute das **Schlossmuseum** ❷. In den ehemaligen Wohn- und Gesellschaftsräumen der Großherzogin, der Beletage, wird Kunst des 18. und 19. Jahrhunderts vorgestellt, sie zeugen selbst von den künstlerischen und handwerklichen Leistungen des Historismus. In der Festetage lagen Wohnung und Repräsentationsräume des Großherzogs, darunter der Thronsaal und eine Ahnengalerie aller regierenden Herzöge der Dynastie Mecklenburgs. In den ehemaligen Kinderzimmern ist eine Porzellansammlung bedeutender Manufakturen wie Meissen zu besichtigen.

Ein architektonisches Kleinod innerhalb der Anlage ist die im 16. Jahrhundert als erste protestantische Kirche Mecklenburgs errichtete **Schlosskirche** ❸ im Renaissancestil.

Die Bundesgartenschau 2009 hat die umgebenden Gärten und und die berühmten Barockanlagen des Schlosses, die im 19. Jahrhundert durch den preußischen Gartenarchitekten Lenné erweitert wurden, natürlich auf Hochglanz gebracht und wird nachhaltige Spuren hinterlassen. Der **Schlosspark** ❹ ist in zwei Teile gegliedert. Direkt am Schloss liegt der Burggarten, eine nach dem Vorbild römischer Terrassengärten gestaltete Anlage, die zum Ufer hin in einen englischen Landschaftsgarten übergeht. Über eine historische Drehbrücke mit gusseisernem Geländer gelangt man in den Schlossgarten, dessen Kernstück die kreuzförmige Barockanlage aus dem 18. Jahrhundert ist. Teilweise wurde auch er allerdings im 19. Jahrhundert in einen englischen Landschaftsgarten umgestaltet.

Im unmittelbar angrenzenden Marstall-Gebäude von 1842 waren ursprünglich die herzoglichen Pferde mit ihrem Reitgeschirr untergebracht; es beherbergt heute Teile des **Technischen Landesmuseums** ❺ sowie das Bildungsministerium. Das Schloss selbst, für lange Zeit Residenz der mecklenburgischen Herzöge und Großherzöge, ist heute Sitz der Landtags.

Direkt gegenüber dem Schloss bietet das **Staatliche Museum Schwerin** ❻ ein gelungenes Pendant zur Schlossausstellung. Die reiche Sammlung niederländischer und flämi-

Im Burggarten des Schweriner Schlosses bändigt Herkules den Minoischen Stier (1853)

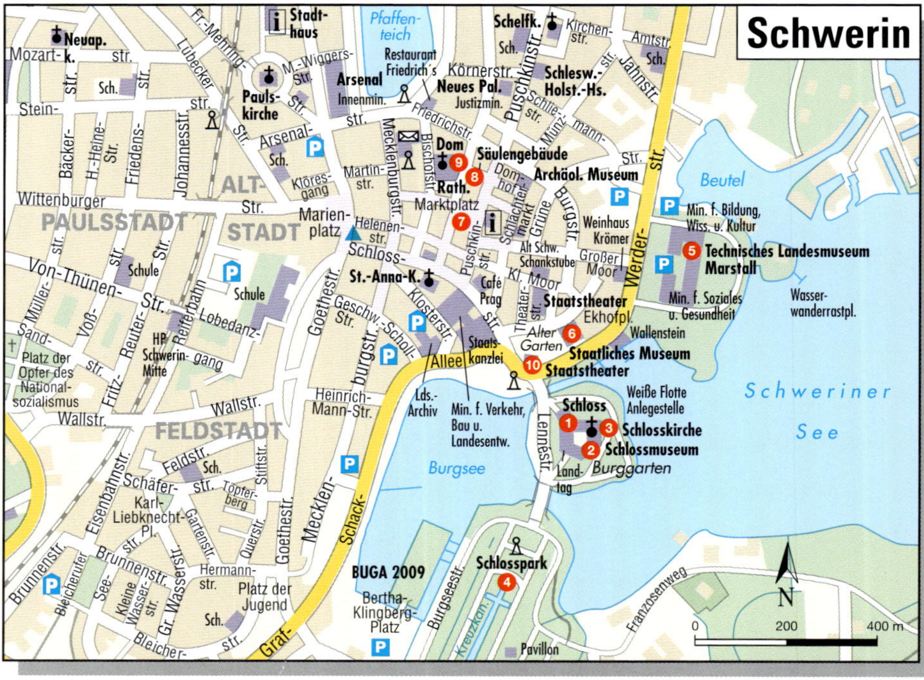

scher Malerei des 17. Jahrhunderts wurde begründet von den mecklenburgischen Herzögen. Sie erwarben Kunstwerke von heute berühmten Meistern wie Rubens, Rembrandt, Carel Fabritius und Frans Hals. Neueren Datums sind die Sammlungen zum 19. und 20. Jahrhundert, darunter auch 15 bedeutende Bronzeplastiken von Ernst Barlach, Gemälde des Greifswalders Caspar David Friedrich und zahlreiche Werke von Marcel Duchamp.

Schwerin selbst lohnt ebenfalls einen ausgiebigen Rundgang. Besonders gelungen ist vor allem der **Marktplatz** 7. In einer Blickachse und in schönem Kontrast stehen: der elegante rote Backsteindom, Wahrzeichen Schwerins und einzig erhaltenes Gebäude aus dem Mittelalter, sowie das strahlend weiße klassizistische **Säulengebäude** 8, das ursprünglich als Markthalle anstelle offener Verkaufsstände 1717–85 erbaut wurde und in dem man heute ganz hervorragend Kaffee trinken kann.

Von dem romanischen Vorgängerbau des Schweriner **Doms** 9 ist nur die Paradiespforte als ältestes Architekturdetail an der Südwand erhalten geblieben. Der 105 Meter lange Bau wurde von 1260 bis 1416 als gotische Basilika mit dreischiffigem Querhaus errichtet. Zur wertvollen Innenausstattung gehören der gotische Kreuzaltar, ein Bronzetaufbecken von 1325, das Triumphkreuz von 1420 (aus der 1961 gesprengten Wismarer Marienkirche) sowie die Ladegastorgel mit ihren 5100 Zinnpfeifen. Der 1892 fertiggestellte Turm des Doms ist damit zwar Jahrhunderte jünger als das übrige Gebäude, doch mit 117 Metern ist er der höchste Turm Mecklenburg-Vorpommerns und bietet eine fantastische Aussicht.

Auch die verschiedenen Gebäude der Ministerien sowie die Staatskanzlei und allen voran das **Mecklenburgische Staatstheater Schwe-**

rin **10**, aber auch die kleinen Gassen und Seitenstraßen mit zahlreichen Fachwerkhäusern sind sehr sehenswert. Schon die Fahrt nach Schwerin ist ein Vergnügen, auf den schönen Alleen der Bundesstraßen hat man immer wieder eindrucksvolle Aussichten auf die Seenlandschaft, die die Stadt umgibt.

Service & Tipps:

Tourist-Information Schwerin
Am Markt 14, 19055 Schwerin
✆ (03 85) 592 52 14, www.schwerin.com
Stadtrundgang ab Marktplatz tägl. 11 Uhr, Anmeldungen in der Tourist-Information, auch Stadtrundfahrten im Doppeldeckerbus mit offenem Verdeck.

Schloss Schwerin
Schlossmuseum
Lennéstr. 1, Schwerin
✆ (03 85) 525 29 20
www.schloss-schwerin.de
Mitte April–Mitte Okt. tägl. 10–18, Mitte Okt.–Mitte April Di–So 10–17 Uhr, Eintritt € 6/4

Kunstsammlungen Schwerin
Alter Garten 3, Schwerin
✆ (03 85) 595 80
Mitte April–Mitte Okt. Di–So 10–18, Do 12–20, Mitte Okt.–Mitte April Di–So 10–17, Do 13–20 Uhr, Eintritt € 8/6
Eine der hochrangigsten europäischen Sammlungen holländischer und flämischer Malerei des 17./18. Jh., darunter Rubens, Rembrandt, Jan Brueghel d. Ä. und Frans Hals. Ebenso namhafte Maler des frühen 20. Jh. wie Max Liebermann, Lovis Corinth, Alexej von Jawlensky und Pablo Picasso sowie die Sammlung Marcel Duchamp. Museumsshop.

Die Orangerie – Café & Restaurant im Burggarten
Lennéstr. 1, Schwerin
✆ (03 85) 525 29 15
März–Dez. Mo–Sa 11–22, So 10–22 Uhr
Mit ausladender Terrasse und traumhaftem Blick über See und Burggarten. Guter Tipp: Der Sonntagsbrunch. €€

Classic Café Röntgen im Säulengebäude
Am Markt 1, Schwerin
✆ (03 85) 521 37 40
Die kleine Caféhauskette mit Häusern in Warnemünde und Kühlungsborn bietet exzellente Torten – darunter auch Produkte mit Sanddorn – Herzhaftes und ungewöhnliche Frühstücksvarianten an, alles frisch- und selbstgemacht. Der Clou: Die Hundebar für Fifi & Bello mit hausgefertigten »Hundepralinen« wie etwa Leberwurstecken.

Schlossfestspiele
Karten beim Mecklenburgischen Staatstheater Schwerin
Alter Garten 2, Schwerin
✆ (03 85) 530 00, Fax (03 85) 530 [illegible] 00
www.theater-schwerin.de
Karten € 10–40

Feste & Veranstaltungen
Juni–September: **Schweriner Schlossfestspiele** – Open-Air-Theater auf großer Bühne vor Schlosskulisse.

Das Zentrum von Schwerin: der Marktplatz

6 Insel Poel

So ruhig es hier heute ist – die kleine Insel hat schon ein bewegtes Leben hinter sich: Die Schweden nützten sie als strategisch wichtigen Standort im Dreißigjährigen Krieg, Klaus Störtebeker und seine Vitalienbrüder schauten vorbei und im 20. Jahrhundert stellte die Nationale Volksarmee der DDR hier die Ohren auf – gen Westen.

Bereits seit 1760 verbindet ein Damm die Insel und ihre 2900 Bewohner mit dem Festland. Ein weiter Blick über Felder, viele Pferde und schöne Strände prägen die ausgesprochen ruhige Insel. **Timmendorf** ist fest in Urlauberfamilienhand, der Strand ist hier Zentrum des Interesses, kleine Imbisse und Geschäfte sorgen für leibliches Wohl, Souvenirs und Sandspielzeug, Minigolfplatz und Leuchtturm für das Rahmenprogramm. Hauptort ist **Kirchdorf** mit seiner weithin sichtbaren gotischen Dorfkirche aus dem Jahr 1250, deren Turm mit seinen 47 Metern die Landmarke der Insel darstellt.

Service & Tipps:

Kurverwaltung Insel Poel
Wismarsche Str. 2
23999 Insel Poel/OT Kirchdorf
✆ (03 84 25) 203 47, Fax (03 84 25) 40 43
www.insel-poel.de

Poeler Piratenland
Sonnenweg 15
Am Schwarzen Busch/Poel
✆ (03 84 25) 429 00
www.poeler-piratenland.de, Mai–Okt. tägl. 10–19, Juli/Aug. bis 20, Nov.–April 12–18 Uhr, Eintritt € 2,90/5,90/3,90
Der **Indoor-Spielplatz** bietet Kindervergnügen auf 800 m²: Viele Rutschen, Elektrokarts, Kicker und ein separater Kleinkinderbereich machen Regentage erträglich – für Eltern und Kinder.

Insel Poel: Besser als jeder städtische Spielplatz ist der Ostseestrand

Traditionshaus Seeblick
An der Promenade 1 a
Am Schwarzen Busch/Poel
✆ (03 84 25) 425 49
Hauptsaison ab 8, Nebensaison ab 11 Uhr Frühstück, Fisch- und Fleischgerichte. €

Strandperle
Am Strand, Am Schwarzen Busch/Poel
✆ (03 84 25) 207 12
Fleisch- und Fischspezialitäten, Kuchen und Eis.

Angeln/Angelfahrten
Sowohl in Kirchdorf als auch in Timmendorf fahren täglich Kutter ab, die Angelfreunde an die besten Fangplätze bringen. Auch wer den Petri-Jüngern nur über die Schulter schauen möchten, ist an Bord willkommen.

Rundflüge
Flugplatz Wismar
✆ (038 41) 28 38 80
Flug/Person ab € 55
Tägl. 10–18 Uhr, Dauer 15–60 Min.
Zwischen Poel und Wismar liegt der kleine Sportflughafen von Müggenburg, von dem aus man zu Rundflügen – z.B. mit einer Cessna 152 – über die Insel Poel, die Hansestadt Wismar und die Wismarbucht starten kann.

Bootsausflüge nach Wismar und zurück bieten die Adler-Schiffe ab Seebrücke Kirchdorf. Der Hafen mit der Seebrücke liegt an der Südseite des Ortes. Parkplätze sind auf der großen Freifläche am Hafen vorhanden. Mehr Info s. S. 161.

Ein Sonnenaufgang, wie ihn auch die Slawen gesehen haben, die hier in Rerik um 1230 siedelten

7 Rerik

Am Übergang zur Halbinsel Wustrow liegt Rerik – bis 1938 Alt Gaarz – zwischen Salzhaff und Ostsee. Der ursprüngliche Name ist slawischen Ursprungs und bedeutet »Burg«. Die geschützte Lage, abgeschirmt von der **Halbinsel Wustrow**, sorgte für eine frühe Besiedlung. Alt Gaarz wurde erstmals 1230 urkundlich erwähnt. Die Burg aus dem Namen wurde vermutlich durch ein Sturmhochwasser zerstört. Um 1900 begann hier der Badetourismus. Die Nazis wollten die slawische Vergangenheit vergessen machen und ordneten die Umbenennung des Ortes nach der damals hier vermuteten ehemaligen Wikingersiedlung Reric in »Rerik« an – dieser Wechsel wurde mit der Verleihung des Stadtrechts belohnt.

Im Schutz des Haffs finden vor allem Kinder und Surfanfänger am **Strand** gute, weil wellenruhige Bedingungen. Der neugestaltete **Haffplatz** mit kleinen Geschäften und Imbissständen bietet Gelegenheit zum gemütlichen Bummel. Viele Ferienhäuser im Ort wurden ganz neu gebaut, mitunter mutet der Stil schwedisch an.

Der Innenraum der frühgotischen **Hallenkirche** von 1250 ist besonders schön und farbenfroh ausgemalt. In der Umgebung gibt es einige **Großsteingräber** aus der jüngeren Steinzeit (über Führungen informiert die Kurverwaltung). Östlich der Stadt schließt sich die **Kühlung** an, ein waldreicher Höhenzug. Das **Heimatmuseum** im alten Schulgebäude informiert über Ur-, Früh- und Stadtgeschichtliches, präsentiert aber auch zeitgenössische Künstler. Interessantes aus der Jungsteinzeit: drei **Großsteingräber** am östlichen Stadtrand.

Service & Tipps:

Kurverwaltung Ostseebad Rerik
Dünenstr. 7, 18230 Rerik
✆ (03 82 96) 784 29, www.rerik.de

Heimatmuseum
Dünenstr. 4, Rerik
Di/Mi, Fr 10–12, 14–17, Do 14–17, Sa/So 15–17 Uhr, Eintritt ab 2/1 €

Fahrgastschiffahrt Steu[illegible]off
Ausflugsschiff MS »Ostseebad Rerik« und MS »Salzhaff«
✆ (03 82 96) 74761
www.ms-ostseebad-rerik.de
Tickets ab € 12/7
Schiffstouren auf dem Salzhaff, nach Poel und durch das Naturschutzgebiet bei Wustrow, mit Bordverpflegung. Abfahrt ab Haffanleger (rollstuhlgerecht).

Eröffnet 2003: der neue Bootshafen von Kühlungsborn

8 Kühlungsborn

Zu DDR-Zeiten war der Ort das größte Ostseebad der Republik, und seit der Wende ist es hier nicht weniger lebhaft. Die Geschichte des Ortes geht zurück ins Jahr 1857 und beginnt mit einem zweistöckigen »Logierhaus«: Dessen Besitzer hatte für wenig Geld ausgesonderte Ziegelsteine gekauft und das erste Badehaus gebaut. Er ließ Prospekte drucken und kassierte pro Person für Kost, Logis und Schwimmvergnügen zwischen sieben und neun Reichstaler - je nach Zimmer. 1899 wurde in der Nähe die erste Warmbadeanstalt eröffnet, später das »Ostseehotel« und die »Strandperle«. Promenadenwege und ein 120 Meter langer Steg in die Ostsee hinein wurden angelegt. Aus den Orten Fulgen, Brunshaupten und Arendsee entstand 1938 die Stadt Kühlungsborn - die »Grüne Stadt am Meer«, wie der Ort mit 7100 Einwohnern sich heute werbewirksam nennt. Das Grün bezieht sich unter anderem auf den 133 Hektar großen **Stadtwald** - zentral gelegen: ein **Hügelgrab** auf dem Blocksberg - und das von Bächen und Schluchten durchzogene Wandergebiet **Kühlung**, südlich von Kühlungsborn.

Der Strandkorb - Erfolgsgeschichte einer Spezialanfertigung

Die arme Elfriede Maltzahn aus Kühlungsborn hatte Rheuma. Weil sie aber trotzdem gern am Strand sitzen wollte, kam es ihr in den Sinn, sich eine Art schützenden Korbstuhl bauen zu lassen. Deshalb wandte sie sich 1882 an den Rostocker Hof-Korbmacher Wilhelm Bartelmann mit dem Wunsch, ihr einen »weichen Sitz« für die Sommerfrische in Warnemünde anzufertigen. Dieser baute daraufhin das Urmodell aller heutigen Strandkörbe - aus Weidenruten, spanischem Rohr und Markisenstoff. Bereits im Jahr darauf ging die Strandkorbproduktion in Serie. Der geschäftstüchtige Bartelmann inserierte 1883 im »Allgemeinen Rostocker Anzeiger«: »Badegästen empfiehlt Strandstühle als Schutz gegen Sonne und Wind und giebt solche auch in Miethe. W. Bartelmann«.

Kühlungsborn-West und -Ost erschließt man sich am besten bei einem Bummel über die gesamte **Ostseeallee**. Viele schöne und originelle kleine Villen und Stadthäuser aus der Gründerzeit prägen das Bild. Im Ostteil gibt es eine **Holländermühle** (1872) und eine frühgotische **Dorfkirche** sowie zahlreiche Geschäfte und Restaurants, im Bahnhof Kühlungsborn-West das **Museum der Mecklenburgischen Bäderbahn**. Der Touristik-Service bietet Rundgänge durch Kühlungsborn an, Treffpunkt ist das Haus des Gastes, Informationen hierzu beim Touristik-Service. Beliebt bei Freizeitkapitänen und Spaziergängern: der moderne Bootshafen von 2003.

Parallel zur Ostseeallee verläuft die **Strandpromenade** mit dem breiten feinsandigen **Strand**. Mehrere Strandabschnitte sind als FKK- bzw. als Hunde-Region ausgewiesen, z.B. ganz im Westen und ganz im Osten.

Service & Tipps:

Touristik-Service-Kühlungsborn GmbH
Ostseeallee 19
18225 Kühlungsborn
✆ (03 82 93) 84 90
www.kuehlungsborn.de

Café Röntgen
Strandstr. 30 a
Kühlungsborn-West
✆ (03 82 93) 609 51
Das Stammhaus der erfolgreichen kleinen Caféhauskette. Leckere Kuchen und Torten vom Feinsten in angenehmer Atmosphäre.

Ausflugsfahrten nach Warnemünde und Grömitz sowie Ostsee-Mini-Kreuzfahrten Richtung Rerik/Salzhaff, mit Bordverpflegung, Abfahrt Seebrücke, Tickets ab € 18. Infos unter ✆ (03 81) 510 67 90. Abendfahrt mit Tanz, Mi und Sa, 18 Uhr, € 9,99.

Der **Gespensterwald** – eigentlich ein 180 ha großer Mischwald – liegt östlich von Kühlungsborn zwischen Nienhagen und Börgerende-Rethwisch. Durch die Lage unmittelbar entlang der Küstenlinie sind hier die Buchen der Steilküste durch stürmische Winde ausgeblichen, bizarr geformt und besonders wild gewachsen.

Der Gespensterwald östlich von Kühlungsborn bildet die ideale Kulisse für Märchenfilme, Phantasielosen auch bekannt als »Nienhäger Holz«

9 Heiligendamm

Der »heilige Damm« zwischen dem heutigen Naturschutzgebiet Conventer See und der Ostsee gab diesem Ortsteil von Bad Doberan den Namen. Hier entstand Ende des 18. Jahrhunderts das älteste und eleganteste Seebad Deutschlands, gegründet durch Herzog Friedrich Franz I. von Mecklenburg-Schwerin im Jahr 1793. Wegen der von der See aus sichtbaren weißen Häuserreihe wurde Heiligendamm auch die »Weiße Stadt am Meer« genannt.

Nach gründlicher Renovierung öffnete 2003 das **Grand Hotel Kempinski** hier seine eleganten Tore. Über dem großen Portal wurde die Inschrift restauriert, »Heic Te Laetitia invitat post balnea sanum« – Hier lädt Dich Freude ein, nach einem heilsamen Bad.

Die große Welt blickte 2007 auf das kleine Heiligendamm als Bundeskanzlerin Merkel hierher die Staatsoberhäupter der G8-Länder einlud. Zahlreiche Kureinrichtungen und einen perfekten Badestrand kann man hier finden und auf der Terrasse des Hotels eine Tasse Tee trinken – nicht eben billig, aber ungemein stilvoll. Allerdings hat der ganz große Glanz in letzter Zeit einen kleinen Dämpfer bekommen, denn die Hotelgruppe Kempinski hat sich von dem Grandhotel getrennt und die Buchungszahlen könnten wohl auch besser sein. Die Sessellehnen der eleganten Nelson Bar sind ein wenig zerschlissen und es wird in der lokalen Presse

»Burg Hohenzollern«: Teil des schneeweißen Gebäudeensembles des Grand Hotels Heiligendamm

offen angesprochen, dass die 300 Angestellten Angst um ihren Arbeitsplatz haben. Seit 2009 hat das Haus einen neuen Direktor, der sich u.a. vor allem die Renovierung der umliegenden weißen Villen, genannt die »Perlenkette«, auf die Fahnen geschrieben hat, um die Anlage ingesamt attraktiver zu machen. Durch die Reha-Klinik, die auf dem Gelände sozusagen in zweiter Reihe steht, teilen sich die Fußgänger auf den elegant eingefassten Pfaden in zwei Gruppen, die entweder mit einem Schoßhündchen oder einer Gehhilfe ausgestattet sind.

Service & Tipps:

Kurhaus Restaurant im Grand Hotel Heiligendamm
18209 Heiligendamm
✆ (03 82 03) 740 62 10
www.grandhotel-heiligendamm.de
Restaurant im sehr eleganten Ambiente des Grandhotels, regionale und internationale Küche. Im historischen Kurhaussaal und auf der Säulenterrasse können auch Nicht-Hotelgäste bei einer Tasse Tee der G8-Gipfel-Atmosphäre von 2007 nachspüren oder einfach das unglaubliche Ostseepanorama genießen. €€€

Backsteinschönheit aus dem 14. Jahrhundert: das Doberaner Münster

10 Bad Doberan

Zusammen mit Heiligendamm entwickelte sich Bad Doberan zu einem Erholungsort des europäischen Hochadels. Aus dieser Blütezeit Ende des 18. Jahrhunderts stammen die Gebäude rund um den **Kamp**, den denkmalgeschützten zentralen Platz des Ortes. Er ist gesäumt von klassizistischen Bauten wie dem großherzogliche Palais von 1809 und dem Salongebäude. Dazu schmücken zwei chinesische

Pavillons den Park. Im Weißen Pavillon lädt heute ein hübsches Cafe zur Einkehr.

Im **Alexandrinenhof** finden sich Kunst und Kunsthandwerk aus dem Bereich Schmuck, Keramik und Textilgestaltung, eine kleine Hofgalerie und ein Café.

Das **Doberaner Münster** ist das bedeutendste mittelalterliche Bauwerk Mecklenburg-Vorpommerns mit dem ältesten Hochaltar Deutschlands – es trägt den stolzen Titel »Perle der norddeutschen Backsteingotik«. Die Wände im Inneren leuchten intensiv durch die warmen, ziegelroten, mit Weiß abgesetzten Backsteine. Sehenswert ist auch das fast zwölf Meter hohe, aus Eichenholz geschnitzte **Sakramentshaus** von 1270. Die Entstehung der Stadt geht auf das bedeutende Zisterzienserkloster zurück, das hier 1171 gegründet wurde. Heute stehen noch die **Klostermauer**, das **Beinhaus** sowie Teile des **Brauhauses**. Das **Kornhaus** der alten Klosteranlage dient der Stadt heute als Kulturzentrum.

Ein berühmter Bad Doberaner ist der **Molli**, die älteste Schmalspurbahn der deutschen Ostseeküste. Von Bad Doberan nach Heiligendamm schnaufte sie erstmalig am 9. Juli 1886. Die Strecke ist exakt 15,2 Kilometer lang. Heute fährt Molli der täglich bis Kühlungsborn-West, vorbei an der ältesten **Pferderennbahn** des Kontinents (1993 wiedereröffnet) und parallel zur Lindenallee, durch Heiligendamm. Von Bad Doberan führt auch ein schöner Wanderweg nach Heiligendamm.

Service & Tipps:

Tourist-Information Bad Doberan-Heiligendamm
Severinstr. 6, 18209 Bad Doberan
✆ (03 82 03) 621 54
Fax (03 82 03) 770 50
www.bad-doberan.de
Stadtführungen in Bad Doberan ab Tourist-Information Mai–Okt. Di und Sa 10.30, Juli–Sept. zusätzl. Do 10.30 Uhr, Führungen in Heiligendamm ab Strandpromenade/Eiscafé Mai–Okt. Mi/So 10.30 Uhr.

Bad Doberaner Münster
Klosterstr. 2, Bad Doberan
✆ (03 82 03) 627 16
www.doberanermuenster.de
Mai–Sept. Mo–Sa 9–18, So 11–18, Nov.–Feb. Mo–Sa 10–16, So 11–16, März/April, Okt. Mo–Sa 10–17, So 11–17 Uhr, auch zahlreiche Führungen und thematische Sonderführungen, Eintritt € 3/2,50

Stadt- und Bädermuseum
Beethovenstr. 8, Bad Doberan
✆ (03 82 03) 620 26, tägl. Mo–Fr 10–12, 13–17, Sa/So 12–17 Uhr, Eintritt € 3/2
Unweit des Münsters, direkt neben dem Westtor des ehemaligen Klosters, wird hier die Geschichte von Doberan-Heiligendamm als dem ersten deutschen Seebad dokumentiert. Gemälde, Zier- und Gebrauchsgegenstände, medizinische Geräte und Badekleidung geben einen Einblick in das (Bade)leben im 19. und 20. Jh.

Mecklenburgische Bäderbahn Molli
Am Bahnhof, Bad Doberan
✆ (03 82 93) 43 13 31
www.molli-bahn.de
Fahrten täglich, etwa stündlich, Karten ab € 4/3.

Ruine des Brauhauses im Klosterbezirk des Münsters von Bad Doberan

11 Güstrow

Die schöne Stadt kann mit dem bedeutendsten **Renaissanceschloss** Norddeutschlands, der Residenz des Herzogs Ulrich von Mecklenburg, und einem der bedeutendsten Künstler des norddeutschen Raums, **Ernst Barlach**, aufwarten.

Der im Norden Deutschlands einmalige Bau entstand ab 1558. Baumeister Franz Parr vereinigte im Süd- und Westflügel italienische, französische und deutsche Baustile. Gezeigt werden heute Kunstsammlungen, Jagd- und Prunkwaffen sowie Gemälde und Möbel der Renaissance. Die reiche Ausstattung mit üppigen Stuckdekorationen belegt ebenso den herrschaftlichen Anspruch der früheren Hofhaltung wie das barockklassizistische Torhaus und das nach historischen Stichen neu angelegte Gartenparterre.

Das Güstrower Schloss blickt auf eine wechselvolle Vergangenheit zurück, es war Herzogenresidenz und Kurtisanenwohnsitz, Kriegslazarett, Landesarbeitshaus und schließlich Museum

Service & Tipps:

Schloss Güstrow
Franz-Parr-Platz 1, 18273 Güstrow
✆ (038 43) 75 20
www.schloss-guestrow.de
Mitte April–Mitte Okt. tägl. 10–18, Mitte Okt.–Mitte April tägl. außer Mo 10–17 Uhr, Eintritt € 5/3,50/frei
Museumsshop und Schlosscafé.

Atelierhaus, Ausstellungsforum-Graphikkabinett
Heidberg 15, Güstrow
✆ (038 43) 844 00-0
www.ernst-barlach-stiftung.de
Tägl außer Mo April–Okt. 10–17, Nov.–März 11–16 Uhr, Eintritt € 6/4, Kombiticket mit Gertrudenkapelle € 7,50/6,50
Atelier des Künstlers und Ausstellung verschiedener Werke.

Gertrudenkapelle
Gertrudenplatz 1, Güstrow
✆ (038 43) 844 00-0
Tägl außer Mo April–Okt. 10–17, Nov.–März 11–16 Uhr, Eintritt € 4/[illegible], Kombiticket € 7,50/5,50
Ausstellungsraum mit bekannten Werken Barlachs im Stadtzentrum.

Menschliches in Holz und Bronze: Ernst Barlach Stiftung in Güstrow

Schwerelose Bronze: »Der Schwebende« von Ernst Barlach im Güstrower Dom

Liebhaber des Werks von Ernst Barlach sollten sich einen Ausflug nach Güstrow gönnen. In dieser seiner Wahlheimat verbrachte der Künstler ab 1910 einen großen Teil seines Lebens. Geboren 1870, studierte Ernst Barlach von 1891 bis 1896 Bildhauerei an der Dresdener Kunstakademie. 1906 unternahm er eine Reise nach Südrussland. Die Eindrücke dieser Reise sollten sein künstlerisches Schaffen prägen. 1910 zog er nach Güstrow, wo er sich ein Atelier und Wohnhaus am Inselsee bauen ließ.

Barlachs Skulpturen aus Holz, Ton und Bronze zeigen den Menschen in elementaren Zuständen: Sie frieren, sie kauern, sind gefesselt, schlafen, lauschen singen und haben Angst. Soviel Menschliches konnte den Nationalsozialisten nicht gefallen und Barlach wurde entsprechend verboten und verfemt. Seine Werke wurden als »entartete Kunst« aus öffentlichen Sammlungen entfernt, und 1937 belegte ihn die Reichskammer der Bildenden Künste mit einem Ausstellungsverbot. Im Alter von 68 Jahren erlag der Künstler 1938 einem Herzinfarkt.

Zu den Figuren, die als Ehren- und Mahnmale nach 1933 entfernt oder zerstört und nach 1945 wieder erneuert und aufgestellt wurden, zählen beispielsweise »Der Schwebende« in der Nordhalle des Doms zu Güstrow und der »Geistkämpfer« neben der Kieler Nikolaikirche. 1949 wurden Wohnhaus und Atelier südwestlich der Innenstadt von Güstrow in ein Museum umgewandelt. **Atelierhaus** und **Gertrudenkapelle** zeigen heute Plastiken, Holzskulpturen und Zeichnungen des weltberühmten Künstlers.

In der Rostocker Heide zu Hause: der Eisvogel

12 Rostocker Heide

Die **Rostocker Heide**, östlich der Stadt, ist eines der letzten großen und geschlossenen Waldgebiete an der deutschen Küste. Im Jahr 1252 wurde das Waldgebiet durch Fürst Heinrich Borwin II. an die Stadt Rostock verkauft.

Seit Februar 1996 ist die gesamte Fläche ein Landschaftsschutzgebiet. Auf ehemaligen Militärsperrgebieten wurden Heidepflanzen angesiedelt und frühere Militärbunker rüstete man zu Winterquartieren für Fledermäuse um. Der urwüchsige Wald mit seinem weißen Strand, den eichengesäumten Torfgräben, den Stechpalmenwäldern und den idyllischen kleinen Orten am Wegesrand bietet ideale Voraussetzungen zur Erholung. Etwa 60 Kilometer Wander- und Radwege führen durch das Gelände.

Die Gertrudenkapelle in Güstrow wurde 1953 als erstes Museum des »verbotenen« Künstlers Ernst Barlach eröffnet

13 Graal-Müritz

Bereits seit 675 Jahren gibt es den kleinen Ort mit dem breiten Sandstrand. Fischerkaten und Bürgervillen im Bäderstil finden hier zu einem harmonischen Gesamteindruck zusammen. Viele der Häuser tragen stolze oder auch humorvolle Namen wie »Min Hüsung«, »Min Droom« und »Villa Graalsburg«. Kleine Geschäfte, gemütliche Restaurants und eine große Zahl von Kureinrichtungen prägen das Ortsbild.

Der Wald reicht bis an das Meer heran – die **Rostocker Heide** ist das größte Mischwaldgebiet an der deutschen Ostseeküste. Der wunderschöne **Rhododendronpark** wurde in den 1960er-Jahren angelegt und mit über 2000 Stauden in allen Farben bepflanzt, die im Mai und Juni üppig blühen, ein Kurpavillon dient als Bühne für Sommerkonzerte. Östlich wird der Ort vom **Müritz-Ribnitzer Hochmoor** begrenzt, einem einmaligen Biotop mit anderswo selten gewordenen Pflanzen- und Tierarten. Für Natur- und Wanderfreunde veranstaltet die Tourismusinformation professionell geführte **Moorwanderungen**.

Service & Tipps:

Tourismus- und Kur GmbH Graal-Müritz
Rostocker Str. 3, 18181 Graal-Müritz
✆ (03 82 06) 70 30
www.graal-mueritz.de
Mit der **Tuki-Bahn** kann man eine Runde durch den Ort drehen (15 km, ca. 1 Std.), der Fahrer fungiert als Stadtführer. Fahrten tägl. zwischen 9 und 20 Uhr.

Aquadrom
Buchenkampweg 9
Graal-Müritz
✆ (03 82 06) 879 00
www.aquadrom.net
Tägl. 9–21.30, Di, Do ab 8 Uhr
Eintritt ab € 6,80/4,70, mit Sauna ab € 9,40, ermäßigter Eintritt mit Kurkarte
Großes Freizeitbad mit Außen- und Innenbereich, 25-Meter-Becken und Strömungskanal; gebadet wird in erwärmtem Ostseewasser. Mit Fitness-, Wellness- und Saunaabteilung, Restaurant mit Sonnenterrasse, Bistro und Biergarten.

Fahrräder und Service Thom
Zarnesweg 2, Rhododendronpark/Parkplatz & Birkenallee 34
Graal-Müritz
✆ (03 82 06) 798 05, www.fahrrad-thom.de
Gut ausgestatteter Verleihdienst, der auch Bollerwagen, Vierer-Tretmobile, Radanhänger und Kinderräder im Programm hat.

Restaurant-Hotel Waldperle
Parkstr. 9, Graal-Müritz
✆ (03 82 06) 14 70
www.hotel-waldperle.de
Gutbürgerliche Küche, serviert im gediegenen, mediterran angehauchten Ambiente und auf der großen Terrasse in unmittelbarer Nähe des Rhododendronparks.

Ein kleines Schild weist darauf hin, dass es »die Waldperle« zu literarischen Ehren gebracht hat: Der Rostocker Autor Walter Kempowski ließ hier seine Romanfamilie standesgemäß residieren. Nachzulesen in »Schöne Aussicht« und »Aus großer Zeit«. €

»Das Baden ist ein ziemlicher Umstand. Erst am dritten Tag wird damit begonnen. In einem Badehaus zieht man sich um, und in voller Montur steigt man über die Stufen ins Wasser hinab, quergestreifte Trikots trägt man und hat eine Rüschenkappe auf dem Kopf. Die Mutter geht zuerst hinein, sie lässt sich die Kinder nacheinander auf den Arm geben und taucht sie einmal, zweimal, dreimal unter, und die schreien dann wie am Spieß.

›Wunderschön, nicht?‹ ruft der Vater draußen. (…) Ein wonliges Prickeln soll sich einstellen, laut Handbuch, und wenn es sich einstellt, soll man das Wasser verlassen.«

Walter Kempowski »Aus großer Zeit« (Goldmann 1978)

Region 9
Fischland, Darß, Zingst

Fischland, Darß und Zingst

Halbinseln mit Charme, Naturschätzen und schönen Aussichten

Zwischen den Hansestädten Rostock und Stralsund liegt die Halbinselkette Fischland, Darß und Zingst. Ursprünglich waren es drei eigenständige Inseln; über die Jahrhunderte wuchsen sie allmählich zusammen, wobei Mensch und Ostsee Hand in Hand arbeiteten, durch Deichbau einer- und Sandaufspülung andererseits.

Parallel zur Inselhauptstraße verläuft der Radweg teilweise auf einer Art Deich, der die Straße vom Strand trennt. Die Radfahrer können hier auf weiten Strecken auf die Menschen in ihren Blechkisten herabbsehen, vor allem, wenn sich der Verkehr bei heißem Wetter eher nur langsam dahinquält. Wer den eigenen Drahtesel zu Haus gelassen hat, findet auf den Halbinseln zahlreiche Fahrradvermieter. Das ist wichtig, wenn man den Wald des Nationalparks erfahren möchte, denn mit dem Auto ist dies nicht erlaubt.

Seesterne bitte nicht als Souvenir mitnehmen!

Der dichte Wald zu beiden Straßenseiten verstellt fast immer den Blick auf Bodden und Ostsee, was man ihm aber aufgrund seiner erfreulichen Dichte und Vielfalt nicht übel nimmt – und wofür man spätestens am Strand angekommen sehr dankbar ist. Überhaupt sind Darß und Zingst insgesamt sehr grün und daher schattenspendend an heißen Sommertagen. Fast alle Orte sind aufwändig und sorgfältig begrünt, beinahe alle Häuser haben gepflegte Vorgärten mit zahlreichen hochgewachsenen Bäume. Heckenrosen- und Weißdornduft liegen in der Luft, auf den Feldern haben Mohn und Kornblumen im Mai und Juni ihren großen Auftritt.

Die Urlaubslandschaft der Region ist geprägt durch ehemalige Fischerdörfer und die vielen kleinen und größeren Kur- und Erholungseinrichtungen, die sich entlang der Küste angesiedelt haben. Dennoch bleiben sie alle eher im Hintergrund – die große »Urlaubsbühne« gehört der Landschaft der schmalen Landzunge zwischen Meer und Bodden mit ihren Flach- und Steilufern, Buchten, Nehrungen, Dünen und Windwatten.

Soweit das Auge reicht: die Strände der Halbinseln Fischland, Darß und Zingst gehören zu den schönsten der Ostseeküste

Service & Tipps:

Tourismusverband Fischland-Darß-Zingst e. V.
Barther Str. 31, Storchenhaus
18314 Löbnitz
✆ (03 83 24) 64 00, www.darss.net

Kleine Kinos gibt es in Zingst, Prerow, Wustrow, Dierhagen und in Ribnitz-Damgarten.

Regional- und Bioläden sollte man nach Kräften unterstützen – sie sind Lichtblick und Gegenbewegung zum Discounter-Einerlei, das man schließlich zu Haus auch hat.

Überall auf Fischland, Darß und Zingst gibt es kleine Fischgeschäfte. Frischware wird von Booten aus verkauft. Diese Läden sind oft am Straßenrand der Hauptverkehrsstraße ausgeschildert.

Region 9
Fischland, Darß, Zingst

1 Dierhagen/Fischland

Gelegen am Übergang zwischen Festland und Fischland, besteht Dierhagen aus sechs Ortsteilen, wobei Neuhaus, Dierhagen-Strand und -Ost direkt am sieben Kilometer langen Sandstrand liegen. Das Bild der Ortschaften prägen Ferienhäuser und Pensionen, gleich am Eingang wird klar: Man versteht sich hier als letzte Versorgungsstelle auf dem Festland. Dies ist allerdings aufgrund der doch inzwischen sehr starken Vernetzung von den üblichen Discountern sowie überall vorhandenen kleinen Bäckereien und einigen Fisch- und Fleischfachgeschäften eigentlich nicht mehr wirklich der Fall. In Dierhagen-Dorf und Dändorf finden sich auch ehemalige Kapitänshäuser und Bauernhöfe.

Kurverwaltung Dierhagen
Ernst-Moritz-Arndt-Str. 2
✆ (03 82 26) 201
www.ostseebad-dierhagen.de

Vogel- und Ausflugsparadies Nationalpark Vorpommersche Boddenlandschaft

Von Darß im Westen bis zur Insel Rügen im Osten erstreckt sich der Nationalpark über 805 Quadratkilometer. Wälder, Dünen und Salzgraswiesen prägen diese einzigartige und schutzbedürftige Landschaft.

Ein »Bodden« ist definiert als flaches Küstengewässer, das die Natur durch Anlandung vom Meer abgetrennt hat. Durch diese Gegebenheiten entstehen über Jahrhunderte ganz einzigartige Lebensräume. Besondere Fischarten fühlen sich hier wohl, Haubentauchern und Löffelenten dient der Bodden als Nahrungsreservoir, für Graugänse ist er ein beliebter Treffpunkt. Hier machen in jedem Jahr um die 40 000 Tiere Rast auf ihrem Flug nach Süd- und Mitteleuropa, andere Arten überwintern sogar.

Die Boddenlandschaft ist ein Paradies für Vogelfreunde. Von den Beobachtungsplattformen südlich von Zingst, bei Bisdorf an der südlichen Boddenküste und bei Tankow auf der sogenannten Vogelinsel Ummanz können vor allem in den späten Nachmittagsstunden zwischen September und Oktober die Kranichschwärme gesichtet werden. In Barhöft an der südlichen Boddenküste lassen sich außerdem Seeadler bei der Nahrungssuche zusehen. Über den gesamten Park verteilt gibt es insgesamt acht Informationseinrichtungen, die sich mit unterschiedlichen Aspekten der einzigartigen Landschaft des Nationalparks befassen. Im Natureum Darßer Ort, im alten Leuchtturm, ist eine Außenstelle des Meeresmuseums Stralsund untergekommen. Es vermittelt Interessantes über die Entstehung und Entwicklung der Boddenlandschaft und die heimische Wasserwelt. Auf dem Rundwanderweg »Darßer Ort« kann man sich davon überzeugen, dass Landschaften veränderlich sind, denn die Küstenlinie des Boddens ist in ständigem Wandel: Was sich das Meer an der einen Stelle holt, wird an einer anderen wieder zurückgegeben.

Die Informationszentren sind ein guter Anfangspunkt für den Parkbesuch, ob zu Fuß, per Rad, mit dem Auto oder bei einer Kutschfahrt, wie sie die an mehreren Stellen im Park angeboten wird.

Nationalpark Vorpommersche Boddenlandschaft
Nationalparkamt Vorpommern
Im Forst 5, 18375 Born
✆ (03 82 34) 50 20
www.nationalpark-vorpommersche-boddenlandschaft.de
Die kostenlose Broschüre »Unterwegs« informiert über alle Nationalparkangebote und zahlreiche geführte Ausflüge, Wanderungen sowie über Vorträge und Ausstellungen in der gesamten Region.

Kampfläufer gehören zu den äußerst seltenen Arten, die nur noch am Bodden vorkommen (oben); auf Stippvisite im Nationalpark – der Säbelschnäbler (unten)

2 Wustrow/Fischland

Wustrow hieß bei den Slawen einst »Swante Wustrow« – heilige Insel, denn es befand sich ein Heiligtum ihrer Gottheit Swantewitt an dieser Stelle. Eine moderne Skulptur an der Seebrücke zollt dieser Vergangenheit Tribut. Vielleicht hatte es mit der besonderen Lage zu tun, denn der Ort an dieser schmalen Stelle der Halbinseln hat eine Ostsee- und eine Boddenseite, die sehr dicht beinanderliegen. Auf der Seeseite hat Wustrow einen weitläufigen, feinsandigen **Strand** zu bieten, auf der Boddenseite den neugestalteten **Hafen** und romantische Schilflandschaft.

Die gar nicht mal kleine neugotische **Kirche** von 1893 liegt auf einer Anhöhe, auf der bereits in den 600 Jahren zuvor eine Feldsteinkirche stand. Die schmucken Votivschiffe im Innern, die **Seenotstation** von 1906 sowie die vielen **Kapitäns- und Schifferhäuser** im Fachwerkstil sind beredte Zeugen einer äußerst erfolgreichen maritimen Vergangenheit. Vor allem in der Neue Straße finden sich hierfür Beispiele, darunter auch das **Fischlandhaus**, das den 1200 Einwohnern als Bibliothek, Heimatmuseum, Ausstellungsraum und Kulturzentrum dient.

Der Weg zur Seebrücke bietet die übliche Mischung aus Restaurants, Cafés und Kiosken, wie überhaupt diese Ortsseite eher dem Bädertourismus verbunden ist. Die **Seebrücke** selbst ist die Verlängerung dieser »Vergnügungsmeile« und bietet die Gelegenheit zu einem – manchmal reichlich windumtosten – Blick zurück auf den Ort sowie auf den Strand zu beiden Seiten.

Östlich des Hafens liegt der Ortsteil **Barnstorf**. Hier gibt es einige interessante traditionelle Häusertypen zu sehen und die **Kunstscheune**, in der wechselnde Ausstellungen stattfinden.

Der Ort hat eine gute Infrastruktur für die Versorgung der Urlauberfamilien. Das Haus des Gastes ist in der ehemaligen Kaiserlichen Post untergebracht.

Ein genauer Blick lohnt sich: Entlang der Ostseeküste finden sich viele Versteinerungen

An den Strand von Wustrow kommen die Badegäste seit 125 Jahren

Service & Tipps:

Kurverwaltung Ostseebad Wustrow
Ernst-Thälmann-Str. 11
18347 Wustrow
✆ (03 82 20) 251
www.ostseebad-wustrow.de

Fahrgastbetrieb Kruse und Voß
Hafenstr. 7, Wustrow
✆ (03 82 20) 588
www.boddenschifffahrt.de
Bootsrundfahrt mit der MS »Bültenkieker« ab/an Wustrow in den Nationalpark Vorpommersche Boddenlandschaft und Linienverkehr zwischen Ribnitz-Damgarten und Wustrow, auch Fahrradtransport, Fahrten ab € 4,50/3,50.

Surfcenter Wustrow
An der Nebelstation 2
Wustrow
✆ (03 82 20) 802 50
www.surfcenter-wustrow.de
Tägl. Ostern–Okt.
Wellenreit-, Surf- und Kitesurfschule, Inlineskates und Boardverleih, Surfshop und Reparaturservice.

Schimmel's
18347, Parkstr. 1, Wustrow
✆ (03 82 20) 6 65 00
www.schimmels.de
Frische Landhausküche unter Verwendung und Verfeinerung vieler regionaler Produkte, serviert in einem neuen Haus nach alter Bauweise. Die Einrichtung ist gemütlich und elegant. €€€

3 Ahrenshoop/Darß

Das Ostseebad Ahrenshoop auf dem Vordarß ist vor allem in Künstlerkreisen ein Begriff. Schriftsteller, Musiker und Schauspieler fanden sich hier um 1900 ein, um sich von der besonderen Atmosphäre der Landschaft inspirieren zu lassen – und sie blieben. Heute ist der ganze Ort geradezu »gespickt« mit Galerien, Malschulen und Skulpturen. Den Anfang machte die **Ahrenshooper Künsterkolonie** mit ihrem Haus, dem **Kunstkaten**. Zu den Landschaftsmalern der Gründergeneration gehörten u.a. Elisabeth von Eicken, Heinrich Schlotermann, Theobald Schorn und Paul Müller-Kaempff.

Heute nach 100 Jahren präsentiert sich die reetgedeckte »Ur-Galerie« im Strandweg, der von der Dorfstraße zum Wasser führt, in leuchtendem Blau.

Blaue Farbe und Rohrdach: der Kunstkaten am Strandweg in Ahrenshoop

Das Ausstellungsprogramm ist den Malern der Künstlerkolonie sowie folgenden Künstlergenerationen gewidmet, denen Ahrenshoop und die Ostseeküste als Inspiration diente. Zusätzlich werden in den letzten Jahren auch Arbeiten anderer europäischer Künstlerkolonien ausgestellt.

Während die Künstler der ersten Stunde noch die stadtferne Idylle suchten und fanden, ging das künstlerische Image in den vergangenen zehn Jahren eine etwas unheilige Ehe mit den dann doch zum Teil recht kommerzlastigen Wellness-Tempeln ein, die hier seit der Wende aus dem Boden wuchsen. Ein ganz eigener Stil von Pracht-Fachwerk unter frischem Reet- oder Rohrdach ist entlang der Straße zu beobachten. Wer sich's leisten kann, verbindet hier kostbare Wellnessbehandlung mit Kunstrezeption. Der große Neubau des Kurhauses, eine Art moderner Glastempel der Medizin, wird ebenfalls nicht gerade zum Eindruck künstlerischer Idylle beitragen, dafür aber sicher für weiteren wirtschaftlichen Auftrieb sorgen.

Die winzige **Dorfkirche** aus Holz wurde 1951 fertiggestellt. Sie ist einem kieloben liegenden Boot nachempfunden und wurde einzig aus heimischen Materialien erbaut. 2005 erhielt sie einen freistehenden Glockenturm. Neben Gottesdiensten finden hier auch Literaturveranstaltungen statt.

Die Ortsteile **Althagen** und **Niehagen** waren früher eigenständige Dörfer. In Niehagen lebte und arbeitete der Grafiker und Bildhauer Gerhard Marcks, in Althagen verbrachte die Heimatschriftstellerin Käthe Miethe mehr als zwanzig Jahre ihres Lebens.

Auch der **Strand** von Ahrenshoop kann sich mit feinem weißen Sand sehen lassen, nur ein schmaler Streifen aus Dünen trennt den Ort von der See. Die Strände des Darß gehören zu den schönsten der Ostseeküste. Sie sind zum Land hin durch Wald, am Weststrand sogar durch »Urwald« begrenzt. Hier geht es sehr natürlich zu – nicht nur liegt der Abschnitt zwischen Strandhorst und dem **Leuchtturm Darßer Ort** im Naturpark (das Auto muss daher in Ortsnähe abgestellt werden), man badet hier auch überwiegend *en nature*.

Die Haustüren auf dem Darß sind echte Hingucker: Die vielen unterschiedlichen Motive sollen traditionell das Haus und seine Bewohner beschützen

Service & Tipps:

Kurverwaltung Ahrenshoop
Kirchnersgang 2
18347 Ahrenshoop
✆ (03 82 20) 666 60

Kunstkaten Ahrenshoop
Strandweg 1, Ahrenshoop
✆ (03 82 20) 803 08
Tägl. 10–18 Uhr
Eintritt € 2/1
Sein hundertjähriges Jubiläum konnte das Haus 2009 feiern. Die Idee zu einer eigenen Galerie für die in der Ahrenshooper Künstlerkolonie ansässigen Landschaftsmaler hatten der aus Oldenburg stammende Maler Paul Müller-Kaempff (1861–1941) und sein Kollege Theobald Schorr (1866–1913). Im »Bildersaal« mit Oberlicht wechselte man anfänglich wöchentlich die Ausstellungen und in der »Bauernstube« wurden Mobiliar und Kunsthandwerk angeboten. Der Eintritt betrug damals 40 Pfennige. Seit 1993 ist der Kunstkaten im Besitz der Gemeinde Ahrenshoop.

Restaurant und Café Namenlos
Schifferberg 2, Ahrenshoop
✆ (03 82 20) 60 60
Vielleicht die erste Adresse am

Votivschiffe

Eine Votivgabe (von lat. votum = Gelübde) ist ein Gegenstand, der gemäß einem Gelübde an heiliger Stätte als Zeichen des Dankes für die Rettung aus einer Notlage dargebracht wird. Votivschiffe – Segelschiffminiaturen – wurden schon vor Jahrhunderten als Dank für die Errettung aus Seenot in Kirchen aufgehängt. Dieser Brauch war zunächst im Mittelmeerraum verbreitet und kam dann auch nach Deutschland. Heute noch finden sich etwa 100 Schiffe in Gotteshäusern Mecklenburg-Vorpommerns und Schleswig-Holsteins. Das älteste in Deutschland vorhandene Modellschiff von 1617 hängt in der Petrikirche in Landkirchen auf Fehmarn.

Der Darßer Leuchtturm ist seit 1995 wieder zu besichtigen, mehr als 100 000 Besucher erklimmen alljährlich seine 134 Stufen

Ort mit weitem Blick von einer schönen Terrasse. €€

Räucherhaus Schönthier
Am Althäger Hafen
Ahrenshoop/Althagen
✆ (03 82 20) 69 46
www.raeucherhaus.net
Idyllisch am Bodden gelegen, an einem kleinen Landungssteg. Restaurant mit Schauräucherei und überdachter Terrasse. Auch Ausflugsfahrten auf einem alten Zeesboot. €-€€

Feste & Veranstaltungen
1. Wochenende im Juni: **Ahrenshooper Kinderfest** mit Bändertanz, Taubenstechen und Tonnenabschlagen
Juni: Dreitägiges **Jazzfest**
Juli: **Tonnenfest** – traditionelles Jahresfest des Tonnenbunds Ahrenshoop mit Wahl des Tonnenkönigs
Juli/August: **Theaterwochen**
September: **Fischerregatta** – zum Saisonabschluss treffen sich die traditionellen Zeesboote zum Wettkampf in Althagen.

4 Prerow/Darß

Das ehemalige Seefahrer- und Fischerdorf Prerow blickt auf eine 130-jährige Badegeschichte zurück. Benannt wurde es nach dem Prerowstrom, der bis 1874 hier ins Meer mündete. Der alte Ortskern mit dem **Hafen** liegt etwas landeinwärts, der neuere Ortsteil, der mit der Ankunft der Feriengäste entstand, erstreckt sich Richtung Westen. An der **Hauptübergang** gibt es zahlreiche Restaurants, Cafés und kleine Geschäfte und eine 395 Meter lange **Seebrücke**.

Der **Strand** von Prerow ist fünf Kilometer lang und bis zu 80 Meter breit, steinlos und windgeschützt. Für Kinder praktisch: Der Bereich des Flachwassers beträgt fast 50 Meter.

Auf der Seite nach Zingst zu, etwas abseits, liegt die **Seemannskirche** von 1728. Zahlreiche Schiffsmodelle finden sich im Innern. Viele der Grabsteine bilden Segelschiffe oder Anker ab: Hier ging ein Leben zu Ende, das der See gewidmet war. Vor dem Eingang sind alte Grabsteine als Wegbepflasterung verwendet worden, darunter auch einer mit der Abbildung eines Schädels mit gekreuztem Gebein. Die Kapelle vor dem Kirchhof links ist aus den 1960er Jahren, fügt sich dennoch harmonisch in das Gelände ein.

Durch den urwüchsigen **Darßwald** kann man von Prerow aus gut radeln oder wandern, z. B. zum 35 Meter hohen **Leuchtturm Darßer Ort**, erbaut 1848 und damit einer der ältesten an der Ostseeküste.

Nostalgischer Charme: Boddenrundfahrten mit dem Heckraddampfer MS »Riverstar«

Service & Tipps:

Kur- und Tourismusbetrieb Prerow
Gemeindeplatz 1, 18357 Prerow
✆ (03 82 33) 61 00, Fax (03 82 33) 610 20
www.ostseebad-prerow.de

Darß-Museum Prerow
Waldstr. 48, Prerow
✆ (03 82 33) 697 50
Mai–Okt. tägl. außer Mo 10–18, Nov.–April Fr–So 13–17 Uhr
Das Landschaftsmuseum der Halbinsel dokumentiert Geologie, Ur- und Frühgeschichte, Fischerei und Segelschifffahrt sowie Darßer Baukultur, u.a. sind die auffällig schönen geschnitzten und farbigen Haustüren Thema.

Fahrgastschifffahrt mit MS »Heidi«
Ab Hafen Prerow
✆ (03 82 34) 210 und 0171-523 10 74, ebenso MS »Riverstar«, ✆ (03 82 34) 239 (beide Schiffe auch rollstuhlfahrergerecht)

Ausflugsziel:

Wieck, 4 km nordöstlich von Born am Bodtstädter Bodden lohnt wegen der schönen Lage und der zahlreichen Fachwerktraufenhäuser.

5 Born/Darß

Das ehemalige Fischer- und Bauerndorf am Koppelstrom hat sich heute dem Tourismus zugewandt, der kleine geschütze **Hafen** lockt vor allem Segler an. Auch in Born gibt es viele der für die Halbinsel so typischen reetgedeckten Häuser mit den bunten Haustüren, die mit auffälligen Schnitzereien geschmückt sind. Häufig verwendete Motive sind aufgehende Sonnen, die die glückliche Heimkehr ihrer Bewohner von großer Fahrt symbolisieren.

Service & Tipps:

Peterssons Hof
Café und Restaurant
Bäckergang 12 b, 18375 Born/Darß
✆ (03 82 34) 557 20
www.peterssons-hof.de
Der Hof wurde 1888 als eines der ersten Hotels auf dem Darß eröffnet. Die Scheune wurde heute umgebaut und in ein Restaurant verwandelt. Im Winter lockt ein Kamin, bei Sonnenschein die Terrasse.

Die Speisekarte ist interessant und angenehm übersichtlich. Viel Fisch aus Bodden und Ostsee ist im Angebot, zum Nachtisch gibt es z.B. Sanddornparfait, am Nachmittag Selbstgebackenes. Eine Vorbestellung ist in der Hauptsaison oft besser. €–€€

Früh übt sich, wer mit der Fischerei mal Geld verdienen will

Region 9 Fischland, Darß, Zingst

Östlich von Pramort liegt ein bedeutender Rastplatz für Kraniche. Nahe der Straße nach Barth, südlich von Zingst befindet sich auf der linken Seite ein Beobachtungspunkt.

6 Zingst/Zingst

Hauptort des östlichsten Teils der Halbinselkette ist das Ostseeheilbad Zingst, entstanden aus mehreren Siedlungen. Ein 1881 gegründetes »Badekomitee« gab der wirtschaftlichen Entwicklung der Gemeinde eine Wende, und aus dem Fischer- und Schifferörtchen wurde ein außerordentlich erfolgreicher Badeort. Zu den etwa 3100 Einwohnern gesellen sich alljährlich ausreichend Badegäste, um ein Kontingent von 10 000 Betten auszulasten.

Wer den Strand von Zingst sieht, wird sich über diesen Erfolg sicher nicht wundern: Der feine **Sandstrand** ist zwölf Kilometer lang und lädt außer zum Baden zu ausgedehnten Spaziergängen ein. Auch die Einbettung in die Landschaft mit ihren zahlreichen Ausflugsoptionen wird von den Urlaubern geschätzt.

Der Ort selbst ist in der Saison sehr belebt, auf den Hauptachsen der **Fußgängerzone** liegt ein Café und Restaurant neben dem anderen, außerdem kleine Geschäfte der üblichen Couleur – Obst- und Eisstände, Tee, Keramik, Souvenirs und leicht überteuerte Lebensmittel können hier auf dem Weg zum und vom Strand erworben werden.

Zum alten Zingst gehört das Gebäude der **Seenotrettung**, der Zingster Rettungsschuppen von 1875 mit einer kleinen Ausstellung zum Thema. Die **Backsteinkirche St. Peter und Paul** von 1862 wurde nach Entwür-

Abgetakelt!

fen von Friedrich August Stüler gebaut, einem Schüler des berühmten Friedrich Schinkel. Vom **Hafen am Zingster Strom** aus starten Ausflugsdampfer in die nähere Umgebung.

Auf dem Deich kann man zum Beispiel vom alten Ortsteil zur **Seebrücke** spazieren. Der neu gestaltete Platz vor dem Kurhaus, flankiert von den zwei Steigenberger Hotels, ist noch gar nicht alt und macht einen eher uneinheitlichen Eindruck: etwas Heiligendamm, gemischt mit Architekturelementen aus dem Vorstadtsiedlungsbereich.

Eine Tasse Kaffee und ein Stück Kuchen nimmt man am besten im Kurhaus zu sich, oben auf dem Deich. Auch bei schlechtem Wetter hat man von hier einen schönen Blick auf die Ostsee und von der Terrasse gute Sicht auf die vorbeiflanierenden Miturlauber.

Service & Tipps:

Kur- und Tourismus GmbH Ostseeheilbad Zingst
Seestraße 56, 18374 Zingst
✆ (03 82 32) 815 80
Fax (03 82 32) 815 25
www.zingst.de

Museumshof
Strandstr. 1 (am Kreisel), Zingst
✆ (03 82 32) 155 61
Im Sommer Mo–Sa 10–17, So 14–17 Uhr, Eintritt € 3/2/frei
Das Heimatmuseum im alten Kapitänshaus informiert über die Ortsgeschichte.

Experimentarium
Seestr. 76 (am westl. Ortsrand) Zingst
✆ (03 82 32) 846 78
www.experimentarium-zingst.de
Juli/Aug. tägl. 10–18, April–Juni und Sept. tägl. außer Mo 10–17, im Winter Mi–So 10–16 Uhr
Eintritt € 6/4,50/2
Naturwissenschaftliches Erforschungszentrum für Kinder (und Erwachsene).

Ausflugsfahrten mit MS »Schaprode« und MS »Sundevit«
Ab Anleger Zingst durch den Bodden, nach Hiddensee und Stralsund
✆ (038 31) 268 10, 0180 3 21 21 50
www.reederei-zingst.de, ab € 8,40
Mitte Mai–Mitte Sept. 9 Uhr ab Zingst. Auch Mondschein-, Natur- und Kranichfahrten.

Kurhaus Restaurant und Café
Seestraße 57
✆ (03 82 32) 815 76
Die Speisekarte ist nicht originell, aber ausreichend. Ein Besuch lohnt vor allem wegen des Blicks auf den Strand. Bei gutem Wetter sitzt man auf der Terrasse direkt am Ort des Geschehens.

Die Seebrücke selbst sorgt für einen schönen Blick zurück auf das Ufer.

Meerlust
Seestr. 72, Zingst
✆ (03 82 32) 88 50
www.hotelmeerlust.de
Feinschmeckerlokal, das erlesene Köstlichkeiten bietet, ausgezeichnet durch die Erwähnung im Gault Millau. €€€

Feste & Veranstaltungen
1. Mai: **Anbaden** – Traditioneller Saisonauftakt an der Seebrücke letztes Wochenende im Juni: **Zingster Hafenfest** mit Zeesbootregatta
August: **Zingster Kunstmagistrale** – Ausstellung und Verkauf der Werke lokaler Künstler zwischen Seebrücke und Fischmarkt
September: Treffen und **Konzert der Shantychöre**.

7 Ribnitz-Damgarten

Sowohl Ribnitz als auch Damgarten blicken auf eine über 700-jährige Geschichte zurück, wobei sie erst seit knapp 60 Jahren den Weg gemeinsam gehen. Wer sich der kleinen Stadt nähert, stößt zunächst von keiner Seite auf viel Ansehnliches, Gewerbegebiets-Einerlei und der eine oder andere DDR-Plattenbau, der hier an der Ostsee noch weniger ins Bild passen mag als anderswo, sind zu sehen, und auch von den meist zweigeschossigen Häusern haben noch längst nicht alle das Post-Wende-Renovierungsstadium erreicht. Einzig das eher zierliche Stadttor, das Rostocker Tor - um das der neuzeitliche Verkehr diskret herum geleitet wird - wirkt einladend. Umso eher überrascht Ribnitz-Damgarten dann mit einem sehr großzügigen **Marktplatz**, einer recht imposanten Backsteinkirche - **St. Marien** aus dem 13. Jahrhundert - und einem überaus modernen, eleganten, leuchtend roten Stadt-Informations-Zentrum an sehr zentraler Stelle. Neueren Datums ist der sehr gelungene **Marktbrunnen** »Bernsteinfischer«.

Vom Marktplatz aus sieht man schon, dass gleich mehrere nette kleine Straßen hinunter zum **Boddenufer** führen, wo eine Straße parallel zum Ufer verläuft, auch hier bleiben die Häuser eher kleiner: keine Prachtbauten, sondern gemütliche Bescheidenheit.

Zum Bummeln muss die Lange Straße ausreichen, das eine oder andere kleine Café lässt sich aber schon finden. Nach Ribnitz-Damgarten kommt vor allem, wer sich über das Gold der Ostsee näher informieren möchte. Das **Deutsche Bernsteinmuseum** wurde in alten Klostermauern untergebracht und ist eine der Hauptattraktionen der gesamten Region, die einen Besuch auch dann lohnt, wenn man den Ausstellungsgegenstand bislang eher in den Themenbereich »Omas Schmuck« verwiesen hat. Die Rolle des Bernsteins für den gesamten Ostseeraum ist nicht zu unterschätzen - genauso wenig wie die Schönheit und Einzigartigkeit des Materials, das entlang aller Küsten der Region zu finden ist.

Fischland, Darß und Zingst zählen zu den klassischen Bernsteinregionen der Ostsee

Service & Tipps:

Stadtinformation Ribnitz-Damgarten
Am Markt 14
18311 Ribnitz-Damgarten
✆ (038 21) 22 01
www.ribnitz-damgarten.de

Deutsches Bernsteinmuseum Ribnitz-Damgarten
Im Kloster 1–2
Ribnitz-Damgarten
✆ (038 21) 46 22, www.deutsches-bernsteinmuseum.de
März–Okt. tägl. 9.30–18, Nov.–Feb. Di–So bis 17 Uhr, Eintritt € 8,50/7,50/4
Die bedeutendste Bernsteinsammlung Deutschlands. Entstehung, Gewinnung und Verarbeitung dieses »Goldes des Meeres« sowie auch dessen Rolle in Kunst- und Kulturgeschichte wird mit 1500 Exponaten dokumentiert. Mit sehr schönem Museums-Café und Shop. Am Museum gibt es nur wenige Parkplätze, dafür gibt es zusätzliche am Marktplatz.

Schau-Manufaktur Ostsee-Schmuck
An der Mühle 30
Ribnitz-Damgarten
✆ (038 21) 885 80
www.ostseeschmuck.de
Mo–Fr 9.30–18, Sa bis 16 Uhr
Eintritt frei
»Gläserne Produktion« von Schmuck und Verkauf rund um das Thema Bernstein.

Galerie im Kloster
Im Kloster 9, Ribnitz-Damgarten
✆ (038 21) 47 01
Tägl. außer Mo 10–18 Uhr
Die Galerie des Kunstvereins verbindet ein modernes, zeitgenössisches Ausstellungsprogramm mit den historischen Kunstschätzen aus der Sammlung des Landkreises Nordvorpommern. Kleines Feininger-Kabinett.

Feste & Veranstaltungen

Mai: **Bernsteinfest** – Stadtfest auf dem Marktplatz in Ribnitz
August: **Hafenfest** – Volksfest mit Musik und Aktionen am Ribnitzer Hafen.

Ausflugsziele:

Vogelpark Marlow
Kölzower Chaussee, 18337 Marlow
✆ (03 82 21) 265
www.vogelpark-marlow.de
Mitte März–Okt. tägl. 9–19, Nov.–Mitte März 10–15 Uhr, Eintritt € 10/5
In der 22-ha-Parkanlage kann man auf 3,5 km Rundgang Vögel und allerlei andere Tiere aus aller Herren Länder besichtigen. Dreimal tägl. Flugschau und Fütterung von Uhu, Adler, Storch und anderen, um 11 und 15 Uhr.

Schloss Schlemmin
18320 Schlemmin
✆ (03 82 25) 51 60
Sehr weit im Hinterland, fast schon im Niemansland taucht nach einer ganzen Menge von Allee-Kilometern recht verwunschen das weiße Schloss mit seinen romantischen Burgturmzinnen aus dem Nichts auf. Anlage und umgebendes Dorf haben scheinbar keinerlei Bezug zueinander – man koexistiert. Wer hier nicht nicht wohnt, der kann zumindest das Café oder Restaurant nutzen, sollte aber vorher erkunden, ob und ab wann geöffnet ist. Die Inneneinrichtung ist nobel-gediegen, hat allerdings auch einen etwas verwohnten Charme, kurzum: Es wirkt bewohnt und so als wäre die Familie gerade auf Reisen.

Die Parkanlagen und der große Küchengarten sind sehenswert und dürfen von jedermann besucht werden, der »Burgsee« ist wunderbar zugewuchert.

Bodden-Therme
Körkwitzer Weg 15
Ribnitz-Damgarten
✆ (038 21) 390 99 61
www.bodden-therme.de
Sept.–Juni Di/Mi 14–22, Do–So 10–22, Juli/Aug. tägl. 10–22 Uhr
Eintritt ab € 9/7/1, mit Sauna ab € 13/11
Badelandschaft mit 60-m-Wasserrutsche, Wellenbecken mit Wasserfall und Strömungskanal. Saunalandschaft mit finnischer, Blockhaus- und Bernsteinsauna, Außenbecken (32 °C) mit Gegenstromanlage. Jeden 1. Fr im Monat Mitternachtssauna mit Kerzenschein und Entspannungsmusik. Ein elektrischer Lift hilft barrierefrei ins Schwimmbecken.

Region 9 Fischland, Darß, Zingst

Körks Strandarena
Am Bernsteinsee 1
Ribnitz-Damgarten
✆ (038 21) 909 43 00
www.koerks.de
Mai–Okt.
Umtriebiger Veranstalter und Anbieter von Wasserski, Wakeboarding, Banane-Fahrten und Beachvolleyball. Gastronomie am See.

Bernstein: Gold der Ostsee

Bernstein ist das versteinerte Harz von Bäumen, die vor vielen Millionen Jahren wuchsen. Das fossile Harz kommt in verschiedenen Tönungen vor, von Weiß bis Dunkelbraun. Es kann milchig oder durchsichtig sein. Besonders begehrt sind »Inklusen« – in das Harz eingeschlossene Insekten, Würmer, Schnecken oder Pflanzenteile.

Das Gold der Ostsee war schon im alten Rom sehr beliebt und wird seit Jahrtausenden entlang der Ostseeküste gesammelt und verarbeitet. Im 13. Jahrhundert sicherte sich der Deutsche Orden ein Monopol auf den Handel mit dem eleganten Material und erwarb damit enorme Reichtümer. Auch im Alltag war Bernstein wichtig: Bei Rheuma goss man ihn gemahlen mit Weißwein auf, bei Kopfschmerz entzündete man ihn und inhalierte. Noch heute gibt man zahnenden Babys in Litauen eine Bernsteinkette zum Lutschen.

Es braucht Glück, ihn am Strand zu finden. Recht gut sind die Chancen gleich nach einem Herbststurm. Wer sich auf sein Glück am Strand nicht verlassen mag, muss kaufen.

In historischen Gebäuden aus 18 Dörfern Mecklenburg-Vorpommerns gibt das Freilichtmuseum Klockenhagen Einblicke in 300 Jahre Kulturgeschichte

Freilichtmuseum Klockenhagen

Auf dem Weg zur Ostsee - zwischen Ribnitz-Damgarten und Graal-Müritz oder auf dem Weg von der B 105 in Richtung Fischland/Darß - befindet sich der Ort Klockenhagen, den man wegen seines Freilichtmuseums unbedingt aufsuchen sollte. Auf einem sechs Hektar großen Areal wurden historische Gebäude aus 18 Dörfern Mecklenburg-Vorpommerns zusammengestellt. In den verschiedenen Hof- und Hausarten sind originale Einrichtungen zu sehen, aber auch Schauräume zu Themen rund um das Arbeitsleben vergangener Tage. Von der Schusterei über die Schmiede, bis hin zu Haushaltsgeräten, Fahrzeugen und Handwerkszeug rund um das Thema Hausschlachtung wurde hier äußerst liebevoll und detailfreudig zusammengestellt und erklärt, was in den vergangenen 300 Jahren Arbeit machte - und selbige erleichterte! Eine Bockwindmühle und verschiedene Haustiergehege runden das Bild ab.

Auch ein »Tante-Emma-Laden« der gleichzeitig als Museumsshop fungiert, findet sich auf dem weitläufigen Gelände. Das kleine Geschäft, das bei den älteren Besuchern mit Sicherheit Kindheitserinnerungen wecken wird, wurde bis 1984 in Neuendorf-Heide über drei Generationen hinweg als Dorfladen geführt und dann 1994 mit der noch komplett erhaltenen Einrichtung vom Freilichtmuseum übernommen.

Die Museumsgaststätte »Up dei Däl« ist ebenfalls in einem alten Fachwerkhaus untergebracht. In der Fachwerkkirche aus Dargelütz finden Lesungen, Vorträge und Konzerte statt.

Ein Heil- und Würzkräutergarten in Anlehnung an die Schriften der Hildegard von Bingen zeigt 300 einheimische Kräuterarten - vor allem an Sommertagen ein hübscher und wohlduftender Anblick. An Samstagen wird in der Bäckerei um 13 Uhr frisches Brot gebacken, auch beim Schmieden und Wäschewaschen können Besucher zugucken und sogar mit anpacken.

Freilichtmuseum Klockenhagen
Mecklenburger Str. 57
Ribnitz-Damgarten, OT Klockenhagen
✆ (038 21) 27 75
www.freilichtmuseum-klockenhagen.de

April–Okt. tägl. 9–17 Uhr, Dorfladen Mi–So 10–17 Uhr
Eintritt € 4,50/2/Kinder unter 4 Jahren frei
Museumsführungen allgemein oder Spezialführungen durch den Kräutergarten: Dauer ca. 1,5 Std., € 30 (Gruppenpreis). Hierfür ist eine Anmeldung erforderlich, ✆ 0175-669 26 50.

8 Barth

Vineta-Stadt nennt sich Barth, wohl weniger historisch akkurat als vielmehr touristisch werbewirksam. Mithilfe der geistigen Verbindung zu der mystischen, versunkenen Stadt hat man sich ein **Vineta-Museum** und Vineta-Festtage mit Open-Air-Theater erdacht. Dabei kann Barth selbst immerhin auf über 750 Jahre Geschichte zurückblicken, in der Ära der Segelschiffe bot die Stadt aufgrund der geschützten Lage hinter den Halbinseln einen sicheren Ankerplatz.

Einen schönen, großzügigen **Marktplatz** hat diese kleine Stadt mit 8700 Einwohnern. Der **Brunnen**, der hier steht, ehrt auf vier Tafeln die Gewerke, die der Stadt ihren Wohlstand brachten.

Die mächtige gotische **Backsteinkirche St. Marien** (13.–15. Jh.) wurde im Innern neugotisch restauriert und beherbergt Deutschlands größte Buchholzorgel. Ihr Glockenturm fungiert als Seezeichen - kein Wunder, bei 86 Metern Höhe. Die Hospitalkirche St. Jürgen von 1380 birgt heute das **Niederdeutsche Bibelzentrum** und den originell wie anschaulichen Bibelgarten, in dem Feigen, Jakobsleitern und Christrosen gedeihen. Die Kirchenbibliothek verwahrt eines der letzten Exemplare einer niederdeutschen Bibel, die 1588 in Barth gedruckt wurde.

Sehr schön präsentiert sich heute auch wieder das hellgelbe Gebäude des **Adligen Fräuleinstifts**, das hier 1733 an der Stelle des herzoglichen Schlosses erbaut wurde.

Am Bodden kann man die **Promenade** entlang- und an **Hafen** und **Jachthafen** vorbeilaufen. Am östlichen Ende stehen ein alter, maroder und ein moderner Bau, beide ursprünglich Speicher der Handelsstadt. Der eine wurde zum modernen Vier-Sterne-Hotel umgebaut, der andere wartet noch auf einen Investor, wie ein großes Schild bezeugt.

Service & Tipps:

Barth-Information
Lange Str. 13, 18356 Barth
✆ (03 82 31) 24 64
www.stadt-barth.de

Niederdeutsches Bibelzentrum
Sundische Str. 52, Barth
✆ (03 82 31) 776 62
www.bibelzentrum-barth.de
Di–Sa 10–18, So 12–18 Uhr
Eintritt € 3,50/2
Ausstellung rund um das Thema Bibel in Geschichte und Gegenwart.

Vineta-Museum
Lange Str. 16, Barth
✆ (03 82 31) 817 71
www.vineta-museum.de
Mo–Fr 10–17, Sa/So 11–17 Uhr, im Winter Mo geschl.
Eintritt € 5/4/3
Dokumentiert Mythos, Theorien und Forschungsstand zu der legendären versunkenen Stadt, von der bislang noch keine konkreten Spuren gefunden wurden.

De Boddenkieker
Am Westhafen 10, Barth
✆ (03 82 31) 663 30
Das Restaurant mit Blick aufs Wasser hat sich ganz dem Thema Fisch verschrieben, von der Fischsuppe bis zum gratinierten Barschfilet, aber auch Fleischesser finden hier das eine oder andere, eher deftige Gericht. €–€€

Vineta-Festtage
Theater Barth, Trebin 33, Barth
Kartenvorverkauf ✆ (039 71) 20 89 25
www.vineta-festtage.de
Juli/Aug. Mo, Mi/Do, Sa/So 20 Uhr
Tickets ab € 14
Theaterspektakel (so nennt es sich selbst) auf der Schwimmbühne im Barther Hafen. Weitere Bühnen in Anklam, Zinnowitz und Heringsdorf.

Feste & Veranstaltungen
Juni: **Barther Tonnenabschlagen** – traditionelle Sportveranstaltung mit Rahmenprogramm
Juli/August: **Barther Segel- und Hafentage** – Segelveranstaltungen und Stadtfest.

Bootsanleger an der ▷ Barthe, die in den Barther Bodden mündet

Das Tonnenabschlagen ist ein Wettkampf zu Pferde, bei dem die Teilnehmer mit einem Holzknüppel auf ein aufgehängtes Heringsfass einschlagen, bis es zerbricht.

Sie sorgen für Zugkraft beim Segelsetzen: Blöcke und Taue

Rügen und Stralsund

Deutschlands größte Insel und ihr Tor: Stralsund

Die Stadt am Strelasund gilt als das Tor zur Insel. Aus dem slawischen Fährdorf Stralow (8. Jh.) entwickelte sich im 13. Jahrhundert, nachdem 1234 das Stadtrecht erteilt wurde, die reiche Hansestadt Stralsund, deren Blütezeit bis ins späte Mittelalter reichte. Die vielen Baudenkmäler zeugen noch heute vom Wohlstand der hanseatischen Kaufmannsfamilien. Im Jahr 2002 nahm die UNESCO die historische Altstadt in die Welterbeliste auf.

Rügen, mit 926 Quadratkilometern Deutschlands größte Insel, wird wohl in erster Linie wegen ihrer einzigartigen, durch Heide, Dünen, Buchen- und Kiefernwälder geprägten Landschaft, wegen der bizarren Kreidefelsen und der sommerlichen Badefreuden an den langen flachen Sandstränden besucht. Die Insel hat aber auch eine über 1000-jährige Besiedlungsgeschichte vorzuweisen, die sich nicht zuletzt in der starken Verbundenheit der Menschen mit ihrem Land und in den vielerorts sichtbaren Resten früher Kulturen widerspiegelt.

Das Wappen am Stralsunder Rathaus zeigt Krone und Pfeilspitze

Die Insel bietet neben stolzen und quirligen Seebädern, deren Villen – etwa in Binz und Sellin – wieder im leuchtenden Weiß des Bäderarchitektur-Stils erstrahlen, stille Boddenlandschaften und Inseln wie Ummanz und Hiddensee mit ruhigen Fischerdörfern und reetgedeckten Häusern. Einmalige geschützte Landstriche wie der Nationalpark Jasmund laden neben der Erkundung der Kreideküste zu ausgedehnten Spaziergängen ein. Maritimes erlebt man im Stadthafen von Sassnitz und am nördlichsten Punkt, dem Kap Arkona. Aber auch kulturell hat Rügen mit den Störtebeker- und den Putbus-Festspielen etwas zu bieten.

Blick von St. Marien auf Stralsund

1 Hansestadt Stralsund

Vorschlag für eine Stadttour

Etwa eineinhalb Stunden ohne Besichtigungen

Alter Markt - Wulflamhaus - Kniepertor - Johanniskloster - Scheelehaus - Ozeaneum - »Gorch Fock I« - Rathaus - Nikolaikirche - Kütertor - Deutsches Meeresmuseum - Kulturhistorisches Museum - Speicher - Jakobikirche - Hafen - Heiliggeistkloster - Marienkirche - Neuer Markt

Um die wichtigsten Sehenswürdigkeiten Stralsunds (63 000 Einwohner) kennenzulernen, empfiehlt sich eine Tour vom **Alten Markt** 1 aus. Der Platz ist umringt von Bürgerhäusern, darunter das besonders gut erhaltene **Wulflamhaus** 2 (14. Jh.), benannt nach dem Kaufmann und ehemaligen Bürgermeister. Weiter der Knieperstraße folgend, erreicht man nach 200 Metern das **Kniepertor** 3 (Anfang 14. Jh.) an der Schillstraße. Es ist eines der beiden, die von den ursprünglich zehn Stadttoren noch

Anlässlich seines 750-jährigen »Geburtstags« wurde das Katharinenkloster in Stralsund mit einer Briefmarke geehrt; seit über 50 Jahren beherbergt es das Deutsche Meeresmuseum

erhalten geblieben sind. Rechts daneben liegen die Reste des ehemaligen **Johannisklosters** 4 (1254, heute Stadtarchiv) mit dem Rosengarten, der ebenso wie der Kapitelsaal und die Barockbibliothek der Öffentlichkeit zugänglich sind. Wenige Schritte weiter, Fährstraße 23, ragt die Spätrenaissancefassade des **Scheelehauses** 5 (1660) auf, in dem der Forscher Carl Wilhelm Scheele 1742 geboren wurde.

Das Kütertor von 1446 ist neben dem Kniepertor das einzig erhaltene von ehemals zehn Stadttoren Stralsunds

Die Fähr- und die Neue Semlower Straße führen zur Hafeninsel, auf der sich mit 8700 Quadratmetern Ausstellungsfläche das 2008 eröffnete **Ozeaneum** 6 befindet. Das zum Deutschen Meeresmuseum gehörende Naturkundemuseum informiert über die Lebenswelten der nördlichen Meere. In Sichtweite hat der Dreimaster »**Gorch Fock I**« 7 festgemacht, der ebenfalls besichtigt werden kann.

Zurück am Alten Markt bietet sich ein schöner Blick auf das imposante gotische **Rathaus** 8 (13. Jh.), das die Stadtväter nach der Aufnahme in die Hanse (1293) erbauen ließen. Einzigartig ist die Backsteinfassade mit ihren Spitzgiebeln von 1370. Über den sechs Fenstern sieht man die Wappen der Hansestädte Hamburg, Lübeck, Wismar, Rostock, Greifswald und Stralsund. Durch den »Säulengang«, mit der Büste von Stralsund-Helfer König Gustav II. Adolf von Schweden, erreicht man die **Nikolaikirche** 9, eines der schönsten Beispiele norddeutscher Backsteingotik. Sie wurde 1276 erstmals erwähnt. Im Inneren sind Teile der Ausstattung aus dem 14. und 15. Jahrhundert erhalten. Gegenüber liegt die Stadtinformation. Weiter geht es über die Mönchstraße am Kloster St. Jürgen zum Strande (ehemaliges Altenheim, 1754) vorbei zum 1446 erbauten **Kütertor** 10 mit seinem Barockspitzdach. Gleich hinter dem Knieperwall, der Stadtmauer, befindet sich der gleichnamige Teich.

Das ehemalige **Katharinenkloster**, das 1251 von Dominikanermönchen gegründet wurde, gehört heute mit dem **Deutschen Meeresmuseum** 11 und dem **Kulturhistorischen Museum** 12, der frühgotischen Katharinenkirche sowie dem Säulensaal zu den touristischen Highlights der Stadt. Die Böttcherstraße hinunter, geht es vorbei am alten **Speicher** 13, der die volkskundliche Abteilung des Kulturhistorischen Museums beherbergt, zur dreischiffigen gotischen **Jakobikirche** 14 (14. Jh.), die heute als Konzertsaal genutzt wird.

Von hier aus ist ein erneuter Abstecher zum **Hafen** 15 möglich, wo die Fähre nach Hiddensee ablegt. Der Weg führt weiter in Hafennähe in Richtung Frankendamm. Nach 500 Metern erhebt sich auf der rechten Seite das **Heiliggeistkloster** 16 (1327), das als Armenhospital diente. Die Heiliggeistkirche aus dem 15. Jahrhundert hat keinen Turm, sondern nur einen Dachreiter.

Den Frankenteich entlang, vorbei an der Blauen Turm- und der Weingartenbastion, erreicht man die mächtige gotische **Marienkirche** 17 (um 1390) am **Neuen Markt** 18 mit ihrem 104 Meter hohen Westturm, dessen Aussichtsplattform über 365 Stufen erstiegen werden kann. Von hier oben reicht der Blick bei gutem Wetter bis zu den Inseln Rügen und Hiddensee. Wertvolle Stücke im Kircheninneren sind eine Stellwagen-Orgel (1653–59) und der Hauptaltar (15. Jh.).

Auf den Spuren der Hanse-Händler durch die historische Stralsunder Altstadt ▷

Erinnert an die Schiffe der Hanse: Wandschmuck im Stralsunder Hafen

Finnwalskelett im Meeresmuseum in Stralsund

Service & Tipps:

Tourismuszentrale der Hansestadt Stralsund
Alter Markt 9
18439 Stralsund
✆ (038 31) 246 90
www.stralsundtourismus.de

Kulturhistorisches Museum
Mönchstr. 25–27, Stralsund
✆ (038 31) 287 90, Di–So 10–17 Uhr
Außenstellen: Museumsspeicher (Böttcherstr. 23), Museumshaus (Mönchstr. 38), Marinemuseum (Mai–Okt., Dänholm), Eintritt € 6/3, Kombiticket (inkl. Außenstellen) € 15/8
Umfangreiche kultur- und kunstgeschichtliche Sammlung, z. B. ur- und frühgeschichtliches Kunsthandwerk, darunter der legendäre Goldschatz von Hiddensee (um 950) und sakrale Kunst des 15./16. Jh. Im Speicher zu sehen: Stadtgeschichte und Volkskunde (Münzen, Medaillen, Handwerk).

Deutsches Meeresmuseum
Katharinenberg 14–20, Stralsund
✆ (038 31) 265 02 10
www.meeresmuseum.de
Tägl. Mai–Okt. 10–18, Nov.–April bis 17 Uhr, Eintritt € 7,50/5, Kombiticket (inkl. Außenstellen) € 19,50/12,50
Untergebracht in der frühgotischen Klosterkirche, gewährt das einzigartige Museum seit 1951 Einblicke in das Leben im Meer, seine Nutzung und Erforschung. Neben den imposanten Walskeletten und Riesenkraken bestaunen die Besucher viele Wasserbewohner in zahlreichen Schaubecken – vom Seepferdchen über Meeresschildkröten bis zu Haien. Außenstellen: **Nautineum** auf Dänholm (Fischereifahrzeuge, -methoden, -geräte) und **Ozeaneum** im Stadthafen:

Ozeaneum
Hafeninsel Stralsund
✆ (038 31) 265 06 10
www.ozeaneum.de, Juni–Sept. 9.30–21, Okt.–Mai bis 19 Uhr
Eintritt € 14/8, Kombiticket vgl. Meeresmuseum
2008 eröffnetes, modernes Museum, das die Unterwasserwelt der nördlichen Meere u. a. in 39 Aquarien vorstellt. Highlights sind das Schwarmfischbecken und das Gezeitenbecken. Der Andrang ist in der Hauptsaison sehr groß, deshalb sollte man auf die Abendstunden ausweichen oder das Ticket über sein Hotel erwerben. Europas Museum des Jahres 2010.

»Gorch Fock I«
Im Hafen, Stralsund
✆ (038 31) 66 65 20
www.gorch-fock-stralsund.de
Tägl. April–Okt. 10–18, Nov.–März

Prachtvoll in den Details: das Westportal der Nikolaikirche in Stralsund

10–16 Uhr
Eintritt € 4/Kinder bis 6 Jahre frei
Das 1933 gebaute Segelschulschiff, das lange Zeit für die Sowjetunion als »Towarischtsch« im Einsatz war, liegt nun wieder im Hafen von Stralsund und kann (mit und ohne Führung) besichtigt werden.

Katharinenkloster
Mönchstr. 25–27, Stralsund
In der von Dominikanermönchen errichteten Klosteranlage (1251), bestehend aus der Klosterkirche (1317) und spätgotischen Klostergebäuden (15. Jh.), befinden sich heute das Kulturhistorische und das Meeresmuseum. Der westliche Teil des Klosters beherbergte 1560–1945 ein humanistisches Gymnasium, der östliche Teil diente bis 1919 als städtisches Waisenhaus.

Marienkirche
Neuer Markt, Stralsund
Der Aufbau der dreischiffigen Backsteinkirche (um 1390) erfolgte im gotischen Stil auf noch vorhandenen Grundmauern. Sehenswert: Westturm (104 m) mit Stern- und Netzgewölbe, spätgotische Schnitzfiguren, Stellwagen-Orgel. Schöner Blick vom Turm.

Nikolaikirche
Alter Markt, Stralsund
Die älteste der Stralsunder Pfarrkirchen. Baubeginn der gotischen, dreischiffigen Backsteinkirche war nach dem großen Stadtbrand von 1271. Fertigstellung Mitte 14. Jh. Nach dem Einsturz erfolgte der Turmneubau ab 1366. Der Helm des Südturms stammt aus dem Jahr 1667.

Rathaus
Alter Markt, Stralsund
Zwei Giebelhäuser bildeten den Ursprung des gotischen Backsteinbaus. Sehenswert: Säulengang mit Büste von Schwedenkönig Gustav II. Adolf, Renaissancetreppe (1579), barocke Galerie im Kirchenhof (1680), Löwenscher Saal (18. Jh.).

Theater
Olof-Palme-Platz 6, Stralsund
✆ (038 31) 264 60
www.theater-vorpommern.de
Die größte Bühne Vorpommerns (519 Plätze) mit regelmäßigen Aufführungen – von Musiktheater über Schauspiel bis Ballett, außerdem Klassikkonzerte des Philharmonischen Orchesters.

Tierpark Stralsund
Grünhofer Bogen, Stralsund
✆ (038 31) 29 30 33
Tägl. 9–18.30, im Winter bis 16 Uhr, Eintritt € 5/3, im Winter € 3/2
Mehr als 800 Tiere leben in den Gehegen des Stralsunder Tierparks, neben einheimischen Arten auch Exoten wie Ozelots, Leoparden und Schimpansen. Mit Spielplatz und Streichelzoo.

Hansedom
Grünhufer Bogen 18–20
Stralsund
✆ (038 31) 373 30

2009 feierte Stralsund seine Gründung vor 775 Jahren.

Die Volkswerft Stralsund, die man Richtung Rügen passiert, und in der heute vor allem Containerschiffe gebaut werden, kann besichtigt werden. Termine bitte in der Tourismusinfo Stralsund erfragen.

An diesem Anblick hat sich in über 700 Jahren wohl nicht viel verändert: Die Stralsunder Marienkirche gilt als ein Meisterwerk der Spätgotik

Region 10 Rügen und Stralsund

Alte Bausubstanz, liebevoll restauriert

Seit einem Brand im Jahr 1662 blieb einer der beiden Türme von St. Nikolai ohne Haube (Stralsund)

www.hansedom.de, So–Do 9.30–22, Fr/Sa 9.30–23 Uhr, Eintritt ab € 10,50/8 Attraktionen wie der Wildwasserbach, der James-Bond-Felsen und der Seestern-Park garantieren auf über 2000 m² jede Menge Spaß in dem Wassererlebnis-, Saunen- und Sportparadies.

Wallensteintage
Jährlich im Juli stattfindende Veranstaltung in Gedenken an Wallensteins Truppen, die im Dreißigjährigen Krieg Stralsund belagerten. Highlights: Markttreiben, Seeschlacht am Hafen, historischer Umzug, Barockfeuerwerk (www.wallensteintage.de).

Fischhalle am Hafen
Neue Badenstr. 2, Stralsund
✆ (038 31) 27 83 66
Mo–Sa 9–20, So 10–20 Uhr
Täglich fang- und räucherfrischer Fisch. €–€€

Wulflamstuben
Alter Markt 5, Stralsund
✆ (038 31) 29 15 33
www.wulflamstuben.de
Tägl. 11.30–23 Uhr
Gutbürgerlich speisen in historischem Ambiente mit Blick auf das Rathaus. Der Backsteinbau wurde im 14. Jh. errichtet. €€

Zum alten Fritz
Greifswalder Chaussee 84/85
Stralsund
✆ (038 31) 25 55 00
www.alter-fritz.de, tägl. 11–1 Uhr
Das gemütliche Braugasthaus befindet sich neben der Stralsunder Brauerei. Hier werden regionale Speisen und natürlich Stralsunder Pils serviert. Großer Biergarten. €€

Brasserie Grand Café
Neuer Markt 2, Stralsund
✆ (038 31) 70 35 14, tägl. ab 10 Uhr
Im Herzen der Altstadt bietet die Brasserie durchgehend warme Küche und im Sommer auch Außenplätze.

Bar Hemingway
Tribseer Str. 22 (im Hotel zur Post), Stralsund
✆ (038 31) 20 05 00
www.bar-hemingway.de
Tägl. ab 21.30 Uhr

Beliebte Bar mit einer Auswahl von über 160 Cocktails und 60 Zigarren- und Zigarillosorten.

Hafenrundfahrten
Im Hafen Stralsund/Steinklappe
Täglich mehrere Hafenrundfahrten mit der MS »Vorpommern«, auch entlang der Volkswerft und des Dänholm. Tickets gibt's an Bord.

Reederei Hiddensee
Achtern Diek 4, 18565 Vitte
Service-Telefon ✆ 01803-21 21 50
www.reederei-hiddensee.de
In der Saison tägliche Fahrten von Stralsund nach Hiddensee.

Das **Kranich-Informationszentrum** in Groß Mohrdorf, zirka 14 km nördlich von Stralsund informiert über die Vögel, die jährlich in der Gegend ihre Rast auf dem Weg in die Überwinterungsgebiete einlegen. Die Kranich-Beobachtung ist im Frühjahr und Herbst möglich.
✆ (03 83 23) 805 40
www.kraniche.de

2 Bergen auf Rügen

Die im sogenannten Rügenschen Muttland gelegene Inselhauptstadt (15 000 Einwohner) ging ursprünglich aus einer slawischen Befestigungsanlage (8. Jh.) hervor. Seit 1168 diente sie dem christianisierten Slawenfürsten Jaromar I. als Herrschersitz. Doch erst mit der Gründung eines Nonnenklosters (1193) konnte sich *Villa Mortis* nennenswert entwickeln. Das Kloster brannte im 15. Jahrhundert ab, und auch im 17. Jahrhundert fiel das alte Bergen weitgehend zwei Feuersbrünsten zum Opfer. Das Stadtrecht erkaufte sich Bergen im Juni 1613.

Service & Tipps:

Touristeninformation Bergen
Markt 23
18528 Bergen
✆ (038 38) 81 12 76
www.stadt-bergen-auf-ruegen.de
Die Touristeninformation befindet sich im **Benedix-Haus**, einem Fachwerkbau und dem ältesten Wohnhaus (1538) auf der Insel Rügen.

Stadtmuseum im Klosterhof
Im Klosterhof 1, Bergen
✆ (038 38) 25 22 26
Di–Sa 10–16.30 Uhr, im Winter kürzer
Eintritt € 2/1
Das ehemalige Nonnenkloster informiert über Rügen und den Rugard im Mittelalter. Zu besichtigen sind auch Exponate zur Klostergeschichte und zur Baugeschichte der Marienkirche. Die **Schauwerkstatt** nicht verpassen.

Region 10 Rügen und Stralsund

Filigrane Backsteinarchitektur vom Feinsten: die Schaufassade des Stralsunder Rathauses

Sundschwimmen
Seit über 40 Jahren ausgetragener internationaler Schwimmwettkampf von Altefähr nach Stralsund (2315 m) durch den Strelasund, jeweils am ersten Samstag im Juli. Infos unter: www.sundschwimmen.de

Albrecht von Wallenstein (1583–1634) war Oberbefehlshaber der kaiserlichen Streitkräfte im Dreißigjährigen Krieg.

Die Karte der Region Rügen und Stralsund finden Sie S. 200/201.

In Bergen gibt es ein Kino mit sechs Sälen: Ringstr. 140 ✆ (0 38 38) 20 21 22

Die Molkerei Bergen stellt den beliebten Camembert »Rügener Badejunge« her.

Region 10 Rügen und Stralsund

Viele Straßen auf Rügen sind Alleen, auf denen die Lichtverhältnisse nicht immer optimal sind. Deshalb sollte man den Aufruf von Verkehrswacht und Polizei, »Auf Rügen mit Licht«, befolgen und sich auch nicht zu waghalsigen Überholmanövern verleiten lassen. Die Einhaltung der Tempolimits wird in mehreren Ortschaften durch Starenkästen überprüft. In der Hauptsaison sind die Straßen der Insel stark befahren. Die Insel Hiddensee ist für Privatfahrzeuge gesperrt.

Mit dem Gutscheinbuch Kinder(s)pass, das in Touristinfos und Buchhandlungen erhältlich ist, gehen Familien auf Entdeckungsreise und sparen bei Restaurantbesuchen und erhalten Rabatt beim Besuch von Freizeiteinrichtungen. Infos unter: www.kinderspass.de

Region 10 Rügen und Stralsund

Radrouten über die Insel, Routenvorschläge, Fahrradverleihstationen und Infos zum Fahrradbus RADzfatz unter: www.vvrpnv.de/radzfatz

Seit Mai 2010 können inselweit an 34 Stationen Elektroräder ausgeliehen werden. Infos unter: www.movelo.com

Wandern auf Rügen
Im Onlineshop der Tourismuszentrale können Wanderkarten erworben werden. Infos unter: www.wandern-auf-ruegen.de

Region 10 Rügen und Stralsund

Wurde 2007 fertiggestellt: ▷ die gewaltige neue Rügenbrücke, die Stralsund mit der Insel verbindet

Vom Ernst-Moritz-Arndt-Turm in der Inselhauptstadt Bergen bietet sich ein ungehinderter Rundblick über Bergen und Umgebung

Ernst-Moritz-Arndt-Turm
Bergen
Tägl. 10–18 Uhr, im Winter kürzer
Eintritt € 1,50
Auf dem Rugard (90 m hoch) baute Slawenfürst Jaromar I. eine Burg (1168). Die Reste der Wallanlagen sind sichtbar. Zu Ehren des Rügener Dichters Arndt errichtete man 1876 an derselben Stelle den 27 m hohen Turm. Ein toller Ausblick von oben ist garantiert.

Marienkirche Bergen
Billrothstr. 22, Bergen
Mai–Okt. Mo–Sa 10–16 Uhr, sonst nach Vereinbarung
Die Klosterkirche des ehemaligen Zisterzienserordens ist spätromanischen Ursprungs (1180–93). Sehenswert sind die slawischen Grabsteine im Mauerwerk, das spätromanische Wandgemälde, der Jaromarskelch sowie Altar und Kanzel aus dem 18. Jh. Kurios: Die Turmuhr zählt seit 1984 immer 61 Minuten pro Stunde.

Rodelbahn
Rugardweg 7
✆ (038 38) 82 82 82
www.inselrodelbahn-bergen.de
Juli/Aug. 10–19, April–Juni, Sept./Okt. 10–18, sonst 13 Uhr bis Einbruch der Dunkelheit, Fahrt ab € 2/1,50
Die 700 m lange Bahn überwindet auf ihrem Weg einen Höhenunterschied von 27 m.

Kletterwald Rügen
Am Rugard/Rugardstraße
www.kletterwald-ruegen.com
April–Okt. 10–18 Uhr
Tickets ab € 19/13
Der erste Kletterwald Rügens liegt unweit des Rugardturms; sechs Parcours.

Kontor
Im »Romantik Hotel Kaufmannshof«, Bahnhofstr. 6–8, Bergen
✆ (038 38) 80 45 50, tägl. ab 12 Uhr
Der einstige Kolonialwarenladen glänzt mit historischem Inventar und serviert regionale Hausmannskost. €€–€€€

Meyers Caféhaus und Tüffelhaus
Dammstr. 1, Bergen
✆ (038 38) 223 32
www.tueffelhus.de
Nomen est omen: Hier gibt es Kaffee und Kuchen sowie Kartoffelgerichte. Schöne Einrichtung, gute Küche. €–€€

Bibo Ergo Sum
Am Markt 14, Bergen
✆ (038 38) 25 22 59
www.biboergosum.de
Gemütliche Kneipe mit guter Küche.

Ausflugsziele:

Gokart- und Buggybahn
Zwischen Zittvitz und Buschvitz
✆ (038 38) 20 94 85
www.ruegen-gokartundbuggybahn.de, tägl. ab 10 Uhr

Flugplatz Bergen-Güttin
18573 Güttin, 8 km außerhalb von Bergen, ✆ (03 83 06) 12 89
www.flugplatz-ruegen.de
Charter-, Zubringerflüge sowie individuelle Insel- und Fotorundflüge mit einer Cessna. Acht Standardrundflüge sind im Programm (ab € 39,50 für 20 Min.).

25

3 Garz

Die älteste Stadt der Insel Rügen, an der **Deutschen Alleenstraße** gelegen, wirkt heute mit etwa 2700 Einwohnern eher wie ein Dorf. Bereits 1199 erhielt Garz jedoch das Stadtrecht und galt lange als Inselhauptstadt, bis Bergen das Städtchen in dieser Funktion ablöste. Die kleinste der vier Inselstädte (Garz, Putbus, Bergen, Sassnitz) bildet inzwischen das Versorgungszentrum für Südrügen. Das **Ernst-Moritz-Arndt-Museum** ist dem berühmten Garzer Sohn gewidmet.

Service & Tipps:

Ernst-Moritz-Arndt-Museum
An den Anlagen 1, 18574 Garz
✆ (03 83 04) 122 12
www.stadt-garz-ruegen.de
Mai–Okt. Di–Sa 10–16, Nov.–April Mo–Fr 11–15 Uhr, Eintritt € 1,50
Die Ausstellung gibt Einblick in das Werk und Leben des Schriftstellers.

Ausflugsziele:

Fähre Glewitz–Stahlbrode
Halbinsel Zudar
✆ (038 31) 268 10
www.weisse-flotte.com
In der Saison (April–Okt.) täglich Pendelverkehr zur Insel. Die Fähre entlastet die staugefährdete B 96 auf Rügen.

Kormoran-Insel
Halbinsel Zudar
Auf dem Weg zur Glewitzer Fähre passiert man die Kormoran-Kolonie der kleinen Insel Tollow. Die Vögel haben die Bäume durch ihren Kot absterben lassen, deshalb mutet die Vegetation so bizarr an.

Waldseilpark
Klingenberg 25, 18573 Altefähr
✆ (03 83 06) 23 97 58
www.waldseilpark-ruegen.de
Tickets ab € 16/12
Der Kletterpark bietet sieben Parcours und liegt direkt am Wasser.

Keramikwerkstatt Dolacinski
18573 Götemitz
Abfahrt von der B 96
✆ (03 83 06) 13 61
www.dolacinski.de
Tägl. 9–19 Uhr
Geschirr, Fayencen und Fliesen in Blau-Weiß.

Die Molkerei Naturprodukt in Poseritz verkauft ihre Produkte (u. a. Käsebällchen, Milch, Joghurt, Sanddorngelee) Mo–Sa 10–18 Uhr in ihrem Hofladen. Infos unter: www.ruegener-inselfrische.de

4 Putbus und Lauterbach

Die einstige slawische Siedlung *Pod Boz* (slawisch »hinter dem Busch«) wurde 1253 erstmals urkundlich erwähnt. Die ehemalige Fürstenresidenz gilt heute als die Kulturhauptstadt der Insel. Im Jahr 1702 übernahm Malte I. den Besitz, Anfang des 19. Jahrhunderts verwandelte sein Urenkel Fürst Wilhelm Malte I. Putbus in einen Residenz- und Badeort mit einer einheitlichen klassizistischen Anlage. Den Auftrag für die Umgestaltung (1808–48) erhielt ein Studienfreund von Karl Friedrich Schinkel, Johann Gottfried Steinmeyer. Er ließ prächtige Alleen anlegen, die aus allen Teilen Südrügens sternförmig in die Stadt führen. Den runden **Circus** umgeben 16 blendendweiße Kavaliershäuser mit Rosenstöcken davor – daher Putbus' Beinamen »weiße Stadt« und »Rosenstadt«. Auf die Platzmitte mit dem Obelisken laufen acht eichengesäumte Kieswege zu – ein beeindruckendes Bild.

Das von Steinmeyer im klassizistischen Stil umgebaute Barockschloss wurde leider in den 1960er-Jahren abgerissen. Erhalten sind dagegen der 75 Hektar große, von Wilhelm Malte I. im englischen Stil gestaltete **Landschaftspark**, das umfangreich restaurierte **Theater**, die **Orangerie**, das Mausoleum, die Schlosskirche und der Marstall. Außerdem ließ Wilhelm Malte I. in den Jahren 1817/18 im drei Kilometer entfernten **Lauterbach**

Parkbewohner im Wildgehege des Landschaftsparks von Putbus

das **Badehaus Goor** errichten, in dem heute ein Hotel untergebracht ist. Langwierige Rechtsstreitigkeiten mit den Nachfahren des letzten Fürsten verhinderten über Jahre die notwendigen Rekonstruktionsmaßnahmen.

Putbus (5050 Einwohner mit Ortsteilen) hat seinen besonderen Reiz nicht verloren und gehört für jeden Rügenurlauber nicht nur wegen des klassischen Musikfestivals Putbus-Festspiele zum Pflichtprogramm.

Das Markenzeichen von Putbus – der Circus

Service & Tipps:

Putbus-Information
Alleestr. 35 (in der Orangerie)
18581 Putbus
✆ (03 83 01) 431, www.putbus.de

Museum Putbus
Lauterbacher Str. 9a, Putbus
✆ (03 83 01) 89 83 36
April–Okt. tägl. 10–18, sonst bis 16 Uhr, Eintritt € 4,50/3,50 (eine Ausstellung)
Das Museum bietet zwei Ausstellungen: eine zur Geschichte der Stadt und die »Welt der Experimente«, die vor allem Familien anzieht.

Rügener Puppen- und Spielzeugmuseum
Kastanienallee, Putbus
✆ (03 83 01) 609 59, Mai–Okt. tägl. 10–18, sonst bis 17 Uhr
Eintritt € 3,50/1,50
Im ehemaligen Affenhaus des Schlossparks lässt eine Sammlung nicht nur Kinderherzen höher schlagen: Handgearbeitete Puppen und Teddybären sowie Puppenstuben aus der Zeit 1830–1960 sind zu bestaunen. Dem Museum ist das Café »Am Schwanensee« angeschlossen.

Orangerie Putbus
Alleestr. 35, Putbus
✆ (03 83 01) 431, Mai–Okt. tägl. 10–17, Nov.–April Di–Sa 10–17 Uhr
Vor allem einheimische Künstler stellen hier aus. Wechselausstellungen internationaler Künstler.

Theater Putbus
Markt 13, Putbus
✆ (03 83 01) 80 80
www.theater-putbus.de
Bühne mit Geschichte und stilvollem Ambiente: Das ehemalige Sommertheater erhielt nach dem Umbau (1826) sein heutiges Aussehen. Führungen erfragen.

Schlosspark Putbus
Der englische Landschaftspark (75 ha) mit vielen seltenen Pflanzen und Bäumen entstand um 1805. Erst 1833 kam das Rot- und Damwildgehege hinzu. Viele sehenswerte Baudenkmäler: **Marstall** und **Orangerie** (1824), Gartenhaus (1829), Affen- sowie Fasanenhaus (1835), Fürsten-Mausoleum (1867). Neben dem Marstall informiert die Ausstellung **»Das verschwundene Schloss«** über die Geschichte und den Abriss des Schlosses zu Putbus (tägl. 11–17 Uhr).

Region 10 Rügen und Stralsund

Schnaufend und wunderbar nostalgisch: Der »Rasende Roland« ist eines der Wahrzeichen von Rügen

Am Hotel Badehaus Goor beginnt der vier Kilometer lange Pfad der Muße und Erkenntnis durch den geschützten Goor-Wald. Der Pfad ist ganzjährig täglich mit Begleitbroschüre begehbar. Diese ist gegen eine Schutzgebühr u. a. im Hotel Badehaus Goor und in der Putbus-Information erhältlich. Infos zu Führungen unter: www.natur-beruehrt.de

Rügensche Kleinbahn/ Rasender Roland
Binzer Str. 12, Putbus
✆ (038 38) 81 35 91
www.ruegensche-baederbahn.de
Tägl. ca. alle 2 Std., Strecke: Lauterbach (Mole)-Putbus-Binz-Jagdschloss- Sellin-Baabe-Göhren (27 km)
Seit 1895 befördert die 750-mm-Schmalspurbahn Fracht an ihr Ziel. Waren es früher hauptsächlich Badegäste, die in den aufstrebenden Seebädern Binz, Sellin und Göhren ihren Urlaub verbringen wollten, so rollt der Zug heute für die Inselgäste eher zum Vergnügen. Linienverkehr bis zu 11-mal täglich. Die Höchstgeschwindigkeit beträgt 30 km/h und die Fahrzeit für die Gesamtstrecke ca. 1,5 Stunden. Die älteste Lok des Rasenden Rolands stammt aus dem Jahr 1914.

Putbus-Festspiele
✆ (03 83 01) 64 30
www.putbus-festspiele.com
Das konzertante Festspielereignis der Insel. Jährlich zu Pfingsten steht die Stadt im Zeichen großer Komponisten und ihrer Werke. Jedes Festspieljahr ist mit einem musikalischen Thema verbunden.

Pirateninsel/Haus-Kopf-über
Lauterbacher Str. 10, Putbus
✆ (03 83 01) 89 83 66
www.pirateninsel-ruegen.de
Pirateninsel: Mo–Fr 13–19, Sa/So 10–19 Uhr, Eintritt € 3,50/6,10
Haus: Nov.–März tägl. 12–19, April–Okt. ab 10 Uhr, Eintritt € 5,90/2,90
Willkommene Alternative bei schlechtem Wetter: Indoorspielplatz mit Elektrokart, Trampolin, Hüpfburg etc. Seit 2010 befindet sich auf dem Gelände das Haus-Kopf-über, ein auf dem Spitzdach stehendes Einfamilienhaus, in dessen Inneren die Einrichtungsgegenstände ebenfalls verkehrt herum »hängen«.

Badehaus Goor
Fürst-Malte-Allee 1, Lauterbach
Das Badehaus Goor weihte Fürst Wilhelm Malte 1818 ein. Nachdem das imposante Haus mit seiner monumentalen Säulenvorhalle lange ungenutzt blieb, baute man es zum Wellnesshotel um, das 2007 eröffnete.

Im Jaich Marina
Lauterbach, ✆ (03 83 01) 80 90
www.im-jaich.de
Bootscharter und -ausflüge. Die modernen **schwimmenden Ferienhäuser** an der Marina können gemietet werden. Von hier bietet sich ein schöner Blick auf das Badehaus Goor.

Ausflugsziele:

Insel Vilm
Die Insel vor Lauterbach steht schon seit 1936 unter Naturschutz. Zu DDR-Zeiten erholte sich hier der Ministerrat, für die Öffentlichkeit war Vilm gesperrt. Über die Reederei Lenz (Chausseestr. 9 a, Lauterbach, ✆ 03 83 01-618 96, www.vilmexkursion.de) ist der Besuch für maximal 30 Personen am Tag möglich. Eine Voranmeldung ist nötig.

Restaurant KOXorange
Im Hotel Wreecher Hof
Kastanienallee, 18581 Wreechen
✆ (03 83 01) 850
www.wreecher-hof.de
Mehrfach ausgezeichnetes Restaurant, mit Wintergarten und Pavillon. €€€

Restaurant Nautilus
Dorfstr. 17, 18581 Neukamp
✆ (03 83 01) 830
www.ruegen-nautilus.de
Tägl. ab 11.30 Uhr
Den Gast erwartet im Innern die wunderbare Fantasiewelt des Schriftstellers Jules Verne. Chefkoch Gerd Klatte zaubert die dazu passenden Fischgerichte. €€

Kirche St. Maria Magdalena
18581 Vilmnitz
Seit 1351 wurde die Dorfkirche jahrhundertelang als Begräbnisstätte der Familie von Putbus genutzt. Auch Fürst Wilhelm Malte I. liegt hier.

Karls Bauernmarkt und Hof-Café Zirkow
An der B 96, 18528 Zirkow
www.karls.de/ruegen
Tägl. 9–19 Uhr
Der Markt mit großem Spielgelände wird zu einem Erlebnisdorf ausgebaut.

Klaus Störtebeker (um 1360–1401), Vitalienbruder und Freibeuterkapitän, wurde vor den Toren Hambergs geköpft. Der Begriff Vitalien stammt wohl von Viktualien, also Lebensmitteln. Der Name Störtebeker soll aus einem Spitznamen für seine Trinkfestigkeit entstanden sein: »Stürz den Becher«. Heute erlebt er eine Wiedergeburt: als Theaterstar auf der Freilichtbühne von Ralswiek.

5 Ralswiek

Die Gegend mit den Schwarzen Bergen spiegelt auch die Geschichte wider. Schon die Ranen machten im 9. Jahrhundert diese Region zu einem bedeutenden Handelszentrum. Direkt an der Westseite des Großen Jasmunder Boddens gelegen, leben heute rund 400 Einwohner in der Gemeinde Ralswiek. Was diesen Landstrich bei Touristen und Einwohnern so beliebt macht, ist die herrliche Lage inmitten von bewaldeten Hügeln, Feldern und Wiesen. Im Nordosten öffnet sich der Blick auf die beeindruckende Boddenlandschaft.

Der Bekanntheitsgrad von Ralswiek stieg aber vor allem durch Klaus Störtebeker: Bereits in den 1960er-Jahren wurde hier die Geschichte des Seeräubers auf der einzigartigen Naturbühne aufgeführt. In dieser Tradition stehen seit 1993 die wiederbelebten **Störtebeker-Festspiele**.

Service & Tipps:

Naturbühne Ralswiek/ Störtebeker-Festspiele
Am Bodden 100
Ralswiek
✆ (038 38) 311 00
www.stoertebeker.de
Juni–Sept. tägl. außer So 20 Uhr
Klaus Störtebeker soll nicht nur ein echter Rüganer (Geburtsort: Ruschvitz) gewesen sein, sondern hier auch seine Schätze vergraben haben. Anlass genug, die Abenteuer mit seinen Vitalienbrüdern auf die Bühne zu bringen. Nach Inszenierungen in den 60er- und 80er-Jahren werden seit 1993 im Rahmen der Störtebeker-Festspiele jährlich neue Geschichten des »Robin Hood der Meere« auf der imposanten Naturbühne aufgeführt. Jede Vorstellung endet mit einem Feuerwerk.

Anlässlich der Störtebeker-Festspiele lässt man es in Ralswiek gewaltig krachen

Geborgen im windgeschützten »Kistchen«

Schloss Ralswiek mit Schlosspark
Parkstr. 35, Ralswiek
✆ (038 38) 203 20
www.schlosshotel-ralswiek.de
Im Jahr 1893 ließ Graf Douglas sich hier ein prächtiges Neorenaissanceschloss erbauen, dessen Ausstattung auch durch den belgischen Jugendstilarchitekten Henry van de Velde geprägt wurde. Etwa 100 Jahre danach öffnete das heutige Schlosshotel nach umfangreicher Rekonstruktion seine Tore. Im schönen Schlosspark sind neben 500 Jahre alten Eichen auch seltene Gehölze zu sehen.

Ausflugsziel:

Lietzow
Der kleine Ort liegt am Ende des Straßendamms, der **Kleinen und Großen Jasmunder Bodden** trennt. Bei der Durchfahrt sieht man auf einem Hügel das im 19. Jh. errichtete weiße **Lietzower Schloss**, das dem Schloss Lichtenstein bei Reutlingen nachempfunden ist. In der **Erlebnisscheune mit Fischräucherei** gibt es frischen Fisch, Rügener Produkte und einen Streichelzoo (✆ 03 83 02-25 69 66, www.ruegen-schewe.de, Räucherei tägl. ab 8 Uhr, Erlebnishof ab 11 Uhr).

6 Ostseebad Binz

Dass Binz mit seiner Strandpromenade auch als Verlängerung des Ku'damms gilt, kommt nicht von ungefähr. Denn vorwiegend Berliner Banker und Industrielle witterten hier früh das große Geschäft. Bereits 1888 erfolgt die professionelle Vermarktung des Ostseebads durch eine Aktiengesellschaft. Seine optimale Lage am Prorer Wiek und der feine, sieben Kilometer lange Sandstrand machten das ehemalige Fischerdorf *Byntze* (1318 erstmals erwähnt) schnell zur Nummer eins der Rügener Inselbäder.

Die Traumhochzeit am Meer ist in Binz kein Problem - im Rettungsturm am Strand.

Binz feierte 2009 sein 125-jähriges Bestehen als Ostseebad.

Von seiner Anziehungskraft hat der Badeort (5800 Einwohner) bis heute nichts eingebüßt. Mehr noch, Binz ist heute der eleganteste Ort der Insel, in dem das Sehen und Gesehenwerden immer mehr an Bedeutung gewinnt. Beeindruckend ist vor allem die reiche Bäderarchitektur, die dem Ort ihren spezifischen Charakter verleiht. Viele Fassaden von Villen und Pensionen sind mit Ecktürmchen, hölzernen Balkonen oder Veranden geschmückt, entlang der Strandpromenade fallen besonders die Villen Undine und Rusche ins Auge. Auch das prachtvolle **Jugendstil-Kurhaus** (1906), die ehemals feinste Adresse des Ortes, war lange wegen Rekon-

Granitz und Mönchgut - Entlang der Ostseebäder

Die traditionellen Seebäder Binz, Sellin, Baabe, Göhren und Thiessow im Südosten der Insel Rügen, die bereits um die Wende zum 20. Jahrhundert zum Teil mondäne Badeorte waren, erstrahlen heute in neuem Glanz. Zwischen Granitz und Mönchgut stehen an breiten Strandpromenaden weiße Villen mit Fassaden wie vom Zuckerbäcker - mit verzierten Balkonen und verschnörkelten Veranden im Stil der sogenannten Bäderarchitektur. Hotels, schicke Boutiquen und Restaurants wechseln sich ab - ideal zum Bummeln und Einkehren. Buntes Treiben herrscht im Sommer an den Stränden und auf dem Meer.

Rügens größtes zusammenhängendes Waldgebiet heißt **Granitz** und erstreckt sich wenige Kilometer südlich des Ostseebades Binz. Inmitten dieser herrlichen Buchenwälder ließ im 19. Jahrhundert Fürst Wilhelm Malte I. sein prunkvolles Jagdschloss errichten. Hier und im nahen Umland finden Naturliebhaber eine ruhige und beschauliche Landschaft.

Als **Mönchgut** wird die im Südosten der Insel Rügen gelegene Halbinsel mit kilometerlangen Stränden zwischen Baabe, Göhren, Lobbe und Thiessow bezeichnet. Nicht nur die sanft geschwungenen Hügel oder die Landzungen, die bis weit in den Bodden und auf die Ostsee hinaus reichen, zeichnen die Gegend aus, sondern auch die alten Fischerdörfer, reizvollen Seen und Buchten und die wunderbaren Inseln Oie und Ruden. Eine weitgehend unberührte Natur im **Biosphärenreservat Südost-Rügen** und die verträumten Badeorte sind die Visitenkarten eines einzigartigen Urlaubsparadieses.

struktionsarbeiten geschlossen und wurde 2001 als Luxushotel neu eröffnet. Auf dem vorgelagerten **Kurplatz** mit seiner Musikmuschel finden regelmäßig Veranstaltungen statt.

Von der 370 Meter langen **Seebrücke** legen regelmäßig zahlreiche Ausflugsschiffe zu anderen Ostseebädern und zur Kreideküste ab (www.reederei-ostsee-tour.de). Auch die **Feuersteinfelder** (vgl. S. 211) der Schmalen Heide, die riesige, langgestreckte Bauruine der **KdF-Anlage Prora** (vgl. S. 210 f.), das **Jagdschloss Granitz** (vgl. S. 211) und die **Großsteingräber bei Lancken-Granitz** (vgl. S. 211) bieten sich in der Nähe für einen Ausflug an.

Das prachtvolle Binzer Kurhaus erstrahlt seit 2001 als Luxushotel in neuem Glanz

Service & Tipps:

Touristinformation Binz
Heinrich-Heine-Str. 7, 18609 Binz
✆ (03 83 93) 14 81 48
www.ostseebad-binz.de

Schmachter See
Idyllisches Naturschutzgebiet am westlichen Ortsrand des Ostseebades Binz. Der »Park der Sinne« war offizieller Außenstandort der IGA 2003. Ideal für einen gemütlichen Spaziergang.

Galerie Kathrin Grünke
Haus Karoline/Margaretenstr. 22
Binz, ✆ (03 83 93) 337 26
www.narrenkeramik.de
Mo–Fr 14.30–17.30 Uhr, im Sommer auch Sa und eine Stunde länger
Im Atelier der Künstlerin Grünke entsteht die bekannte **Narrenkeramik**. Besonders schön sind die »Blütenkelche«: Tassen mit floralen Henkeln und zart verziert mit Frauen-, Blumen- und Tiermotiven.

Glasbläserei
Haus Merkur/Schillerstr. 11, Binz
✆ (03 83 93) 314 95
www.glasblaeserei-malente.de
Sommer Mo–Sa 9–13 und 14–19, So/Fei 10–17 Uhr, sonst kürzer
In der Schauwerkstatt kann man den Glasbläsern über die Schulter gucken und Produkte erwerben.

Vitamar
Strandpromenade 74, Binz
✆ (03 83 93) 911 02
Das Erlebnisbad im IFA-Ferienpark Rügen garantiert auch Wasserspaß bei Schmuddelwetter.

Keramik aus der Galerie Grünke

Region 10 Rügen und Stralsund

Die Wendeltreppe im Mittelturm von Jagdschloss Granitz ist freitragend, mit 154 gusseisernen Stufen

Hundestrände auf Rügen gibt es in:
Baabe
Bakenberg/Nonnevitz
Binz
Gager
Glowe bis Juliusruh
Göhren
Hiddensee
Prora
Sellin
Thiessow

Entlang der Strandpromenade und in der Hauptstraße befinden sich zahlreiche Cafés und Restaurants. Viele Hotels besitzen Cocktailbars oder Lounges. Empfehlenswert ist etwa »Byntze 1318« im Hotel Vier Jahreszeiten.

Blue Wave Festival
www.blueswave.de
Alljährlich findet im Juni in Binz und an anderen Veranstaltungsorten ein Blues-Festival mit deutschen und internationalen Bands statt.

Poseidon
Im Haus Veritas, Lottumstr. 1, Binz
✆ (03 83 93) 26 69, tägl. 12–24 Uhr
Das Fachwerkhaus beherbergt eines der beliebtesten Fischlokale des Ortes. Umfangreiches und wechselndes Angebot an fangfrischem Ostseefisch. €€

Nixe
Strandpromenade 10, Binz
✆ (03 83 93) 149 00, www.nixe.de
Tägl. 8–22 Uhr
Das erste Restaurant der Insel mit einem Michelin-Stern! Küchenchef Ralf Haug zaubert nordische Gourmet-Küche. €€–€€€

Strandhalle
Strandpromenade 5, Binz
✆ (03 83 93) 315 64
www.strandhalle-binz.de, tägl. 12–23 Uhr
Chefkoch Toni Münsterteicher verzaubert seine Gäste mit »feinbürgerlicher Küche und großbürgerlichen Portionen zu kleinbürgerlichen Preisen« in gemütlichem Ambiente. Unbedingt reservieren. €€–€€€

Kurhaus-Saal
Im Kurhaus, Strandpromenade 27
Binz, ✆ (03 83 93) 66 50
Bereits zur Blütezeit des Seebädertourismus war das Kurhaus Binz der gesellschaftliche und kulturelle Mittelpunkt der Insel. An diese Tradition knüpft das Hotel mit wechselnden Veranstaltungen an.

Ausflugsziele:

Schmale Heide
Prorer Wiek
Etwa 10 km langer Küstenstreifen (stark frequentiert) mit angrenzendem Kiefernwald zwischen Neu Mukran und Granitz. Feiner weißer Sandstrand mit einer Breite von 20 m (Prora) bis 40 m (Binz). Flachwasserbereich bis zu 50 m. Die Wasserqualität ist sehr gut. FKK in Richtung Granitzer Ort (Steinstrand). Strandversorgung im Bereich Strandpromenade Binz. Die Binzer Strandordnung verbietet das Aufschlagen von Strandmuscheln und Strandtüchern zwischen den Strandkörben.

KdF-Anlage Prora – Dokumentationszentrum und KulturKunststatt
Objektstraße, 18609 Prora
✆ (03 83 93) 139 91
www.kulturkunststatt.de,
www.dokumentationszentrum-prora.de
Im Jahr 1936 begann der Bau der größten Ferienanlage Europas an der Schmalen Heide. Im Auftrag der NS-Organisation »Kraft durch Freude« (KdF) sollte Reichsarchitekt Clemens Klotz die »Kuranlage« Wirklichkeit werden lassen. Ziel war es, betreute Unterbringungsmöglichkeiten für 20 000 »Volksgenossen« zu schaffen. Im Jahr 1939 verhinderte der Zweite Weltkrieg die Fertigstellung des Betonkolosses (4,5 km Länge, 6 Stockwerke). Die geplante Festhalle mit 20 000 Plätzen wurde nie

Die KdF-Anlage in Prora erstreckt sich über eine Länge von viereinhalb Kilometern

gebaut. Dafür diente der Koloss von Prora bis 1990 der NVA als Standort.

Die weitere Nutzung des Komplexes blieb lange Zeit ungeklärt. Verschiedene Mieter einiger Gebäudeteile kamen und gingen (u. a. Museen, Cafés). Heute befinden sich hier neben dem im Jahr 2000 eröffneten **Dokumentationszentrum** die **KulturKunststatt** mit dem **KdF-Museum,** dem **Rügen-Museum,** dem **NVA-Museum** sowie Rügens größte Diskothek **M3.** Eine nachhaltige Nutzung erfährt in Zukunft Block B. 2009 fand die Grundsteinlegung für den 16 Millionen Euro teuren Umbau zur **Jugendherberge** mit 98 Zimmern und 400 Betten statt, die 2011 eröffnen soll. Geplant ist weiterhin, die Blöcke 1 und 2 in ein Hotel und Block 3 in einen Jugendsport- und Ferienhotelkomplex umzuwandeln.

Eisenbahn- und Technikmuseum Rügen
Am Bahnhof Prora, Prora
✆ (03 83 93) 23 66
www.etm-ruegen.de
April–Okt. 10–17 Uhr, Eintritt € 6/3
Höhepunkt der überdachten Ausstellung sind eine 250 t schwere russische Lok und die Feuerwehrfahrzeuge.

Experimenta – Museum zum Anfassen
Prorarer Chaussee 50b, Prora
✆ (03 83 93) 13 13 18
www.museum-zum-anfassen.de
Juli/Aug. tägl. 10–18 Uhr, sonst kürzer, März, Nov. geschl., Eintritt € 6,50/5,50
Das Motto des neuen Museums: Sehen, staunen, verstehen. Preis inkl. Edelsteinausgrabung und Goldwaschen.

Seilgarten Prora
Objektstr. TH52, Block 3, Prora
✆ (03 83 93) 356 94 73
www.seilgarten-prora.de, April/Mai, Okt. Di–So 10–17, Juni, Sept. Di–So 10–18, Juli/Aug. tägl. bis 19 Uhr
Tickets ab € 19/13
Klettergarten mit 13 Parcours, 17 Seilbahnen. Auch für Kinder (ab 6 Jahren) geeignet.

Feuersteinfelder
Das weiß-graue Steinmeer bei Neu Mukran (heute NSG) entstand durch Überflutung der Küste vor 4000 Jahren. Seit 150 Jahren sind die 14 Steinwälle mit Pflanzen (Heidekraut, Wildrosen) sowie Kiefern, Bergahorn und riesigen Wacholderbüschen zugewachsen. Vom Parkplatz südlich von Neu Mukran führt ein Wanderweg zu den Feldern.

Auf der höchsten Erhebung Ostrügens entstand zwischen 1838 und 1846 Jagdschloss Granitz im Stil neo-italienischer Renaissancekastelle. Es war einst ein beliebtes Reiseziel europäischer Adliger und Prominenter, heute zählt das kleine Schlösschen alljährlich 200 000 Besucher

Jagdschloss Granitz
18609 Granitz
✆ (03 83 93) 22 63
www.granitz-jagdschloss.de
Mai–Sept. tägl. 9–18, Nov.–März Di–So 10–16, Okt. und April tägl 10–16 Uhr, Eintritt € 3/1,50
Der überaus eifrige Bauherr Fürst Wilhelm Malte I. ließ seinen mondänen Jagdsitz auf dem Tempelberg (107 m hoch) als sogenannte Vierflügelanlage erbauen. Der nachträglich 1844 errichtete Aussichtsturm mit seiner beeindruckend filigranen gusseisernen Wendeltreppe wurde von Karl Friedrich Schinkel entworfen. Vom Turm aus (38 m) bietet sich nach dem Erklimmen der 154 Stufen eine wundervolle Aussicht auf die Granitz und – bei geeigneter Wetterlage – sogar bis nach Stralsund. Im mittelalterlichen Restaurant kann man sich nach dem Abstieg stärken.

Zu empfehlen ist die Anfahrt mit dem **Rasenden Roland** (von der Haltestelle Jagdschloss muss man noch 500 m laufen) oder mit dem Jagdschloss-Express ab Binz. Der Parkplatz Süllitz (Straße Binz–Serams) ist in der Hauptsaison stark frequentiert.

Jeweils im Sommer öffnet das Autokino von Prora (Parkplatz »Strand«).

Großsteingräber bei Lancken-Granitz
Die gut erhaltenen, aus großen Findlingen errichteten Hünengräber stammen aus der Zeit um 2300 v. Chr., der Jungsteinzeit. Sie liegen 1 km hinter Lancken-Granitz. Von der B 196 biegt man vor dem Ortseingangsschild rechts ab Richtung Neu Reddevitz.

Großsteingrab bei Lancken-Granitz

Die Deutsche Alleen- ▷▷ straße beginnt in Sellin, verläuft auf Rügen über Putbus, Garz, Poseritz und Altefähr und endet nach 2900 Kilometern schließlich auf der Insel Reichenau am Bodensee

89 Stufen führen hinab auf die Selliner Seebrücke. Es gibt auch einen Lift.

Der Hauptstrand von Sellin befindet sich nicht an der Seebrücke, sondern am Südstrand mit Blick auf Baabe und Göhren (über Ostbahnstraße/ Weißer Steg zu erreichen).

Flaniermeile über der Ostsee: Mit 394 Metern Länge ist die Seebrücke von Sellin die längste der Insel Rügen ▷

7 Ostseebad Sellin

Schon vor über 700 Jahren wurde Sellin erstmals urkundlich erwähnt, aber erst in den letzten 120 Jahren hat sich der Ort vom Fischerdorf zum Seebad gemausert. Besonders sehenswert ist die unter Denkmalschutz stehende, 1896 vom Putbusser Fürsten angelegte **Wilhelmstraße** mit ihren restaurierten Villen im Stil der Bäderarchitektur, geprägt von weiß gestrichenen, reich verzierten Holzfassaden, -veranden und -balkonen. An ihrem Ende erstrecken sich der Hauptstrand und die prachtvolle 394 Meter lange **Seebrücke**, die 1992–98 wieder aufgebaut wurde, nachdem die erste Brücke von 1906 durch Wassergewalt zerstört worden war.

Sellins mehr als zwei Kilometer langen und bis zu 30 Meter breiten Strand mit besonders feinem Sand erreicht man über die »Himmelsleiter«, eine breite Holztreppe, über Schrägabgänge oder auch einen Aufzug. Einzigartig ist die seit 1995 vom Südstrand bis zum Nachbarort Baabe durchgehende **Promenade**. Eingefasst von der Ostsee und dem Selliner See und windgeschützt durch das Hochufer, herrscht im Ort ein mildes und sauerstoffreiches Reizklima, zu dem auch der nahe Granitzwald beiträgt. Ein gut ausgebautes Rad- und Wanderwegenetz führt durch das Waldgebiet Granitz.

Auch in Sellin hält der »Rasende Roland«, Ausflüge nach Göhren oder nach Putbus sind möglich. Entlang dem **Selliner See** geht es am besten per Rad in den Weiler **Seedorf**, zur **Mühle von Altensien** und in das urige Fischerdorf Moritzdorf (vgl. Baabe).

Service & Tipps:

Kurverwaltung
Warmbadstr. 4, Sellin
✆ (03 83 03) 16 16, www.sellin.de

Bernsteinmuseum
Granitzer Str. 43, Sellin
✆ (03 83 03) 872 79
www.bernsteinmuseum-sellin.de
Mo–Fr 10–12 und 14–17, Sa 10–12 Uhr
Eintritt € 1,50/0,50
Einblick in die Geschichte des Bernsteins. Angeschlossenes Geschäft des Goldschmiedemeisters Kintzel.

Tauchgondel
Wilhelmstr. 25, Sellin
✆ (03 83 03) 92 77 7
www.sellin.tauchgondel.de
Juni–Aug. tägl. 10–21, April/Mai, Sept./Okt. tägl. 10–18, Nov. -März Mi–So 11–16 Uhr, Eintritt € 8/5
Mit der Tauchgondel an der Seebrücke taucht man 4 m unter Wasser. Gezeigt wird dabei ein 3D-Film über die Unterwasserwelt der Ostsee.

Galerie Hartwich
Schulstr. 5, Sellin
✆ (03 83 03) 867 25
www.galerie-hartwich.de
Galerist Knut Hartwich präsentiert regionale und skandinavische Werke im sanierten Feuerwehrhaus.

Inselparadies
Badstr. 1, Sellin
✆ (03 83 03) 12 30
www.inselparadies.de
Mai–Okt. 9–22, sonst ab 10 Uhr
Eintritt ab € 7,50/4,50
Der Freizeitspaß für die ganze Familie: Badelandschaft mit fünf Becken, Riesenrutsche, Sprudelbecken, Wasserfällen und Strömungskanal; außerdem Sauna- und Wellnessbereich.

Deutsche Alleenstraße
Nördlichstes Teilstück der Deutschen Alleenstraße zwischen Sellin und Garz
www.deutsche-alleenstrasse.com
Über die Hälfte aller hiesigen Alleen – vielfach mit Linden, Kastanien, Eichen oder Ulmen bepflanzt – steht heute unter Naturschutz. Die ehemalige »Bäderstraße« (Sellin–Stralsund) hat zwischen Sellin und Garz wohl die schönsten Laubtunnel vorzuweisen.

Zum Katen
Granitzer Str. 11, Sellin
Tägl. ab 10 Uhr
Im Angebot sind neben traditioneller Rügenkeramik und Bernsteinschmuck

Vom Ausflugslokal Moritzburg hat man eine fantastische Aussicht auf die Umgebung (vgl. Eintrag unter Baabe, S. 217).

auch handgewebte Textilien. Die Keramiken und auch der Bernsteinschmuck stammen aus der eigenen Werkstatt.

Seebrückenrestaurant
Sellin, ✆ (03 83 03) 82 90
www.seebrueckesellin.de, tägl. 9–22 Uhr
Restaurant auf der beeindruckenden Seebrücke. Gespeist wird im »Kaiserpavillon« und im »Palmengarten«. €€–€€€

Ambiance
Wilhelmstr. 34, Sellin
✆ (03 83 03) 12 20
www.hotel-ambiance.de, tägl. ab 12 Uhr
Das Motto des renommierten Küchenchefs Stefan von Heine lautet schlicht und einfach: »Das Beste von Rügen«. In seiner Küche finden sich daher auch folgerichtig hochwertige einheimische Produkte. €€€

Ausflugsziele:

Seedorf
Das idyllische Dörfchen nahe Sellin und dessen »Hinterland« sind ein ideales Ziel für eine Radtour. Bei **De Seedörper Fischräucherei** gibt's leckere Fischbrötchen. Man kann das Treiben im kleinen Hafen beobachten und zu Fuß oder per Rad einen Ausflug nach Lancken-Granitz (vgl. 211) unternehmen.

Altensien
Der am Selliner See gelegene Ortsteil von Sellin ist von schilfrohrbedeckten Häusern geprägt. Hier ist noch ein **niederdeusches Hallenhaus** erhalten. 2006 wurde die **Schrotmühle** neu aufgebaut. Über Altensien erreicht man Moritzdorf.

8 Ostseebad Baabe

Die Anfänge des heutigen Ostseebades (700 Einwohner), in dem es eher ruhig und beschaulich zugeht, liegen in der Mitte des 13. Jahrhunderts. Das einstige Fischerdorf hat sich um die Wende zum 20. Jahrhundert zum Badeort entwickelt. Der alte, seit slawischer Zeit besiedelte Ortskern lag am Selliner See. Erst mit zunehmendem Badetourismus dehnte sich der Ort bis zur Ostsee hin aus.

Umgeben von Laub- und Nadelwäldern und im Westen an den Selliner See grenzend, befindet sich das Ostseebad in malerischer Umgebung. Traditionelle, mit Schilfrohr gedeckte Häuser sowie kleine Pensionen und Hotels prägen das Gesicht des Ortes. Eine rund drei Kilometer lange Promenade führt bis nach Göhren. Vom Baaber Bollwerk kann man sich vom Fährmann in den hübschen Weiler **Moritzdorf** übersetzen lassen.

Blick auf den Selliner See

Service & Tipps:

Touristeninformation
Kurpark 9 (Haus des Gastes) und Infopavillon in der Strandstr.
18586 Baabe
✆ (03 83 03) 14 20, www.baabe.de

Mönchguter Küstenfischermuseum
Bollwerk-/Ecke Dorfstraße, Baabe
Tägl. 9–20 Uhr, frei zugänglich
Attraktion des 2001 eröffneten Museums ist das 9,20 m lange offene Motorboot »Ossi«, das in Baabe gebaut wurde. Weiterhin sind typische Fischerei-Exponate, wie sie auf der Halbinsel Mönchgut zum Einsatz kamen, zu besichtigen.

Aalkate
Am Aalkaten 14, Baabe
✆ (03 83 03) 854 06

www.aalkate-baabe.de, tägl. ab 9 Uhr frischer Fisch, ab 17 Uhr warme Küche Frisch geräucherter Fisch bei Fischer Benno Mundt und seinem Sohn. €–€€

Ausflugsziel:

Moritzdorf
Das Dorf ist beliebter Ausflugsort.

Von der auf einem Hügel gelegenen Gaststätte **Moritzburg** hat man eine schöne Aussicht auf Having und Umgebung. Regionale Speisen sorgen für Stärkung (✆ 03 83 03-958 84, www.moritzburg-ruegen.de). Den Ort erreicht man mit dem Auto über Altensien oder ab dem Baaber Bollwerk mithilfe des Fährmanns (Fahrräder werden mitgenommen).

9 Ostseebad Göhren

Man spürt den Charme vergangener Zeiten: am Strand von Göhren auf der Halbinsel Mönchgut

Das Seebad (1400 Einwohner) auf der Halbinsel Mönchgut feierte 2008 sein 130-jähriges Bestehen. Seit 1899 endet hier die Schmalspurbahn »Rasender Roland«. Nach der Gründung des Seebades entwickelte sich das ehemals kleine Fischerdorf, das 1165 erstmals erwähnt wurde, schnell zu einem beliebten Badeort. Bis heute konnte Göhren die nostalgische Fischerdorfidylle erhalten, ohne auf moderne Annehmlichkeiten zu verzichten. Die einst für anspruchsvolle Badegäste im Stil der Bäderarchitektur erbauten Unterkünfte erstrahlen wieder in neuem Glanz. Hauptanziehungspunkte sind der Nord- und der Südstrand mit einer Gesamtlänge von sieben Kilometern.

Von Hügeln, ausgedehnten Wäldern und an zwei Seiten vom Meer umgeben, liegt das Ostseebad auf einer Anhöhe, von der man die landschaftliche Vielfalt der Halbinsel Mönchgut überblicken kann. Beim Bummel durch das Ostseebad spürt man den Charme vergangener Zeiten. Auch gut zu Fuß zu erreichen ist der östlichste Punkt der Insel Rügen: das **Nordperd** – ein bewaldeter und bis zu 60 Meter hoher Moränenzug, der mit seinen bizarren Steilküsten ins Meer hineinragt.

Service & Tipps:

Kurverwaltung
Poststr. 9, 18568 Göhren
✆ (03 83 08) 667 90
www.goehren-ruegen.de

Mönchguter Heimatmuseum
Strandstr. 1, Göhren
✆ (03 83 08) 21 75
www.moenchguter-museen-ruegen.de
Juli/Aug. tägl. 10–18, April–Juni und Sept./Okt. bis 17, Nov.–März 10–16 Uhr
Eintritt € 3/2,50
Neben dem Heimatmuseum (u.a. Ethnografie, Geschichte) und dem Museumshof (um 1600, agrarhistorische Ausstellung) gehören zur Freilichtanlage noch das **Rookhus** (Thiessower Str. 7, im 18. Jh. erbautes schornsteinloses Rauchhaus), das **Museumsschiff »Luise«** am Südstrand, holländisches Plattbodenschiff), das **Schulmuseum** (1825) in Middelhagen, das **Pfarrwitwenhaus** (1720) in Groß Zicker (vgl. S. 218) sowie der **Lotsenturm** und die **Lotsenwache** in Thiessow (vgl. S. 219).

Buskam
Nordstrand Göhren
Mit der letzten Eiszeit erreichte eine riesige Eis- und Geröllawine auch diese

Kinos in Göhren:

Kurlichtspiele Göhren
Waldstraße
✆ (03 83 08) 22 12 und

Regenbogen Camp Kino
Am Kleinbahnhof 1
✆ (03 83 08) 9 90 41,
saisonabhängig

Region 10 Rügen und Stralsund

Lecker: Boddenzander

Der Rundwanderweg um das Nordperd startet an der Bernsteinpromenade am Strand, Richtung Buskam. Hinter der Gaststätte und Pension »Strandhaus 1« geht's weiter. Man kann auch im Ortskern in der Hövtstraße beginnen.

Die Strandpromenade führt in entgegengesetzer Richtung nach Baabe.

Region. Die Findlinge genannten Felsbrocken sind ein Überbleibsel dieser Zeit. Der »Gottesstein«, mit 600 m³ der gewaltigste Findling Nordeuropas, ragt ca. 300 m vor dem Göhrener Strand aus dem Wasser. Sein Umfang beträgt 40 m, er wiegt 1926 Tonnen.

Meeresblick
Friedrichstr. 2, Göhren
✆ (03 83 08) 56 50
www.meeresblick-goehren.de
Tägl. ab 11 Uhr
Eines der besten Restaurants der Insel im gleichnamigen Hotel. Chefkoch André Vujtech präsentiert frische Inselküche. €€€

Globetrotter
Katharinenstr. 5, Göhren
✆ (03 83 08) 254 14
www.globetrotterbar.de, Sommer Di–So 19–1, Winter Fr/Sa 19–1 Uhr
Das Team der Cocktailbar versetzt die Gäste mithilfe der Dekoration und der Drinks je nach Wunsch nach Mexiko, Afrika, Kanada oder in die Karibik.

Villa mit Sonnenhof
Friedrichstr. 8, Göhren
✆ (03 83 08) 340 94
www.villa-mit-sonnenhof.de
Mo–Sa 10–18 Uhr
Im Hofladen gibt's zahlreiche Küchenhelfer (Kräuter- und Blütensirups, Marmeladen, getrocknete Kräuter, Tee) des renommierten Kochs Peter Knobloch.

Ausflugsziele:

Middelhagen und Alt Reddevitz
Die beiden kleinen Orte auf der Mönchguter Halbinsel bestechen durch hübsche rohrgedeckte Häuser und idyllische Abgeschiedenheit. In Middelhagen befindet sich das **Schulmuseum** (✆ 03 83 08-24 78, vgl. auch S. 217 f.) im ehemaligen Küsterhaus. Jeden Mittwoch um 10 Uhr kann man an einer historischen Schulstunde teilnehmen (Anmeldung ratsam).

Café Moccavino
Nr. 18a, 18586 Alt Reddevitz
✆ (03 83 08) 66 33 6
www.moccavino.com, tägl. ab 11 Uhr, Nov.–März Di/Mi geschl.
Selbstgebackene Kuchen- und Tortenspezialitäten, dazu eine Tasse Kaffee oder Tee in herrlicher Lage.

Mönchguter Hofbrennerei »Zur Strandburg«
Hövt 36, 18586 Alt Reddevitz
✆ (03 83 08) 341 05
www.hofbrennerei-strandburg.de
Thomas Kliesow betreibt mit seiner Familie die Hofbrennerei. Seine Produkte gibt's direkt vor Ort, eine kleine Gastronomie sorgt für Stärkung. Führungen sowie sogenannte Schwarzbrennerseminare geben Einblick in die Zunft.

Groß Zicker und Gager
Die beiden hübschen Fischerdörfer auf der Mönchguter Halbinsel sind Ausgangspunkte für Wanderungen in den **Zickerschen Alpen**. Vom 66 m hohen **Bakenberg** hat man eine wunderbare Fernsicht. Groß Zicker wird von rohrgedeckten Häusern geprägt, von denen das 1720 erbaute **Pfarrwitwenhaus** das bekannteste ist. Es ist Begegnungsstätte für Künstler und dient als Museum.

Boddenreederei Gutowski
Zum Hövt 15 a, 18586 Gager
✆ (03 83 08) 83 89
Charter-, Angel- und Ausflugsfahrten zu den Zielen Kreidefelsen, Oie, Ruden und Peenemünde.

Das Pfarrwitwenhaus in Groß Zicker: Nach dem Tode des Pfarrers stellte die Kirchengemeinde den mittellosen Witwen eine Unterkunft. Heute dient dieses Haus als Museum

10 Ostseebad Thiessow

Alte Fischerboote auf Mönchgut

Thiessow (400 Einwohner) liegt am südöstlichen Zipfel der Halbinsel Mönchgut inmitten des Biosphärenreservats Südost-Rügen und wird an drei Seiten vom Meer umgeben. Der gemütliche, ruhige Ort mit herrlichem, feinsandigen Strand, der sich bis nach Lobbe hinzieht, ist von weitgehend unberührter Natur umgeben. Im 13. Jahrhundert hatten sich Mönche hier niedergelassen und den Boden kultiviert. Die reizvolle Mönchguter Landschaft mit Kiefernwald hinter den Dünen und dichtem Mischwald auf sanften Hügeln, aber auch Salzwiesen sowie von Mohn, Kornblumen und wilden Margeriten eingerahmten Feldern zeigt sich hier in all ihrer Ursprünglichkeit und Vielfalt. Vom **Lotsenturm** auf dem 36 Meter hohen **Lotsenberg** überblickt man diese idyllische Landschaft.

Service & Tipps:

Kurverwaltung
Hauptstr. 36, 18586 Thiessow
✆ (03 83 08) 82 80
www.ostseebad-thiessow.de

Mönchguter Fischerklause
Hauptstr. 48, Thiessow
✆ (03 83 08) 303 97
Tägl. 11.30–20 Uhr
Blauweißes Haus mit maritimer Einrichtung und regionaler Speisekarte: Klassiker wie »Labskaus«, Ostseefisch, aber auch Fleischgerichte. €–€€

Strandcafé
Strandpromenade 1, Thiessow
✆ (03 83 08) 83 45, tägl. ab 11 Uhr
Von der großen Terrasse aus hat man einen herrlichen Blick auf das bunte Treiben am Ostseestrand.

Badestrand
Der Strandabschnitt zwischen Lobbe und Thiessow (ca. 5 km lang, 30–40 m breit) ist nur durch die Dünen und einen schmalen Kiefernwaldstreifen von der Straße getrennt. Die Wasserqualität ist sehr gut. Surfen kann man in Höhe der Camping-Oase oder bei Klein Zicker. FKK-Strand in Richtung Lobbe. Die benachbarte Boddenküste bietet beste Wandermöglichkeiten.

Biosphärenreservat Südost-Rügen
www.biosphaerenreservat-suedost-ruegen.de
Schon 1805 beschrieb der Heimatforscher Johann Jakob Grümbke das Mönchgut als »das wahre Paradies von Rügen«. Die UNESCO-geschützte Kulturlandschaft (23 000 ha) schließt die Granitz, Putbus, die Insel Vilm und den Rügischen Bodden ein. Es finden ganzjährig Führungen statt. Auf Anfrage werden auch thematische Wanderungen, Radtouren und Vorträge organisiert (✆ 03 83 03/8 850).

Infos zum Thiessower Lotsenturm und zur Lotsenwache unter www.moenchguter-museen-ruegen.de

Der Rügen Markt, auf dem Produzenten regionale Erzeugnisse anbieten, findet Mai–Okt. Di und Fr 10–[illegible] Uhr in Thiessow statt

Kornblume (Centaurea cyanus)

11 Insel Ummanz

Die zwischen Rügen und Hiddensee gelegene Insel Ummanz ist knapp 20 Quadratkilometer groß und seit 1901 über eine 250 Meter lange Brü-

Alljährlich auf Stippvisite in Mecklenburg-Vorpommern: die Kraniche

cke von der Halbinsel Lieschow aus zu erreichen. Das weite und flache Land erhebt sich kaum mehr als drei Meter über die Boddengewässer und besteht größtenteils aus Wiesen, Weiden, Äckern und idyllischen kleinen Dörfern mit erhaltenen Zeugen mittelalterlicher Baukunst.

Den größten Teil von Ummanz bildet der **Naturpark Rügen**, während der südlichste und östlichste Zipfel zum **Nationalpark Vorpommersche Boddenlandschaft** gehören. Der fruchtbare Boden und die artenreiche Pflanzen- und Kleintierwelt machen die Region zu einem idealen Rastplatz für Zugvögel wie Saat- und Graugänse und besonders Kraniche. Mehr als 60 000 dieser beeindruckenden, bis zu 1,30 Meter großen Vögel machen alljährlich drei Monate lang Zwischenstation in Mecklenburg-Vorpommern, um sich auf den Feldern die Bäuche vollzuschlagen für ihren langen Flug nach Südeuropa und Nordafrika.

Als »Kranichinsel« ist Ummanz bei Naturfreunden weit über die Landesgrenzen hinaus bekannt. Im Osten der Insel, in **Tankow**, wurde ein Unterstand angelegt, von dem man im Frühjahr und Herbst die majestätischen Vögel beobachten kann. Zum Baden und vor allem zum Surfen lädt das belebte **Suhrendorf** ein. **Freesenort** ist dagegen ein stilles Fischerdorf mit vier rohrgedeckten Häusern geblieben, von denen die »Hasenburg« zu den ältesten Gebäuden Rügens zählt.

Kranichlauf
Traditioneller Lauf auf Ummanz am ersten Oktober-Wochenende

Die Johanniskirche in Schaprode in Nordwest-Rügen stammt aus dem 15. Jahrhundert und ist damit das drittälteste Gotteshaus Rügens ▷

Service & Tipps:

Ummanz-Information
Alte Küsterei/Neue Str. 63a
18569 Waase
✆ (03 83 05) 534 81
Die Touristinfo befindet sich neben der:

Marienkirche Waase
Die Kirche des reizvollen

Nordwest-Rügen

Die weite Boddenlandschaft um die Orte Gingst, Trent und Schaprode, die Halbinsel Lieschow und die Insel Ummanz bieten an der Westküste der Insel Rügen beste Voraussetzungen für Erholung im Einklang mit der intakten Natur. Wem die Ostseebäder zu voll oder die Städte zu laut sind, der findet hier eine wahrlich ländliche Idylle vor. Beste Bedingungen also für einen Urlaub in Ruhe und Beschaulichkeit.

Der <u>Erlebnis-Bauernhof Kliewe in Mursewiek</u> ist ein ideales Ausflugsziel für Familien. Er bietet: Restaurant, Hofladen, Spielplatz, Streicheltiere u.v.m. Infos unter: ✆ (03 83 05) 81 30, www.bauernhof-kliewe.de

Ummanzer Fischerdorfes stammt aus dem Jahr 1450, das Langhaus ist allerdings jüngeren Datums (17. Jh.). Besonders sehenswert ist der spätgotische Antwerpener Schnitzaltar (1520). Dieser stand bis 1708 in der Stralsunder Nikolaikirche, wurde jedoch im Zuge der barocken Umgestaltung entfernt und für wenig Geld nach Ummanz verkauft. Als man in Stralsund den Fehler erkannte, wurde lange, jedoch erfolglos, um die Rückgabe prozessiert.

Holzerland
Am Focker Strom 17, Waase
✆ (03 83 05) 81 59
www.ummanz-ruegen.de
Tägl. ab 11.30 Uhr
Großes Lokal mit Hallencharakter gleich neben der Waaser Kirche. Der fangfrische Fisch kommt vom Fischer vor Ort. Auch einige Fleischgerichte sind auf der Karte. €-€€

Haflingerzucht Ummanz
Am Focker Strom, Waase
✆ (03 83 05) 534 56
Reiterferien, Tagesausritte, Kutschfahrten, Stutenmilchverkostung, Streichelzoo.

Ummanz-Keramik
Pappelweg 1, 18569 Wusse
✆ (03 83 05) 81 11
Am Südzipfel der Insel Ummanz befindet sich die Töpferei von Susan Schmorell. Ihre Gebrauchskeramiken mit den regionaltypischen Motiven und Farben sind nicht nur bei Urlaubern sehr beliebt. Hinter der Ummanz-Information in Waase können die Keramiken ebenfalls erworben werden.

Ausflugsziele:

Bauer Lange
Hof Nr. 37, 18569 Lieschow
✆ (03 83 05) 551 17
www.bauerlange.de
Zum Bauernhof gehören neben dem Hofladen, dem Antik- und Trödelmarkt, dem Maislabyrinth und der Erlebnisscheune auch Ferienwohnungen - Ferien auf dem Bauernhof.

Erste Edeldestillerie Rügen
Hof Nr. 17, 18569 Lieschow
✆ (03 83 05) 553 00
www.erste-edeldestillerie.de
April-Okt. Mo-So 10-18, Nov.-März Mo-Fr 10-16 Uhr
In der ersten Edeldestillerie Rügens können Genießer Edelbrände verkosten. Besichtigung der Brennerei bei Voranmeldung (inkl. Schaubrennen) möglich.

12 Gingst

Knapp zwölf Kilometer nordwestlich der Inselhauptstadt Bergen und nahe der Insel Ummanz gelegen, ist Gingst (1600 Einwohner) das Zentrum des touristisch weniger frequentierten Westteils von Rügen. Der Ort mit seinem gemütlichen Markt wurde 1232 erstmals erwähnt. Zu dieser Zeit überwies Wizlaw I. der Kapelle in Garz eine Rente aus dem Krug in *Ghynxt*. Funde aus dem Mittelalter belegen, dass in Gingst über 50 verschiedene Handwerksberufe ansässig waren. Die **Historischen Handwerkerstuben** - ein liebevoll eingerichtetes Museum unweit des Marktplatzes - dokumentieren Zeitgeschichte rund um das alte Dorfhandwerk.

Seit Eröffnung des kleinen Freizeitparks **Rügen-Park** im Jahr 2000 ist Gingst um eine touristische Attraktion reicher.

Fuchsfarbenes Fell und weißer Schweif: Ursprünglich ein Gebirgspferd, fühlen sich Haflinger auch auf der Insel Ummanz an der Westküste von Rügen wohl

Service & Tipps:

Tourismusverein Westrügen
Karl-Marx-Str. 19, 18569 Gingst
✆ (03 83 05) 53 58 62
www.westruegen.net

Historische Handwerkerstuben
Karl-Marx-Str. 19/20, Gingst
✆ (03 83 05) 304
www.historische-handwerker stuben-gingst.de, Juni–Aug. tägl. 10–17, Mai und Sept. Mo–Sa 10–17, Okt. Mo–Sa 10–16, Nov.–April Mo–Fr 10–17 Uhr, Eintritt € 2/1,50
Gingst entwickelte sich nach Aufhebung der Leibeigenschaft (1771) zu einem Handwerkerzentrum. In den ehemaligen Handwerkerhäusern stellt das Museum alle hier einst ansässigen Berufsgruppen vor. In der Museumsscheune gibt's ein gemütliches Café, und im angeschlossenem Laden wird heimisches und skandinavisches Kunsthandwerk verkauft. Von Juni–Sept. findet jeden Sa 10–14 Uhr der **Grüne Markt** auf dem Museumshof statt.

Rügen-Park
Mühlenstr. 22 b, Gingst
✆ (03 83 05) 550 55
www.ruegenpark.de
Mitte Juni–Mitte Sept. tägl. 10–19 Uhr, sonst kürzer und Mo geschl., Nov.–März geschl.
Eintritt € 8,50/1,50 bis 6,50
Im Miniaturen- und Freizeitpark sind der komplette Nachbau der Insel Rügen sowie Miniaturen der wichtigsten Baudenkmäler der Welt im Maßstab 1:25 zu bestaunen. Für die ganz kleinen Besucher gibt es u. a. eine Superrutsche, ein Wildwasserrondell, die Jetscooter oder den Streichelzoo zu entdecken.

Feinste Regionalwaren und Töpferei
Am Markt 4, Gingst
✆ (03 83 05) 600 36
www.toepferei-regionalwaren.de
In der Saison Mo 15–18, Di–Fr 10–18, Sa 10–13 Uhr, sonst kürzer
Roswitha Burgmann-Seewald und Lothar Seewald bieten regionale, biologisch hochwertige Produkte wie Heilkreide, Sanddornlikör, Ostseekaffee, Schafswolle, Körbe, Ziegenkäse an. In der Töpferei entsteht Keramik mit farbenfrohen Motiven. Kunsthandwerk von anderen Künstlern ist auch im Angebot.

13 Sassnitz

Sassnitz, das nördliche Zentrum der Insel Rügen (12 300 Einwohner), galt schon vor 150 Jahren als »Genua des Nordens« und ist der älteste Badeort an der Ostküste (seit 1824). Viele Prominente logierten in den damals über 40 Hotels und Pensionen, darunter Theodor Fontane, Johannes Brahms und auch die kaiserliche Familie. Doch nach der Bahnanbindung (1891) und der Eingemeindung des Vorortes Crampas (1906) entwickelte sich Sassnitz hauptsächlich zu einem Industriestandort für Fisch- und Kreideverarbeitung. Der Glanz des Seebades war fortan dahin. Kriegsschäden und 40 Jahre DDR taten ihr Übriges.

Von hier verkehrten seit 1897 die Fähren auf der sogenannten »Königslinie« ins schwedische Trelleborg, inzwischen – von Neu Mukran – auch nach St. Petersburg oder ins litauische Klaipeda. Die fast eineinhalb Kilometer lange **Ostmole** ist sowohl Aussichtspunkt wie auch Flaniermeile. Vom Stadtzentrum (Höhe Bahnhof) erreicht man den Stadthafen zu Fuß schnell über die neue **Schrägseilbrücke**.

Seit 1998 darf sich die Stadt mit dem Titel »Staatlich anerkannter Erholungsort« schmücken. Damit waren auch die Voraussetzungen für eine weitere Entwicklung zum Kreide- und Thermalbad gegeben. Die Strandpromenade mit der Seebrücke erstrahlt in neuem Glanz, in die Gebäude des alten Fährhafens sind Museen wie das **Fischerei- und Hafenmuseum** und das **Museum für Unterwasserarchäologie** eingezogen, und am Stadthafen haben sich einige attraktive Lokale angesiedelt.

Am Strand auf Rügen: Weißkopfseeadler suchen entlang der Ostseeküste ihre Beute

In der Kaffeerösterei im Stadthafen von Sassnitz kann man zuschauen, wie Kaffee aus aller Welt geröstet und verpackt wird. Info unter: www.ostseekaffee.de

Region 10 Rügen und Stralsund

Mopsfidel am Ostseestrand

Lichtspiele im Grundtvighaus
Seestr. 3, Sassnitz
✆ (03 83 92) 900 10
www.kino-lichtspiele-sassnitz.de
Nur Fr um 20 Uhr

Das Museum für Unterwasserarchäologie befindet sich noch im Umbau.

Aussichtspunkt und Flaniermeile: die Ostmole in Sassnitz

Service & Tipps:

Tourist-Service
Bahnhofstr. 19 a und Strandpromenade 12, 18546 Sassnitz
✆ (03 83 92) 64 90
www.insassnitz.de

Fischerei- und Hafenmuseum
Im Stadthafen, Sassnitz
✆ (03 83 92) 578 46
www.hafenmuseum.de
April–Okt. tägl. 10–18, Nov.–März Di–So 10–17 Uhr, Eintritt € 4/2
Entwicklung des Fischerdorfes und der Fischerei seit Beginn des 19. Jh. und Geschichte der Fährverbindung nach Trelleborg. Vor dem Museum liegt der 26,5 m lange Fischkutter »Havel«, der von 1959–90 mit Schleppnetzen in der Nord- und Ostsee gefischt hat.

»H.M.S. Otus«
Im Stadthafen, Hafenstr. 12 j Sassnitz
✆ (03 83 92) 315 16, www.hms-otus.com
April–Okt. tägl. 10–19, sonst bis 16 Uhr
Eintritt € 6/3
Die Attraktion im Hafen: Das britische Unterseeboot »H.M.S. Otus«, 1962 erbaut und bis 1990 als »stiller Jäger« für die britische Royal Navy im Einsatz, hat hier seinen letzten Ankerplatz gefunden.

Schiffsausflüge
Im Hafen von Sassnitz werden unterschiedliche Schiffsausflüge angeboten: Hafenrundfahrten, Inselrundfahrten, Steilküstenausflüge, Kutterfahrten, Hochseeangelfahrten etc. Da einige Touren recht früh starten, muss man sich im Vorfeld erkundigen und/oder reservieren.

Schiffsausflüge mit Kapitän Wünscher
Kapitänsweg 4, Sassnitz
✆ (03 83 92) 321 80
www.kalinin-sassnitz.de
Ganzjährig Hochseeangeltörns, Charter- und Abendfahrten entlang der Kreideküste Rügens mit dem Kutter »M. J. Kalinin«.

Reederei Ostsee-Tour
Hafenstr. 12 j, Sassnitz
✆ (03 83 92) 31 50
www.reederei-ostsee-tour.de
Charter- und Rundfahrten zu den Seebrücken Binz, Sellin und Göhren sowie entlang der Kreideküste Rügens. Tagesausflug »Rund um Rügen«.

Schmetterlingspark
Straße der Jugend 6, Sassnitz
✆ (03 83 92) 664 42
www.alaris-schmetterlingspark.de, April–Sept. tägl. 9.30–17.30, Okt. bis 16.30 Uhr, Eintritt € 6,90/3,50

Halbinsel Jasmund

Die Kreidefelsen von Rügen im Abendlicht – ein Motiv für Romantiker

Die Halbinsel Jasmund ist durch die schmale Nehrung der Schaabe mit der Halbinsel Wittow und durch die Schmale Heide mit Südost-Rügen verbunden. Eine dritte Landverbindung stellt der 1868 gebaute Lietzower Damm her, der den Großen vom Kleinen Jasmunder Bodden trennt.

An der Nordostküste erhebt sich die Kreideküste mit ihrem markantesten Punkt, dem 118 Meter hohen **Königsstuhl**. Nicht nur Caspar David Friedrich war von dem Anblick zutiefst beeindruckt. Die Kreidesteilküste und die bergigste Region Rügens mit dem 161 Meter hohen Piekberg, die **Stubnitz**, die ein dichter, 2000 Jahre alter Buchenwald bedeckt, wurden schon 1929 unter Naturschutz gestellt. Zusammen mit der 40 Hektar großen Seen- und Moorfläche der **Stubbenkammer** und den Flachwasserzonen der Ostsee bilden sie heute den **Nationalpark Jasmund** – mit rund 3000 Hektar Deutschlands kleinster Nationalpark. Sportlich aktive Urlauber finden hier ein weit verzweigtes Radwegenetz.

Im Süden liegt mit den **Feuersteinfeldern** (vgl. S. 211) ein weiteres Naturphänomen. Glanzlicht der norddeutschen Backsteinarchitektur ist **Schloss Spyker** (vgl. S. 229) im Norden von Jasmund, Mitte des 17. Jahrhunderts erbaut. Der größte Ort der Halbinsel Jasmund und die zweitgrößte Stadt Rügens ist **Sassnitz**.

Über 300 Schmetterlinge schwirren durch die große Freiflughalle.

Tierpark Sassnitz
Steinbachweg 4, Sassnitz
© (03 83 92) 223 81
www.tierpark.sassnitz.de
April–Sept. 10–18, Okt.–März 10–16 Uhr
Eintritt € 3,50/2
Über 360 Tiere leben im einzigen Zoo der Insel, darunter Wölfe, Wildschweine, Greifvögel und Nasenbären.

Gastmahl des Meeres
Strandpromenade 2, Sassnitz
© (03 83 92) 51 70
www.gastmahl-des-meeres-ruegen.de
Tägl. ab 11 Uhr
Mehrfach preisgekröntes Restaurant, das exzellente Fischgerichte aus Topf, Pfanne und Backofen serviert. Passend dazu gibt es einen guten Jahrgang aus dem Weinsortiment.
€€–€€€

Inselseifen
Hauptstr. 15, Sassnitz
© (03 83 92) 67 55 00
www.inselseifen.de.
Mo–Fr 10–18, Sa 10–13 Uhr
In der Siederei entstehen vielfältige Seifenprodukte.

14 Nationalpark Jasmund

Das 3000 Hektar große Areal, und somit Deutschlands kleinster Nationalpark, steht seit 1990 unter Schutz. Sieben Wanderwege führen durch ein Waldgebiet, das mit seinen berühmten Kreidefelsen bis an die Steilküste heranragt. Aber auch Moore, Kleinseen (u.a. Herthasee), verlassene Kreidebrüche und Seeadler gibt es hier zu bewundern, ebenso seltene Pflanzenarten. Vorsicht: Am Kliff besteht Abbruchgefahr!
Achtung: Am Hochufer nie den Wanderweg verlassen.
Infos unter: © (03 83 92) 350 11, www.nationalpark-jasmund.de.

Als Hühnergott bezeichnet man Feuersteine mit einem natürlichen Loch, das durch die Herauswitterung von Kreideeinlagerungen entstanden ist. Sie gelten als Glücksbringer.

Region 10 Rügen und Stralsund

Donnerkeile sind fossile Überreste von Belemniten, den urzeitlichen Tintenfischen

Es gibt drei offizielle Abstiege zum Strand: Piratenschlucht, am Kieler Ufer und am Königsstuhl.

Die Kreidefelsen bei Stubbenkammer, wie Caspar David Friedrich sie 1818 sah (Museum Oskar Reinhart am Stadtgarten, Winterthur)

Service & Tipps:

Stubnitz

Wer badet nicht gern im Nationalpark, im Schatten der imposanten Kreidefelsen? Zwischen Piratenschlucht und Königsstuhl befindet sich der unbewachte, 10–12 m breite Steinstrand, der allerdings nur zu Fuß zu erreichen ist. Vorsicht: Am Kliff kann es zu Abbrüchen kommen, und schon nach dem Mittag verschwindet die Sonne.

Abgänge vom Hochuferweg gibt es an der Piratenschlucht, am Kieler Ufer und am Königsstuhl. Am Strand kann man mit etwas Glück Fossilien wie Donnerkeile und Seeigel finden.

Wissower Klinken

Kein anderer Kreidefelsen war so bekannt wie die bizarre Klippenformation in der Stubnitz. Das berühmte Gemälde »Kreidefelsen auf Rügen« des Romantikers Caspar David Friedrich, das er während seiner Hochzeitsreise 1818 gemalt hat, soll aber nicht, wie oft behauptet wird, die Wissower Klinken, sondern eine Formation der Stubbenkammer zeigen. Die Sehenswürdigkeit ist Anfang 2005 abgestürzt. Es sind nur noch Reste zu sehen.

In der Nähe der Wissower Klinken befindet sich das **Ausflugslokal Waldhalle**, das gutbürgerliche Küche serviert (www.wissower-klinken.de, tägl. 11–18, in der Nebensaison bis 17 Uhr und Di geschl.). Die Wissower Klinken sind ab Sassnitz in Richtung Königsstuhl/Stubbenkammer ausgeschildert. Von der Hauptstraße geht es dann rechts etwa 3 km auf einer schlecht ausgebauten Straße bis zur »Waldhalle«. Von dort sind es zu Fuß noch 200 m zu der Formation. Man kann von Sassnitz aus die gesamte Strecke zu Fuß zurücklegen: vom Kurplatz entlang dem Uferweg und Hochuferweg durch den Nationalpark (etwa 2,5 km).

Etwa sieben Minuten zu Fuß von den Wissower Klinken entfernt, befindet sich die **Ernst-Moritz-Arndt-Sicht**, die einen schönen Blick auf das ehemalige Wahrzeichen der Insel ermöglicht.

Königsstuhl und Nationalparkzentrum

Zum höchsten Kreidefelsen Rügens (117 m) pilgern jährlich Hunderttausende Touristen. Woher die Plattform allerdings den Namen hat, ist bislang unklar. Preußenkönig Wilhelm I. oder Schwedenkönig Karl XII. sollen dabei Pate gestanden haben. Die Umgebung des Königsstuhls bezeichnet man als **Stubbenkammer.** Seit 2004 informiert das **Nationalpark-Zentrum** mit einer 2000 m^2 großen Ausstellungsfläche über den Nationalpark (www.koenigsstuhl.com, Kombi-Eintritt € 10/4). Da man für die Besichtigung des Königsstuhls bezahlen muss, und dann – auf ihm stehend – ihn nicht sieht, empfiehlt es sich, auf die benachbarte **Viktoria-Sicht** auszuweichen. Ein Abstieg zum Wasser ist an der Golchaquelle möglich.
Anfahrt: Von Sassnitz ist der Königsstuhl ausgeschildert. Der Großparkplatz befindet sich 2 km von der Sehenswürdigkeit entfernt in Hagen. Shuttlebusse sorgen für eine Anbindung. Man kann jedoch ebenso gut durch den Nationalpark zum Königsstuhl wandern.

Herthasee

Klarer Waldsee in 114 m Höhe (bis zu 11 m tief) westlich des Königsstuhls. Der Sage nach badete hier einst die germanische Göttin Hertha, die Erdmutter, einmal im Jahr während eines Fruchtbarkeitsfestes. Da kein Sterblicher sie bei ihren Kulthandlungen sehen durfte, wurden alle Diener anschließend im See ertränkt. An der Nordseite des Sees befinden sich noch Wallreste einer ehemaligen slawischen Fluchtburg (Herthaburg).

Von den berühmten Wissower Klinken sind seit 2005 nur noch Reste übrig. Wind und Wetter sorgten für Erosion und Abbruch der markanten Felsen, die hier noch zu sehen sind

Lohmes kleiner Hafen ist berühmt für seine Lage

15 Lohme

Das romantische Örtchen liegt direkt an der Rügener Nordküste. Zu Lohme gehören die Ortsteile Blandow, Hagen, Nipmerow, Ranzow und die Wohnplätze Bisdamitz, Jägerhof, Salsitz, Schwierenz und Vietzke. Der Ortsname stammt vom slawischen *Lomy* und bedeutet »Windbruch, Bruch, Sumpfgebiet«. 1250 bestätigte Papst Innocenz IV. dem Kloster Bergen den Besitz des Ortes *Loum*. 1376 ging der in den Besitz des Heinrich von Jasmund über und gehörte seitdem zur Herrschaft Spyker. Die Siedlung wurde einst hauptsächlich von Fischern bewohnt.

Seit Ende des 19. Jahrhunderts erfreute sich Lohme als See- und Luftkurort stetiger Beliebtheit. Bereits 1911 stand in einem Reiseführer: »Lohme ist kein sogenanntes Mode- oder Luxusbad, sondern in erster Linie ein Zufluchtsort für diejenigen Badegäste, die von der Arbeit und dem Getriebe des großstädtischen Lebens inmitten einer großartigen und stillen Natur Ruhe und Erholung suchen ... Einmalig sind die malerische Lage auf hoher, bewaldeter Steilküste und der prachtvolle Blick über die Bucht der Tromper Wiek auf die Landzunge von Kap Arkona. Ein sagenhaftes Naturerlebnis ist das einzigartige Panorama der Sonnenauf- und -untergänge.«

Drei Jahre nach einem Steilküstenabbruch, bei dem ein etwa zwei Fußballfelder großes Hangstück in Lohme abrutschte, wurde im Mai 2008 das einsturzgefährdete Diakonieheim abgerissen. Im folgenden Jahr erklärte der Landkreis die Steilküste von Lohme zum Sperrgebiet. Die Sanierungsarbeiten an der Küste setzten anschließend ein. Inzwischen ist der Hang stabil und wieder freigegeben.

Rügener Heilkreide
Bereits im 19. Jahrhundert erkannte man die heilende Wirkung der Rügener Kreide. Heute erlebt dieser Naturstoff eine wahre Renaissance als Kur- und Kosmetikmittel. Aufgrund der reinweißen Farbe, der Geruchlosigkeit und der feincremigen Struktur eignet sich Rügener Heilkreide sehr gut für kosmetische Anwendungen und für Wärmebehandlungen bei rheumatischen Erkrankungen. Sie wird hauptsächlich von den schneeweißen Kreidefelsen der Halbinsel Jasmund, am Steilufer zwischen Sassnitz und dem Königsstuhl, gewonnen.

Service & Tipps:

Tourismusverein
Arkonastr. 31, 18551 Lohme
✆ (03 83 02) 888 55
www.lohme.de

Panorama Restaurant
Im Panorama Silence Hotel
An der Steilküste 8, Lohme
✆ (03 83 02) 9110
www.lohme.com
Tägl. ab 11.30 Uhr
Der Name hält was er verspricht: Von der Terrasse direkt am Hochufer hat man einen sagenhaften Blick über das Meer bis Kap Arkona. Das nahe gelegene Hofgut Bisdamitz (vgl. S. 228) ist Hauslieferant
€€€

Region 10 Rügen und Stralsund

Idyllische Lage: Café Niedlich in Lohme

Café Niedlich
An der Steilküste, Lohme
✆ (03 83 02) 93 46
April–Sept. tägl. 12–18 Uhr
Direkt an der 70 m hohen Steilküste gelegen, bietet sich neben Kaffee, Kuchen und Eis vor allem ein grandioser Panoramablick.

Bei gutem Wetter ist sogar Kap Arkona zu sehen. Spezialität des kleinen Cafés ist der warme Apfelstrudel mit Vanilleeis.

Hofgut Bisdamitz
Dorfstr. 1
18551 Lohme, OT Bisdamitz
✆ (03 83 02) 92 07
www.hofgut-bisdamitz.de
Juli–Sept. tägl. 10–20, sonst bis 18 Uhr
Auf dem einstigen Kirchengut wird ökologischer Landbau betrieben. Im Gutsladen gibt es neben Käse, Quark, Wurst und Fleisch auch Honig, Nudeln, Marmelade, Schafwollprodukte und frisches Vollkornbrot.

16 Glowe

Auch die Fischer von Rügen sorgen sich wegen zurückgehender Fangmengen um ihre Existenz

Das ehemalige Fischerdorf (1000 Einwohner) am Eingang zur Schaabe, am »Kopf« (slawisch *Gluowa*), wurde 1314 erstmals urkundlich erwähnt. Zu dem kleinen Badeort gehören der fast neun Kilometer lange Badestrand der Schaabe und ein Hafen für Segelboote am Königshörn. Hier landen auch die Fischer ihren Fang an, den man beim Entladen begutachten kann. Und man kann selbst sein Anglerglück versuchen: Angeboten werden mehrtägige Angelfahrten, aber auch Ausflugsfahrten zum Kap Arkona, zum Königsstuhl, nach Sassnitz und nach Bornholm (Dänemark).

Service & Tipps:

Tourismusverein Glowe
Hauptstr. 37, 18551 Glowe
✆ (03 83 02) 88 99 39
www.glowe.de

Ausflugsziele:

Schloss Spyker
Schlossallee 1, 18551 Spyker
✆ (03 83 02) 770
www.schloss-spyker.de
Die spätgotische Schlossanlage, idyllisch zwischen Spyker See und Jasmunder Bodden gelegen, entstand auf den Feldsteinfundamenten eines Rittergutes aus dem 14. Jh. Dieses wurde nach Ende des Dreißigjährigen Krieges dem schwedischen Feldmarschall und späteren Generalgouverneur von Schwedisch-Pommern, Carl Gustav von Wrangel, für seine treuen Dienste von der schwedischen Krone zugesprochen. Wrangel ließ ab 1649 auf den Fundamenten das dreigeschossige Schloss Spyker errichten.

Später ging das Schloss in den Besitz der Rügener Fürsten zu Putbus über. Das Innere wurde von 1964–70 für die Nutzung als Ferienheim weitgehend umgestaltet. Erhalten sind das Kreuzgratgewölbe des Kellergeschosses und die Stuckdecken im ersten Obergeschoss. Das rotgetünchte Gebäude ist heute ein Hotel mit dem **Restaurant-Schlosskeller** »Zum Alten Wrangel« (tägl. 12–21 Uhr).

Dinosaurierland Rügen
Am Spyker See 2 a
18551 Spyker, OT Bobbin
✆ (03 83 02) 71 98 74
www.dinosaurierland-ruegen.de
Mai–Aug. 10–18 Uhr, sonst kürzer
Eintritt € 7,50/5,50
Die kleinen Dino-Fans erwarten ca. 120 Modelle. Sie können Gipsabdrücke herstellen, Dinos aus Tonformen oder auf dem Spielplatz herumtollen u.v.m.

Kreidemuseum Gummanz
Gummanz 3 a, 18551 Sagard
✆ (03 83 02) 562 29
www.kreidemuseum.de
Tägl. 10–17, im Winter Di–So 10–16 Uhr
Eintritt € 3/1,50
Das Museum klärt über Entstehung und Abbau der Kreide auf.

Halbinsel Wittow

Reineke Fuchs am Kap Arkona

Den nördlichsten Zipfel der Insel Rügen bildet die von Ostsee und Bodden umspülte Halbinsel Wittow, die ihren Namen (*Wittow* = Windland) von der stetig über das Land wehenden Brise hat. Durch eine schmale Nehrung, die **Schaabe**, – nur 600 Meter an der schmalsten Stelle – an der Tromper Wiek besteht eine Verbindung zur Halbinsel Jasmund, sie trennt auch den Bodden vom offenen Meer. Ihr neun Kilometer langer, feinsandiger Strand und der urige Kiefernwald erstrecken sich zwischen Glowe und Juliusruh. Am nördlichen Ende liegt das **Seebad Breege-Juliusruh**, das 1928 als Zusammenschluss der beiden Orte entstand. Anfang des 19.Jahrhunderts war Breege ein wichtiger Handelshafen, heute ist es Stützpunkt der Binnenschifffahrt und der Ausflugs- und Segelboote. Durch die **Wittower Fähre**, die auch Autos transportiert, wird eine Verbindung von Breege zum Nordwesten der Insel Rügen hergestellt.

Am nördlichsten Punkt der Halbinsel liegt **Kap Arkona**, eines der Wahrzeichen der Insel Rügen und eine ihrer meistbesuchten Sehenswürdigkeiten. Die Anziehungskraft des Kaps resultiert aus der einzigartigen Kombination von schroffen Steilufern, aufgewühltem Meer, karger Küstenvegetation und den Resten des Walls der legendären **Jaromarsburg**, einem bedeutenden Zeugnis slawischer Kultur.

Südlich von **Dranske** befindet sich die etwa 500 Hektar umfassende, acht Kilometer lange **Halbinsel Bug**, der größte »Sandhaken« der Insel Rügen. Sie ragt dabei nur einige Meter aus dem Meer heraus und ist an ihrer schmalsten Stelle kaum 100 Meter breit. Bug ist als Bestandteil des Nationalparks Vorpommersche Boddenlandschaft weitgehend unberührt und kann im Rahmen einer geführten Wanderung besucht werden.

Geschichtlich interessierte Besucher finden auf der Halbinsel Wittow die gotische Backsteinkirche in **Altenkirchen**, die **Hünengräber bei Nobbin** sowie Zeugnisse der Fischerei- und Seefahrtsgeschichte in Häfen und Ortschaften an der Küste. Auch für Wassersportler ist die Halbinsel Wittow ein Paradies: Bekannt und beliebt sind nicht nur unter Kennern die Häfen von Breege und Wiek.

Region 10
Rügen und
Stralsund

Unverkennbar: das »Gold der Ostsee«

Der <u>nördlichste Punkt</u> der Insel ist nicht das Kap Arkona, sondern <u>Gellort</u>.

Die beiden Leuchttürme am Kap Arkona

17 Kap Arkona

An Deutschlands Nordkap (autofreie Zone), wo 1895 die erste Seenotrettungsstation Deutschlands eingerichtet wurde, gibt es viele interessante Baudenkmäler. Unübersehbar sind die nebeneinander stehenden Leuchttürme: der 19 Meter hohe, quadratische **Schinkelturm**, der 1826/27 nach Plänen von K. F. Schinkel erbaut wurde, und der 36 Meter hohe **Neue Leuchtturm** von 1902. Gleich in der Nähe befinden sich der **Marineführungsbunker**, die **Königstreppe**, die von der Steilküste zum Wasser führt, und das **Künstlerhaus am Kap Arkona** im ehemaligen Marinesignalhaus.

Im **Marinepeilturm** von 1927 befindet sich das Ausstellungszentrum Ostseeküste. Gleich daneben sind die Reste des halbkreisförmigen doppelten Ringwalls der **Jaromarsburg** aus dem 6. Jahrhundert Zeugnisse der slawischen Besiedlung. Hier steht eine aus Ulmenholz gefertigte Nachbildung der imposanten Holzsstatue (2,5 m hoch) der Gottheit Svantevit, die einst ihren Platz im größten Tempel des Ostseeraumes hatte.

Service & Tipps:

Informationsamt Kap Arkona
Am Parkplatz 1, 18556 Putgarten
✆ (03 83 91) 41 90, www.kap-arkona.de
Infos zu allen Kap-Sehenwürdigkeiten.

Kap-Arkona-Karte
Diese Kombikarte gewährt Eintritt in die Sehenswürdigkeiten am Kap Arkona. Preis: € 10/8.

Arkonabahn
18556 Putgarten
www.arkonabahn.de
Hin- und Rückfahrt € 3,50/1
Das Kap Arkona und Vitt sind für den Autoverkehr gesperrt. Man kann von den Parkplätzen vor Putgarten die Wegebahnen nutzen.

Jaromarsburg
Die Reste der slawischen Burg lassen nur wenig von der Größe der einstigen Burganlage erahnen, die im 6. Jh. entstand. Die Kultstätte der Ranen war dem Gott Svantevit gewidmet. Jaromar I. war ein Ranenfürst. Der dänische König Waldemar I. ließ die Burg 1168 zerstören. Der Burgwall darf seit 2011 nicht mehr bestiegen werden.

Marineführungsbunker
Juli/Aug. 11–17 Uhr, sonst kürzer
Führung jede volle Stunde
Eintritt € 5/2,50
Am Kap Arkona befinden sich zwei Militärbunker. Der kleinere Bunker, von der Wehrmacht gebaut, beherbergte zu DDR-Zeiten die 6. Grenzbrigade Küste, heute eine Kunstgalerie. Der größere Bunker entstand 1979–86 und diente als Gefechtsstand der Volksmarine und der Vereinigten Ostseeflotte. Im Rahmen einer Führung kann er besichtigt werden.

Marinepeilturm
Juni 10–17, Juli/Aug. 10–18 Uhr, sonst kürzer, Eintritt € 2/1,50
Der 1927 erbaute Turm befindet sich neben den Resten der Jaromarsburg. Er diente als Seefunkfeuer zur Kontrolle des Ostseeraums, vor allem der Fährlinie Sassnitz-Trelleborg. 1996 konnte das 1945 zerstörte Denkmal restauriert werden. Von der **Aussichtsplattform** hat man einen hervorragenden Blick auf die Umgebung. Im Inneren zeigen wechselnde **Ausstellungen** Werke von Künstlern. Außerdem beherbergt der Peilturm das **Schmuckatelier** von Nils Peters (www.sonnenschmuck.com).

Schinkelturm und Neuer Leuchtturm
✆ (03 83 91) 121 15
Schinkelturm: tägl. 10–18 Uhr, Eintritt € 2/1,50, Neuer Leuchtturm: tägl. 10–17 Uhr, Eintritt € 3/1,50
Die beiden Leuchttürme können bestiegen werden. Von den **Aussichtsplattformen** hat man eine fantastische Sicht. Der Schinkelturm zeigt eine **Ausstellung** zum Leuchtfeuerwesen. In ihm vollzieht das Standesamt Nordrügen auch **Trauungen**.

Künstlerhaus am Kap Arkona
✆ (03 83 91) 43 46 60
Zumeist tägl. 11–17 Uhr, Öffnungszeiten variieren

Blick aufs Kap Arkona mit dem ehemaligen Marinepeilturm und dem slawischen Burgwall von einem der beiden Leuchttürme

Die Geschäftsstelle des Fördervereins Kap Arkona e. V. hat hier ihren Sitz, und sie hat eine Galerie zeitgenössischer Künstler eingerichtet.

Rügenhof Arkona
18556 Putgarten
✆ (03 83 91) 40 00
www.ruegenhof.de, tägl. 10–18 Uhr
Die historische Anlage (um 1890 erbaut) mit Herrenhaus, Stallung und Scheune wurde 1994 wieder hergerichtet. Heute befinden sich hier ein Einkaufs- und Handwerksbasar u. a. mit Töpferei, Bernsteinschleiferei, Keramikausstellung. Traditions- und Naturprodukte gibt es im Rügenladen.

Kosegarten-Kapelle Vitt
Das kleine achteckige Gotteshaus wurde 1816 als Uferbethalle vom Heimatdichter und Pfarrer Ludwig Theobul Kosegarten fertiggestellt. Durch seine Fischerpredigten wurde der Freund von Ernst Moritz Arndt weit über die Insel hinaus bekannt. Sakristei und heutiger Eingang kamen erst 1865 hinzu. Sehenswert sind das Altarbild, die Kopie eines Originals von Philip Otto Runge (1806), das heute in der Hamburger Kunsthalle hängt, und das Fresko »Menschen im Sturm«, das der Italiener Gabriele Mucchi nach der Renovierung 1990 an die Eingangswand malte. Heute sind auch Eheschließungen in der Kapelle möglich.

Nordstrand
Über die Hochufertreppen gelangt man zum nördlichsten Strand (FKK) Deutschlands. Hochuferbereiche mit urwüchsiger Vegetation und einem angelegten Waldgebiet zwischen **Gellort** und **Bakenberg**. Der fast steinfreie Sandstrand (etwas abschüssig) ist 20–30 m breit. Flachwasserbereich bis zu 40 m. Sehr gute Wasserqualität. Keine Strandversorgung. Hervorragendes Areal für Surfer und Segler.

Zum goldenen Anker
Vitt Nr. 2, 18556 Putgarten
✆ (03 83 91) 121 34
www.gasthof-vitte.de, tägl. 11–20 Uhr
Im urigen Lokal fühlt man die sprichwörtlichen Planken unter den Füßen. Maritim-rustikale Kombüse mit Tampen (Seilen) und Fischdelikatessen aus der Küche. €–€€

Ausflugsziele:

Dorfkirche Altenkirchen
Die dreischiffige Backstein-Basilika wurde im spätromanischen Stil um 1200 erbaut. Sehenswert sind vor allem der slawische Grabstein (Mitte 12. Jh.) der Chor mit Apsis (Spätromanik, 13. Jh.), der Taufstein (1250), die Deckenmalereien, das Kruzifix (um 1400), der abseitsstehende, hölzerne Glockenturm (1670) und der Keßler-Altar (1724).

Hünengräber von Nobbin
Der Ort Nobbin, zwischen Altenkirchen und Putgarten, ist bekannt für seine aus der Jungsteinzeit stammende Megalithanlage. Die Steingräber zählen zu den größten Anlagen Norddeutschlands.

Südlich der Jaromarsburg befindet sich die Veilchentreppe. Sie verbindet, wie die Königstreppe weiter nördlich am Kap, die Steilküste mit dem Strand. Am Wasser entlang gelangt man nach Vitt.

Predigt mit Blick aufs Meer: die Kosegarten-Kapelle von Vitt

18 Wiek

Sehenswert ist in dem kleinen Ort am Wieker Bodden die **St.-Georgs-Kirche**, eine Backsteinkirche, die um 1400 erbaut wurde. Der **Hafen von Wiek** diente lange Zeit als Umschlagplatz, etwa für Getreide und Kohle. Inzwischen hat er sich zum Fischerei- und Segelschiffhafen gewandelt. Von hier legen in der Hochsaison auch Fähren nach Hiddensee ab. Südlich von Wiek befindet sich die **Wittower Fähre** (auch für Autos, www.weisse-flotte.com), die die Wittower Halbinsel mit dem Inselkernland verbindet.

19 Ostseebad Breege-Juliusruh

Am »Kopf« der Schaabe befindet sich der Doppelort Breege-Juliusruh. Die Vereinigung dieser beiden doch recht ungleichen Orte erfolgte bereits 1928. Während Breege ein verträumtes Fischerdorf mit reetgedeckten **Kapitänshäusern** aus dem 18. und 19. Jahrhundert und einem kleinen Hafen geblieben ist, zeichnet Juliusruh die typische Atmosphäre eines Seebades aus. Gelegen am Sandstrand der Schaabe haben sich in Juliusruh einige Pensionen und größere Hotels angesiedelt. Von Breege startet die **Reederei Kipp** zu unterschiedlichen Touren (nach Hiddensee, zu Boddenfahrten, Kranichfahrten und Fahrten zu den Störtebeker-Festspielen, www.reederei-kipp.de).

In der Spielzeit der Störtebeker-Festspiele transportiert die Reederei Kipp die Gäste vom Hafen in Breege nach Ralswiek (www. reederei-kipp.de).

Service & Tipps:

Informationsamt Breege-Juliusruh
Wittower Str. 5
18556 Breege-Juliusruh
✆ (03 83 91) 311
www.breege.de

Schaabe
Die Nehrung (9 km) zwischen Glowe und Juliusruh bietet hervorragende Bade- (teilweise FKK), aber auch Wassersportmöglichkeiten. Das Meer und den Großen Jasmunder Bodden trennen hier nur die Straße und ein Nadelwaldstreifen. Keine Strandversorgung! Wem der Strand zu überlaufen, das Wasser zu kalt oder der Wind zu heftig ist, der sollte im flachen Boddenwasser baden.

Der Räucherkaten
Am Kurpark, 18556 Juliusruh
✆ (03 83 91) 121 50
Von April bis Oktober wird bei Bernd Kuntze täglich frisch geräuchert. Hier gibt es Aal, Heilbutt, Lachsforelle zum Mitnehmen oder für den Genuss vor Ort. €

Romantik und Stille auf dem autofreien Hiddensee

20 Insel Hiddensee

Westlich der Insel Rügen vorgelagert, nimmt Hiddensee mit seinen 1300 Einwohnern gerade mal knapp 19 Quadratkilometer ein – ein romantisch hingezaubertes Erbe der letzten Eiszeit. Unter dem Namen *Insula Hythini* wurde die Insel im Jahr 1159 erstmals erwähnt. Im selben Jahrhundert unterstand Hiddensee rügischen Fürsten und wurde dann 1296 von Wizlaw II. an einen Zisterzienserorden verschenkt, der hier ein mächtiges Kloster baute, das jedoch im Dreißigjährigen Krieg vollständig zerstört wurde.

Seit Ende des 19. Jahrhunderts wird Hiddensee nur sanft touristisch erschlossen, deshalb hat es sich im Laufe der vergangenen hundert Jahre kaum verändert. Dazu trug sicher die Verbannung privater Kraftfahrzeuge von der Insel bei – auch heute sind nur wenige landwirtschaftliche und Dienstfahrzeuge unterwegs. Hauptverkehrsmittel sind das Fahrrad oder die Pferdekutsche.

Zu Fuß kann man die vielgestaltige Landschaft, die sich von der südlichen Heide über die typische Küstenlandschaft bis hin zum nördlichen Hügelland verändert, am besten genießen. Der Zauber von Hiddensee resultiert wahrscheinlich aus dem Zusammenspiel von einmaliger Natur und dem Fehlen der herkömmlichen Tourismusindustrie.

Einer der ersten Dauergäste war der Schriftsteller Gerhart Hauptmann, ihm folgten eine Reihe von prominenten Besuchern (u. a. UFA-Star Asta Nielsen und Thomas Mann). Vom Massentourismus ist »dat söte Länneken« (das süße Ländchen) jedoch verschont geblieben, die inseltypische Romantik konnte erhalten werden. Seit 1995 ist Hiddensee offiziell Seebad – der lange Strand lädt an der Westküste zu Sonnen- und Wellenbad ein.

Die drei größeren Orte der Insel zeigen ganz unterschiedliche Gesichter. Während das im Süden gelegene **Neuendorf** ein beschauliches Fischerdorf geblieben ist, gibt sich die Inselhauptstadt **Vitte** schon ein klein wenig »städtischer«. Hier sind Post, Sparkasse, Gemeinde- und Kurverwaltung sowie das kleine Inseltheater (Seebühne Vitte) zu finden. Im Norden, am Rand des Hügellandes, liegt **Kloster**, das in der Anlage noch großzügiger, fast herrschaftlich wirkt. Von dort aus ist es nicht mehr weit bis zum **Leuchtturm Dornbusch**, der die Insel optisch krönt.

Auf Hiddensee gibt es viele schöne Ausflugsziele: Neuendorf, Vitte, Grieben ...

Der Leuchtturm liegt auf dem 72 Meter hohen Dornbusch im sogenannten Hochland der Insel Hiddensee.

Gerhart Hauptmann (1862–1946) gilt als bedeutendster Vertreter des deutschen Naturalismus.

Auf der Insel Hiddensee besteht Tageskurkartenpflicht. Die Karte erwirbt man in den jeweiligen Abfahrtshäfen.

Für eine Radtour auf Hiddensee lohnt es sich, eine Inselkarte zu kaufen. Wer nicht gern Rad fährt, unternimmt eine Inselrundfahrt per Pferdekutsche oder mit dem Inselbus.

Service & Tipps:

Insel-Information Hiddensee
Norderende 162
18565 Vitte
✆ (03 83 00) 64 20
www.seebad-insel-hiddensee.de

Fischereimuseum
Pluderweg 7
18565 Neuendorf
Mai–Okt. Mo–Sa 14–17, Mo und Fr auch 11.30–12.30 Uhr
Eintritt frei (Spende gern gesehen)
Im 1885 erbauten Reusenschuppen, der bis 2005 auch noch zur Lagerung von Netzen genutzt wurde, befindet sich seit 2009 ein kleines Fischereimuseum – Uns Lütt Museum, wie die Einheimischen es nennen.

Gerhart-Hauptmann-Gedenkstätte
Im Haus Seedorn
Kirchweg 13, 18565 Kloster
✆ (03 83 00) 397
www.gerhart-hauptmann.de
Mai–Okt. tägl. 10–17, Nov., März Di–Sa 11–14, April Mo–Sa 11-16, Dez.–Feb. Do 11–14 Uhr
Eintritt € 3/2
Das ehemalige Sommerhaus (1930–43) des bekannten Dichters beherbergt bereits seit 1956 die Ausstellung »Gerhart Hauptmann – Leben und Werk«; einige Räume sind im Originalzustand erhalten. Das Grab von Hauptmann (gestorben 1946) liegt in unmittelbarer Nähe auf dem Inselfriedhof.

Heimatmuseum
Kirchweg 1, 18565 Kloster
✆ (03 83 00) 363
April–Okt. tägl. 10–16, Nov.–März nur Fr/Sa 11–15 Uhr
Eintritt € 3/Kinder bis 11 Jahre frei
1888 im Gebäude des Seenotrettungsdienstes eingerichtet, erläutert das Museum die Geschichte der Insel, ihrer Bewohner sowie Flora und Fauna. Highlight ist die Nachbildung des berühmten Hiddenseer Goldschatzes, der 1872–74 gefunden wurde und dessen Original im Kulturhistorischen Museum in Stralsund aufbewahrt wird.

Leuchtturm Dornbusch
Mai–Okt. tägl. 10.30–16, April Di–Sa 10.30–16 Uhr, sonst kürzer, kurzfristige Änderungen mgl.
Eintritt € 4/1, Kindern unter 6 Jahren ist der Zutritt aus Sicherheitsgründen untersagt
Der Turm (23 m hoch) an der Nordspitze der Insel gilt als Wahrzeichen Hiddensees. Er kann bestiegen werden. Die Leuchtfeueranlage, 1888 auf dem Schluckwieksberg (72 m hoch) errichtet, ist noch voll funktionstüchtig. Von hier aus sendet das ARD-Wetterstudio Nord in die deutschen Wohnstuben. Während der Ginsterblüte in den Frühlingsmonaten ist der Ausflug zum Leuchtturm besonders reizvoll.

Karusel Vitte (Asta-Nielsen-Haus)
Das kuriose Gebäude diente in den 1920er-Jahren UFA-Star Asta Nielsen als Feriendomizil. Bauhaus-Architekt Max Tauth hatte den Rundbau eigens für den Stummfilmstar entworfen. Auch Joachim Ringelnatz und Heinrich George weilten hier.

Die »Blaue Scheune« in Vitte auf Hiddensee wurde jahrelang für Kunstausstellungen genutzt

Die berühmte **Blaue Scheune** des 1922 gegründeten »Hiddenseer Künstlerinnenbundes« steht ganz in der Nähe.

Inselkirche Kloster
Die einst von Mönchen errichtete Pfarrkirche (Mitte 14. Jh.) ist das einzige erhaltene Gotteshaus auf Hiddensee. Ursprünglich im spätgotischen Stil erbaut, wurde sie zu Anfang des 18. Jh. stark verändert. Dabei musste auch der ehemalige Kirchturm weichen. Sehenswert sind heute vor allem der Kanzelaltar (1781), die Deckenbemalung (1922) und das Grab des Schriftstellers **Gerhart Hauptmann**.

Seebühne
Wallweg 2, 18565 Vitte
© (03 83 00) 605 39
www.hiddenseebuehne.de
Seit 1997 führt das kleine Ensemble regelmäßig Stücke für Kinder und Erwachsene auf. Auch auswärtige Künstler verschiedener Genres gastieren in der Saison auf der Seebühne.

Badestrand
Das »söten Länneken« (ca. 13 km) zieht jährlich unzählige Touristen auf das Eiland. Der feine, weiße Sandstrand ist 20–30 m breit, die Wasserqualität sehr gut, Flachwasserbereich bis zu 30 m. Der FKK-Strand (300 m) befindet sich in Richtung Kloster. Auch Surfer kommen bei West- und Nordwinden auf ihre Kosten. Nördlich am Dornbusch badet man dagegen etwas ruhiger.

Zum kleinen Inselblick
Birkenweg 2, 18565 Kloster
© (03 83 00) 680 01
Tägl. außer Di ab 12 Uhr
Das Gasthaus präsentiert sich als wahre Trödelstube. Das Inventar kann man käuflich erwerben (bei einigen Dingen erhebt der Inhaber ein Vetorecht). Rustikal, aber vor allem herzhaft sind auch die Gerichte. Ein Genuss am Wochenende ist die Hiddenseer Aalsuppe. €€

Hitthim
Hafenweg 8, 18565 Kloster
© (03 83 00) 66 60
www.hitthim.de, tägl. ab 12 Uhr
Urgemütliche Gaststube mit schummerigem Licht und Holzdielen im gleichnamigen Hotel. Ob aus Topf, Pfanne oder Backofen – alles ist frisch und lecker. €€

Rennhack
Achtern Dieck 24, 18565 Vitte
© (03 83 00) 607 35, tägl. ab 10 Uhr
Direkt am Hafen gelegen, bietet das Lokal neben einem tollen Blick auf den Bodden vor allem geschmackvolle Fischgerichte. Dabei wird gerade auf die frische Verarbeitung besonderer Wert gelegt: Kaum aus dem Wasser

geholt, brutzelt der Fisch auch schon in der Pfanne. €–€€

Die Bilderkneipe
Im Hotel Enddorn
Dorfstr. 6, 18565 Grieben
© (03 83 00) 460, tägl. ab 12 Uhr
Das Lokal hat es in sich: Eine Galerie mit Hunderten von Bildern und Fotos verteilt sich über den gesamten Gastraum. Zusätzlich zum Sattsehen kann man sich auch vortrefflich satt essen. Regionale Küche, schöne Terrasse. €€

Fuhrmannshof Neubauer
Hafenstr. 10 a, 18565 Kloster
© 0171-189 28 07, nach 18 Uhr
© 0171-715 38 09
www.hiddensee-kutschfahrten.de
Im Angebot sind Inselrundfahrten mit der Pferdekutsche für Einzelpersonen oder mit dem Kremser für Gruppen, auch Ausritte und Ponyreiten.

Reederei Hiddensee
Achtern Diek 4, 18565 Vitte
© 01803-21 21 50
www.reederei-hiddensee.de
In der Saison tägliche Fahrten: Schaprode–Hiddensee, Stralsund–Hiddensee, Wiek–Hiddensee.

Wassertaxi
© (03 83 00) 210
Hiddenseer Taxiring: Die kleine Schnellbootflotte (»Störtebeker« und »Pirat«) ist rund um die Uhr auslaufbereit.

Alle Infos rund ums Reiten auf der Ostsee-Insel Rügen erhalten Sie unter: www.ruegen.de/reiten-ruegen.htm.

Region 11 Greifswald und Usedom

Greifswald und Usedom

Die Badewanne Berlins und die altehrwürdige Universitätsstadt

Eine Übersichtskarte der Region 11 finden Sie S. 242.

Schneeweiße Strände, stürmische Ostsee und mondäne Bäderarchitektur verbunden mit zauberhafter, stiller Natur und verträumten Dörfern im Hinterland – das ist Usedom. Weit reicht die Geschichte der 445 Quadratkilometer großen Insel Usedom zurück. Schon in der Mittelsteinzeit wurden hier Grabstätten errichtet, dann folgte eine dünne Besiedlung, und erst im 19. Jahrhundert wurden Ahlbeck, Heringsdorf und Bansin als Seebäder für die Betuchteren entdeckt.

Weniger nobel geht es in den Inselbädern im Norden und den Bernsteinbädern im Zentrum der Insel zu, dafür genießt man hier neben dem lebhaften Strandleben auch die Ungetrübtheit der Natur. Und noch beschaulicher und idyllischer zeigt sich das Achterland mit kleinen Seen, grünen Wiesen und urwüchsigen Fischerdörfern.

Vor den Toren der Insel liegt Greifswald, eine weitere Perle im Collier der Hansestädte. Hier gründete man früh seinen Ruhm auf die Wissenschaften.

Im 18. Jahrhundert wurde der Stadt ein Sohn geboren, der viele Ansichten seiner Heimatstadt noch zu Lebzeiten und bis heute in aller Welt bekannt machte: Der große romantische Maler Caspar David Friedrich.

Idyllisch eingebettet in die Landschaft Mecklenburg-Vorpommerns: Greifswald mit den beiden markanten Türmen von Dom und St.-Jacobi-Kirche

1 Hansestadt Greifswald

Im 13. Jahrhundert gründeten Mönche des nahen Klosters Eldena eine Siedlung am Flüsschen Ryck, 1248 war die dazugehörige ehemalige Handwerkersiedlung bereits eine Stadt, 1278 trat man auch schon der Hanse bei, kam 1648 mit Vorpommern zu Schweden und fiel 1815 Preußen zu.

Die bereits 1456 gegründete Universität – nur die Rostocker Universität ist älter an der Ostsee – hatte berühmte Studenten wie 1509 den Humanisten Ulrich von Hutten und Ende des 18. Jahrhunderts den Dichter Ernst Moritz Arndt, der später hier auch Professor war. Die heutigen Hauptgebäude, erbaut 1750, befinden sich östlich des Marktplatzes, am Rubenowplatz, benannt nach dem Universitätsgründer und ersten Rektor.

Durch das Vorhandensein der Uni, die die Geschichte der Hansestadt womöglich mehr geprägt hat als der Handel, der ihre Hanseschwestern berühmt machte, gesellen sich auch heute noch zu den knapp 55 000 Greifswaldern die etwa 12 500 Studenten. Geschäfte und Gastronomie schaffen leichtfüßig den Spagat zwischen Busladungen von Senioren-Urlaubern und Erstsemestern: Neben gemütlichen Cafes gibt es auch gute Kneipen, neben Orthopädie- und Souvenirgeschäften auch Schreibwarenläden mit Studentenrabatt.

Das alles arrangiert sich in der Hauptsache um den vielleicht schönsten **Marktplatz** 1 der Region, der eigentlich aus zwei Plätzen besteht: dem nahezu quadratischen Hauptmarktplatz und dem wesentlich kleineren Fischmarkt, auf dem eine originelle Brunnenskulptur noch an die ursprüngliche Nutzung erinnert.

Mitten zwischen beiden Plätzen erhebt sich das ochsenblutrote, um 1400 erbaute **Rathaus** 2, das im 18. Jahrhundert nach einem Brand im

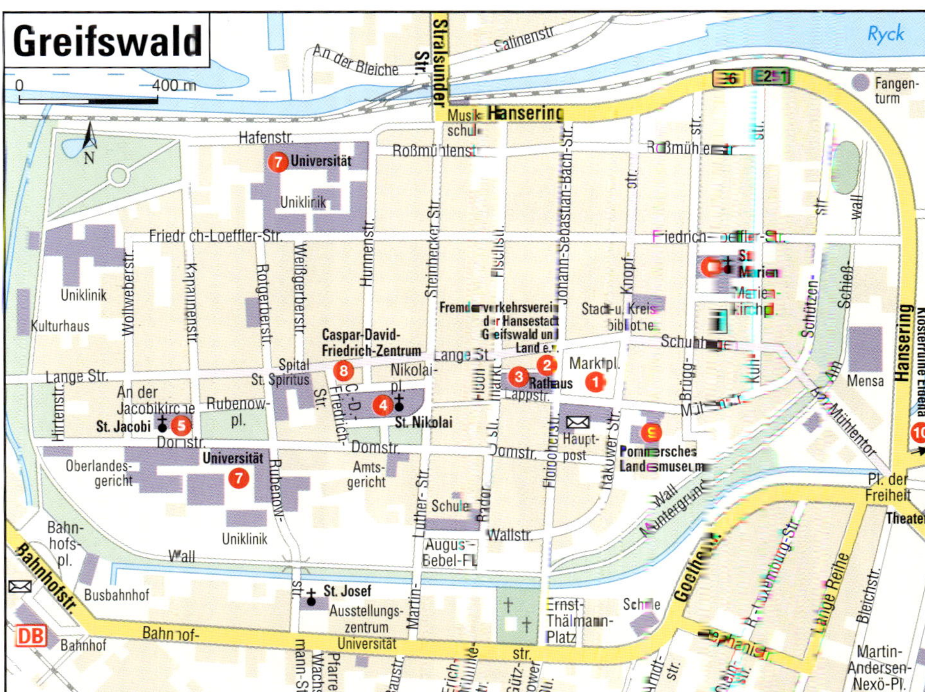

frühbarocken Stil wieder aufgebaut wurde. Hier hat auch der Fremdenverkehrsverein sein Quartier 3. Rundherum finden sich zahlreiche Bürgerhäuser mit aufwändig verzierten Fassaden und Giebeln, gegenüber dem Rathaus zwei gotische Wohnspeicherhäuser (Nr. 11 und 13), bedeutende Beispiele der Profarchitektur der Backsteingotik. Greifswalds Altstadt hat viel historische Bausubstanz zu bieten, denn hier wurde schon zu DDR-Zeiten einiges restauriert und Bausünden sind in der Innenstadt so gut wie keine zu entdecken.

Als Greifswalds Wahrzeichen ragt hinter dem Rathaus der **Dom St. Nicolai** 4 von 1250 mit seinem über 100 Meter hohen barocken Turm von 1650 empor. Von der ursprünglichen Ausstattung blieben vor allem Gemälde, darunter eine Marienanbetungsszene Greifswalder Professoren,

Die Greifswalder Altstadt von oben: der Marktplatz, das rote Rathaus und die wuchtige Marienkirche

erhalten. Einige gotische Fresken wurden bei Restaurierungsarbeiten freigelegt. Caspar David Friedrich wurde hier getauft.

Die zweite und kleinste der drei gotischen Stadtkirchen Greifswalds ist **St. Jacobi** 5, nahe dem Hauptgebäude der Universität 7, aus der zweiten Hälfte des 13. Jahrhunderts. Ein romanisches Taufbecken und einige Grabplatten datieren noch aus dem Mittelalter.

Die »dicke Marie«, **St. Marien** 6, die ihren Spitznamen aufgrund ihrer gedrungenen, massiven Anlage von den Greifswäldern erhielt, ist die älteste Kirche Greifswalds, östlich des Markts gelegen. Mit dem Bau wurde wahrscheinlich schon bald nach der Stadtgründung begonnen, die Fertigstellung war zwischen 1350 und 1400. Im Innern kontrastieren backsteinerne Pfeiler mit dem weißen Kreuzrippengewölbe. Mittelalterliche, farbenfrohe Wandmalerei in der Gedächtniskapelle und die Kanzel aus dem 16. Jahrhundert beeindrucken mit ihrer reichen Schnitz- und Intarsienausstattung. Das Werk eines Rostocker Künstlers zeigt u.a. die Reformatoren Bugenhagen, Melanchthon und Luther.

Ein Herz, gebettet auf einer weißen Rose: die Lutherrose an einem Bleiglasfenster im Dom St. Nikolai (Greifswald)

Vom Marktplatz aus sind es nur wenige Schritte zur Langen Straße, der Einkaufsstraße der Greifswälder. Das Haus Nr. 57 ist die Hauptanlaufsstelle für alle Romantiker: Das **Caspar-David-Friedrich-Zentrum** 8 logiert in dem Haus, das die Familie Friedrich schon seit mehreren Generationen bewohnte, bevor hier 1774 ihr berühmtester Sohn geboren wurde. In den oberen Etagen erinnert heute eine Ausstellung an das Leben und Schaffen des großen Malers der Romantik, im Keller ist eine alte Seifensiederei aufgebaut, wie sie vom Vater des Künstlers, Adolf Gottlieb Friedrich, betrieben wurde. Diese ist allerdings eher spartanisch, ohne viele Erklärungen und nur als Impression wahrzu-

***Hans Fallada**, der mit bürgerlichem Namen Rudolf Ditzen hieß, wurde 1893 in Greifswald geboren. Er übte zahlreiche Berufe aus, bevor er als Schriftsteller Erfolg hatte. Zu seinen bekanntesten Romanen gehören »Kleiner Mann – was nun?« von 1932 und »Wer einmal aus dem Blechnapf frisst«, erschienen 1934. Er starb 1947 in Berlin*

nehmen, weniger zur Information. Spannender sind da schon die Filmausschnitte einer TV-Verfilmung des Lebens von Greifswalds berühmtestem Sohn.

Zwar hängen einige »Caspar David Friedrichs« heute im Pommerschen Landesmuseum, nur einen Steinwurf vom Geburtshaus entfernt, aber Rang und Namen des Lokalhelden haben dafür gesorgt, dass seine Hauptwerke größeren und bedeutenderen Sammlungen angehören. Dabei ist aber das **Pommersche Landesmuseum** 9 keineswegs so verstaubt, wie der Name vermuten lassen könnte, vielmehr erinnert die klassizistisch-preußische Eleganz des Baus an Berlin. Zu den bedeutendsten Exponaten gehört der Croy-Teppich, ein Gobelin von 1554, der Martin Luther auf der Kanzel zeigt.

Nicht jeder ist ein Freund von Symbolismus und tiefsinniger Romantik, aber dennoch sollte sich niemand den Anblick der vielleicht berühmtesten **Klosterruine** 10 Deutschlands entgehen lassen: Vor allem im Dämmerlicht wirken die Reste des Zisterzienserklosters von Eldena, ehemals Kloster Hilda von 1199, heute noch immer so romantisch, wie sie Caspar David Friedrich mehrfach malte – wobei er die Fragmente auch einfach mal vor wechselnden Landschaftshintergründen darstellte.

Klosterruine Eldena: das beeindruckende Original mit seinen Mauern und Bögen und das Gemälde, zu dem sich Caspar David Friedrich inspiriert fühlte (1824/25, Alte Nationalgalerie, Berlin; unten)

Service & Tipps:

Greifswald- Information
Rathausarkaden, Am Markt
17489 Greifswald
✆ (038 34) 52 13 80, Fax (038 34) 52 13 82
www.greifswald.de

Caspar-David-Friedrich-Zentrum und Friedrichsche Seifensiederei
Lange Str. 57, Eingang Turmgasse
17489 Greifswald
✆ (038 34) 88 45 68
März-Sept. Di-Fr 10–18, Sa/So 11–17 Uhr
Eintritt € 2,50/2
Ausstellung zu Leben und Schaffen des berühmten Malers, untergebracht in seinem Geburtshaus, einer Seifensiederei.

Pommersches Landesmuseum
Rakower Str. 9, 17489 Greifswald
✆ (038 34) 831 20
www.pommersches-landesmuseum.de
Mai-Okt. Di-So 10–18, Nov.-April Di-So 10–17 Uhr, Eintritt € 4,50/2,50
Ausstellung zur Erd- und Landesgeschichte Pommerns sowie eine erstrangige Gemäldesammlung mit 200 Werken international herausragender Meister wie Caspar David Friedrich, Philipp Otto Runge, Vincent van Gogh und Max Liebermann.

Le Croy
Im Pommerschen Landesmuseum
Rakower Str. 9, Greifswald
✆ (038 34) 77 58 45
www.le-croy.de, Mo geschl.
Di-So 10–24 Uhr
Die Einrichtung ist von schlichter Eleganz und passt perfekt zum edlen Museumsgebäude. Wildbratwurst oder Westfälische Pfannegrütze stehen auf der

Region 11 Greifswald und Usedom

1822 malte Caspar David Friedrich »Wiesen bei Greifswald« – die Skyline seiner Heimatstadt hat sich bis heute kaum verändert (Kunsthalle, Hamburg)

Karte, zum Nachtisch auch mal »Gebratenes Krokanteis«. Wem's hier besonders gut schmeckt, der kann sich noch etwas für zu Hause mitnehmen: Pralinen und Kochzutaten. Die Terrasse ist ebenfalls sehr schön. Mittags €, abends €€

Café Lichtblick
Am Markt 23/24
17489 Greifswald
✆ (038 34) 51 78 18
Mittagstisch, Bistro und Café, moderne Einrichtung in altem Haus, betrieben vom Pommerschen Diakonieverein.

Café und Konditorei Marimar
Am Markt 11, Greifswald
✆ (038 34) 89 84 20
Hier ist alles selbstgemacht, auch das Eis und kleine, süße Mitbringsel. Aus den Räumen im ersten Stock schöne Aussicht auf den Marktplatz.

Papierhaus
Brüggstr. 11, Greifswald
Schreibwarengeschäft in hübschem Gebäude gegenüber der Kirche St. Marien. Schreibwaren, Kalender, Souvenirs

Region 11 Greifswald und Usedom

Wander- und Radrouten über die Insel

Das Radwanderwegenetz ist auf Usedom gut ausgebaut. Es umfasst etwa 150 km. Wandern kann man entlang 400 km. Rad-/Wanderkarten gibt es in den Tourismusbüros. Etwa 600 Leihräder stehen an knapp 40 Verleihstationen zur Verfügung, darunter auch Kinder- und Elektroräder. Infos unter www.usedomrad.de

»Caspar David Friedrich in seinem Atelier« Gemälde von Georg Friedrich Kersting (1819, Alte Nationalgalerie, Berlin)

Caspar David Friedrich wurde 1774 als sechstes von zehn Kindern des Lichtgießers und Seifensieders Adolph Gottlieb Friedrich und seiner Ehefrau Sophie Dorothea Friedrich in Greifswald geboren. Dort erhielt er auch seinen ersten Kunstunterricht. 1794–98 studierte er Malerei in Kopenhagen und zog dann in das Zentrum der romantischen Bewegung nach Dresden, wo er zunächst als Prospektmaler arbeitete.

Bekannt wurde Friedrich 1805 durch seine Teilnahme an der Ausstellung Weimarer Kunstfreunde. Zwei Jahre später wandte er sich der Ölmalerei zu, die ihn schließlich berühmt und erfolgreich machte. Zu seinen Auftraggebern gehörte unter anderem der spätere Zar Nikolaus I.

Caspar David Friedrich gilt heute als einer der bedeutendsten Maler der deutschen Romantik. Er widmete sich vor allem der Darstellung von Natur und Landschaften sowie mittelalterlichen Motiven. Die Landschaften seiner Heimat rings um Greifswald und die Insel Rügen, die er wiederholt bereiste, inspirierten ihn zu seinen berühmtesten Werken, wie die »Kreidefelsen auf Rügen« und »Ruine Eldena«. Er starb 1840 in Dresden.

Die Öffnung der über 800 Jahre alten Holzklappbrücke in Greifswald-Wieck erfolgt stündlich von der Hand des Brückenmeisters

und Postkarten. Im ersten Stock: Künstlerbedarf – falls Landschaft und die Werke Caspar David Friedrichs inspirierend gewirkt haben.

Bühne am Museumshafen
Ticket-Hotline: ✆ (038 31) 264 66
www.ostseefestspiele.de
Auch die Klosterruine Eldena dient mit romantischem Ambiente als Hintergrund für Freiluftaufführungen.

Casper-David-Friedrich-Weg
Ein Bildweg mit 15 Stationen führt zu den Spuren des Malers in der Universitäts- und Hansestadt. Skizziert werden wichtige Lebensstationen des Künstlers, und es geht zu Aussichtspunkten, die er für seine Bilder wählte.

Der Rundgang beginnt bei seinem Geburtshaus, der Seifensiederei seines Vaters, heute Sitz des Caspar-David-Friedrich-Zentrums und endet am Pommerschen Landesmuseum. Eingebunden ist u.a. der bekannte Blick auf die Silhouette Greifswalds mit den drei Backsteinkirchen.

Eine Broschüre, die die einzelnen Stationen und drei unterschiedlich lange Rundwege beschreibt, ist in der Greifswald-Information und in diversen Buchhandlungen für € 3 erhältlich.

Klosterruine Eldena
Am Greifswalder Bodden
Die Reste des im Dreißigjährigen Krieg zerstörten Klosters waren eines der Lieblingsmotive von Caspar David Friedrich. Nur Teile des Kirchenschiffes und der Konventsgebäude sind erhalten. 1968 wurde hier eine Freilichtbühne eingerichtet. Vor allem im Dämmerlicht kann man hier der besonderen Stimmung der Gemälde nachspüren. Leider ist die Straße nach Wolgast und damit unromantischer Autolärm nicht fern.

Am Mühlentor: Bürgerhäuser in der Greifswalder Altstadt

Die Inselbäder

Die **Inselbäder Karlshagen, Trassenheide** und **Zinnowitz** zeigen im Gegensatz zu den Kaiserbädern eine etwas ruhigere, beschaulichere Facette der »Pommerschen Riviera«. Sie liegen an der nördlichen Küstenlinie und weisen ausschließlich feinsandigen Strand, der meist in eine flache Uferzone übergeht, auf. Einsamkeit und unberührte Natur findet man in und um die Bäder ebenso wie pralles Strandleben und kulturelle Highlights wie die Vineta-Festspiele und das Theater Blechbüchse in Zinnowitz. Beliebt waren die Orte zu allen Zeiten und sie sind es auch noch heute, nicht nur als Badewanne Berlins.

Zum Norden der Insel gehören aber auch das ehemalige militärische Sperrgebiet am und um den **Peenemünder Haken**, das heute unter Naturschutz steht, und **Peenemünde** selbst, das zum Versuchsgelände für die geheime Raketenforschung der Weermacht auserkoren wurde.

2 Seebad Karlshagen

Zurzeit nicht im Einsatz: traditionelles Strandfischerboot auf Usedom

Gegründet 1837, ist das mitten in einem wunderschönen Kiefernwald gelegene Ostseebad ein idealer Urlaubsort für Familien, Naturliebhaber und Campingfreunde. Die Gegend lädt zu allen Jahreszeiten zum Spazieren und Radfahren ein. Im Sommer bietet der lange und breite Sandstrand genug Platz für alle. Überhaupt ist ruhige Erholung in der Natur typisch für das Ostseebad. Vom idyllisch am Peenestrom gelegenen Segel- und Fischereihafen kann der Besucher per Fahrgastschiff eine Seefahrt zu den **Inseln Oie** oder **Ruden** unternehmen. Wer in Karlshagen Urlaub macht, sollte auch nicht versäumen, dem Nachbarort **Peenemünde** einen Besuch abzustatten.

***Ostseebus** bietet verschiedene und regelmäßig befahrene Linien von den Fischerorten ins Hinterland. Infos unter: www.ostseebus.de*

Für Wissensdurstige ist ebenfalls gesorgt: Das unmittelbar hinter den Dünen gelegene **Naturschutzzentrum** informiert sehr ausführlich über die Tier- und Pflanzenwelt der Insel Usedom. Eine neu gestaltete Strandpromenade, nette kleine Läden und einladende Lokale, der breite Sandstrand mit Blick auf die Insel Oie, die weiten Wälder, gut ausgebaute Fahrradwege und endlose Wiesenlandschaft neben der Peene – das Ostseebad Karlshagen ist für den Urlauber bestens gerüstet.

Aalreuse

Service & Tipps:

Touristinformation/ Kurverwaltung
Hauptstr. 4, 17449 Karlshagen
✆ (03 83 71) 554 90
www.karlshagen.de

Naturschutzzentrum Insel Usedom
Dünenstraße, Karlshagen
www.naturschutzzentrum-karlshagen.de
✆ (03 83 71) 217 50, Mai–Sept. Di–So 10–17 Uhr, sonst kürzer, Eintritt frei
Infozentrum des Naturparks Usedom mit einer Dauerausstellung über Flora und Fauna sowie Naturschutz der Region. Veranstaltet werden auch Vorträge, Diskussionen und Führungen.

Friedhof Karlshagen
17449 Karlshagen

Usedom Beach Cup
Großes Volleyballturnier im Sommer am Strand von Karlshagen
Infos unter:
www.usedom-beachcup.de

Der Usedom-Marathon findet jährlich im September statt.
Infos unter:
www.usedom-marathon.de

Im Hinterland des Seebads Trassenheide zu Hause: der Graureiher

Gedenkstätte der Opfer des Haftlagers Peenemünde.

Veermaster
Am Hafen 2, Karlshagen
✆ (03 83 71) 210 12
Tägl. ab 11.30 Uhr
Gemütliche Hafengastronomie wird hier zum kulinarischen Erlebnis. Direkt am Seglerhafen gelegen, ist das Lokal nicht nur für Segler eine gute Adresse. Fischgerichte dominieren natürlich die Speisekarte. €€

Ausflugsziele:

Naturschutzgebiet Peenemünder Haken
Der Mündungsbereich des Peenestroms im Nordwesten Usedoms ist eine Landschaft mit ausgedehnten Flachwasserbereichen (u. a. Sümpfe, Salzwiesen). Das 1920 unter Naturschutz gestellte Gebiet mit einer Gesamtfläche von 18,7 km² gilt als bedeutender Brut- und Rastplatz für zahlreiche Wasser- und Wattvogelarten (u. a. Kraniche, Enten, Gänse). Das Gebiet war 1936–91 militärisches Sperrgebiet.

Historisch-Technisches Informationszentrum Peenemünde
Im Kraftwerk, 17449 Peenemünde
Anfahrt über die B 111 oder mit der Usedomer Bäderbahn
✆ (03 83 71) 50 50
www.peenemuende.de
April–Sept. tägl. 10–18, Okt. tägl. 10–16, Nov.–März Di–So 10–16 Uhr
Eintritt € 6/4
Die einstige »Luftwaffenversuchsstelle Peenemünde-West« (1936–45) erlangte durch die von Wernher von Braun entwickelte Vergeltungswaffe V2 traurige Berühmtheit. Hier entstand in den 1990er-Jahren das Informationszentrum, dessen überarbeitete Ausstellung die Rolle Peenemündes bei der Entwicklung der Raumfahrt mit all ihren unterschiedlichen Facetten und Sichtweisen darstellt. Im ehemaligen Kraftwerk (1939) befinden sich zwei Ausstellungsbereiche: »Die Enden der Parabel« und »Das Erbe Peenemündes«. Gezeigt werden dabei auch die Entwicklung und Erprobung der Raketen- und Luftwaffentechnik. Auf dem Freigelände: die Ruine des Sauerstoffwerkes, Prototypen der V1 und V2 sowie diverse Flugzeuge.

Maritim Museum
Haupthafen, 17449 Peenemünde
✆ (03 83 71) 285 65
www.u-461.de
April–Juni 10–18, Juli–Mitte Sept. 9–21, Mitte Sept.–Okt. 10–18, Nov.–März 10–16 Uhr, Eintritt € 6
Das U-Boot »U-461« der ehemaligen baltischen Rotbannerflotte der Klasse JULIETT wurde in den 1950er-Jahren entwickelt. Die sechs Decks des U-Boots können besichtigt werden.

Phänomenta »Physik zum Anfassen«
Museumsstr. 12
17449 Peenemünde
✆ (03 83 71) 260 66
www.phaenomania.de
April–Okt. tägl. 10–18, sonst 10–16 Uhr
Eintritt € 7/2
Im Gebäude des ehemaligen Offiziersclubs der DDR-Marine befindet sich diese interaktive Ausstellung, in der Anfassen ausdrücklich erwünscht ist. Über 200 naturwissenschaftliche und physikalische Phänomene auf 2500 m² laden zum Staunen, Fühlen, Hören und Begreifen ein.

Spielzeugmuseum
Museumsstr. 14
17449 Peenemünde
✆ (03 83 71) 256 56
Tägl. 11–16 Uhr, Eintritt € 6/3
Gezeigt werden Spielsachen der letzten 300 Jahre. DDR-Spielzeug bildet einen Schwerpunkt.

Apollo Fahrgastreederei Peenemünde
Zum Hafen 1, 17449 Peenemünde
✆ (03 83 71) 208 29
www.schifffahrt-usedom.de
Ausflüge zu den Inseln Ruden und Greifswalder Oie sowie Boddenrundfahrten (inkl. Fahrradbeförderung).

3 Seebad Trassenheide

Im Schutz des Peenemünder Hakens, zwischen Ostsee, Dünenwall und Küstenwald, liegt Trassenheide, das 1786 erstmals urkundlich erwähnt wurde. Zunächst allerdings noch unter dem Namen »Hammelstall«. Um

Schafherden vor einer plötzlichen Überflutung durch die Ostsee zu schützen, errichtete man einen großen Schafstall, der dem Ort seinen Namen gab. Erst 1908 erhielt die Kolonie den Namen »Trassenheide«.

Die von der Deutschen Wehrmacht errichtete Heeresversuchsanstalt in Peenemünde warf ihre Schatten auf den Ort, der 1943 von einem Bombenangriff, der Peenemünde galt, stark zerstört wurde. Erst 1947 begann der Badebetrieb wieder.

Ebenso wie Karlshagen zählt Trassenheide zu den kleineren und beschaulicheren Seebädern der Insel – ruhig und etwas verträumt wie die Landschaft, die den Ort umgibt. Das Juwel des Seebades ist zweifellos der breite Strand. Buhnen- und steinfrei, fast vier Kilometer lang, mit feinkörnigem Sand, lädt er im Sommer zu ungetrübten Badefreuden. Im Hinterland erstrecken sich weite Wiesen, Moor und Heide. Flora und Fauna locken Naturfreunde zu Entdeckungsreisen: Strandaster, Stranddistel, Beeren, Pilze, Feldlerche, Graureiher und der fast ausgestorbene Seeadler zeugen von einer intakten Naturlandschaft.

Service & Tipps:

Kurverwaltung
Strandstr. 36
17449 Trassenheide
✆ (03 83 71) 209 28
www.seebad-trassenheide.de

Haus auf dem Kopf
Wiesenweg 2, Trassenheide
✆ (03 83 71) 263 44
www.weltstehtkopf.de
April–Okt. 10–18, Nov.–März 10–16 Uhr
Eintritt € 6/5
Ein komplettes Haus, inklusive Möbel und Dekoartikel, steht seit September 2008 verkehrt herum in Trassenheide und ermöglicht eine ganze neue Perspektive. Außerdem: Miniaturausstellung von bekannten Bauwerken Mecklenburg-Vorpommerns.

Schmetterlingsfarm
Wiesenweg 5
Trassenheide
✆ (03 83 71) 282 18
www.schmetterlingsfarm.de/usedom
Tägl. 10–19 Uhr, im Winter kürzer
Eintritt € 8,50/6
Mit 5000 m² nach eigenen Angaben größte Schmetterlingsfarm Europas. Außerdem: Insektarium, Freiflughalle, Vorträge und Führungen.

Verschwindende Schönheit: Früher war die Stranddistel ein regulärer Bewohner der Ostseeküste, wurde aber zu oft als Urlaubsmitbringsel gepflückt. Auch durch Kaninchenfraß ist die Art heute gefährdet

Hölzerner Seebär am Strand von Karlshagen

Wildlife Usedom
Wiesenweg 2, Trassenheide
✆ (03 83 71) 557 61
www.wildlife-usedom.de
Tägl. 9.30–18.30 Uhr
Eintritt € 6,90/4,50
Ausstellung präparierter und lebender Tiere. Mit Indoor-Spielplatz.

Kinderland
Wiesenweg 1
Trassenheide
www.kinderland-usedom.de
Tägl. 10–18, Juli/Aug. bis 19 Uhr
Eintritt 4/8
Kindererlebniswelt mit Streichelzoo, Hüpfburgen, Karussells, Spielplatz und Spielautomaten.

Kaliebe
Zeltplatzstr. 14, Trassenheide
✆ (03 83 71) 520
www.kaliebe.de
Tägl. ab 11.30 Uhr
Regionale Wildspezialitäten werden hier ebenso fachkundig und schmackhaft zubereitet wie Köstlichkeiten aus Meer und Achterwasser. €€–€€€

Ausflugsziele:

Kulturhof
Trassenheider Str. 7
17449 Mölschow
✆ (03 83 77) 39 90
www.usedom-aktiv.de
Mai–Okt. Mo–Fr 10–18, Sa/So 11–18, Nov.–April Mo–Fr 10–16 Uhr
Landwirtschaftlicher Erlebnisbereich (Mai–Okt.), u.a. mit Kräutergarten und historischem Backofen. In den Kreativwerkstätten werden unterschiedliche traditionelle Handwerkskünste vorgestellt. In der Kulturscheune finden Märkte und Veranstaltungen statt, und es gibt eine 5 m hohe Kletterwand, an der man sich ausprobieren kann. Das Bistro sorgt mit selbstgebackenem Kuchen und regionalen Spezialitäten für das leibliche Wohl.

Skulpturenpark Katzow
17509 Katzow
www.skulpturenpark-katzow.eu
Der Skulpturenpark auf einem ständig zugänglichen, 18 ha großen Freigelände bei Katzow entstand 1991. Verschiedene Künstler aus allen Kontinenten schufen die über 40 hier ausgestellten Skulpturen während der Workshops, die alljährlich im Sommer stattfinden.

Auch die Galerie in der benachbarten Katzower **Kunst- & Kulturscheune** ist einen Besuch wert. Zudem sind einige Ferienwohnungen vorhanden.

4 Ostseebad Zinnowitz

2009 feierte Zinnowitz 700-jähriges Bestehen.

Erstmals erwähnt wurde die alte Slawensiedlung im Jahr 1309 in einer Schenkungsurkunde des Wendenfürsten Bogislaw IV. von Pommern-Wolgast. Das seitdem zum Zisterzienserkloster Krummin gehörende *Tzys* (slawisch: Korn) ging nach der Reformation an die Pommernherzöge, später an die schwedische Krone und 1721 schließlich an Preußen.

Die von der Milch- und Viehwirtschaft lebenden Bauern wurden vom wachsenden Erfolg der benachbarten Badeorte Heringsdorf und Swinemünde ermutigt, im Jahr 1851 die ersten Badehütten aufzustellen. Der touristische Aufschwung des neu gegründeten Seebades kam jedoch erst mit der Wolgaster Bahnanbindung im Jahr 1863, als die immer zahlreicher werdenden Sommergäste die Fähre über die Peene nutzten und so schneller in den Westteil der Insel gelangen konnten.

Badegäste am weißen Sandstrand von Zinnowitz auf Usedom

Bis dahin hatte Zinnowitz mit seinen günstigen Preisen eher das einfache Volk in die abgelegene Region gelockt, jetzt kamen mehr und mehr kapitalkräftige Gäste. So wurde aus dem preiswerten Volksbad in kürzester Zeit ein vornehmes Kurbad. Mit der Umwandlung von Zinnowitz um 1920 in ein »deutsch-nationales Volksbad« begann das dunkelste Kapitel der Ortsgeschichte. Diese Ära fand durch die Errichtung der »Heeresversuchsanstalt« (1936–45) in Peenemünde ihr Ende.

Bis 1945 war Zinnowitz militärisches Sperrgebiet, und auch danach waren für Durchschnitts-DDR-Bürger Urlaubsquartiere eher rar, denn ab 1953 belegte die mächtige Bergarbeitergewerkschaft IG Wismut einen Großteil des Seebades. Mittlerweile ist Zinnowitz der größte und quirligste Badeort im Norden Usedoms, der sich mithilfe der **Vineta-Festspiele** und dem **Theater Blechbüchse** zu einer Kulturstadt entwickelt hat.

Blechbüchse Zinnowitz
Neue Strandstr. 20
✆ (03 83 77) 420 36

Service & Tipps:

Touristinformation
Haus des Gastes
Neue Strandstr. 30, 17454 Zinnowitz
✆ (03 83 77) 49 20, www.zinnowitz.de

Heimatmuseum
Am Bahnhof 1, Zinnowitz
Mo–Fr 13–17, Sa/So 14–17 Uhr
Eintritt € 2/0,50
Das kleine Museum wurde von Mitgliedern der Historischen Gesellschaft Zinnowitz gestaltet. Seit 2009 hat es im Bahnhof des Ortes ein Zuhause gefunden, nachdem es einige Jahre im Hotel Preußenhof untergebracht war.

Usedomer Kunsthaus
Wilhelm-Potenberg-Str. 1
Zinnowitz, ✆ (03 83 77) 422 34
Di–Fr 14–18, Sa 10–12 Uhr sowie nach Vereinbarung, Eintritt frei
Brigitte und Reinhard Meyer zeigen in ihrer Gründerzeitvilla vor allem Werke von Künstlern aus Mecklenburg-Vorpommern.

Seebrücke Zinnowitz
Die 315 m lange Seebrücke wur

Schöner Ostseeblick garantiert: Strandhotel Preußenhof in Zinnowitz

de 1993 eingeweiht. Auf ihr befindet sich eine **Tauchgondel**, mit der Besucher seit 2006 in die Unterwasserwelt der Ostsee eintauchen können. 24 Personen haben die Möglichkeit, ca. 45

Sommerfrischler am Strand von Zinnowitz um 1900

Min. lang einen Hauch von Tiefsee zu erleben (www.tauchgondel.de, Juni–Aug. 10–21 Uhr, sonst kürzer, Eintritt € 8/5).

Neben der Strandpromenade laden vor allem die **Dünenstraße** und die **Neue Strandstraße** zum Flanieren und Einkaufen ein. Hier stehen auch die schönsten Villen des Ortes.

Blechbüchse
Heringsdorfer Weg, Zinnowitz
✆ (03 83 77) 409 36
www.blechbuechse.de
Ganzjährig geöffnet
Die Spielstätte (308 Plätze) befindet sich in einem ehemaligen Lagerhaus für Strandkörbe. Neben Schauspiel vorwiegend Kleinkunst, Varieté, Lesungen und Konzerte.

Das Usedomer Musikfestival findet jährlich im Sept./Okt. an verschiedenen Aufführungsorten statt. Es wird Musik des Ostseeraums gespielt. Infos unter: www.usedomer-musikfestival.de

Dramatische Szene während der Vineta-Festspiele in Zinnowitz

Ostseebühne – Vineta-Festspiele
Seestr. 8, Zinnowitz
✆ (03 83 77) 409 36
www.vineta-festspiele.de, Ende Juni–Aug. Mo, Mi/Do, Sa ab 19.30 Uhr
Die Legenden um die Stadt Vineta, die vor Usedom versunken sein soll, haben die Vorpommersche Landesbühne dazu inspiriert, die sagenhafte Stadt im Rahmen der jährlich stattfindenden Vineta-Festspiele wieder auftauchen zu lassen.

Museumscafé
Dünenstr. 10, Zinnowitz
✆ (03 83 77) 394 60
Tägl. ab 11 Uhr
Gasthaus im Stil der 1920er-Jahre. Leckerer Kuchen aus hauseigener Konditorei. Abends warme Gerichte. Schöner Blick auf Ostsee und Seebrückenvorplatz. €€€

Marimar
Waldstr. 1, Zinnowitz
✆ (03 83 77) 409 33
Juli–Sept. tägl. 10–22, sonst bis 18 Uhr
Die traditionsreiche Konditorei ist berühmt für ihr Pralinenangebot aus eigener Herstellung. Kaffeespezialitäten und eine große Eiskarte machen das Lokal zu einem Publikumsmagneten.

Bernsteintherme
Dünenstraße, Zinnowitz
✆ (03 83 77) 355 00
www.bernsteintherme.de
Tägl. 10–22 Uhr, Tickets ab € 6,50
Bade- und Wellnessanlage mit Thermalbad, Sauna, Meerwasserbad, orientalischen Bädern, Massagen, verschiedenen Kursen und Veranstaltungen.

Ausflugsziele:

Halbinsel Gnitz
Bis zum Mittelalter war der Gnitz noch ganz und gar von Wasser umgeben. Der einstige Strumminstrom verlandete aber mit der Zeit und ist heute ein See. Vor allem die Südspitze (Mövenort, NSG) mit ihren reichhaltigen Wacholdervorkommen konnte bis heute ihre Unberührtheit erhalten und ist Lebensraum für zahlreiche Seevögel (u.a. Uferschwalben). Die bewaldete Hügel- und Klifflandschaft an der

Krumminer Wiek und das waldarme Flachland im Südosten sind attraktive Wanderziele. Höchste Erhebung der Gegend ist der **Weiße Berg** (32 m). Sehenswert sind auch das **Großsteingrab Lütow** (Steinzeit, 3500 Jahre) und die spätmittelalterliche Kirche von **Netzelkow** mit ihrem freistehenden Glockenturm und den originalen Glocken aus dem 15. Jh.

5 Seebad Zempin

Zempin ist das kleinste und ruhigste aller Seebäder auf Usedom. Es liegt in der Nähe der schmalsten Stelle der Insel und bietet vor allem Erholung. Die Hauptstraße teilt den Ort optisch. Während im Norden Villen wie etwa in der Waldstraße vorherrschen, stehen im Süden eher schilfgedeckte Häuser. Aufgrund der Nähe zu Koserow sieht man auch in Zempin Reste der Salzhütten (vgl. S. 252). Ein rund neun Kilometer langer **Lehrpfad** führt an Natur- und Ortsmerkmalen des Seebades vorbei.

Der Maler Hugo Scheele lebte von 1921 bis zu seinem Tod 1960 in Zempin.

Service & Tipps:

Fremdenverkehrsamt Zempin
Fischerstr. 1, 17459 Zempin
✆ (03 83 77) 421 62
www.seebad-zempin.de

»Uns olle Schaul«
Fischerstraße 11
17459 Zempin
✆ (03 83 77) 369 51
April–Okt. Mi und Sa 15–18 Uhr, zusätzliche Termine können telefonisch vereinbart werden
Eintritt frei
In dem Vereinshaus befand sich bis zum Sommer 2000 eine Schule. In die ehemaligen Klassenräume im Erdgeschoss sind inzwischen eine ständige Ausstellung zur Fischerei in Zempin mit Bootsmodellen und ein Kolonialwarenladen mit Originalmobiliar eingezogen. Im Museumsladen erhält man Nachdrucke der Werke des Zempiner Malers Hugo Scheele.

Tau'n Fischer un sin Fru
Waldstr. 11, Zempin
✆ (03 83 77) 400 54
Tägl. ab 11 Uhr
Im Fischrestaurant und in der Räucherei wird Fisch aus eigenem Fang verarbeitet. Familie Schmidt knüpft an die lange Tradition der Fischräucherei in Zempin an.
€–€€

Lokale Botanik in Zempin: Rohrkolben sind regional auch als »Lampenputzer«, [illegible] oder »Kanonenputzer« bekannt

Die Bernsteinbäder

Durch die großen Ausbuchtungen des Achterwassers und der Krumminer Wiek zerfällt die Insel Usedom fast in zwei Teile. An ihrer schmalsten Stelle ist sie gerade einmal 350 Meter breit. Entlang dieses Landstreifens zwischen Ostsee und Achterwasser liegen die vier **Bernsteinbäder Zempin, Koserow, Loddin/Kölpinsee und Ückeritz**. Den Namen Bernsteinbäder erhielten sie, weil entlang ihrer Strände das Gold der Ostsee am häufigsten zu finden ist.

Diese kleinen Bäder zeichnen sich ebenfalls eher durch Beschaulichkeit aus. Hier genießt man den langen weißen Ostseestrand und die landschaftliche Idylle am Achterwasser, die man vom etwa 60 Meter hohen **Streckelsberg**, der dritthöchsten Erhebung der Insel, überblicken kann.

6 Ostseebad Koserow

Der Name des heutigen Seebades (seit 1858) ist slawischen Ursprungs und bedeutet soviel wie »Ziege« *(Koze)* oder »Amsel« *(Kos)*. Denn bereits ab dem 8. Jahrhundert besiedelten die Wenden das Gebiet zwischen Ostsee und Achterwasser. Im Zuge der Christianisierung erhielt *Cuzerowe* als eines der ersten Küstendörfer an der Ostsee eine Kirche (13. Jh.) und nahm schon bald eine zentrale Funktion in der Usedomer Küstenregion ein.

»Sonnenanbeter« auf Usedom: Nach ihren Beutetauchgängen lassen Kormorane ihr Gefieder trocknen

Mit der staatlichen Förderung der Strandfischerei (ab 1820) entstanden hier zahlreiche Salzhütten. Die ansässigen Fischer betrieben nicht nur Heringsfang, sondern sorgten auch für die Konservierung der Fische. Kurze Zeit später erhielt die mit dem Ort in Verbindung gebrachte Überlieferung, nach der vor Koserows Küste das sagenhafte Vineta unterging, neue Nahrung. Denn der spätere Preußenkönig Friedrich Wilhelm IV. besuchte 1827 das nahe gelegene Vineta-Riff und bestätigte die These »offiziell«. Auch der berühmte Seeräuber Klaus Störtebeker soll in den Höhlen des Streckelsberges seinen Schlupfwinkel gehabt haben.

Frühe Berühmtheit erreichte das Fischerdorf durch den Roman »Maria Schweidler. Die Bernsteinhexe« (1843) von Pfarrer Wilhelm Meinhold. Drei Jahre danach wandelten die ersten neugierigen »Sommerfrischler« auf den Spuren der Meinholdschen Romanfigur. Die offizielle Fremdenverkehrsära begann 1851 mit Gründung der hiesigen Badegenossenschaft.

Doch erst nach dem Anschluss an das Eisenbahnnetz (1911) konnte sich der lange Zeit unbedeutende Badeort zum »Juwel der Ostsee« entwickeln. Ganz besonders stolz ist Koserow (ca. 1600 Einwohner) heute auf den künstlerischen Nachlass des Malers Otto Niemeyer-Holstein, der von 1933 bis zu seinem Tod 1984 hier lebte.

Der wichtigste Roman von Wilhelm Meinhold (1797–1851), »Maria Schweidler – Die Bernsteinhexe«, spielt in Koserow.

Der Maler Otto Niemeyer-Holstein (1896–1984) wurde in Kiel geboren und in Benz auf Usedom beigesetzt.

Service & Tipps:

Kurverwaltung
Hauptstr. 31, 17459 Koserow
✆ (03 83 75) 204 15
www.seebad-koserow.de

Otto-Niemeyer-Holstein-Gedenkatelier
Koserow-Lüttenort
✆ (03 83 75) 202 13
www.atelier-otto-niemeyer-holstein.de
Neue Galerie und Garten tägl. 10–18 Uhr, im Winter kürzer
Wohnhausbesichtigung nur mit Führung tägl. 11, 12, 14, 15 Uhr
Eintritt € 3/1,50
An der schmalsten Stelle Usedoms lebte und arbeitete der bekannte Maler (1896–1984) seit 1933. Das Refugium ist seit dem Tod des Künstlers für Besucher geöffnet. Im Garten sind Plastiken von Künstlerfreunden (u.a. Fritz Cremer, Wieland Förster) zu besichtigen. Die letzte Ruhestätte von Otto Niemeyer-Holstein befindet sich auf dem Friedhof Benz.

Uns Fischers Arbeitshütt
An der Seebrücke, Koserow
Mai–Sept. Di–Sa 11–15 Uhr, sonst kürzer
Eintritt frei
Um 1820 begann man auf der Insel Usedom erstmalig mit dem Einsalzen der Fischrohware, um sie länger haltbar zu machen. Die Fischer nutzten damals die schilfgedeckten Hütten am Strand als Lagerhäuser für die Salzvorräte, die sie vom preußischen Staat steuerfrei zur Weiterverarbeitung zur Verfügung gestellt bekamen. Über die Jahre verfielen die meisten Hütten, wurden Opfer von Sturmfluten oder aber als Arbeitsschuppen genutzt. In einer der letzten sechs Salzhütten am Strand von Koserow ist

heute ein **Minimuseum** eingerichtet. Man findet solche Salzhütten heute u. a. noch am Strand von Zempin und am Peeneufer von Freest.

Kirche Koserow
Der gotische Feldsteinbau (13. Jh.) gilt als eine der ältesten Kirchen Usedoms. Der Turm stammt aus dem 15. Jh. Besonders sehenswert sind der Schnitzaltar und das Vineta-Kreuz. Regelmäßiger Veranstaltungsort von Theateraufführungen und Lesungen.

Kelch's Fischrestaurant
Karlstr. 17, Koserow
✆ (03 83 75) 204 58
www.kelchs.de
Ostern–Ende Okt. tägl. außer Di/Mi 11.30–14.30 und 17.30–21.30 Uhr
Traditionsreiches Lokal (Familienbetrieb seit 1896), das im Fischerhüttenstil eingerichtet ist. In der Saison wird die Sonnenterrasse bevorzugt. €–€€

Koserower Salzhütte
Hauptstr. 52, Koserow
✆ (03 83 75) 206 80
www.koserower-salzhuette.de
Tägl. 11–22 Uhr
Am Ortseingang gelegenes Lokal in einer der historischen Salzhütten. Die Außen- und Innenplätze sind rar; die Küche des Hauses zählt zu den 200 besten nationalen Fischküchen. €€–€€€

7 Seebad Loddin

Der kleine Ort ist umgeben von Wasser – nicht nur von Ostsee und Achterwasser, sondern auch vom Kölpinsee. Der 34 Hektar große Binnensee gab einem der drei Ortsteile seinen Namen – dem 1896 gegründeten Seebad Kölpinsee, das an eben diesem See und der Ostsee liegt und die übliche Seebäderatmosphäre versprüht. Der zweite Ortsteil, Loddin, unterscheidet sich komplett – am Achterwasser gelegen, ist er geprägt von reetgedeckten Häusern und einem kleinen Hafen. Das älteste Haus Loddins datiert um 1600. Dem alten Fischerdorf schließt sich das **Loddiner Höft** an, eine in das Achterwasser ragende, idyllische Halbinsel, die man umwandern kann. In Stubbenfelde, dem dritten Ortsteil, befindet sich ein großer Campingplatz.

Service & Tipps:

Fremdenverkehrsamt Loddin
Strandstr. 23
17459 Kölpinsee-Loddin
✆ (03 83 75) 227 80
www.seebad-loddin.de

Bernsteinbasar
Waldsiedlung 4, Loddin
✆ (03 83 75) 206 49
Tägl. 16–19 Uhr
Hans-Jürgen Schwarzenholz weiß alles über den Bernstein. Die in seiner Werkstatt gefertigten Exponate können erworben werden.

Lütt-Borsti-Ranch
Karl-Sollich-Str. 13, Kölpinsee
www.luett-borsti-ranch.de
April–Sept. tägl. ab 14 Uhr, im Winter kürzer
Eintritt € 2,50
Spielplatz, Streichelzoo und Minigolfanlage für die Kleinen, Kaffee und Kuchen für die Großen.

Mit dem Trabant-Cabrio über die Insel – www.trabimieten.de macht es möglich.

Ökologisch sinnvoll und attraktiv: die typischen Reetdachhäuser auf Usedom

Reiherschnabel

Der 600 ha große Gothensee, der größte Binnensee der Insel, steht unter Naturschutz. Sein Ufer ist nicht zugänglich, weil an dem sehr flachen See zahlreiche Seevögel rasten und brüten.

8 Seebad Ückeritz

Das waldreiche, einstige Fischer- und Bauerndorf mit heute etwa 1000 Einwohnern liegt hauptsächlich am Achterwasser. Allein der Campingplatz hat direkte »Ostseeanbindung«, deshalb ist am Strandabschnitt von Ückeritz in der sommerlichen Hochsaison auch Trubel angesagt. Der **Naturcampingplatz Ückeritz** soll zu DDR-Zeiten der größte Campingplatz Europas gewesen sein, der rund 20 000 Personen ein Freiluftquartier bieten konnte. Heute, geschrumpft und modernisiert, erstreckt er sich immerhin noch auf 4,5 Kilometern entlang der flachen Ostseeküste. Ein Teil des Strandes, etwas südlich von Ückeritz, verläuft hinter einer Steilküste.

Der Tourismus begann in Ückeritz recht früh, denn hier wurde bereits 1388 eine Herberge beantragt und gebaut - die erste der gesamten Insel. Richtig los ging es aber erst im 19. Jahrhundert, und in den 1930er-Jahren galt der Ort als wichtige Künstlerkolonie. Sie wurde zur Heimat von Malern wie Otto Manigk (Infos unter www.ueckeritz.de).

9 Seeheilbad Bansin

Die vor 900 Jahren am Nordufer des Gothensees lebenden Slawen gaben dem Ort den Namen *Banzino*. Im Mittelalter dann Eigentum des Klosters Pudagla, wurde die bäuerliche Siedlung nach der Reformation schließlich Eigentum der Familie Labahn. Noch bis zur Mitte des 19. Jahrhunderts bestand das Dorf nur aus zwei Dutzend Gehöften, deren Einwohner

Kaiserbad Bansin, geprägt von imposanten kaiserzeitlichen Villen der Jahrhundertwende

Landwirtschaft und Fischerei betrieben. Die unberührten Strände und Wälder waren jedoch für die immer zahlreicheren Sommerfrischler des benachbarten Seebades eine willkommene Abwechslung.

Als sich dann 1895 die Aktiengesellschaft von Heringsdorf für diesen Strandstreifen interessierte, verkauften viele Alteingesessene den »unbrauchbaren« Teil ihrer Parzellen voreilig zum Spottpreis. Nachdem die Dörfler ihren Fehler erkannten, gründeten sie 1896 eine Badegenossenschaft und kauften den Strand zur Errichtung von Badehäusern teuer zurück. Der 1897 offiziell gegründete Kurort entwickelte sich in kürzester Zeit zum kleinen, aber feinen Feriendomizil für Hochadel, Intelligenz und Staatsbedienstete. Heute mehr denn je ist das kleinste der Kaiserbäder (2500 Einwohner) wegen seiner reizenden Beschaulichkeit so beliebt.

Filigraner Giebelschmuck gehört zum Stil der Bäderarchitektur

Service & Tipps:

Touristinformation
Haus des Gastes, An der Seebrücke, 17429 Seeheilbad Bansin
✆ (03 83 78) 470 50
www.drei-kaiserbaeder.de
Juli–Sept. Mo–Fr 9–18, Sa/So 10–15 Uhr, sonst kürzer

Hans-Werner-Richter-Haus
Waldstr. 1, Bansin
✆ (03 83 78) 478 01
Di–So 10–12 und 14–18, im Winter Di–So 12–16 Uhr, Eintritt € 3
Im ehemaligen Feuerwehrhaus wird dem berühtesten Bansiner gedacht, dem Schriftsteller und Kopf der Gruppe 47 Hans Werner Richter. Besichtigt werden können u.a. eine Bibliothek und ein rekonstruiertes Arbeitszimmer. Lesungen finden regelmäßig statt.

Rolf-Werner-Gedenkatelier
Seestr. 60, Bansin
✆ (03 83 78) 292 28, nur Führungen, tägl. 11, Di, Do, Sa/So auch 14.30 Uhr
Eintritt € 2
Im ehemaligen Wohn- und Atelierhaus des bekannten Bansiner Malers Rolf Werner (1916–89) befindet sich seit dem Tod des Künstlers eine Dauerausstellung über sein Leben und sein Werk. Staffeleien, Malutensilien und Bilder lassen den Eindruck entstehen, der Künstler sei »eben mal kurz außer Haus«.

Tropenhaus Bansin
Goethestr. 10, Bansin
✆ (03 83 78) 25 40
www.tropenhaus-bansin.de
April–Okt. tägl. 10–18, sonst 10–16 Uhr
Eintritt € 4/2
Der von Hans Adomat geschaffene Tier- und Pflanzenpark (seit 1963) ist nach späterer Erweiterung und Umgestaltung (1995) in die Ferienanlage Tropenhaus Bansin integriert worden. Bei tropischen Temperaturen tummeln sich etwa 150 exotische Tiere (u.a. Schlangen, Kaimane, Affen, Vögel und Schildkröten).

Pommersche Bucht
Usedoms beliebte Sandstrände erstrecken sich auf einer Gesamtlänge von knapp 40 km: Ein wahres Eldorado für Sonnenanbeter. Als schönstes Teilstück gilt der Küstenstreifen zwischen Bansin und Ahlbeck. Vorwiegend Tex-

Mümmelkensee
Um den idyllischen See bei dem gleichnamigen Naturschutzgebiet, führt ein Naturlehrpfad. Das Hochmoorgebiet liegt bei Bansin. Vom nahen Langen Berg (54 m) hat man eine schöne Aussicht.

Die Kaiserbäder

Ahlbeck, Heringsdorf, Bansin und das auf der polnischen Seite Usedoms gelegene **Swinemünde** sind die Kaiserbäder der Insel. Bereits im 19. Jahrhundert traten die ersten drei als Seebäder in Erscheinung. Adel und zu Wohlstand gekommenes Bürgertum flanierten hier und genossen die würzige Seeluft, das Badevergnügen an den bis zu 70 Meter breiten, weißen Sandstränden und das gesellschaftliche Leben. Vor allem in Heringsdorf hielt sich Kaiser Wilhelm II., der als Namenspatron der Bäder gelten darf, häufig auf. Aber auch Künstler und Intellektuelle wie Thomas und Heinrich Mann, Leo Tolstoi oder Johann Strauß gehörten zu den Gästen. Das alles liegt lange her, doch die mondäne Atmosphäre und der Geist dieses vergangenen Zeitalters sind auch heute noch zu spüren, besonders angesichts der gründerzeitlichen Bäderarchitektur.

Eine fünf Kilometer lange, durchgehende Strandpromenade führt von Ahlbeck über Heringsdorf bis nach Bansin. Ihre eindrucksvollen Wahrzeichen sind die mächtigen Seebrücken.

Sandklaffmuschel

Die Seebrücke von Heringsdorf darf sich mit dem Titel »längste Seebrücke Kontinentaleuropas« schmücken (508 Meter)

tilstrand (bewacht), aber auch FKK-Bereiche, bis zu 60 m breit und mit feinem, weißen Sand, stark frequentiert, Flachwasserbereich bis zu 40 m. Diverse Freizeitangebote (u. a. Segeln, Surfen) und ideal für Familien mit Kleinkindern. Gute Verpflegungsmöglichkeiten.

Fischkopp
Seestr. 66, Bansin
✆ (03 83 78) 806 23, tägl. ab 12 Uhr
Die Küche des maritim eingerichteten Lokals im »Bansiner Hof« hält vor allem deftige Fischgerichte bereit. €€

Café Asgard
Strandpromenade 15, Bansin
✆ (03 83 78) 294 88, Di–So 12–18 Uhr
Eine der ersten Adressen von Usedom an der Bummelmeile mit Ostseeblick. Die feinen Torten und Kuchen kommen aus der hauseigenen Konditorei. €€

10 Seeheilbad Heringsdorf

Die Geschichte der einstigen Fischerkolonie mit heute etwa 3600 Einwohnern geht zurück auf das Jahr 1819, als auch die staatliche Förderung der Strandfischerei auf Usedom begann. 1820 besuchte Preußenkönig

Friedrich Wilhelm III. mit seinen Söhnen Kronprinz Friedrich Wilhelm und Wilhelm (dem späteren Kaiser) die Salzhütten der noch namenlosen Fischersiedlung. Bei der Suche nach einem passenden Namen fiel dem Kronprinzen nur »Heringsdorf« ein.

Das Badezeitalter begann schon 1824 mit der Errichtung der »Bülowschen Badeanstalt«, und bald wurde Heringsdorf (seit 1879 mit Neukrug vereint) zu einem beliebten Reiseziel für die »höheren Kreise« und die königliche Familie sowie zum Modebad für die Berliner High Society und Hochfinanz. Von seiner magischen Anziehungskraft hat das sogenannte Nizza des Ostens mit der längsten kontinentalen Seebrücke Europas (508 m lang) bis heute nichts eingebüßt.

Service & Tipps:

Touristinformation
Kulmstr. 33
17424 Heringsdorf
✆ (03 83 78) 24 51
www.drei-kaiserbaeder.de

Kunstpavillon
Promenade am Rosengarten
Heringsdorf
✆ (03 83 78) 228 77
Mai–Sept. Di–So 12–17 Uhr
Im Kunstpavillon, einem Glasrundbau von 1973, zeigt der Usedomer Kunstverein regelmäßig wechselnde Ausstellungen moderner Kunst, vorwiegend von Künstlern aus der Region.

Villa »Irmgard«
Maxim-Gorki-Str. 13, Heringsdorf
✆ (03 83 78) 223 61
Mai–Okt. Di–So 10–18 Uhr, sonst kürzer
Eintritt € 3, Kinder frei
Die ehemalige Bankiersvilla zeigt eine Dokumentation zur Ortsgeschichte, wechselnde Ausstellungen und informiert über bekannte Persönlichkeiten, die hier logierten, etwa Maxim Gorki. Der russische Dichter weilte hier im Jahr 1922 mehr als fünf Monate lang auf Drängen von Lenin, um sein chronisches Lungenleiden zu kurieren.

Seebrücke Heringsdorf
Strandpromenade 1, Heringsdorf
Als besondere Erlebnismeile gilt die 508 m lange Seebrücke von Heringsdorf. Zum 1995 eröffneten Brückenkomplex gehören das

Die Usedom Baltic Fashion findet dreimal im Jahr in Heringsdorf statt. Infos unter: www.baltic-fashion-award.de

Sie bestimmten früher das Bild der Küstenorte: Die Badekarren – hier ein Nachbau in Heringsdorf – boten Damen zur Kaiserzeit den einzig standesgemäßen Zugang zum Bad

»Baywatch« an der Ostsee

Landgebäude und der überdachte Seesteg mit dem Brückenkopf. In der so entstandenen Passage befinden sich über 20 Geschäfte, u.a. Fotoladen, Juwelier, Drogerie, Teeladen, Spielzeuggeschäft sowie Boutiquen, gastronomische Einrichtungen, das **Kino Heringsdorf** und das **Muschelmuseum** (www.muschelmuseum.kaiserbaeder.de, Juni–Aug. tägl. 10–21, Sept.–Mai 10–18 Uhr, Eintritt € 3/1,50).

Volkssternwarte »Manfred von Ardenne«
Rechts neben der Seebrücke Heringsdorf, ✆ (03 83 78) 47 16 50
www.sternwarte-usedom.de
Himmelsbeobachtungen und Dia-Vorträge. Programm im Vorfeld erfragen.

Chapeau Rouge
Strandpromenade, Heringsdorf
✆ (03 83 78) 291 71
www.chapeau-rouge.de
Spielzeit Juni–Sept.
Im Jahr 1993 hat die Vorpommersche Landesbühne ihren Spielbetrieb in dem roten Theaterzelt (250 Plätze) aufgenommen. Und schon jetzt wäre Heringsdorf ohne den Kulturtempel mit der ungewöhnlichen Atmosphäre kaum vorstellbar. Fast täglich finden Aufführungen für Kinder und Erwachsene statt, auch Märchen und Revuen stehen auf dem Programm.

Strandkorbmanufaktur (Korbwerk GmbH)
Waldbühnenweg 3, Heringsdorf
✆ (03 83 78) 46 50 50, www.korbgmbh.de
In der weltältesten Manufaktur dieser Art kann man sich einen Strandkorb für den heimischen Garten anfertigen lassen.

Lutter & Wegner
Kulmstr. 3, Heringsdorf
✆ (03 83 78) 221 25
Exquisites Feinkostgeschäft mit Bistro. €€–€€€

Des Kaisers Pavillon
Brunnenstr. 1, Heringsdorf
✆ (03 83 78) 227 45

Lebendige Usedomer Tradition: Sandburg und Fischerboot auf dem breiten Sandstrand von Heringsdorf

Tägl. 12–22 Uhr
Facettenreicher Jugendstilbau aus Kaiser Wilhelms Zeiten. 1911 unter dem Namen »Salchows Weinstuben« gegründet, erfolgte in den 1930er-Jahren die Umgestaltung zum Lichtspieltheater. 1991 wurde durch Rekonstruktionen aus dem hölzernen Pavillon wieder das gastronomische Vorzeigeobjekt, das es einst war. €€€

Kulm Eck
Kulmstr. 17, Heringsdorf
✆ (03 83 78) 225 60
www.kulm-eck.de
April–Sept. Di–So 18–24, Okt.–März Di–Sa 18–22 Uhr
Schon seit über 80 Jahren ist dieses Haus eine gefragte Adresse für Feinschmecker. Jetzt bieten Inhaber Theo Seifert und sein Team frische regionale Gerichte aus der feinen Kräuterküche. €€–€€€

Vineta-Therme
Im Strandhotel Ostseeblick
Kulmstr. 28, Heringsdorf
✆ (03 83 78) 540
www.strandhotel-ostseeblick.de
Wellnessoase: Beauty-Anwendungen, Massagen, unterschiedliche Saunen, Sonnenterrasse, Panoramapool etc. Unterschiedliche Angebote und Tarife.

Spielbank Heringsdorf
Im Forum Usedom
Strandpromenade, Heringsdorf
✆ (03 83 78) 228 19
www.ostsee-spielbanken.de
Tägl. Automatenspiel 14–2, klassisches Spiel 19–2 Uhr
Im Jahr 1998 wurde das einzige Spielcasino der Insel im zuvor umgebauten klassizistischen Kulturhaus eröffnet.

Insel- und Halligreederei/ Adler-Schiffe
Seebrücke, 17424 Heringsdorf
✆ (03 83 78) 477 90
www.adler-schiffe.de
Verschiedene Ausflugsfahrten auf die Insel Rügen, Swinemünde (Polen) und Wolin (Polen) und Seebrückenhopping.

Im Heringsdorfer Ortsteil Gothen wohnen seit Jahrzehnten Storchenpaare auf dem Dach der Scheune von Herrn Eggebrecht. Im Café Storchennest kann man sich stärken

Region 11 Greifswald und Usedom

11 Seeheilbad Ahlbeck

Eine Wassermühle (ursprünglich um 1700) an der *Aal-Beek* (plattdeutsch: Aalbach) bildete die Keimzelle für die spätere Entstehung der Ortsteile Ahlbeck-Adlig (Eigentum des Gutes Mellenthin, später Gothen) und Ahlbeck-Königlich (preußischer Staatsbesitz). Existierten im »adligen« Teil neben dem Mühlenhof bisher nur eine Handvoll Büdnereien, ließ Friedrich Wilhelm II. am »königlichen« Bachufer ab 1771 »Colonisten« ansiedeln.

Die Badeära begann jedoch erst 1852, als der Stolper Gutspächter Holtz seine Kinder mit Badezelt zum Schwimmen an den Ostseestrand schickte. In den folgenden Jahren wurden hier die Sommerfrischler immer zahlreicher, und das mittlerweile vereinte Ahlbeck (seit 1882) etablierte sich bis zur Jahrhundertwende als familienfreundlicher Badeort für die breite Mittelschicht.

Heute gehört Ahlbeck mit 13 500 Einwohnern neben Zinnowitz zu den größten Seebädern der Insel Usedom. Wahrzeichen des Kaiserbades sind die imposante **Seebrücke** (280 m lang) mit dem türmchenverzierten Holzbau von 1898, der in Loriots »Pappa ante Portas« zu Filmruhm gelangte, und die **Jugendstiluhr** auf dem Platz vor der Seebrücke.

Service & Tipps:

Touristinformation
Dünenstr. 45
17419 Seeheilbad Ahlbeck
✆ (03 83 78) 49 93 50
www.drei-kaiserbaeder.de

Seebrücke Ahlbeck
Nach ihrer Fertigstellung am

Feuerspektakel in Höhe der Ahlbecker Seebrücke: Das Osterfeuer ist in vielen Orten entlang der Ostseeküste seit alters Teil der Osterfestlichkeiten

29. Mai 1898 reichte die Brückenkonstruktion etwa 170 m aufs Meer hinaus. 1941/42 zerstörten Sturmflut und Eisgang den Seesteg und die Landungsbrücke. Nach späterer Teilsanierung (1951) und Modernisierung (1973) erfolgte 1993/94 die Verlängerung der Seebrücke auf 280 m.

Das Brückengebäude ist dagegen von Witterungsunbilden und Krieg verschont worden und blieb so als einziges im Ostseeraum im Original erhalten. Der charakteristische Holzbau mit den vier Türmchen dient damals wie heute als Restaurant.

Weinladen Ahlbeck
Seestr. 1, Ahlbeck
✆ (03 83 78) 411 18
www.weinladen-ahlbeck.de
Okt.–April Mo–Fr 10–18, Sa 10–14, Mai–Sept. Mo–Sa 10–20, So 14–20 Uhr
Wein- und Feinkostladen sowie Weinbar mit Köstlichkeiten aus der Region.

Restaurant Seebrücke
Auf der Seebrücke, Ahlbeck
✆ (03 83 78) 283 20
www.seebrueckeahlbeck.de
Tägl. ab 11 Uhr
Die Gaststätte auf der Seebrücke ist eine wahre Augenweide. Der verwinkelte Gastraum mit urigen Holzmöbeln und gemütlichen Sitzecken hat Platz für über 100 Gäste. Sehr stilvoll und sehr maritim präsentiert sich auch das Lokal im Lokal: »Die Kogge«. Die Küche bereitet pommersche und andere Spezialitäten; zur Kaffeezeit gibt's ein großes Kuchenbüfett. €€

Konditorei-Café »Villa Auguste Viktoria«
Bismarckstr. 1–2, Ahlbeck
✆ (03 83 78) 24 10
www.auguste-viktoria.de
Hübsches Café, das den gesamten Tag mit selbstgebackenen Köstlichkeiten verwöhnt. Besonders beliebt ist die Sanddorn-Torte. €

Ostseetherme
Lindenstr. 60, Ahlbeck
✆ (03 83 78) 27 30
www.ostseetherme-usedom.de
Mo–Sa 10–22, So 10–20 Uhr, im Winter kürzer
Eintritt ab € 14 für 2 Std.
Exotische Badelandschaft unter gläserner Sonnenkuppel. Sechs Schwimmbecken mit Wasserfällen, Grottenrutsche und Luftsprudelbecken versprechen großen Wasserspaß für die Kinder. Die Eltern können sich in der Sauna, im römischen Dampfbad oder im Solarium entspannen.

12 Ostseebad Swinemünde (Świnoujście)

Swinemünde ist eines von Usedoms ehemaligen Kaiserbädern und gehört heute zu Polen. Als deutscher Besucher erreicht man Swinemünde mit der Bäderbahn. Auf der polnischen Seite erwartet den Besucher durchaus alter Zauber, so stehen schon Kutschen für die Fahrt in die Stadt bereit. Der Tagesgast kann auch den Fußweg von Ahlbeck in die Stadt wählen und so schnell zum Schnäppchenjäger werden: Auf dem Weg bietet sich ein Bummel über den **Grenzmarkt** an. Es geht aber auch über das Wasser, denn viel schöner ist eine kleine Seefahrt beispielsweise von der Seebrücke Heringsdorf aus. Die Besucher werden nach der kleinen Reise in Swinemünde von den markanten Molen und ihren Wahrzeichen begrüßt: von **Stawa Młyny**, einem Navigationszeichen in Gestalt einer weißen Mühle, und vom höchsten **Leuchtturm** an der polnischen Ostseeküste, der 1857–59 erbaut wurde. Neben diesem befindet sich die **Ostbatterie** (Fort Gerhard), Teil der Festung Swinemündes. Gegenüber, am anderen Flussufer, ist das Fort Engelsburg sehenswert.

Swinemünde ist nach wie vor Handels- und Hafenstadt, Seebad und Kurort. Auch hier gibt es im Kurviertel die für Usedom typischen Villen im Seebäderstil, eine breite Promenade und einen noch breiteren Strand. Bis heute ist das Flair von Preußens ehemaligem Seebad präsent, Świnoujście

Region 11 Greifswald und Usedom

Kaiserbäderpleinair
Jedes Jahr im Mai porträtieren Maler die Insel unter freiem Himmel.

Autokino Ahlbeck
An der Grenze
✆ (03 83 78) 2[illegible]5 80
saison- und wetterabhängig

Infos zum Sommerkino:
✆ (03 83 7[illegible]) 420 36

Sanddorn
Der Sanddornstrauch stammt ursprünglich aus dem Tibet, wo man sich schon lange seiner nützlichen Wirkung bedient. Auch hierzulande ist die Pflanze heimisch und wächst besonders auf den sandigen Böden an der Ostseeküste. Die orange- bis kirschroten Beeren des dornigen Strauches sind nicht nur besonders reich an Vitaminen (ACE-Komplex), sondern enthalten zusätzlich noch viele Mineralstoffe und Spurenelemente. Die gesunde Beerenfrucht findet man zunehmend auf der Speisekarte vieler Restaurants (Sanddorn-Likör) und in zahlreichen Produkten (Sanddorn-Honig).

so der polnische Name, zählt auch in Polen zu den ersten Urlaubsadressen. Auf dem Weg zu Stadt und Hafen durchquert man den **Park der Kuranlage**. Von dem bedeutenden Fährhafen aus, auf der Insel Wolin gelegen, verkehren Schiffe nach Skandinavien, aber es werden auch Hafenrundfahrten angeboten. Im ehemaligen Rathaus am Hafen kann man das **Seefahrt- und Fischereimuseum** besuchen.

Service & Tipps:

Touristisches Informationszentrum
Wybrzeże Władysława IV, im Pavillon der Stadtfähre, Swinemünde
✆ (+48-91) 322 49 99
www.swinoujscie.pl

Grenzübergang
Am 21. Dezember 2007 wurden die Grenzen nach Polen geöffnet. Somit können nun auch Pkw von Ahlbeck und Garz aus passieren. Über die Swine (auf die Insel Wolin) werden per Fähre allerdings nur die Fahrzeuge von Einheimischen transportiert. Touristen können auf die Fähre bei Karsibór ausweichen.

Die Usedomer Bäderbahn fährt auch über die Haltestelle Ahlbeck-Grenze hinaus. Die Verlängerung der Trasse wurde 2008 eingeweiht.

Flohmarkt
Vor und hinter der Grenze
Der Besuch des Flohmarktes auf deutscher Seite und des Schnäppchenmarktes von Swinemünde ist für viele Besucher nach wie vor unverzichtbarer Bestandteil des Usedom-Urlaubs.

Insel Wolin
Die polnische Insel (265 km^2) östlich von Usedom ist für Kultur- und Naturfreunde gleichermaßen ein Muss. Der **Nationalpark Wolin** (seit 1960) besticht durch ausgedehnte Buchen- und Nadelwälder sowie Dünen und Steilküsten. Besuchen Sie das Wisentreservat (seit 1976) von Misdroy (u.a. Nationalpark-Museum) sowie das Archäologische Museum und den Galgenberg (u.a. Grabhügel) der uralten Stadt Wolin, die auch als »Byzanz des Nordens« bezeichnet wird und aus dem 9. Jh. stammt.

13 Usedoms Achterland

Das Achterwasser ist eine Bucht des Peenestroms, der in die Ostsee mündet. »Achter« stammt aus dem Niederdeutschen und bedeutet »hinten«.

Usedom-Gäste, die vor allem Natur und Ruhe suchen, sind im Hinterland der Insel bestens aufgehoben. Hier finden sich kleine, idyllische Dörfer, deren Kirchen zum Teil noch aus der Zeit der Christianisierung stammen, ebenso wie Spuren der ersten Besiedlung der Insel durch die Slawen sowie herrschaftliche Gutshäuser, knarrende Windmühlen und von Schilfgürteln umgebene Seen. Für einen Ausflug ins wunderschöne Achterland, zwischen Stettiner Haff und Achterwasser, bieten sich zahlreiche Ziele an.

Bei einer Bockwindmühle dreht sich das komplette Mühlenhaus. Der Begriff »Bock« bezieht sich auf das Untergestell, auf dem das Mühlenhaus steht.

Service & Tipps:

Bockwindmühle Pudagla
17429 Pudagla
✆ (03 83 78) 348 72, www.usedom-bockwindmuehle-pudagla.de
Mai–Okt. Mo–Fr 10–16, Sa/So 13–16 Uhr, sonst nach Voranmeldung
Eintritt € 1,50
Die letzte noch am Originalstandort befindliche Bockwindmühle steht am Westufer des Schmollensees in Richtung Neppermin. Die 1937 stillgelegte Mühle ist nach erfolgreicher Rekonstruktion wieder voll funktionstüchtig.

Kletterwald Usedom
Forstamt Neu Pudagla
✆ (03 83 78) 226 77
www.kletterwald-usedom.de
Tägl. 10–17/20, Nov.–Feb. geschl.
Eintritt € 16/13
Sieben Parcours für alle ab fünf Jahren.

Petrikirche Benz
Kirchstr. 16, Benz

www.muehle-benz.de
Die Renaissancekirche St. Petri wurde Anfang des 17. Jh. in ihrer heutigen Form errichtet, der Turm stammt von 1740. Die Grundmauern des vorherigen Feldsteinbaus (13. Jh.) sind noch erhalten. Auf dem Friedhof befinden sich die Grabstätten des Malers Otto Niemeyer-Holstein und des Schauspielers Rolf Ludwig.

Holländermühle/Kulturmühle
Mühlenberg, 17429 Benz
✆ (03 83 79) 36 50, Di–So 10–17 Uhr und nach Absprache
Dass in einer nur noch selten anzutreffenden Erdholländermühle (um 1830 erbaut) eine künstlerische Begegnungsstätte entstand, ist Verdienst des norddeutschen Malers Otto Niemeyer-Holstein, der das Baudenkmal 1972 mit dem Geld kaufte, das er zusammen mit dem Nationalpreis erhielt.

Schmollensee
Der südlich von Bansin, im Naturpark Usedom gelegene See ist der zweitgrößte Binnensee (nach dem Gothensee) der Insel. An seinem Ostufer liegt das beschauliche Örtchen **Sellin**.

Angelparadies Labahn
Krebssee, 17429 Neu Sallenthin
✆ (03 83 78) 315 87
www.krebssee.de
Verleih von Ruderbooten und Wassertretern, Verkauf von Angelkarten. Das Angeln im **Krebssee** ist (mit Angelkarte) vom Ufer und vom Boot aus erlaubt.

Wolgastsee
Der naturbelassene Binnensee lässt sich am besten vom Wasser aus in einem **Ruder- oder Paddelboot** erkunden. Ein Bootsverleih befindet sich direkt am See. Man kann ihn aber auch zu Fuß umrunden. Von der Gartenterrasse des Hotels **Idyll am Wolgastsee** in Korswandt lässt sich das Treiben beobachten.

Kamminke
Kleines Haff
Kleine Strandoase mit bewaldeter Steilküste, westlich des kleinen Fischerdorfes gelegen. Schmaler Sandstrand (ca. 10 m breit). Auch Surfer, Segler und

Eine schöne Sicht auf die umliegenden Binnenseen bietet sich vom hölzernen Aussichtsturm am Sieben-Seen-Berg bei Sallenthin.

Südlich von Pudagla steht eine Bockwindmühle von 1779. An festgelegten Tagen wird der Mahlvorgang für Besucher demonstriert

Wasserschloss Mellenthin auf Usedom

***Lyonel Feininger* (1871–1956) begab sich in zahlreichen Orten des Usedomer Hinterlands auf Motivsuche.**

Angler kommen hier garantiert auf ihre Kosten. Vorsicht: Am Steilufer kann es zu Abbrüchen kommen!

Friedhof Golm
17419 Kamminke
Auf dem bronzezeitlichen Burgwall (69 m hoch) liegen ca. 23 000 Kriegsopfer begraben.

Technik- und Zweiradmuseum Dargen
Bahnhofstr. 7, 17419 Dargen
✆ (03 83 76) 202 90
www.museumdargen.de
April–Nov. tägl. 10–18 Uhr, Nov.–März tägl. 11–15.30 Uhr, Eintritt € 4/2,50
DDR-Zweiräder aller Art sind in dem kleinen Museum am Rande der Mellenthiner Heide ausgestellt. Die interessante Sammlung zeigt neben diversen Mopeds und Motorrädern sozialistischer Produktion auch eine Ausstellung über Motorentechnik.

Wisentgehege Usedom
17419 Prätenow
✆ (03 83 76) 205 54
www.usedomer-wisente.de, Ostern–Oktober tägl. 10–17 Uhr, im Winter Schaufütterungen Di und Do 14.30 Uhr
Zucht- und Schaugehege des Naturschutzbundes Deutschland. Wisente sind die größten Landsäugetiere Europas.

Wasserschloss Mellenthin
www.wasserschloss-mellenthin.de
Das einzige Wasserschloss (1577–80) Usedoms ließ sich Ritter Rüdiger von Neuenkirchen auf einer alten Burg (um 1280) errichten. Umgeben von einem breiten Wassergraben, ist der zweigeschossige Renaissancebau (von Antonio Wilhelmi) heute u.a. Domizil eines Hotels. Bemerkenswert ist der Große Saal mit dem kunstvoll verzierten Kamin (Spätrenaissance). Der Öffentlichkeit ist nur das Erdgeschoss zugänglich.

Das Restaurant bietet regelmäßig ein mittelalterliches Ritterbuffet und einen Piratenabend an. Als nächstes soll eine Brauerei entstehen.

Kirche Mellenthin
Der feldsteingemauerte Vorgängerbau (Kapelle mit Kreuzrippengewölbe) wurde um 1330 im gotischen Stil errichtet. Kirchenschiff und Turm kamen dagegen erst im 15. Jh. hinzu. Die Grabplatte (1594) an der Südwand zeigt den Lehnsherren Rüdiger von Neuenkirchen nebst Gattin.

Pommersche Keramikmanufaktur
Morgenitzer Berg 1–5, 17429 Mellenthin
✆ (03 83 79) 229 33
www.pommersche-keramik.de
Tägl. 9–17, Sa 10–17 Uhr

In der 2003 eröffneten Manufaktur entsteht Stettiner Ware nach historischem Vorbild.

Töpferei Dannegger
Dorfstr. 8, 17406 Morgenitz
✆ (03 83 72) 709 10
Mo–Sa 11–13 und 16–17 Uhr
In der Töpferei und Keramikwerkstatt von Astrid und Manfred Dannegger hat man die Qual der Wahl zwischen keramischen Plastiken, Fayencen, Geschirr (u. a. hübsche Zuckerdosen in »tierischer« Form) oder unterschiedlichstem Steinzeug (u. a. mit blauer Kobaltoxidmalerei oder Holzascheglasur).

NSG Halbinsel Cosim
Die am Balmer See bei Neppermin gelegene Sumpf- und Wattlandschaft steht seit 1990 als idealer Lebensraum für Salzpflanzen (u. a. Strandaster), für Gänse, Enten sowie Kibitze und Bekassinen unter Schutz. Im Südosten liegen die geschützten Vogelinseln Böhmke und Werder (13 ha, u. a. Austernfischer, Rotschenkel).

Lieper Winkel
Der etwa 2 km lange und 10 m breite Strandabschnitt bei **Quilitz** gehört mit Sicherheit zu einer der entlegensten und ruhigsten Badestellen auf der Insel Usedom mit weißgelbem Haffsand. Am besten mit dem Fahrrad zu erreichen. Toller Blick von der Steilküste über den Peenestrom. Die **St. Johanneskirche in Liepe**, 1216 das erste Mal erwähnt, gilt als älteste bezeugte Dorfkirche der Insel Usedom.

Zur alten Fischräucherei
Am Hafen, 17406 Rankwitz
✆ (03 83 72) 705 21
www.usedomer-feinfisch.de
Tägl. 11–20 Uhr
Urig-maritimes Lokal direkt am kleinen Seglerhafen des Peenestroms. Spezialität des Hauses sind die ofenfrischen Fischvariationen aus der eigenen Räucherei. €

Gutshaus Stolpe
Peenstr. 33, 17391 Stolpe
✆ (03 97 21) 55 00
www.gutshaus-stolpe.de
Di–So 12–14 und ab 18.30 Uhr,
Nov.–März nur Di–Sa
Das einstige Spätrenaissance-Herrenhaus (17. Jh.) der Grafen von Schwerin fungiert heute als noble Herberge mit Gourmetrestaurant. Reservierung notwendig. €€€

Inselkäserei
Dorfstr. 30, 17406 Welzin
✆ (03 83 72) 761 39, www.inselkaese.de
Schaukäserei und Probierstube von Steffen Schultze, der regionale Käsespezialitäten herstellt.

Stadt Usedom
Die im 13. Jh. gegründete Kleinstadt liegt im Südosten der Insel. Ihr Wahrzeichen ist das **Anklamer Tor**, das einzig übrig gebliebene der ehemals drei Stadttore. Sehenswert ist die im 14. Jh. erstmals erwähnte und im 19. Jh. umgebaute **Marienkirche**.
Infos unter: ✆ (03 83 72) 708 90 oder www.stadtinfo-usedom.de

De Spinndönz
Markt 16, 17406 Usedom
www.spinndoenz.de
Auf historischen Webstühlen entstehen Wollteppiche und Pommersche Leinen. Schauspinnerei, Verkauf von Produkten, Webkurse im Angebot.

Hubbrücke Karnin
Das **Denkmalensemble in Karnin** ist einen Besuch wert. Im historischen Bahnhofsgebäude befindet sich das Informationscenter, das die Entwicklung der einst modernsten Eisenbahnbrücke mit Hubtechnik beschreibt und Wissenswertes vermittelt. Die einstige Fünfbogenbrücke mit Drehteil (Gesamtlänge 360 m) wurde mit der Eisenbahnlinie Swinemünde–Ducherow 1876 in Betrieb genommen. Der sprunghafte Anstieg des Schiffs- und Bahnverkehrs machte 1932/33 eine leistungsfähigere Hubkonstruktion erforderlich.

Von dem imposanten Bauwerk blieb nach der Sprengung durch die Wehrmacht im April 1945 nur der gigantische Hubteil erhalten. Eine mögliche Wiederinbetriebnahme scheiterte bis heute an den zu hohen Baukosten.

In den Flachwassergebieten auf Usedom rasten Kraniche

Unterkünfte

Hotels, Pensionen, Ferienwohnungen und Campingplätze

Badestrand auf Rügen

Die Übernachtung in der Ostseeregion kann sehr unterschiedlich ausfallen. Wer nicht das nötige Kleingeld für Hotelübernachtungen aufbringen kann, muss dennoch nicht auf einen Logenplatz am Wasser verzichten. Viele der zum Teil preisgekrönten Campingplätze entlang der Küste bieten Stellplätze in Sicht- und Hörweite des Strands. Zudem haben sich zahlreiche Jugendherbergen heutzutage neben Einzelreisenden auch auf Familien eingestellt, und auch der Service wird sicher manchen positiv überraschen. Statt Hagebuttentee und abgezählten Graubrotscheiben gibt es heute Frühstücksbüfetts, statt Schlafsälen auch Doppel- und Familienzimmer.

Dass eine schöne Landschaft und vielfältige Kulturlandschaft einen guten Nährboden für Luxushotels bietet, versteht sich von selbst. Das Besondere an den vielen Traumhotels der Region ist die große Zahl historischer Bauten, die in First-Class-Anlagen verwandelt wurden. Kaum eine andere Region Deutschlands kann mit derartig vielen und vielgestaltigen Schlössern, Guts- und Herrenhäusern aufwarten.

Urlaub auf dem Bauernhof
Selbstgeerntete Radieschen, morgens um 5 Uhr beim Melken helfen, Treckerfahren, eine Nacht im Heu – Bauernhof-Idylle für Städter, Kindheitserinnerungen für manchen und Traumurlaub für viele Kinder.

Infos hierzu gibt es bei den Tourismusinformationen und unter www.bauernhof-erlebnis.de und www.bauernhofurlaub.de.

Heu-Hotels
Lust auf Übernachtung in Heu und Stroh? Bauernhöfe in Schleswig-Holstein bieten Quartiere im »Kuschelheu«. Das ist wörtlich zu nehmen, mitzubringen sind daher Schlafsack, eine Taschenlampe und gute Laune sowie die Bereitschaft, sich mit den anderen Gästen – oft Kinder – zu arrangieren. Mehr Infos unter www.heuhotel.de, www.heuherbergen.de und www.sh-tourismus.de.

Über **Ferienwohnungen** informieren vor allem die Tourismus-Informationen bzw. die Zimmervermittlungen und Kurverwaltungen, die in diesem Reiseführer bei jedem Ort angegeben sind. Bei Anruf erhält man ein Gastgeberverzeichnis mit Angeboten aller Preisklassen. Am besten bucht man heute aber Ferienwohnungen über das Internet, weil man sich so anhand der zumeist zahlreichen Fotos am sichersten für eine Wohnung nach eigenem Geschmack und Geldbeutel entscheiden kann:

www.ostsee-ferienwohnungen.de
www.ostsee-travel.de
www.ferienwohnungostsee.net
www.tourismuszentrum-ostseekueste.de

Die bei den nachfolgenden Unterkünften angegebenen Preiskategorien gelten für eine Übernachtung pro Doppelzimmer in der Hauptsaison:

€ – unter 60 Euro
€€ – 60 bis 120 Euro
€€€ – 120 bis 180 Euro
€€€€ – über 180 Euro

Bad Doberan

Hotel Friedrich-Franz-Palais Bad Doberan
Am Kamp, August-Bebel-Str. 2
18209 Bad Doberan
✆ (03 82 03) 630 36
www.friedrich-franz-palais.de
Ehrwürdig und anmutig, ganz in klassizistischem Weiß zeigt sich das 200 Jahre alte Herrenhaus im historischen Zentrum von Bad Doberan. Erbaut wurde das Palais im Jahre 1795 zur Gründung des ersten deutschen Seebades als Logierhaus des Großherzogs Friedrich Franz von Mecklenburg. Heute verfügt das Hotel über 50 individuell ausgestattete Gästezimmer und Suiten. Das Restaurant **Seydewitz** serviert edle regionale Küche in elegantem Biedermeierambiente. €€

Ferien-Camp Börgerende
Deichstr. 16
18211 Börgerende/Bad Doberan
✆ (03 82 03) 811 26
www.ostseeferiencamp.de
180 Stellplätze und 2 Ferienhäuser, direkt an der Ostsee gelegen. Mit dem Rad sind es je eine Stunde nach Warnemünde oder über Heiligendamm nach Kühlungsborn. Erster anerkannter Kneipp-Campingplatz mit Angebot für Physiotherapie. €

Barth

Ringhotel Speicher Barth
Am Osthafen 2, 18356 Barth
✆ (03 82 31) 633 00
www.speicher-barth.de
Der ehemalige Getreidespeicher bietet Zimmer und Suiten mit Jachthafenblick und einer eigenwilligen Einrichtung, die Modernes mit Altem verbindet. Im Haus gibt es ein Restaurant und einen Weinkeller. Das Mitbringen von Hunden ist erlaubt. €€–€€€

Boltenhagen

Gutshaus Redewisch Boltenhagen
Dorfstr. 46, 23946 Boltenhagen
✆ (03 88 25) 37 60
www.gutshaus-redewisch.de
Inmitten einer weitläufigen Auen- und Parklandschaft nahe dem Ostseebad Boltenhagen steht das denkmalgeschützte Gutshaus Redewisch. 21 Zimmer, 3-Betten- und 4-Betten-Suiten. Fitnessraum, Saunalandschaft und Fahrradverleih. Fahrstuhl und behindertengerechte Einrichtung vorhanden. €–€€

Dahme

Jugendherberge Dahme
Dahmeshöved 1, 23747 Dahme

Dünenlandschaft auf dem Darß

✆ (043 64) 47 01 73
www.jugendherberge.de/jh/dahme
Unmittelbar an der Steilküste gelegen, mit direktem Strandzugang über eine Treppe. 2- und 4-Bett-Zimmer und großes Außengelände mit vielen Freizeitmöglichkeiten. Kinderausstattung erhältlich. €

Damp

Ostseehotel Damp
Im Freizeitpark am Jachthafen, 24351 Damp
✆ (043 52) 806 66
www.damp-ostseehotel.de
Hotelzimmer und Ferienwohnungen direkt am Meer. Komfortable große Anlage mit viel Infrastruktur für Familien und Sportler. €-€€

Reiterhof Tramm
Dorotheental, 24351 Damp
✆ (043 52) 51 03
www.reiterhof-tramm.de
Hof mit Reitgelegenheit und Unterricht für Anfänger und Fortgeschrittene, Einzelunterricht, geführte Ausritte, Springreiten, Dressurreiten, Planwagen- und Kutschfahrten. Galoppbahn ist vorhanden. Zur Übernachtung gibt es ein Ferienhaus mit Terrasse, Ferienwohnungen und Pensionsbetrieb. Hofeigenes Café/Restaurant mit Blick in die Reithalle. €

Eckernförde

Hotel Gut Altenhof
Im Gut Altenhof, 24340 Altenhof
✆ (043 51) 666 64 75
www.gutaltenhof.de
Übernachtung im noblen Herrenhaus-Ambiente mit historischen Möbeln. Ebenfalls zu mieten: Zwei reizende kleine Strandhäuschen mit Seeblick und Terrasse. Vor Ort vorhanden: Möglichkeiten zum Reiturlaub und Golf. €€€

Campingplatz Hemmelmark
24360 Barkelsby, 4 km östlich von Eckernförde
✆ (043 51) 811 49
www.ostsee-camping-hemmelmark.de
4-Sterne-Platz direkt am hauseigenen Strand gelegen, 400 Stand-plätze, auch Mietcamper, Fahrradverleih und Bootsliegeplätze vorhanden. €

Eutin

Hotel Seeschloss am Kellersee
Leonhard-Boldt-Str. 19, 23701 Eutin
✆ (045 21) 80 50, www.seeschloss-eutin.de
Historisches Haus direkt am See gelegen, 1908 als Grandhotel eröffnet, mit Restaurant und Terrasse. 43 Zimmer und diversen Ferienwohnungen. €

Fehmarn

Es gibt 16 Campingplätze auf Fehmarn, beinahe die gesamt Küste entlang, fast immer unmittelbar am Strand gelegen. Einen Überblick verschafft die Broschüre »Camping-Paradies Ostseeinsel Fehmarn« des Camping-Vereins (✆ 043 71-86 28 16) oder das Internet: www.camping paradies-fehmarn.de. Hier daher nur eine Auswahl, nämlich die Plätze mit besonderen Auszeichnungen.

Wisser's Hotel
Am Markt 21, 23769 Fehmarn/Burg
✆ (043 71) 31 11, www.wissers-hotel.de
Historisches Haus von 1822 im Zentrum von Burg. Gediegene, altmodisch elegante Einrichtung. Restaurant. €€

Hotel-Restaurant Schützenhof
Menzelweg 2, 23769 Fehmarn/Burg
www.hotel-restaurant-schuetzenhof.de
✆ (043 71) 500 80
Ruhige Lage, umgeben von hohen Bäumen, großes Restaurant mit gutbürgerlicher Küche. 15 Gehminuten bis Burg, 5 Autominuten bis zum Südstrand. €-€€

IFA Fehmarn Hotel & Ferien-Centrum
23769 Fehmarn/Burg, Südstrandpromenade
✆ (043 71) 890, www.ifahotels.com
Die Apartments, Hotelzimmer und Ferienwohnungen der großen Anlage verteilen sich auf mehrere Gebäude – darunter die 3 einzigen Hochhäuser der Insel – und liegen direkt am feinsandigen Südstrand der Ostseeinsel. Haus »Vitamar« mit Saunabereich und Panorama-Schwimmbad. Mehrere Restaurants, Imbiss und Bar sowie Spielgelegenheiten unter einem Dach. €-€€

Waldpavillon
Katharinenhof 28, 23769 Fehmarn/Bannesdorf
✆ (043 71) 87 99 13, www.waldpavillon-fehmarn.de
Stilvolles, modernes Landhaus direkt an der Steilküste. Verschiedene Apartments mit 1–2 Zimmern, z. T. mit sehr schönem Meerblick und Balkon. Zum Haus gehört eine Liegewiese mit Seeblick und Strandkörben. Außerdem ein freistehendes Ferienhaus und 2010 eine neue Anlage »Wohnen am Museumshof«. Restaurant **Waldpavillon** im Haus. €-€€

Campingplatz Ostsee
23769 Fehmarn /Katharinenhof
✆ (043 71) 90 32 und 32 40
www.camping-katharinenhof.de
Ruhiger, idyllischer Campingplatz durch einen Waldstreifen von der Ostsee getrennt. 472 Stellplätze und Wohnwagenvermietung, 3 Spielplätze, Ponyreiten und Fahrradverleih. €

Campingplatz Strukkamphuk
23769 Fehmarn/Strukkamp
✆ (043 71) 21 94, www.strukkamphuk.de
Großer Platz mit 638 Stellplätzen im Süden hinter dem Deich. Supermarkt, Restaurant und Fahrradverleih. €

Camping- und Ferienpark Wulfener Hals
Wulfener-Hals-Weg 1
23769 Fehmarn/Wulfen
✆ (043 71) 862 80 , www.wulfenerhals.de
Direkt am Strand gelegen, zahlreiche hohe Bäume. 362 Dauerplätze, 370 Touristikplätze, 68 Mietwohnwagen, Schwimmbad, Sauna, Solarium, Supermarkt. €

Strandcamping Wallnau
23769 Fehmarn/Wallnau
✆ (043 72) 99 16 16, www.strandcamping.de
Kurtaxefreier Familien-Erholungsplatz im Landschaftsschutzgebiet neben dem größten deutschen Wasservogelreservat und Naturschutzgebiet Wallnau an der Westküste der Insel Fehmarn. Großer, separater FKK-Strand. 900 Stellplätze und 35 Mietwohnwagen. €

Fischland, Darß, Zingst

Ostseehotel Waldschlösschen
Bernsteinweg 4, 18375 Prerow
✆ (03 82 33) 61 70
www.waldschloesschen-prerow.de
In direkter Strandnähe liegt das Haus im Grünen, von einem Berliner Bankier in den Jahren 1890/91 im englischen Landhausstil erbaut. Die elegant-gemütlichen Zimmer und Suiten sind auf 3 Gebäude verteilt. Zum Hotel gehört das Restaurant **Titaria**. €€€€

Steigenberger Aparthotel Zingst
Seestr. 54, 18374 Zingst
✆ (03 82 32) 850, www.steigenberger.com
Direkt hinter dem Deich gelegen, bietet das Haus 2- und 3-Raum-Apartments, z. T. mit Ostseeblick.
Zur Anlage gehören Sauna und Solarium sowie das Restaurant **Trattoria Vongole**. €€–€€€

Walfischhaus – Café, Restaurant & Pension
Chausseestr. 74, 18375 Born a. Darß
✆ (03 82 34) 557 84, www.walfischhaus.de
Direkt am kleinen Borner Hafen gelegen, mit Blick auf den Bodden, bietet die Pension in einem stilvollen Kapitänshaus von 18[illegible] 7 Zimmer. Das dazugehörige Restaurant bietet Bioküche auf hohem Niveau in gemütlich-eleganter Atmosphäre. €€

Hotel Meeresrauschen
Seestr. 51, 18374 Zingst
✆ (03 82 32) 13 01
www.hotel-meeresrauschen.de
Direkt an Promenade und Seedeich sowie in der Nähe der Einkaufspassage gelegen, bietet das Haus 8 Zimmer (auch behindertengerecht) und 5 Apartments

Wohnzimmer mit Blick auf die See: Ferienhäuschen auf der Halbinsel Darß

mit moderner Einrichtung sowie ein hauseigenes Restaurant. €€

Haus Sanddorn
Küstersallee 9 h, 18375 Prerow
✆ (03 82 93) 139 44
Das Ferienhaus bietet 5 Apartments mit gemütlicher, ökologisch durchdachter Einrichtung und großem Garten. Baby- und Kleinkindausstattung vorhanden – auf Wunsch auch Babysitting-Service. €-€€

Campingplätze gibt es auf der Halbinsel in Dierhagen, Wustrow (nur Wohnmobil), Born, Prerow und Zingst.

Flensburg

Ringhotel Wassersleben
Harrislee (4,5 km nördlich von Flensburg)
Wassersleben 4
✆ (04 61) 774 20
www.hotel-wassersleben.de
Sehr schönes, alleinstehendes Haus mit noch schönerer Terrasse und Blick aufs Wasser. €€€

Hotel-Restaurant Am Wasserturm
Blasberg 13, 24943 Flensburg
✆ (04 61) 315 06 00
www.hotel-restaurant-am-wasserturm.de
Am Landschaftsschutzgebiet gelegen, ruhig. Sauna. Bei der Einrichtung der Zimmer wurde besonders auf naturbelassene Materialien wert gelegt, Möbel und Fußböden sind lösungsmittelfrei und daher für Allergiker geeignet. €€

Jugendherberge Flensburg
Fichtestr. 16, 24943 Flensburg
✆ (04 61) 377 42
www.jugendherberge.de/jh/flensburg
Die Jugendherberge hat 2-, 3-, 4- und 6-Bettzimmer und liegt am Volkspark, am Rande Flensburgs, im Stadtteil Mürwik. Das Zentrum ist in 30 Minuten zu Fuß oder mit dem Stadtbus erreichbar. €

Gelting

Janbecks Pension & Café
Lehbek 10, 24395 Gelting
✆ (046 43) 18 65 01, www.janbecks.de
Die Pension und die zwei sehr schicken Ferienwohnungen liegen auf einem alten Hofgelände mit Bauerngarten, wo auch gefrühstückt werden kann – und das bis 13 Uhr. Hunde sind hier gern gesehen. Auch Nordic-Walking-Stöcke und Tourenvorschläge sind zu haben. €

Glücksburg

Vitalhotel Alter Meierhof
Uferstr. 1, 24960 Glücksburg
✆ (046 31) 619 90
www.alter-meierhof.de
Großes, nobles Wellness-Hotel mit Strandterrasse, Saunalandschaft, Dampfbad und Wellness-Anwendungen. Das Restaurant **Meierei Dirk Luther** mit traumhaftem Ostsee-Panoramablick wurde bereits mehrfach ausgezeichnet. €€€€+

Strandhotel Glücksburg
Kirstenstr. 6, 24960 Glücksburg
✆ (046 31) 614 10
www.strandhotel-gluecksburg.de
Wunderschönes Traditionshaus mit eleganter Ausstattung. Zwischenzeitlich als Erholungsheim genutzt, wurde das Haus 2000 wieder als nobles Strandhotel eröffnet. Hier übernachtete schon Thomas Mann und genoss den Blick von der traumhaften Terrasse. **Restaurant Felix** serviert prämierte Küche (14 Punkte vom Gault Millau). €€€-€€€€

Förde Camping Bockholmwik
Bockholmwik 19, 24960 Bockholmwik
✆ (046 31) 20 88, www.foerdecamping.de
50 Stellplätze, Mietwohnwagen und Ferienwohnungen. Direkt an der Förde gelegen, mit Gaststätte und Fahrradverleih. €

Graal-Müritz

Restaurant-Hotel Waldperle
Parkstr. 9, 18181 Graal-Müritz
✆ (03 82 06) 14 70
Traditionshaus, umgeben von bürgerlichen Villen, ganz in der Nähe des Rhododendronparks. 18 Zimmer mit eher moderner Einrichtung (Bowlingbahn vorhanden). Das Restaurant serviert gutbürgerliche Küche im gediegenen Ambiente der Innenräume und auf der großen Terrasse. Ein kleines Schild weist darauf hin, dass die Waldperle es zu literarischen Ehren gebracht hat: Der Rostocker Schriftsteller Walter Kempowski ließ seine Romanfamilie hier standesgemäß residieren. €€

Greifswald

Hotel Olive
Domstr. 40, 17489 Greifswald
✆ (038 34) 79 91 43, www.olive-greifswald.de
Das Hotel in zentraler Innenstadtlage verfügt über 4 Einzel- und 4 Doppelzimmer. Im Erdgeschoss befindet sich ein mediterranes Restaurant mit einem Innenhofgarten. €€

Hotel Kronprinz
Lange Str. 22, 17489 Greifswald
✆ (038 34) 79 00, www.hotelkronprinz.de
Das Hotel mit 31 Zimmern und einem hauseige-

nen Parkplatz liegt im Stadtkern nahe der Universität und dem Bahnhof. Im Haus gibt es eine Brasserie. €€

Hotel Rittergut Bömitz
17390 Bömitz-Vorpommern
✆ (03 97 24) 225 40, www.rittergut-boemitz.de
Das Rittergut wurde erstmals im 14. Jh. erwähnt, das heutige Gutshaus wurde 1751 errichtet. Das Hotel bietet 5 Suiten und 15 Zimmer mit WLAN-Anschluss sowie einen großen Garten mit Teepavillon. Vor allem Jagdinteressierte fühlen sich hier wohl, z.B. im Restaurant **Jägerstube** oder bei den angebotenen Jagdausflügen und Naturbeobachtungstouren. Außerdem bietet das Gut Ausritte und Kutschfahrten. €€

Gutshof Groß Behnkenhagen
Dorfstr. 22, 18510 Behnkendorf
✆ (03 83 28) 610
www.gutshof-behnkenhagen.de
Zwischen Stralsund und Greifswald liegt das 1890 erbaute Herrenhaus inmitten einer 30 000 m² großen Gutshofanlage mit altem Baumbestand. Nach der Sanierung entstand eine kinder- und tierfreundliche Anlage mit 25 Hotelzimmern und Apartments im Herren- und Verwalterhaus. Zur Anlage gehören ein Café, die Schänke »Zu den drei Schweinsköpfen« und ein kleines Geschäft mit regionalen Produkten. €–€€

Jugendherberge Greifswald
Pestalozzistr. 11/12, 17489 Greifswald
✆ (038 34) 516 90
www.greifswald.jugendherberge.de
122 Betten, Einzel- und Mehrbettzimmer. In unmittelbarer Nähe des historischen Stadtzentrums, direkt am Greifswalder Bodden gelegen. Das Haus ist besonders behindertengerecht ausgestattet. €

Heiligendamm

Grand Hotel Heiligendamm
Prof.-Dr.-Vogel-Str. 16–18
18209 Bad Doberan/Heiligendamm
✆ (03 82 03) 74 00
www.grandhotel-heiligendamm.de
Seit Anbeginn des Badebetriebs die erste Adresse an der Ostsee und zwar wörtlich: Denn nicht nur nahm das Badevergnügen – zunächst aus medizinischen Gründen – hier seinen Anfang, weil Herzog Friedrich Franz I. von Mecklenburg-Schwerin auf Anraten seines Leibarztes hier in die Wellen stieg. In der Folge dieses Vorgangs entstand zwischen 1793 und 1870 am »heiligen Damm« ein einzigartiges Gebäudeensemble aus Bade- und Logierhäusern, das bald den europäischen Hochadel und selbst die Zarenfamilie hierher in die Sommerfrische lockte.

Bis 1930 blieb Heiligendamm ein exklusiver Badeort mit vielen prominenten Gästen. Nach dem Zweiten Weltkrieg als Sanatorium und Erholungsstätte genutzt, wurde nach dreijähriger Rekonstruktion 2003 das Grand Hotel Heiligendamm wiedereröffnet und damit die Wiedergeburt von Deutschlands ältestem Seebad eingeläutet.

Die Anlage verfügt heute über 6 strahlend weiße Häuser mit zahlreichen Zimmern und Suiten, die z. T. über 80 m groß sind. Die Einrichtung ist außerordentlich edel und elegant – eine Mischung aus englischem Landhaus und preußischem Herrensitz.

Unter den vielen Restaurants, Bars und Lounges sind besonders das **Kurhaus** mit der schönsten Seebadterrasse der ganzen Ostseeküste und das Gourmetrestaurant **Friedrich Franz** hervorzuheben, dessen Räumlichkeiten in einem Traum aus Blautönen einer Hommage an die Farbnuancen der Ostsee entsprechen. Das SPA bietet auf 3000 m² Eleganz, Wellness- und Beautyanwendungen und traditionelle chinesische Medizin in Zusammenarbeit mit der Median-Klinik Heiligendamm. €€€€–€€€€+

Hohwacht

Hotel Genueser Schiff
Seestr. 18, 24321 Hohwacht
✆ (043 81) 75 33, www.genueser-schiff.de
Wunderschön, direkt an der See gelegenes, allein stehendes Reetdachhaus mit Zimmern, Appartements und Ferienwohnungen, alle mit altmodisch-stilvoller Einrichtung. Restaurant und Strandkorb-Café im großen Garten. €€–€€€€

Holnis

Hotel und Café-Restaurant Fährhaus Holnis
Holnisser Fährstr. 21
✆ (046 31) 613 30
9 Zimmer in historischer Angeliter Hofanlage mit Garten. Restaurant mit regionaler Küche und Café mit Terrasse. €€

Kappeln

Hotel & Restaurant Aurora
Rathausmarkt 6, 24376 Kappeln
✆ (046 42) 40 88, www.aurora-kappeln.de
Für Freunde des TV-Tourismus: Zum Hotel gehört die »Landarztkneipe« aus der ZDF-Serie. €

Jugendherberge Kappeln
Eckernförder Str. 2, 24376 Kappeln
✆ (046 42) 35 50
www.jugendherberge.de/jh/kappeln
Direkt an der Schlei gelegen, 2-, 4-, 5- und 6-Bettzimmern. Es gibt WLAN und Kleinkindausstattung. Auf dem großen Außengelände sind zahlreiche Spiel- und Sportmöglichkeiten gegeben. Zum Stadtkern sind es nur 10 Minuten Fußweg. Die Jugendherberge ist für Rollstuhlfahrer geeignet. €

Unterkünfte

Kellenhusen

Kur-Hotel Steenbock
Schützenweg 2, 23746 Kellenhusen
✆ (043 64) 218, www.kurhotel-steenbock.de
Traditionsreiches Haus von 1906, seit 1917 in Familienbesitz. Strand, Promenade und Kurzentrum mit Schwimmbad sind nur wenige Schritte entfernt. Im Garten gibt es Strandkörbe. Neueren Datums ist das Appartementhaus im Landhausstil. Fahrstuhl und WLAN vorhanden. €

Kiel

Steigenberger Hotel Conti Hansa
Schlossgarten 7, 24105 Kiel
✆ (04 31) 511 50, www.steigenberger.com
Moderner Bau gegenüber dem Kieler Schloss mit Blick auf die Förde. Mit Sauna und Fitnessbereich, Restaurant **Jakob**, Sommerterrasse und Conti-Bar. Zu den Kreuzfahrtterminals sind es ca. 5 Autominuten. €€€–€€€€+

Maritim Hotel Bellevue Kiel
Bismarckallee 2, 24105 Kiel
✆ (04 31) 389 40, www.maritim.de
Großes Haus mit 89 Zimmern und Suiten in Toplage oberhalb der Förde, Café und Terrasse mit Ostseeblick. Mit Sauna und Fitnessbereich. WLAN vorhanden. Zu den Kreuzfahrtterminals sind es ca. 10 Autominuten. €€€–€€€€

Romantik Hotel Kieler Kaufmann
Niemannsweg 102, 24105 Kiel
✆ (04 31) 881 10, www.kieler-kaufmann.de
Das Hotel in einer ehemaligen Bankiersvilla von 1911 liegt inmitten eines Parks, der sich direkt bis ans Ufer der Kieler Förde erstreckt. Die Einrichtung der 41 Zimmer ist ausgesucht elegant und prachtvoll. **Parkrestaurant** und neuer Wellnessbereich »Sanctum« lohnen definitiv. Zu den Kreuzfahrtterminals sind es ca. 5 Autominuten. €€€–€€€€

Ringhotel Birke
Martenshofweg 2–8, 24109 Kiel
✆ (04 31) 533 10
www.hotel-birke.de
4-Sterne-Business- und Wellness-Hotel, ruhig am Waldrand gelegen, zwischen typisch holsteinischen Bauernhäusern. Day Spa und Restaurant **Fischers Fritz** können auch von Nicht-Gästen genutzt werden. WLAN und Fahrradverleih. €€€

Jugendherberge Kiel
Johannesstr. 1, 24143 Kiel
✆ (04 31) 73 14 88, www.jugendherberge.de/jh/kiel
1- bis 4-Bettzimmer. Die Jugendherberge liegt auf dem Ostufer der Kieler Förde im Ortsteil Gaarden, gegenüber dem Hauptbahnhof und oberhalb des Norwegenkais. In der Umgebung: Schwimmhalle, Freibad und Minigolf. €

Heuherberge Eiderhufe
Eiderhufe 1, 24363 Holtsee
✆ (043 57) 13 40, www.eiderhufeholtsee.de
35 Schlafplätze im Heu. Grillgelegenheit, Café, Spielwiese und Lagerfeuermöglichkeit, mit Küche und Aufenthaltsraum. €

Kühlungsborn

Strandresidenz-Kühlungsborn
Cubanzestr. 66 a, 18225 Kühlungsborn
✆ (03 82 93) 43 28 29, www.strandresidenz.info
7 preisgekrönte Edel-Ferienwohnungen mit Ostsee-Panoramablick, gelegen am östlichen Ende der Strandpromenade, direkt am Strand. €€€

Lübeck

Klassik Altstadt Hotel
Fischergrube 52, 23552 Lübeck
✆ (04 51) 70 29 80, www.klassik-altstadt-hotel.de
Originelle Hotelidee: Themenzimmer, die nach Lübecker Persönlichkeiten benannt sind und entsprechend dekoriert und eingerichtet wurden – es fehlt natürlich weder das Willy-Brandt-Zimmer noch die Thomas-Mann-Suite. Jeden So von 11–13 Uhr wird das »Langschläfer-Frühstück« serivert. €€€

Schloss Lütgenhof – Hotel & Ferienwohnungen
Ulmenweg 10, 23942 Dassow
✆ (03 88 26) 82 50, www.schloss-luetgenhof.de
In einem Park am Naturschutzgebiet Dassower See liegt Schloss Lütgenhof, erbaut im Jahre 1839. Das klassizistische Schloss bietet 23 hell und elegant eingerichtete Zimmer und 3 Ferienwohnungen. Wellnessbereich mit Schwimmbad, Sauna, Dampfbad und ayurvedischen Anwendungen vorhanden. €€€

Jugendherberge Lübeck Altstadt
Mengstr. 33, 23552 Lübeck
✆ (04 51) 702 03 99
www.jugendherberge.de/jh/luebeck-jgh
Schöner Altbau in toller Innenstadtlage mit 2-, 3-, 4- und 6-Bettzimmern. €

Lütjenburg/Panker

Hotel Ole Liese
24321 Gut Panker (bei Lütjenburg)
✆ (043 81) 906 90, www.ole-liese.de
Die 20 Zimmer im rekonstruierten Schulgebäude sind auf stilvolle Art und Weise gemütlich und individuell gestaltet – eine Mischung aus Skandina-

vien und englischem Landhaus. Das Haus ist Teil des stilvollen Hof-Ensembles Gut Panker, direkt gegenüber liegt das Restaurant **Ole Liese**. €€–€€€

Maasholm

Hotel & Restaurant Schunta
Hauptstr. 38, 24404 Maasholm
✆ (046 42) 965 60
Für Angler ideal: Am Fischerei- und Jachthafen gelegen, bietet das Haus auch tägliche Angelfahrten sowie Zubehörverleih. €–€€

Neustadt i. H.

Romantik Seehotel Eichenhain
Eichenhain 2
23730 Neustadt-Pelzerhaken
✆ (045 61) 537 30, www.eichenhain.de
Direkt am Meer gelegen, in einem parkähnlichen Garten am Südstrand von Pelzerhaken, mit Ostseeblick, Strandterrasse und Spa-Bereich »Villa am Meer«. €€

Oldenburg i. H.

Hof Friedrichsthal
Friedrichsthal, 23758 Oldenburg
✆ (043 61) 72 33, www.hof-friedrichsthal.de
Sehr schöne, großzügige Anlage für Ferien auf dem Bauernhof, mit großem, parkartigen Garten und vielen Tieren. 4 Ferienwohnungen für je 2–5 Personen in historischen Hofgebäuden mit moderner Einrichtung, mit Reitgelegenheit und Reitunterricht. €€

Ribnitz-Damgarten

Landhaus Schloss Kölzow
Am Park 5
18334 Dettmannsdorf-Kölzow
✆ (03 82 28) 61 90, www.schloss-koelzow.de
Das um 1850 errichtete Herrenhaus mit seinem über Jahrhunderte gewachsenen großen Park liegt ruhig am Rande des Naturschutzgebietes Recknitztal, ca. 15 km südlich von Ribnitz-Damgarten. Das Haus verfügt über 17 Nichtraucherzimmer und Suiten, die z.T. modern, z.T. mit Antiquitäten eingerichtet wurden. Es gibt eine Bibliothek, ein Kaminzimmer und einen uriger Gewölbekeller, der als Bier- und Weinstube dient. €€–€€€

Park-Hotel Schloss Schlemmin
18320 Schlemmin
✆ (03 82 25) 51 60
www.schloss-schlemmin.de
Das Schloss Schlemmin, ca. 25 km entfernt von der Ostseehalbinsel Fischland-Darß-Zingst, auf halbem Weg zwischen Rostock und Stralsund wurde 1846–50 auf den Fundamenten einer alten Wasserburg erbaut. Umgeben von einem großen Park mit altem Baumbestand ist das Schloss heute ein Hotel mit 35 Zimmern und -Suiten sowie einem Spezialzimmer für Menschen mit Behinderungen. Restaurant, Sauna und Solarium sind vorhanden, ebenso Fahrradverleih, Kanuvermietung und Gastboxen für Pferde. €€–€€€

Rostock/Warnemünde

Yachthafenresidenz Hohe Düne Yachting & Spa Resort
Am Yachthafen 1, 18119 Rostock-Warnemünde
✆ (03 81) 50 40-0, www.hohe-duene.de
Direkt am Strand und am Alten Strom liegt die große neue Anlage der Yachthafenresidenz Hohe Düne. Zu den 368 maritim eingerichteten Zimmern und Suiten gesellen sich noch eine Shopping-Passage, das traumhafte Hohe Düne Spa sowie 11 Restaurants und Bars. Die 5-Sterne-Marina bietet 750 Liegeplätze und zahlreiche Wassersportangebote. €€€€+

Ringhotel Warnemünder Hof
Stolteraer Weg 8, 18119 Rostock-Warnemünde
✆ (03 81) 543 00, www.warnemuender-hof.de
Reetgedecktes 4-Sterne-Hotel in ruhiger Lage, 950 m vom Ostseestrand entfernt mit 99 Zimmern und Apartments, z.T. im modernen Landhausstil. Das Haus verfügt über Wellnessbereich und Schwimmbad, ein Restaurant mit Wintergarten und Gartenterrasse sowie Fahrradverleih und kostenfreie Parkplätze. €€€

Steigenberger Hotel Sonne
Neuer Markt 2, 18055 Rostock
✆ (03 81) 497 30, www.rostock.steigenberger.de
Direkt im Stadtzentrum, nahe dem Hauptbahnhof. Das Haus verfügt über ein Restaurant im 7. und eine Bar im 8. Stockwerk. Wellness- und Fitnessbereich vorhanden, 112 Zimmer und 9 Suiten, alle mit WLAN. €€–€€€

Hotel Pension Landhaus Dierkow
Gutenbergstr. 5, 181[illegible] Rostock
✆ (03 81) 658 00, www.landhaus-dierkow.de
Das Haus liegt in der Nähe der Altstadt und bietet 45 modern eingerichtete Zimmer mit WLAN (eines davon behindertengerecht), ein Restaurant sowie einen Hotelgarten mit Terrasse. Im Sommer werden Ausflüge auf der hauseigenen Motorjacht veranstaltet. €€

Hotel & Pension Gutshaus Neu Wendorf
18190 Sanitz
✆ (03 82 09) 340 und 80 2 [illegible]
www.gutshaus-neu-wendorf.de
Inmitten der Rostocker Heide, ca. 20 Autominuten von Rostock und der Ostsee entfernt, liegt das

Gutshaus, das um 1805 erbaut wurde. Der Bau bietet Kaminzimmer, Speisesaal und Wintergarten. Gegen Gebühr können Fahrräder und Kanus geliehen werden. €-€€

Jugendgästeschiff Rostock
Am Stadthafen 72/73, 18057 Rostock
✆ (03 81) 670 03 20
Das Schiff liegt im Rostocker Stadthafen, neben dem Anleger »Fähre Kabutzenhof«, Parkplätze gibt es vor dem Schiff. €

Jugendherberge Warnemünde
Parkstr. 47, 18119 Warnemünde
✆ (03 81) 54 81 70
Kuriose Unterkunft: Wohnen im Warnemünder Wetterturm, einem 35 m hohen, achteckigen Gebäude. €

Rügen

Weitere Infos unter:
www.ruegen.de
www.reiselotse.de
www.avr.de
www.gastgeber-binz.de
www.strandvillen-binz.de
www.zimmervermittlung-goehren-ostsee.de
www.landurlaub.m-vp.de
www.vcwmv.de

Travel Charme Kurhaus Binz
Strandpromenade 27, 18609 Binz
✆ (03 83 93) 66 50
www.travelcharme.com/kurhaus-binz
5-Sterne-Superior-Hotel direkt an der Strandpromenade und Seebrücke. 106 Zimmer, 20 Suiten, 11 Residenzen. WLAN in einigen Zimmern und in allen öffentlichen Bereichen. 2 Restaurants, Bar, Café, Terrasse. Innen- und Außenpool, Saunalandschaft, Fitnessbereich. €€-€€€€+

Sellin auf Rügen: Traumvillen im Stil der Bäderarchitektur

ROEWERS Privathotel
Wilhelmstr. 34, 18586 Sellin
✆ (03 83 03) 1220, www.hotel-ambiance.de
4-Sterne-Hotelkomplex mit 55 Zimmern und Suiten ist in den sanierten Villen Rugia/Marina, Sella und Vineta untergebracht, die unterirdisch miteinander verbunden sind. Sonnenterrasse, Wellnesslandschaft, Pool, Bibliothek. Drei Restaurants und eine Brasserie. WLAN in öffentlichen Bereichen. €€€-€€€€

Hotel Schloss Spyker
Schlossallee 1, 18551 Spyker
✆ (03 83 02) 770, www.schloss-spyker.de
Am Spyker See, umgeben vom Schlosspark mit über 760-jähriger Geschichte. Hingucker sind die Stuckdecken. 32 komfortable und zeitlos eingerichtete Zimmer. Hochzeitszimmer, Restaurant im Gewölbekeller. WLAN im Foyer. Ab Oktober bis ca. Ostern Winterpause. €€€-€€€€

Im-Jaich Wasserferienwelt
Am Yachthafen 1, 18581 Lauterbach
✆ (03 83 01) 80 90
www.im-jaich.de
Die 12 schwimmenden Ferienhäuser liegen in der Marina Lauterbach. Von den stilvoll eingerichteten Unterkünften im skandinavischen Stil blickt man auf das Haus Goor und den Rügischen Bodden. Es kann dort mitunter etwas windig sein. €€€

Ferienresidenz Rugana am Bakenberg
Nonnevitz 25 a/b, 18556 Dranske-Bakenberg
✆ (03 83 91) 9140, www.rugana.de
Die weitläufige Ferienanlage liegt auf der Halbinsel Wittow. In jedem der hübschen Ferienhäuser befinden sich 4-6 Ferienwohnungen für bis zu 6 Personen, inkl. Küchenzeile. Minigolfanlage, Fußball- und Volleyballplatz, Spielplätze, Hallenbad, Sauna etc. Der Strand ist 500 m entfernt. €€-€€€

Ferienwohnungen Godewind
Süderende 53, 18565 Vitte
✆ (03 83 00) 66 00, www.hotelgodewind.de
15 geschmackvoll eingerichtete Ferienwohnungen sind dem Hotelgelände angeschlossen (für 2-8 Personen). Der Strand ist nicht weit entfernt. €€-€€€

Hotel Hitthim
Hafenweg 8, 18565 Kloster (Hiddensee)
✆ (03 83 00) 66 60, www.hitthim.de
Vom Hotel am Hafen von Kloster hat man eine schöne Aussicht auf den Bodden, besonders schön von der Veranda aus zu genießen. Das historische Fachwerkhaus verfügt über 25 Zimmer (Ferienwohnungen befinden sich auf dem Hotelgelände). Rustikales Restaurant. €€-€€€

Hotel Wreecher Hof
Kastanienallee, 18581 Putbus OT Wreechen

✆ (03 83 01) 850, www.wreecher-hof.de
Das 4-Sterne-Haus befindet sich abseits vom Trubel der Seebäder zwischen Putbus und Greifswalder Bodden. Zimmer von Standard bis Landhaus sowie Suiten mit WLAN-Anschluss. Hallenbad, Sauna, kleiner Wellnessbereich. Sehr gutes Restaurant **KOXorange**, Wintergarten, Bar. €€–€€€

Panoramahotel Lohme
An der Steilküste 8, 18551 Lohme
✆ (03 83 02) 9110, www.lohme.com
Auf der bewaldeten Kreideküste, unweit des Nationalparks Jasmund, hat man einen wunderschönen Blick über die Ostsee. Das Hotel besteht aus dem Haupthaus und den Gästehäusern. Die Doppelzimmer im Haupthaus sind landseitig. Restaurant und Terrasse. €€–€€€

Bauer Lange
Hof Nr. 37, 18569 Lieschow
✆ (03 83 05) 55117
www.bauerlange.de
Zum Bauernhof gehören neben dem Hofladen, dem Antik- und Trödelmarkt, dem Maislabyrinth und der Erlebnisscheune auch Ferienwohnungen (für 2–6 Personen). €€

Kapitänshäuser Breege
Hochzeitsberg 16, 18556 Breege-Juliusruh
✆ (03 83 91) 420, www.kapitaens-haeuser.de
Mehrere hübsch eingerichtete Ferienwohnungen (für 2–6 Personen), die so interessante Namen wie »Captain Morgan« und »Captain Hornblower« tragen. Fahrradverleih, Spielplatz, Sauna, Schwimmbad. €€

Taun Hövt
Boddenstr. 61, 18586 Groß Zicker
✆ (03 83 08) 8130, www.taun-hoevt.de
Die reetgedeckten Ferienhäuser liegen abgeschieden in traumhafter Landschaft auf Mönchgut. In den neun Apartments haben jeweils vier Personen Platz. Von der Restaurantterrasse bietet sich ein fantastischer Blick. €€

Heuferienhof Altkamp
Dorfstr. 1, 18581 Altkamp
✆ (03 83 01) 88 99 12
www.heuferienhof-ruegen.de
Ein Riesenspaß für die ganze Familie: Man schläft im Schlafsack in Schlafboxen (4–6 Personen) im Heu. Kinder dürfen nur in Begleitung eines Erwachsenen im Heu übernachten. Der Hof verfügt aber auch über 7 »reguläre« Ferienwohnungen. €

Jugendherberge Binz
Strandpromenade 35, 18609 Binz
✆ (03 83 93) 325 97, www.jh-binz.de
Tolle Lage direkt an der Strandpromenade. €

Jugendherberge Sellin
Kiefernweg 4, 18586 Sellin
✆ (03 83 03) 950 99, http://sellin.jugendherbergen-mv.de
85 Stufen bzw. ein Lift führen zum Meer. €

Früher Ferienheim des Freien Deutschen Gewerkschaftsbunds, heute Luxushotel: Schloss Spyker von 1650

Camping-Oase Thiessow
Hauptstr. 4, 18586 Thiessow
✆ (03 83 08) 8226, www.camping-ruegen.de
4-Sterne-Campingplatz auf dem Küstenstreifen zwischen Ostsee und Greifswalder Bodden. €

Ostseecamp Suhrendorf
18569 Ummanz OT Suhrendorf 4
✆ (03 83 05) 822 34
www.ostseecamp-suhrendorf.de
4-Sterne-Campingplatz direkt am Wasser. Ein Eldorado für Surfer. €

Regenbogen Camp Göhren
Am Kleinbahnhof, 18586 Göhren
✆ (03 83 08) 901 20, www.regenbogen-camp.de
5-Sterne-Campingplatz hinter dem Dünenschutzwald am Nordstrand von Göhren. €

Scharbeutz

BelVeder Grand Hotel
Strandallee 146, 23683 Scharbeutz
✆ (045 03) 352 66 00, www.belveder.de
Direkt an der Ostsee, an einem Strandabschnitt zwischen Scharbeutz und dem Timmendorfer Strand. Moderner Hotelbau eher südländischen Stils mit 68 Zimmern und 15 Suiten mit Loggia, WLAN und Internetnutzung inklusive. Restaurant **DiVa** mit Wintergarten, Hotelbar **CaVa** und Cigar Lounge. Mit Beauty Spa. Gleich nebenan die Wellness- und Wassererlebniswelt der Ostsee-Therme. €€€–€€€€

Hotel Göttsche
Am Hang 8, 23683 Scharbeutz
✆ (045 03) 88 20, www.hotelgoettsche.de
Unmittelbar am Strand und am Rande des Kurzentrums von Scharbeutz. Zimmer teilweise mit Meerblick. €€–€€€

Unterkünfte

Schleswig

Hotel Waldschlösschen
Kolonnenweg 152, 24837 Schleswig
✆ (046 21) 38 30, www.hotel-waldschloesschen.de
Moderner Bau, schön gelegen am Pöhler Gehege, dem ehemaligen Tiergarten der Herzöge zu Gottorf: Wellnessbereich mit Schwimmbad, 3 Saunen, Dampfbad und Whirlpool. 2 Restaurants, **Olearius** und **Fasanerie**. €€€–€€€€+

Bed & Breakfast am Dom
Töpferstraße 9, 24873 Schleswig
✆ (046 21) 48 59 91
www.bb-schleswig.de
Wunderschöne kleine Pension mit stilvollem Frühstücksraum, 6 sehr hübschen Zimmern sowie einem verwunschenen Garten. Das Frühstück ist exzellent, die Lage unschlagbar – Grund genug, bereits in verschiedenen Einrichtungszeitschriften beschrieben zu werden. €€

Hotel Hahn
Lutherstr. 8, 24873 Schleswig
✆ (046 21) 99 53 52, www.hotelhahn.de
6 komfortable Zimmer in einer Gründerzeitvilla mit hohen Decken, Garten, Sauna und Blick auf die Stadt. Nur wenige Gehminuten vom Stadtzentrum entfernt. Das Haus kann sich über eine Empfehlung im Guide Michelin 2011 freeuen. €€

Hotel Alter Kreisbahnhof (Embrace Hotel)
Königstr. 9, 24837 Schleswig
✆ (046 21) 302 00
www.hotel-alter-kreisbahnhof.de
Das Hotel ist ein Integrationsbetrieb für die Förderung von behinderten Menschen. Moderne, helle Zimmer in schönem Altbau. Der alte Kreisbahnhof liegt zentral zur Innenstadt. €€

Jugendherberge Schleswig
Spielkoppel 1, 24837 Schleswig
✆ (046 21) 238 93
www.jugendherberge.de/jh/schleswig
Überwiegend 4-Bettzimmer. Die Jugendherberge liegt zentral oberhalb der Stadtmitte. Schwimmhalle und ein Naturfreibad in der Schlei befinden sich in der unmittelbaren Umgebung. €

Schönberg

Jugendherberge Schönberg
Stakendorfer Weg 1, 24217 Schönberg
✆ (043 44) 29 74
www.jugendherberge.de/jh/schoenberg
Zum Strand sind es 3,5 km. Kleinkindausstattung vorhanden. €

Schwerin

Hotel Schloss Wedendorf
19217 Wedendorf bei Rehna, Schlossstr. 7
✆ (03 88 72) 67 70, www.schloss-wedendorf.de
Das denkmalgeschützte Schloss Wedendorf, in seiner jetzigen Form von 1805, liegt auf einem idyllischen Seegrundstück mit Bootssteg und Landschaftspark in der Nähe der Kleinstadt Rehna, etwa in der Mitte zwischen Wismar, Lübeck und Schwerin. Zu den 30 Zimmern und Suiten gehören ein Restaurant und eine Caféterrasse, Lift. €€€–€€€€+

Hotel Alt-Schweriner Schankstuben
Am Schlachtermarkt 9–13, 19055 Schwerin
✆ (03 85) 59 25 30
www.alt-schweriner-schankstuben.de
3-Sterne-Hotel am historischen Schlachtermarkt in der Altstadt. 16 Zimmer mit Dom- oder Marktblick, hauseigenem Parkplatz und schöner Terrasse unter Linden. Schloss, Theater und Museum sind zu Fuß erreichbar. Restaurant. €€

Café Karina
Werderstr. 42, 19055 Schwerin
✆ (03 85) 557 28 08, www.cafe-karina.de
Günstige kleine Pensionszimmer in Schloss- und Seenähe. €

Sehestedt

Heuherberge bei Dirk Naeve
Alte Dorfstr. 27, 24814 Sehestedt
✆ (043 57) 97 44, www.heuherberge.de
Bauernhof am Nord-Ostsee-Kanal, mit Streicheltieren, Spielwiese, Lagerfeuer- und Grillgelegenheit. 64 Plätze und eine Ferienwohnung, geeignet für Gruppen und Einzelreisende. €

Steinbergkirche

Hotel Garnie Landhaus Börmoos
Grüfft 9, 24972 Steinbergkirche/Habernis
✆ (046 32) 76 21
www.landhaus-boermoos.de
Wer's romantisch mag, ist hier gut aufgehoben, denn die Apartments sind liebevoll dekoriert. Einrichtungsartikel können auch erworben werden. Das Haus ist ein alter Hof mit Reetdach und verwunschenem Garten. €–€€

Stralsund

Scheelehof
Fährstraße 23–25, 18439 Stralsund
✆ (038 31) 28 33 00, www.scheelehof.de

93 exklusive Zimmer in historischem Ambiente: in einem Giebelhaus aus der Hansezeit mitten in der Altstadt. Wellnessbereich, Restaurant, Kneipe, Café. €€€

Kontorhaus Stralsund
Am Querkanal 1, 18439 Stralsund
✆ (038 31) 28 98 00, www.kontorhaus-stralsund.de
Im Hafen der Hansestadt gelegen, verspricht das Hotel immer interessante Ausblicke. Das Ozeaneum ist in der Nachbarschaft. 14 Doppelzimmer, 4 Einzelzimmer. WLAN. €€

Hostel Stralsund
Reiferbahn 11, 18439 Stralsund
✆ (038 31) 28 47 40, www.hostel-stralsund.com
17 Einzel- und Mehrbettzimmer für alle Altersgruppen (insgesamt 60 Betten). Freizeitraum, Fahrradverleih, Fitnessraum, Waschmaschine, Selbstversorger-Küche, WLAN. 5–10 Gehminuten zum Hafen und zur Altstadt. €

Timmendorfer Strand

Grand Hotel Seeschlösschen
Strandallee 141, 23669 Timmendorfer Strand
✆ (045 03) 60 11, www.seeschloesschen.de
5-Sterne-Haus mit 130 Zimmern auf 8 Etagen mit Wellness-Resort, das über Innen- und Außenschwimmbad, Whirlpool, verschiedene Saunen und Fitness-Studio verfügt. Gleich mehrere Restaurants mit Seeblick und verschiedene Terrassen. Hauseigene 36-Loch-Golf-Anlage. €€€€+

Travemünde

COLUMBIA Hotel Casino
Kaiserallee 2, 23570 Lübeck-Travemünde
✆ (045 02) 30 80, www.columbia-hotels.de
Direkt an der Promenade zum breiten Sandstrand liegt das 2003 neu eröffnete Hotel im historischen Gebäude des ehemaligen Conversationshauses von 1914. Die 72 Zimmer und Suiten sind äußerst elegant im englischen Landhausstil eingerichtet. Die 3 Restaurants (1 Michelin-Stern, 16 Gault-Millau-Punkte) vom **La Belle Epoque** (französische Küche) über das **Tafelfreuden** (mediterraner Cross-over-Stil) bis hin zum **Holstein's** (regionale Landküche) lassen weder Hunger noch Langeweile aufkommen, eine Cocktailbar und das Café **Kaffeehouse** runden das Bild von guter kulinarischer Rundum-Versorgung ab. Natürlich gibt es auch Fitnessraum, Wellnessbereich, Saunalandschaft und ein Schwimmbad. €€€€+

Welches ist das schönste? Denkmalgeschützte Häuser aus verschiedenen Jahrhunderten an der Nordseite des Alten Markts von Stralsund

Unterkünfte

Grand Spa Resort A-ROSA Travemünde
Außenallee 10
23570 Lübeck-Travemünde
✆ (045 02) 307 00
http://resort.a-rosa.de/travemuende/
Das denkmalgeschützte Kurhaushotel mit seinen prächtigen, weitläufigen Räumen, ergänzt um einen Neubau, liegt direkt am Meer und bietet seit der Neueröffnung 2005 155 Zimmer und 39 Suiten. Der Spa- und Wellnessbereich im Thalasso-Zentrum ist mit 4500 m² einer der größten und modernsten Deutschlands. 3 verschiedene Restaurants – darunter das **Buddenbrooks-Restaurant** mit einem Michelin-Stern – sorgen für das leibliche Wohl. Zum neuartigen Resort-Konzept gehören auch ein Kinder- und Jugendclub sowie das Kreativzentrum »Lebensart« – kein Wunder, dass die Anlage schon diverse Preise erhielt. €€€€+

Hotel Deutscher Kaiser
Vorderreihe 52
23570 Travemünde
✆ (045 02) 84 20
www.deutscher-kaiser-travemuende.de
Elegantes Haus direkt an der Travemünder Flaniermeile. 110 Betten und 8 Apartments mit Ostseeblick, Sauna- und Fitnessbereich. €€–€€€

Usedom

Weitere Infos unter:
www.usedom.de
www.baeder-tourist.de
www.usedomtourist.de
www.usedom-touristik.de
www.insel-usedom.net/zelten.htm
www.vcwmv.de.

Ahlbecker Hof
Dünenstr. 47, 17419 Ahlbeck
✆ (03 83 78) 620
www.seetel-resorts.de
Altehrwürdiges 5-Sterne-Haus aus dem Jahr 1890an der Promenade von Ahlbeck, geprägt von Nostalgie und Luxus. 41 Doppelzimmer mit Meer- oder Südseite. 3 Restaurants, Hotelbar, Tiefgarage, Wellness- und Fitnessbereich auf 1000 m². Im Juli/August Buchung nur ab 5 Übernachtungen möglich. WLAN in Lobby und im Kaminzimmer. Tiefgarage. €€€€

Kaiser Spa Hotel zur Post
Seestr. 5, 17429 Bansin
✆ (03 83 78) 560, www.hzp-usedom.de
Das historische, 1902 eröffnete Haus im Bäderstil verfügt über 18 Zimmer. Im Anbau entstanden zusätzlich 38 Zimmer. 4-Sterne-Superior-Haus mit 2 Restaurants und Bar. 1200 m² große Wellness-, Spa- und Badelandschaft. Tiefgarage. WLAN/Internetanschluss in Lobby und den Zimmern. €€€€

Usedom Palace Hotel
Dünenstr. 8, 17454 Zinnowitz
✆ (03 83 77) 3960, www.usedom-palace.de
5-Sterne-Haus mit 43 Zimmern an der Promenade von Zinnowitz. Das weiße, spätklassizistische Gebäude wurde 1900 eröffnet. Zimmer mit Meer- oder Südseite. Restaurant, Bar, Badelandschaft mit Sauna, Wellnessangebote. Internetanschluss in den Zimmern. Hauseigener Parkplatz. €€€–€€€€

Wasserschloss Mellenthin
Dorfstr. 25, 17429 Mellenthin
✆ (03 83 79) 287 80
www.wasserschloss-mellenthin.de
Das Schloss liegt inmitten des Naturschutzparks Usedom. Das Hotel hat sich im Westflügel einquartiert. Restaurant mit Hausmannskost. Bei schönem Wetter sitzt man auf der Terrasse oder im Biergarten. Hauseigene Brauerei in Planung. Wellnessbereich. Fahrradverleih. €€€–€€€€

Pommerscher Hof
Seestr. 41, 17424 Heringsdorf
✆ (03 83 78) 610, www.seetel-resorts.de
Das 3-Sterne-Superior-Hotel befindet sich unweit der Promenade in ruhiger Lage. Die Gemäuer sahen seit der Eröffnung 1865 viele Prominente kommen und gehen. 95 Zimmer, Restaurant mit Wintergarten, Bar, Wellnessoase »Shehrazade« auf 1200 m². Tiefgarage. €€€

Dünenhäuser Nautic
An der Uferpromenade 1, 17459 Ückeritz
✆ (03 83 75) 25 50
www.nautic-usedom.de
Direkt an der Uferpromenade liegt die Ferienanlage, zum Teil im angrenzenden Buchenwald. Modern und geschmackvoll eingerichtete Wohnungen für 2–4 Personen. Endreinigung inklusive. WLAN vorhanden. €€–€€€

Apfelgarten Usedom
Steinstr. 4, 17429 Reetzow
✆ (030) 44 65 38 66, www.apfelgarten-usedom.de
Die 6 Ferienwohnungen (für 4 Personen) befinden sich in 2 modernen, roten Holzlandhäusern unweit des Gothensees. Der Strand ist 5 km entfernt. Jede Wohnung hat Sauna und Kamin. Endreinigung, Bettwäsche extra. €€

Tropenhaus Bansin
Goethestr. 10, 17429 Bansin
✆ (03 83 78) 25 40, www.tropenhaus-bansin.de
Ferienhausanlage mitten in Bansin mit 20 Wohnungen für 2–4 Personen. Sauna, Kosmetikstudio und das Tropenhaus sind angeschlossen. Endreinigung extra. €€

Alte Scheune und Schwedenrot
Dorfstr. 30 und Triftweg 1c, 17459 Loddin
✆ (078 32) 99 92 25
www.alte-scheune-loddin.de, www.schweden-rot.de
Rustikales Flair gepaart mit modernem Komfort: 7 Ferienwohnungen (für 2–8 Personen) entstanden in der reetgedeckten alten Scheune am Achterwasser. Eine 2000 m² große Wiese gehört zur Anlage. Endreinigung extra. Sehr schön auch die 5 im original **Schwedenrot** gestrichenen Häuser im selben Ort und vom selben Betreiber (14 Wohnungen). €–€€

Campingplatz »Dünencamp«
Zeltplatzstr. 12
17449 Karlshagen
✆ (03 83 71) 202 91
www.campingplatz-karlshagen.de
Der Platz erstreckt sich direkt hinter den Dünen in einem Kiefernwald. 340 Stellflächen. Ganzjährig geöffnet. €

Campingplatz Pommernland
Dr.-Wachsmann-Str. 40
17454 Ostseebad Zinnowitz
✆ (03 83 77) 403 48
www.camping-pommernland.m-vp.de
Der Platz am westlichen Ortsrand von Zinnowitz ist nur 200 m vom Strand entfernt. Mehrfach ausgezeichnet. Ganzjährig geöffnet. Blockhäuser, Wohnwagen, Hütten können gemietet werden. €

Jugendherberge Heringsdorf
Puschkinstr. 7–9, 17424 Heringsdorf
✆ (03 83 78) 223 25
www.jh-heringsdorf.de
In zwei wunderschönen Villen befindet sich die Usedomer Herberge. €

Naturcampingplatz »Am Strand«
Am Strand, 17459 Ückeritz
✆ (03 83 75) 209 23 (Mai–Okt.)
✆ (03 83 75) 25 20 (Nov.–April)
www.campingplatz-ueckeritz.de
Größter Campingplatz der Insel, direkt hinter den Dünen. Ganzjährig geöffnet. 700 Stellflächen. Bungalows können gemietet werden. €

Weissenhaus

Apartments und Bungalows im Ferienpark Weissenhäuser Strand
Seestr. 1
23758 Weissenhäuser Strand
✆ (043 61) 550
www.weissenhaeuserstrand.de
Große Anlage in den hügeligen Ausläufern der Holsteinischen Schweiz. Der Ferienpark bietet eine komplette Urlaubsinfrastruktur. Neben Gastronomie-Angeboten gibt es das **Subtropische Badeparadies**, ein ausgeklügeltes Spaßbad, zu dem Klettergerüste und eine über 214 m lange Wasserrutsche gehören. Das **Dünenbad** ist eine Saunalandschaft mit Schwimmbecken, Solarium und Whirlpool. Das **Abenteuer Dschungelland** und der **Columbus-Park** bieten vor allem für Kinder Gelegenheit zum Herumtoben und Spielen, bei gutem, wie bei schlechtem Wetter. €–€€€

Wismar

City Partner Historik Hotel Alter Speicher
Bohrstr. 12/12a, 23966 Wismar
✆ (038 41) 21 17 46
www.hotel-alter-speicher.de
Moderne Einrichtung in verwinkeltem alten Haus. Zum Hotel mit 75 Zimmern gehört das **Restaurant To'n Ossen**. €€–€€€

Hotel Schloss Gamehl
23970 Gamehl bei Wismar
✆ (038 426) 220 00
www.schloss-gamehl.de
Vor den Toren der Hansestadt unweit der Ostsee gelegen, 1860 erbaut und eingebettet in einen weitläufigen Park mit kleinem Teich, wurde das Schloss 2008 nach umfangreicher Renovierung als Hotel eröffnet. Zum Haus gehören ein Restaurant, Salon und Bibliothek sowie ein Wellnessbereich mit Sauna und Fitness-Geräten. Die besonders angenehm eingerichtete Anlage wurde im Oktober 2009 durch den »Architectural Digest« mit dem Attribut »Best of Germany« ausgezeichnet. €€

Steigenberger Hotel Stadt Hamburg
Am Markt 24, 23966 Wismar
✆ (038 41) 23 90
www.wismar.steigenberger.de
Direkt am historischen Marktplatz von Wismar gelegen und mit einer schönen Sommerterrasse, Bar und Bistro ausgestattet. Wellnessbereich mit Saunalandschaft, Kneipp-Rondell und Dachterrasse. €€

Ferienwohnungen
Sonja Sommerfeld
Gerberstr. 9 b, 23966 Wismar
✆ (038 41) 21 35 38
Einfache schöne Ferienwohnungen im Zentrum z.T. mit Balkon. €

Jugendherberge Wismar
Juri Gagarin Ring 30 a
23966 Wismar
✆ (038 41) 32 680
www.djh-wismar.city-map.de
134 Betten, 2-, 4-, 5- und 6-Bettzimmer. In ca. 15 Minuten erreicht man zu Fuß das Zentrum der Hansestadt. €

Service von A-Z

Anreise

Mit dem Auto:
Die großen Autobahnverbindungen gehen ab Hamburg Richtung Nordwesten bis Kiel und Flensburg (A 7) in die Region, außerdem nach Lübeck (A 1) und seit ein paar Jahren auch Richtung Osten bis Rostock und Greifswald (A 20). Wer plant, den Hamburger Elbtunnel zu benutzen, sollte in der Urlaubssaison eventuelle Wartezeiten unbedingt bei der Reiseplanung berücksichtigen und die Zeiten des Berufsverkehrs meiden.

Mit der Bahn:
Die Deutsche Bahn unterhält häufige ICE-Verbindungen nach Hamburg, Kiel, und Rostock, ebenfalls mehrmals täglich gibt es IC-Verbindungen nach Kiel, Lübeck, Hamburg, Schwerin, Rostock, Stralsund und Greifswald. Ab dort geht es mit den Regionalbahnen weiter.

Mit der **BahnCard 25 oder 50** gibt es eine Reihe von Vergünstigungen auch für Mitfahrer. Mit dem sogenannten Mitfahrer-Rabatt reisen z.B. beim Kauf einer gemeinsamen Fahrkarte bis zu 4 Personen zum halben Preis. Kinder unter 15 Jah-

Abendstimmung bei Hiddensee

ren fahren in Begleitung der Eltern oder Großeltern kostenlos, wenn diese im Besitz einer BahnCard sind. Infos: www.bahn.de

Das **Schöne-Wochenend-Ticket** gilt an einem Tag des Wochenendes von 0 bis 3 Uhr des Folgetages für beliebig viele Fahrten in Regionalzügen im Bundesgebiet für bis zu 5 Personen und kostet € 39. Mit dem **Ostsee-Ticket** der Deutschen Bahn kann man ab € 41 von Berlin und Umgebung an die Meckelnburgische Ostseeküste gelangen, Mitfahrer zahlen jeweils nur € 30.

Mit dem Flugzeug:
Der nächstgelegene größere Flughafen der Region ist Hamburg, kleinere Flughäfen mit innerdeutschem Linienverkehr gibt es in Lübeck (Verbindung von Frankfurt/Main), Rostock-Laage (Verbindungen von Köln, Stuttgart und München) und Heringsdorf (Verbindungen von Dortmund, Düsseldorf, Stuttgart).

Anreise Fehmarn: Mit dem Auto auf der B 207 über die **Fehmarnsundbrücke** – kein Problem. Mit der Bahn wird es schon schwieriger, da der einzige Bahnhof in Puttgarden ist. Nach Puttgarden fährt die Deutsche Bahn von Hamburg, Kiel und Lübeck aus. Von dort führen Buslinien zu den einzelnen Inselorten.

Wer schneller nach Burg will, dem helfen die Buslinien 5811 und 5804 von/nach Oldenburg und über Heiligenhafen weiter, die beinahe stündlich verkehren. Von Kiel aus kommt man ebenfalls am besten mit dem Bus; der nächste Festlandbahnhof ist Oldenburg.

Anreise Halbinsel Fischland, Darß, Zingst:
Bei der Anreise mit dem Auto über Ribnitz-Damgarten oder Barth lohnt es in der Hochsaison auf jeden Fall »antizyklisch«, also nicht zu Stoßzeiten zu zu reisen, da ein Umfahren der Hauptstraße kaum möglich ist. Wer sich der Region von Barth aus nähert und über die beeindruckende **Meiningenbrücke** bei Bresewitz vom Festland auf Zingst fährt, muss in der Saison täglich um 9.30 und 18.30 Uhr mit Wartezeiten rechnen – zu diesen Zeiten haben Schiffe Vorfahrt.

Mit der Bahn kommt man nur bis Ribnitz-Damgarten oder Barth, wo die Halbinseln jeweils mit dem Festland verbunden sind, ab da sind die Busse der KVG Ribnitz-Damgarten rund um den Bodden unterwegs. Wichtig für Radfahrer: Es gibt ausgewählte Busse mit Anhängern.

Anreise Rügen: In Stralsund passiert man die neue mautfreie **Rügenbrücke**. Durch diese zweite Sund-Querung wurde die Staugefahr eingedämmt. Falls es sich doch stauen sollte und der Inselosten das Ziel ist, empfiehlt es sich, über den **Rügendamm** (und im Anschluss über die alte Bäderstraße via Garz und Putbus) zu fahren, jedoch können Beeinträchtigungen aufgrund von Reparaturarbeiten auftreten. Die Strelasund-Querung zu Fuß oder per Rad sowie der Besuch von Dänholm ist nur über den Damm möglich. Beachten Sie, dass die Ziegelgrabenbrücke vor dem Rügendamm zu den Sperrzeiten (5.20–5.40, 8.20–8.40, 12.20–12.40, 17.20–17.40, 21.30–21.50 Uhr) nicht passiert werden kann.

Dritte Option: Von April bis Okt. verkehrt die **Fähre von Stahlbrode nach Glewitz** auf Rügen von ca. 6–21 Uhr im 20-/30-Minuten-Takt (© 01803-21 21 20).

Aus der Luft ist die Insel Rügen für mittlere und kleine Flugzeuge auch über den **Flughafen Güttin** (www.flugplatz-ruegen.de), ca. 8 km von Bergen, zu erreichen.

Der **Airport-Shuttle** des Flughafen Rostock bietet einen Transfer nach Binz. Dieser Service muss im Vorfeld reserviert werden (www.fly-mv.de).

Anreise Usedom: Die Insel Usedom wird von der A 20 (Abfahrt Gützkow

oder Friedland) über die B 110 (Anklam) sowie über die B 111 (Wolgast) erreicht. Bei beiden Inselübergängen sind die Brückensperrzeiten zu beachten:
Zecheriner Brücke (B110): 9.40, 11.45, 16.45 Uhr; im Sommer auch: 5.45, 20.40 Uhr (jeweils 15 Min.)
Wolgaster Brücke (B111): 5.45, 8.45, 12.45, 16.45, 20.45 Uhr; im Sommer 7.45 (statt 8.45) Uhr (jeweils 15 Min.) Beide Brücken öffnen nach Bedarf auch um 23.30 Uhr (✆ 0381-20 67 11 44).

Im Sommer fährt ein **Urlaubs-IC** samstags von Köln über Bremen und Hamburg nach Heringsdorf. Sonst geht es aus allen Richtungen bis Züssow, wo Anschluss an die **Usedomer Bäderbahn** (UBB) besteht.

In Zirchow befindet sich der **Regionalflughafen Heringsdorf**. Seit 2008 bestehen in der Hochsaison Direktflugverbindungen von mehreren deutschen Großstädten. Info und Buchung unter: www.flug.usedom.de. Seit 2010 bietet auch Airberlin (www.airberlin.com) in der Hochsaison jeden Samstag Flüge von Dortmund, Düsseldorf und Stuttgart nach Heringsdorf.

Auskunft

Auf den Websites der überregionalen Tourismus-Agenturen von Schleswig-Holstein (www.ostsee-schleswig-holstein.de) und Mecklenburg-Vorpommern (www.auf-nach-mv.de) kann man sich zahlreiche Prospekte entweder als Drucksache bestellen oder direkt als Pdf-Datei abspeichern, darunter das aktuelle Urlaubsmagazin mit Infos zur Region und Veranstaltungstipps oder Kartenmaterial zum Thema Laufen, Radfahren, Golfen, Reiten und Paddeln – sogar an Minigolf-Fans wurde gedacht!

Info-Adressen zu Schleswig-Holstein im Internet:
www.sh-tourismus.de – Urlaubsportal
www.ostsee-schleswig-holstein.de – Urlaubsportal mit cleverem »Strandfinder«, der bei der Wahl des geeigneten Strands hilft, die Kriterien sind z.B. »mit Strandaufsicht«, »Action & Fun« oder »Hundestrand«
www.museen-sh.de – Museen zwischen Flensburg und Schleswig

Info-Adressen zu Mecklenburg-Vorpommern im Internet:

www.m-vp.de
www.mecklenburgische-ostseebaeder.m-vp.de
www.tourismuszentrum-ostseekueste.de

Touristeninformationen:

Alle großen und mittleren Orte entlang der Küste haben ihre Informationsstelle, und auch kleinere Ortschaften ohne Fremdenverkehrsbüro haben oft zumindest eine Übersichtstafel mit Anzeigen der Region und Prospektmaterial in regensicheren Fächern.

Wer ein bisschen sparen möchte: Viele Veröffentlichungen und Infoblätter, die in den Touristeninformationen ausliegen, enthalten Coupons mit kleinen Vergünstigungen in der Region.

Übergeordnete Tourismusverbände:

Tourismus-Agentur Schleswig-Holstein GmbH (TASH)
Wall 55, 24103 Kiel
✆ 0180 5 60 06 04
www.sh-tourismus.de
Unter www.app-ostsee.de kann man den offiziellen Schleswig-Holstein-Guide als App herunterladen.

Ostsee-Holstein-Tourismus e.V.
Strandallee 75 a, 23669 Timmendorfer Strand
✆ 0180 5 70 07 08, (045 03) 888 50
www.ostsee-schleswig-holstein.de

Tourismusverband Mecklenburg-Vorpommern e. V.
Platz der Freundschaft 1, 18059 Rostock
✆ (03 81) 403 05 00
www.auf-nach-mv.de

Wichtige Telefonnummern:
Allgemeiner Notruf: ✆ 112
Notruf/Polizei: ✆ 110
Deutsche Bahn: ✆ 118 61
Giftnotruf : ✆ 03 01 92 40 (Tag und Nacht)

Essen und Trinken

Die Küche des Nordens ist deftig und eher kräftig – eben die Kost hart arbeitender Landleute und Fischer. Zu den regionalen Spezialitäten gehört natürlich **Fisch**, Fisch und noch einmal Fisch. Die See ist Lieferantin köstlicher Speisefische: Scholle oder Butt, am besten mit Specksoße, Aal mit Dill- und Dorsch mit Senfsoße, Heringe – erst gebraten und dann sauer eingelegt – und Matjes, z. B. »nach Hausfrauenart« mit Äpfeln, Zwiebeln und Sahnesoße. Aus den holsteinischen und mecklenburg-vorpommerschen Räuchereien kommen Sprotten, Aale, Schillerlocken und Holsteiner Katenrauchschinken auf den Tisch.

Labskaus – dieses Gericht hat keinen schönen Namen und sieht auch nicht hübsch aus. Aber können echte Seebären jahrhundertelang irren? Zu dem Gemisch aus Kartoffeln, Rindfleisch, Heringsfilets und Roten Beeten isst der Kenner ein Spiegelei.

Neben den Früchten der Ostsee werden auch **Obst und Gemüse** nicht vergessen: Bei den Tüftentagen auf Usedom werden im September Kartoffeln in allen Variationen gegart, und bei den Rügener Kohlwochen rollen die (Kohl)köpfe. Äpfel kochen die Mecklenburger und Vorpommern auch mit Speck und Kartoffeln gern zu *Himmel und Erde*.

Viele Überraschungen hält die Küche des Nordens bereit: Im Grünkohl können hier auch mal Rosinen auftauchen und im Schmalz finden sich Äpfel. Alles sehr lecker! *Schwarzsauer* ist dann eher was für die Mutigen: ein Gericht aus Fleisch, Brühe und Blut, das früher zu Schlachtfesten angeboten wurde. Birnen, Bohnen und Speck sind eine beliebte Spezialität im Spätsommer. Die *Aalsuppe* heißt übrigens so, weil da *aal* drin sein kann – »alles«.

An **Süßspeisen** kommen Buttermilch- und Fliederbeersuppen (aus Holunderbeeren) und natürlich rote Grütze auf den Tisch. Letztere kann aus den verschiedensten Früchten bestehen – Rhabarber, Kirschen, Erdbeeren, Himbeeren, Brombeeren – Hauptsache, sie sind rot. Dazu gibt es Milch, flüssige Sahne oder Vanillesoße.

Getrunken wird zur Mahlzeit ein herbes **Pils**, das z.B. aus Flensburg oder Rostock kommen kann. Aber natürlich werden auch überall verschiedene **Weine** angeboten, die schließlich auch gut zum vielen Fisch passen. Nach einem reichhaltigen Essen gibt es *Köm*, einen klaren **Kümmelschnaps**; nach langem Strandspaziergang bei stürmischem Wetter hilft ein heißer Grog zur Wiederbelebung.

Bis vor wenigen Jahren kam Mecklenburg-Vorpommern nicht in einschlägigen Gourmetführern vor, doch mit großen Schritten und viel Engagement wird aufgeholt. Unter den neuen Bundesländern führt Mecklenburg-Vorpommern inzwischen die kulinarische Hitparade an. »Jeder dritte Koch, den wir in Ostdeutschland auszeichnen konnten, steht zwischen Rügen und Müritz am Herd«, lobt Manfred Kohnke, Chefredakteur des Restaurantführers »Gault Millau«. Das bedeutet: Neben Mecklenburger Pflaumenbraten mit Rotkohl und Salzkartoffeln gibt es z. B. auch Kohlrabilasagne mit Flusskrebsschwänzen. Auf Rügen gibt es viele Produkte rund um den Sanddorn. Neben den zahlreichen Fischrestaurants entlang der Ostseeküste, die überall in der Region gut verteilt sind, lohnt auch der Besuch in einem der vielen Bauernhofcafés. Die Landwirtschaftskammer Schleswig-Holstein hat hierzu eine Broschüre veröffentlicht »Bauernhofcafés – Gemütlich Kaffeetrinken in ländlicher Atmosphäre« (www.lwk-sh.de).

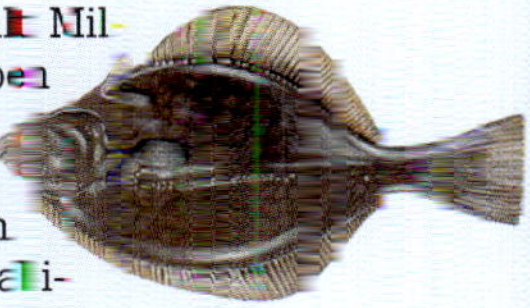

Heilbutt oder Flunder? Auf jeden Fall ein Plattfisch

Feste/Veranstaltungen

Vor allem im Juli und August werden in vielen Küstenorten und -städten zahlreiche Veranstaltungen organisiert, mit thematischen Schwerpunkten wie

Am Strand von Kühlungsborn

Segelsport, Kulinarik, Kleinkunst sowie Theater und Konzert. Informationen hierzu sind bei den einzelnen Städten und Orten aufgeführt, weitere tagesaktuelle Veranstaltungstipps gibt es bei den Tourismus-Informationen.

Größtes überregionales Musik-Event ist das **Schleswig-Holstein Musik Festival**, vgl. S. 69.

Hinweise für Menschen mit Behinderung

Auf der Website der Tourismus-Agentur Schleswig-Holstein (www.ostsee-schleswig-holstein.de) gibt es eine Broschüre für das Reisen mit Handicap, die über Übernachtungsmöglichkeiten in zahlreichen Ferienorten, über barrierefreie Strände, Museen und Restaurants und über weitere Hilfsangebote rund um einen gelungenen Urlaub informiert.

Auch Informationen über Kureinrichtungen und eine Übersicht der Dialysemöglichkeiten im Urlaub kann man sich ansehen, herunterladen oder als Drucksache online oder per Telefon bestellen (✆ 180 5 70 07 08/€ 0,14/Mobilfunk abweichend).

Auch in Mecklenburg-Vorpommern informiert man über die Website www.auf-nach-mv.de die Besucher mit Handicap. Neben Übernachtungsmöglichkeiten wird auch auf behindertengerechte Kultur- und Freizeiteinrichtungen wie Freilichtbühnen, Theater, Museen und Freizeitbäder Auskunft gegeben sowie über befestigte Wanderwege und Zugänge zu Stränden. Für den Strandbesuch gibt es Verleihstationen, die spezielle Rollstühle für das sandige Terrain anbieten. Außerdem: Reparaturdienste für Rollstühle und eine Liste mit Dialyse-Möglichkeiten.

Weitere Infos:

Ohne Barrieren e.V.
Doberaner Straße 114
18057 Rostock
✆/Fax (03 81) 252 48 48
www.ohne-barrieren-ev.de

Das Deutsche Jugendherbergswerk gibt ein Faltblatt heraus, in dem alle Jugendherbergen aufgelistet sind, in denen Rollstuhlfahrer bequem Urlaub machen können. Telefonische Bestellung: ✆ (052 31) 740 10.

Auch die Tourist-Informationen der größeren Städte halten Broschüren zum Thema bereit.

Deutsches Jugendherbergswerk
Im Gilde-Park
Leonardo-da-Vinci-Weg 1, 32760 Detmold
✆ (05231) 993 60, Fax (052 31) 99 36 66
www.jugendherberge.de

Hunde

Sie dürfen leider nicht überall an den Strand mitgenommen werden. Spezielle hundefreundliche Badestrände oder Strandabschnitte werden aber an den meisten Orten ausgewiesen und sind auch auf den überregionalen Websites zu finden.

Kurabgabe/Ostseecard

Seit 2004 gibt es die Ostseecard. Die elektronische Chipkarte löste die traditionellen Kurkarten an der Ostseeküste Schleswig-Holsteins ab. 17 Ostseebäder beteiligen sich an der Aktion: Glücksburg, Eckernförde, Laboe, Schönberg, Hohwacht, Blekendorf, Heiligenhafen, Burg/Fehmarn, Großenbrode, Dahme, Kellenhusen, Grömitz, Neustadt/Pelzerhaken/Rettin, Eutin, Sierksdorf, Scharbeutz, Timmendorfer Strand, Travemünde.

Die Karte berechtigt zu vielen Ermäßigungen bei Attraktionen, in Geschäften und Restaurants des Urlaubsorts sowie zu unbegrenztem Zugang zu den Kurstränden. Voraussetzung für den Erwerb ist mindestens eine Übernachtung in einem der teilnehmenden Orte. Erhältlich ist die Karte im jeweiligen Vermietbetrieb und bei den Kurverwaltungen und Touristinformationen.

Der Preis der Ostseecard entspricht den Kurabgaben der einzelnen Orte und kann nach Saison variieren. Kinder und Jugendliche sind von der Abgabe befreit, erhalten auf Wunsch aber eine Karte. Weitere Informationen: www.ostseecard.de.

Mit Kindern unterwegs

Für die Kinder unter den Gästen tun die meisten Küstenorte eine ganze Menge. Bei schönem Wetter bieten sich Spiel und Spaß am Strand an, mal mit, mal ohne spezielles Strandspielzeug, das auch am Urlaubsort in Hülle und Fülle angeboten wird.

Für Kinder oft wichtig: Da alle Badeorte traditionell auf Familienurlaube eingerichtet sind, sind meist viele Kinder vor Ort – leicht kommt so auch Kontakt zu Spielkameraden zustande. Daneben

Am Ostseestrand macht Schule Spaß

hat jeder noch so kleine Ort eine Schlechtwetteralternative zu bieten: Hallenbäder und neuerdings auch Indoor-Spiel- und -Funparks. Größere Orte haben auch während der Saison mobile Einsatzfahrzeuge in Sachen Kinderbetreuung und Freizeitangebote. Die jeweilige Tourismusinformation unterrichtet über die Angebote der näheren Umgebung, wie Zoos, Funparks oder Minigolfanlagen. Entlang der Ostseeküste bieten sich auch Veranstaltungen rund um regionaltypische Themen an, wie eine Fahrt mit einem Fischkutter oder einer Museumsbahn sowie der Besuch eines Erlebnisbauernhofs oder eines Freilichtmuseums.

Ein **Kinderpass** für Kinder unter 15 Jahren wird vom Tourismusverband Schleswig-Holstein herausgegeben und ist kostenlos in den Tourismusinformationen zu bekommen. Er enthält Gutscheine und berechtigt zu Rabatten bei vielen Veranstaltungen. Auch auf Rügen ist ein ähnliches Gutscheinbuch erhältlich.

Plattdüütsch

Platt ist nicht gleich Platt: Kenner hören große Unterschiede z. B. zwischen Angelner und Mecklenburger Platt. Natürlich denkt jeder Sprecher, die anderen sprächen *völlich verkeehrt*. Aber Sprachwissenschaftler bestätigen die feinen Unterschiede, die dem Laien wohl meist verborgen bleiben.

Zur Zeit der Hanse hatte das Niederdeutsche seine größte Ausbreitung und Blütezeit, denn nach und neben dem Lateinischen diente es den Handeltreibenden als Verkehrssprache. Verkaufsgespräche, Verhandlungen und wichtige Verträge wurden in Platt abgefasst.

Mit der Verbreitung des Hochdeutschen begann der allmähliche Niedergang der Mundart, die aber erst in unseren Tagen tatsächlich vom Aussterben bedroht ist.

Wie alle Mundartsprecher lieben die Norddeutschen ihren Dialekt und pflegen ihn, so weit es geht. Aber auch wenn in Radiosendungen, Lokalblättern, in der Heimatliteratur sowie in mehr oder minder wissenschaftlichen Wörterbüchern und sogar in speziellen Unterrichtseinheiten der Schulen dem Aussterben Einhalt geboten werden soll – vielerorts droht die plattdeutsche Mundart zu verschwinden und neuere Generationen erlernen sie zumeist nicht mehr.

Um so mehr ein Grund für Urlauber, bei dieser gemütlichen und oft liebenswert originellen Dialektvariante des Deutschen genau hinzuhören und ein bisschen mitzuschnacken. Mit *Moin* und

»He schmökt sien Piep«

Tschüss kommt man auch nach kurzem Aufenthalt an der Ostseeküste recht weit. Kleine Dinge sind *lütt*, kleine Kinder sind *die Lütten*. Wer Hunger hat, sucht sich *watt to eeten*, wer Durst hat, löscht den vielleicht mit *ner Buddel Beer* oder einer *Tass Kaff*. Und wer beim Abschied *Kiek mol wedder in – Guck mal wieder rein/vorbei* hört, der hat wohl alles richtig gemacht.

Presse/Radio/TV

Zeitungen: In Schleswig-Holstein: »Kieler Nachrichten«, »Flensburger Tageblatt« und die »Lübecker Nachrichten« sowie regionale Ausgaben mit Lokalteil. Die meistgelesene Zeitung an der Küste Mecklenburg-Vorpommerns ist die »Ostsee-Zeitung« mit verschiedenen regionalen Beilagen.

Radio/TV: Der Rundfunk- und Fernsehsender NDR in Schleswig-Holstein und Mecklenburg-Vorpommern hat seinen Senderhauptsitz in Kiel. In Mecklenburg-Vorpommern gibt's die »Antenne Mecklenburg-Vorpommern« und die »Ostseewelle«.

Reiselektüre

Mecklenburg-Vorpommern

Sachliteratur:

Backsteingotik: G. Kiesow und T. Grundner, Hinstorff Verlag, Rostock
Schlösser und Gärten in Mecklenburg-Vorpommern: J. Skerl (Text), T. Grundner (Foto), Hinstorff Verlag, Rostock
Bäderarchitektur: R. Stutz (Text), T. Grundner (Fotos), Hinstorff Verlag, Rostock, in Zusammenarbeit mit dem Landestourismusverband
Natur erleben: Mecklenburg-Vorpommern: Touren + Tipps + Informationen, Nöllenheidt/Bolte/Kalscheur, Verband Deutscher Naturparke, Klartext Verlagsgesellschaft.

Belletristik:

Elisabeth auf Rügen: ein Reiseroman, Elisabeth von Arnim, Ullstein
Aus großer Zeit, **Tadellöser & Wolff** und **Uns geht's ja noch Gold**: Walter Kempowski, Goldmann.

Schleswig-Holstein

Sachliteratur:

Schleswig-Holsteins Schlösser und Herrenhäuser & Palais: Hans Maresch, Doris Maresch, Husum Druck
Der große Kosmos-Naturführer Strand und Küste. Nord- und Ostsee. Über 200 Arten: P. Kremer, Fritz Gosselck und Klaus Janke
Gartenführer Schleswig-Holstein: Anke Werner, Urte Schlie (Hrsg.), Landwirtschaftskammer Schleswig-Holstein, Wachholtz Verlag GmbH
Auf den Spuren der Wikinger und Slawen: Claudia Banck, Stuttgart
Filmland Schleswig-Holstein: Klatt, Pia und Kai Labrenz, Heide.

Belletristik:

Die Buddenbrooks: Thomas Mann, Fischer-Verlag
Sagenhaftes Schleswig-Holstein: Uwe Steffens, Eiland Verlag, Westerland
Sagen und Märchen aus Lübeck: hrsg. von Gundula Hubrich-Messow, Verlagsgruppe Husum
Das Silber der Ostsee. Ein Hansekrimi. Tatort Lübeck und Rostock: Thomas Prinz, Die Hanse in der Europäischen Verlagsanstalt.

Literatur für Kinder

Nissebakk und Hälldu: Ein Zeitreise-Roman in die Wikingerzeit, Edens, Gerhard Edens, Frankfurt/Main
Ein Erlebnis- und Bestimmungsbuch für den Strandurlaub: Klaus Janke, Kosmos.

Rundflüge

Ob mit dem Kleinflugzeug, dem Helikopter, dem Wasserflugzeug oder im Ballon: Ein Blick über das Land aus der Vogelperspektive verschafft Überblick über die Urlaubsregion.

Flugagentur Mecklenburg-Vorpommern
Zehlendorfer Weg 12, 18299 Rostock-Laage
✆ 018 05 66 99 49, www.flugagentur-mv.de
Rundflüge täglich, nach Absprache und Witterung, ab 20 Min., € 69 pro Person, Rundtour – Die schönsten Seebäder, ca. 60 Min., € 179/Person (ab 2 Teilnehmern).

Aero-Club Kropp e.V.
Flugplatz Schleswig-Kropp
Hochmoor/B77, 24848 Kropp
✆ (04624) 456
www.aeroclubkropp.de
Schleswig-Holstein-Rundflug ca. 15 Min., € 33/Person, auch Flüge im Ultraleicht- und im Segelflieger.

Sport und Erholung

Baden
Die Badewasserqualität der Ostsee ist generell gut bis sehr gut. Die Badestellen werden regelmäßig überwacht. Informationen über Wasserqualität und sonstige Badebedingungen erhält man bei den örtlichen Kurverwaltungen sowie beim Ministerium für Natur, Umwelt und Landesentwicklung und bei den zuständigen Gesundheitsbehörden. An vielen Stränden sind besondere FKK-Bereiche ausgewiesen, überall sonst ist ›oben ohne‹ durchaus üblich.

Mehr Infos über Badewasser im Internet:
www.badewasserqualitaet.schleswig-holstein.de
www.sozial-mv.de, dort Link ›Badewasserkarte‹

Radfahren
Zum gemütlichen Radfahren eignet sich die gesamte Küstenregion ganz hervorragend. Windgeschützt durch die typischen ›Knicks‹ auf verkehrsarmen Dorfstraßen zu Herrenhäusern und Aussichtstürmen, durch Wälder und an Seen entlang. Der **Ostseeküsten-Radweg**, beginnend an der dänischen Grenze, verläuft durch Flensburg, vor-

Nordwind an der Mecklenburger Bucht: höhere Wellen und starker Seegang

bei an Kiel, rund um Fehmarn, Kloster Cismar und anderen Highlights bis zur Halbinsel Priwall bei Travemünde über 452 km. In Mecklenburg-Vorpommern geht es weiter, noch einmal 384 km bis nach Ahlbeck auf Usedom. Über 800 km Fahrradspaß – wobei die Ostsee fast immer in Sichtweite ist. Weitere Infos: **Ostsee-Holstein-Tourismus e.V.** und **Tourismusverband Mecklenburg-Vorpommern** e. V. (Adressen s. S. 86); Radfahrer-Hotline in Schleswig-Holstein ✆ 0180 5 70 07 08. Mehr Info auch unter www.ostsee-radweg.com.

Mehrere **Regionalkarten** mit Tourenvorschlägen im gibt es vom ADFC (Allgemeiner Deutscher Fahrrad-Club) in der Bielefelder Verlagsanstalt. Die Broschüre »Radwanderführer Ostholstein und Umgebung« bietet 38 Rundtouren durch die Landschaft, »Radeln an der Ostseeküste Mecklenburg-Vorpommerns. Von Travemünde bis Graal-Müritz« macht gut ausgearbeitete Tourenvorschläge (erhältlich im Buchhandel und bei den Touristeninformationen).

Auf den Websites der Tourismusagenturen (s.o.) von beiden Bundesländern gibt es zahlreiche Broschüren zu bestellen (auch als Download-Dateien), die gut ausgearbeitete Routen für Tages- und Wochenausflüge beschreiben. Die vorgestellten Routen können entweder auf eigene Faust nachgefahren oder aber auch über die angegebenen Anbieter als organisierte Ausflüge, z.T. auch mit Übernachtungen gebucht werden.

»Bahn & Bike«: Information zur Mitnahme von Fahrrädern in den Fern- und Nahverkehrszügen der Deutschen Bahn: ✆ 0180 599 66 33 (14 ct/Min. aus dem Festnetz, Mo–So 8–20 Uhr.

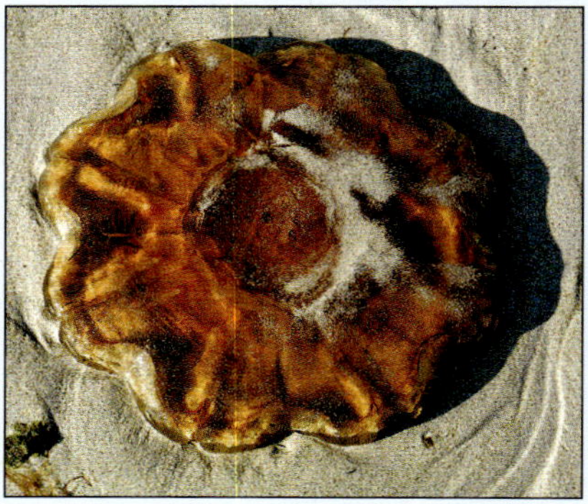

Am Strand eher ungefährlich, aber bei einer Begegnung im Wasser können Quallen brennende Hautirritationen hervorrufen

Quallen
Mit diesen Meeresbewohnern teilt der Urlauber an der Ostseeküste leider öfter mal das Badeterrain. Sie werden zeitweise an vielen Stränden und in vielen Hafenbecken der Region angetrieben. Die gute Nachricht: Sie sind fast immer völlig harmlos. Nur auffallend farbenfrohe Exemplare wie die rote Nesselqualle sollten gemieden werden. Wenn es doch zum Kontakt kommt, verursacht dies ein Brennen auf der Haut. Aber in der Regel sind nur Allergiker genötigt, den Arzt aufzusuchen.

Vielleicht hilft es bei Fällen von Ekel und großer Abneigung, wenn man sich klarmacht, dass es sich um Tiere handelt, deren hochkomplexe, im Tierreich einmalige Nesselzellen der Nahrungssuche dienen – wobei allerdings die Spezies des gemeinen Touristen durchaus nicht dazugehört...

Segeln
Frische, salzhaltige Luft und viel Wind – das bietet Segeln in Schleswig-Holstein und Mecklenburg-Vorpommern! Mit seinen knapp 300 Sportboothäfen an den Küsten von Nord- und Ostsee, seinen Flüssen, dem Großen Plöner See und dem Ratzeburger See gilt das Urlaubsland zwischen den Meeren als wahres Paradies für Segelfans.

Segelschuladressen für Einsteiger finden sich hier:
Schleswig-Holstein: www.ostsee-strandfinder.de
Mecklenburg-Vorpommern: www.mv-maritim.de

Sportangeln
Die Region ist natürlich ein Paradies für Angelsportler – das ganze Jahr über kann an der Küste und in den Gewässern geangelt werden. Von vie-

len Punkten der Küste aus ist Brandungsangeln möglich. An der Ostsee werden Fischereischeine anderer Bundesländer anerkannt. Urlauber ohne Fischereischein erhalten gegen Vorlage des Personalausweises eine 40 Tage gültige Bescheinigung.

Auskünfte über Fangplätze, Vorschriften und die notwendigen Angelscheine gibt es bei den Touristeninformationen und im Internet unter www.lsfv-sh.de (Landessportfischerverein Schleswig-Holstein) und www.lav-mv.de (Mecklenburg-Vorpommern).

Nordic Walking

Die Ausübung vergleichsweise jungen Trendsportart bietet sich natürlich entlang der Ostseeküste ganz besonders an. Mehr Infos zu Routen und Schnupperkursen unter:

Schleswig-Holstein:
www.schleswig-holstein-urlaub.de/nordic-walking-parks-in-schleswig-holstein.html
Mecklenburg-Vorpommern:
www.mecklenburg-vorpommern.eu
www.auf-nach-mv.de

Kur und Wellness

Über 100 staatlich anerkannte Heilbäder, Kur- und Erholungsorte und über 40 Seeheilbäder und Seebäder gibt es entlang der Ostseeküste. Infos zu Kuraufenthalten geben der **Heilbäderverband Schleswig-Holstein e. V.** (Wall 55, 24103 Kiel, ✆ 04 31-210 88 38, www.heilbaederverband-sh.de) und der **Bäderverband Mecklenburg-Vorpommern e.V.** (Rostocker Straße 3, 18181 Graal-Müritz, ✆ 03 82 06-738 50, Fax 738 51, www.baederverband.m-vp.de). Die meisten Badeorte erheben von ihren Besuchern eine je nach Jahreszeit unterschiedlich hohe **Kurtaxe**, eine Abgabe, die zur Instandhaltung der Kureinrichtungen und zur Wartung und Instandsetzung der Bade-Infrastruktur verwendet wird.

Der aktuelle Wellnesstrend hat auch entlang der Ostseeküste zahlreiche Anbieter auf den Plan gerufen. Besonders wertvoll sind sicher die Anwendungen, die regionale Gegebenheiten nutzen, wie Thalasso mit Meerwasser und Algen oder Rügener Heilkreide. Es empfiehlt sich, alle Angebote im Wellnessbereich genau unter die Lupe zu nehmen, da es große Unterschiede bei Preisen und Qualität gibt. Vor allem in Mecklenburg-Vorpommern sind in den letzten Jahren einige neue Wellness-Hotels der Luxusklasse entstanden: wer hier tief in die Tasche greifen möchte, kann sich auf sehr hohem Niveau rundum verwöhnen lassen. Auch in den großen Thermenanlagen gibt es oft Wellness-Oasen.

Romantisch: Sonnenuntergang über der Ostsee

Orts- und Sachregister

Die **fetten** Seitenzahlen verweisen auf ausführliche Erwähnungen, *kursiv* gesetzte Begriffe bzw. Seitenzahlen beziehen sich auf den Service.

Orts- und Sachregister

Namenregister

Danksagung

Mein herzlichster Dank gilt meiner Mutter, Hanne Tams – der besten Reisegefährtin, die man sich wünschen kann. Ebenfalls danke ich meiner Freundin, Ute Sabelmann, mit der ich gern noch viele Städte und Länder erleben möchte.

Textnachweis

Die Kapitel 10 und 11 wurden von Thorsten Czarkowski und Andreas Meyer geschrieben und für diese Ausgabe von Eszter Kalmár und Katrin Tams (Greifswald) überarbeitet und ergänzt.

Bildnachweis

die Lübecker Museen: S. 13 u., 103 u., 105 o.

Fotolia/Alephnull: S. 171; Anweber: S. 144; Asonne30: S. 129; Kushnirov Avraham: S. 82; Balin: S. 219 u.; Angelika Bentin: S. 150 u., 188; Bergringfoto: S. 130; Andre Bonn: S. 70; M. Bonotto: S. 124; Gero Brandenburg: S. 4/5; Andreas Bürgel: S. 94; C_images: S. 169; Coqrouge: S. 224 o.; Crimson: S. 33, 34 u.; Henner Damke: S. 147 u., 163, 244 o.; Derkie: S. 30 u.; DeVIce: S. 22, 182 u., 184, 192 o., 233 u., 277; Melany Dieterle: S. 267; Otto Durst: S. 9 u.; Egork: S. 71; Borg Enders: S. 60 o., 60 u.; Falkenauge: S. 207 u., 223; Fdenb: S. 185; Flötenspieler: S. 235; FotoFrank: S. 23 o.; Frank: S. 192 u., 198 o., 203; Gioveni: S. 8 u.; Ralf Gosch: S. 10 o., 146 u.; Grossimov: S. 131; Carina Hansen: S. 289; Ramona Heim: S. 236; Uschi Hering: S. 26/27; Volkmar Hintz: S. 75, 284; Icyground: S. 231; Idee23: S. 41, 133 u., 208; Andre Illing: S. 177; Increa: S. 233 o.; J2P: S. 257; Wolfgang Jargstorff: S. 61 u.; Ole Jensen: S. 229, 263; Christian Jung: S. 44 u.; Juniengel: S. 206; Junisonne: S. 147 o.; Rico K.: S. 237; Uwe Kantz: S. 64 o., 151, 232, 238, 239, 240 o., 240/241, 244 u.; Maik Kauwischer: S. 136; Kbhh: S. 168 u.; Keine: S. 162; Kerst: S. 258/259; R.-Andreas Klein: S. 19 u., 202, 204 u., 211 o., 214/215, 216, 227; Lars Koch: S. 194; Petra Kohlstädt: S. 126 u.; Kalle Kolodziej: S. 247 o., 248; Bernd Kröger: S. 222 u.; Matthias Krüttgen: S. 26, 40/41, 123; Udo Kruse: S. 155 o.; Stephan Leyk: S. 140 o., 140 u.; Uwe Lütjohann: S. 25 u., 54; Mandy: S. 11 Mitte, 11 u.; Marem: S. 69 o.; Matttilda: S. 65 u.; MeckiPommi: S. 248/249; Detlef Menzel: S. 254 u.; Wolfgang Mette: S. 7 u.; Marcel Nerlich: S. 288 u.; Rüdiger Niemann: S. 264; Otto Normal: S. 133 u., 137; Oriwo: S. 80; Paologo: S. 47 u., 288 o.; Photorun: S. 117; Phototom: S. 228 u.; PicMan: S. 3 o., 62; PIXMatex: S. 179 u., 196 o.; Provinz_Produktion: S. 89; Heike Rau: S. 68 u.; Oliver Raupach: S. 139 o.; André Reichardt: S. 55 u., 68 o.; Thomas Reimer: S. 96; Rene Reinhardt: S. 93; Reise-und Naturfoto: S. 181; Peter Röger: S. 51 u.; Klaus Rose: S. 102; Martina Rühl: S. 183 o.; Stefan Sauer: S. 64 u., 198 u., 280; Rainer Schmittchen: S. 255; Schneider Stock Images: S. 135; Elke Schütt: S. 197 u.; M. Schultz: S. 256/257; Mike Schulz: S. 87, 90 o., 91 o.; Andrea Seemann: S. 195, 197 o.; Iryna Shpulak: S. 226 u.r.; Oliver-Marc Steffen: S. 4; Stan Tiberiu: S. 158 o.; TMAX: S. 220; Andrzej Tokarski: S. 187; Ingrid Walter: S. 72 u.; Pascal Walz: S. 88 u.; Sven Weber: S. 149 o.; Brigitte Wegner: S. 141; Bernhard Wiefel: S. 5; Artmann Witte: S. 86; Julian Witte: S. 281 o.

Fremdenverkehrsverein Güstrow e.V./Medusa Media – Christoph Nahr: S. 172/173, 174 u.

Galerie Kathrin Grünke, Binz: S. 209 u.

Frank Heuer/laif, Köln: S. 213

iStockphoto/Adrian Beesley: S. 53 o.; Maxim Bolotnikov: S. 67; Andrew Chambers: S. 55 o.; Exkalibur: S. 88 o.; Thomas Flügge: S. 258; Joerg Franzen: S. 221, 253; Hedda Gjerpen: S. 106/107; Ralf Gosch: S. 55 o.; Lijuan Guo: S. 47 o.; Frank van Haalen: S. 63; Michael Haul: S. 23 u.; Hsvrs: S. 179 o., 239; Tim Jaszdziewski: S. 100 o.; Dieter Lange: S. 245 o.; Igor Marx: S. 99; Guillermo Perales: S. 72 o.; Remen: S. 176 u.; Red Moon Rise: S. 6 u.; Tarek

Bildnachweis
Impressum

El Sombati: S. 24 o.; Arne Thaysen: S. 24 u., 30 o., 31 o., 31 u.; Maria Wachala: S. 20/21; Andreas Weber: S. 145; Ingmar Wesemann: S. 225 o.; Katharina Wittfeld: S. 236; Xyno: S. 157 u.
Eszter Kalmár, Köln: S. 211 u., 217, 218 u., 224 u.
Karl-May-Festspiele Bad Segeberg: S. 139
Kempinski Grand Hotel Heiligdamm: S. 170 o.
Kempowski-Archiv Rostock: S. 149 u.
Siegfried Kuttig, Lüneburg: S. 165
Landeshauptstadt Kiel: S. 58/59, 61 o.
Lübeck und Travemünde Tourist-Service GmbH (LTS)/Sven-Erik Arndt: S. 104 u.; Torsten Krüger: S. 103 o.l., 104 o., 125; Hans-Wedig Müller: S. 100 u., 127; Niederegger: S. 110 u.; K. E. Vögele: S. 124/125, 128/129
Andreas Meyer, Rostock: S. 6 o., 209 o., 230 u., 234, 250 u., 275
Pixelio/S. 126 o., 178 o., 230 o., 246; Alisara: S. 251; Marco Barnebeck(Telemarco): S. 274; Kurt F. Domnik: S. 42, 44 o., 45; Hans-Peter Fischer: S. 83; Gabi Hamann: S. 25 o., 28 o., 28 u.; Hauku: S. 159 r., 160 o., 160 u.; Manfred Hehlert: S. 74 u.; HeiFisch: S. 260; Andreas Hilbeck: S. 79; Huber: S. 189; Jerzy: S. 116 u., 252; Andreas Kalfaß: S. 29; Klicker: S. 225u.; Pandi: S. 115, 118, 269; Carsten Plein: S. 138; Re.Ko.: S. 174 o.; RWulff: S. 43; Enrico Schukat: S. 159 l.; Schwert: S. 103 o.r.; Shssl: S. 50, 52; Bernd Sterzl: S. 207 o.; Karl Strebl: S. 116 o.; Michael Wieske: S. 190/191
Pressestelle Stralsund: S. 51 o., 196 u., 199
Ute Sabelmann, Kiel: S. 112, 114
Staatliche Museen zu Berlin: S. 240 u., 243
Stadt Putbus: S. 205
Stiftung Schleswig-Holsteinische Landesmuseen, Schloß Gottorf, Schleswig: S. 32 u., 36 u., 39
Katrin Tams, Köln: S. 59 o., 59 u., 74 o., 76, 81, 84 o., 85, 91 u., 92, 95, 97, 98 o., 122, 180
Tourismus-Agentur Schleswig-Holstein GmbH, Kiel: S. 35, 38, 56, 286
Tourismuszentrale Rostock & Warnemünde/Irma Schmidt: S. 113, 143 o., 143 u., 148, 150 o., 285
Tourismuszentrale Rügen GmbH, Bergen: S. 210 o., 210 u., 219 o., 228 o., 230 u.
Verband Mecklenburgische Ostseebäder e. V.: S. 154; Gruppe 3: S. 155 u., 156; René Legrand: S. 53 u., 166, 167, 168 o., 170 u., 283 u., 287; Volster: S. 161 o.
Vista Point Verlag (Archiv), Köln: S. 7 o., 9 o., 10 u., 12 o., 12 u., 13 o., 14 o.r., 14 o.l., 14 Mitte, 14 u., 15 u.l., 15 u.r., 16, 18, 19 o., 32 o., 34 o., 36 o., 37, 51 Mitte, 66, 69 u., 77 u., 84 u., 90 u.l., 90 u.r., 98 u., 101, 105 u., 106, 108 o.l., 108 o.r., 109 u.l., 109 u. Mitte, 109 u.r., 110 o., 120 o., 120 u., 121 o., 121 u., 134 o., 134 u., 146 o., 157 o., 158 u., 176 o., 178 Mitte, 178 u., 182 o., 186, 193, 204 o., 218 o., 222 o., 226 o., 226 u.l., 242, 245 u., 247 o., 250 o., 254 o., 256, 261 u., 281 u., 283 o.
Wallmuseum Oldenburg: S. 73, 77 o., 78
Wikipedia/Arne List: S. 17; H005: S. 48/49; Schiwago: S. 173
Zweckverband Seebäder Usedom: S. 11 o., 265

Umschlagvorderseite: Kreideküste im Nationalpark Jasmund auf Rügen. Foto: Fotolia/Amandare
Vordere Umschlagklappe (innen): Übersichtskarte des Reisegebietes
Schmutztitel (S. 1): Mit roten Fischerfahnen bestückte Fischerboote auf der Insel Usedom. Foto: Fotolia/Pixeljaeger
Innentitel (S. 2/3): Reges Treiben am Strand von Heringsdorf. Foto: Fotolia/Detlef
Hintere Umschlagklappe (außen): Leuchtfeuer Falshöft zwischen Kappeln und Flensburg in Schleswig-Holstein. Foto: Fotolia/Derkie
Umschlagrückseite: Badestrand auf Rügen, Foto: Fotolia/Ramona Heim (oben); Fischerboote auf Usedom, Foto: Fotolia/Pixeljaeger (Mitte); Sonnenuntergang an der Ostsee, Foto: Fotolia/Carina Hansen (unten)

Gaia ist eine Marke der Vista Point Verlag GmbH, Köln

Verlegerische Leitung: Andreas Schulz
Reihenkonzeption: Horst Schmidt-Brümmer, Andreas Schulz
Bildredaktion: Andrea Herfurth-Schindler
Lektorat: Kristina Linke, 2. Auflage: Eszter Kalmár, Katrin Tams
Layout und Herstellung: Sandra Penno-Vesper
Reproduktionen: Henning Rohm, Köln
Kartographie: Kartographie Huber, München
Gedruckt auf chlorfrei gebleichtem Papier

ISBN 978-3-86871-467-8